# MARTIN SONNEBORN
## HERR SONNEBORN GEHT NACH BRÜSSEL

Martin Sonneborn

# HERR SONNEBORN GEHT NACH BRÜSSEL
## ABENTEUER IM EUROPAPARLAMENT

Kiepenheuer & Witsch

Verlag Kiepenheuer & Witsch, FSC® N001512

4. Auflage 2019

© 2019, Verlag Kiepenheuer & Witsch, Köln
Alle Rechte vorbehalten. Kein Teil des Werkes darf in
irgendeiner Form (durch Fotografie, Mikrofilm oder ein anderes
Verfahren) ohne schriftliche Genehmigung des Verlages
reproduziert oder unter Verwendung elektronischer Systeme
verarbeitet, vervielfältigt oder verbreitet werden.
Umschlaggestaltung: Barbara Thoben, Köln
Umschlagmotiv: © SMAC-Film
Gesetzt aus der Minion und der Trade Gothic
Satz: Buch-Werkstatt, Bad Aibling
Druck und Bindung: CPI books GmbH, Leck
ISBN 978-3-462-05261-9

# INHALT

Vorwort .................................................. 9

»I personally do drink champagne«
Das erste Jahr ........................................... 19

»Sie sind faul, faul, faul, frech – und faul!«
Das zweite Jahr .......................................... 89

»Wir fliegen weiter«
Das dritte Jahr .......................................... 175

»Es wäre mir lieber, der ADAC oder die Bischofskonferenz würde sich darum kümmern!«
Das vierte Jahr .......................................... 253

»Mehr Maulbeerschnaps«
Das fünfte Jahr .......................................... 337

Anhang ................................................. 423

»Man soll nur von Europa sprechen, denn die
deutsche Führung ergibt sich ganz von selbst.«
**Außenpolitisches Amt der NSDAP**

*Die endgültige Teilung Europas – das ist unser Auftrag.*
**Die PARTEI**

# VORWORT

*Liebe Leser,*
Sie sind doch verrückt! Einen bekennenden EU-Kritiker und »Politclown« (*Süddeutsche Zeitung*) nach Brüssel zu schicken, das ist kein Spaß. Mit anderen Worten: Die Grenzen der Satire sind weit überschritten, wenn Typen wie Günther Oettinger, Udo Voigt (NPD) und ich plötzlich Typen wie Sie von Brüssel aus regieren müssen.

Wobei meine Situation dabei wohl am dramatischsten ist – herausgerissen aus dem halbwegs seriösen Umfeld von *Titanic* und »heute show« und hineingeworfen mitten in ein Brüsseler »Spaßparlament« (BVerfG, kein wörtliches Zitat), das schon wegen des fehlenden Initiativrechtes über ein ausgeprägtes Demokratiedefizit verfügt und bei uns in Deutschland nicht den allerbesten Ruf genießt.

Schuld ist natürlich wie immer der Wähler. 184 709 wahlberechtigte Bürger haben in der Europawahl 2014 ihre Stimme der PARTEI gegeben. Schuld sind aber auch das Bundesverfassungsgericht und der Bundestag, denn 184 709 Stimmen sind lediglich 0,6 Prozent der abgegebenen Stimmen. Ein Mandat erringen konnten wir damit lediglich, weil das höchste deutsche Gericht die Fünfprozenthürde als verfassungswidrig eingestuft hatte. Immerhin verzerrt diese ohne triftigen Grund das Wahlergebnis und verstößt gegen die Chancengleichheit der Parteien.

Der Bundestag dagegen war zu bequem, sich inhaltlich mit dem Urteil auseinanderzusetzen, und beschloss daraufhin mit den Stimmen von CDU/CSU, SPD, FDP und Grünen die Einführung einer – Dreiprozenthürde.

So war es eigentlich keine große Überraschung, dass das Verfassungsgericht dann auch dieser reduzierten Sperrklausel auf die – von Anwälten mit Krawatten höflich vorgetragene – Bitte einiger unseriöser Kleinparteien hin dieselbe Verfassungswidrigkeit bescheinigte. Unnötig, zu erwähnen, dass Die PARTEI mit geklagt hat.

**Sachdienlicher Hinweis der Tagesschau**
Gerichtspräsident Andreas Voßkuhle stellte klar, dass gerade bei der Wahlgesetzgebung die Gefahr bestehe, »dass die jeweilige Parlamentsmehrheit sich statt von gemeinwohlbezogenen Erwägungen vom Ziel des eigenen Machterhalts leiten lässt«. Die Stimme jedes Wählers müsse grundsätzlich denselben Zählwert und die gleiche Erfolgschance haben, sagte Voßkuhle. Der Grundsatz der Chancengleichheit der Parteien erfordere zudem, dass jeder Partei gleiche Chancen bei der Verteilung der Sitze eingeräumt werden. Ausnahmen seien nur durch gewichtige Gründe zu rechtfertigen.

Soso. Ein Mandat also. Für das EU-Parlament. Verdutzt stehe ich am Wahlabend inmitten fröhlich feiernder PARTEI-Mitglieder vor der Manyo Bar in Ostberlin, als die Mathematiker in der PARTEI mir erklären, dass wir mit fast an Sicherheit grenzender Wahrscheinlichkeit ein Mandat erhalten werden. Der Bundestag hatte offenbar vergessen, die Sitzzuteilungsmethode, die eigentlich auf eine Sperrklausel ausgerichtet ist, zu ändern. Angesichts des überhasteten Gesetzgebungsverfahrens, bei dem die Wahlrechtsänderung innerhalb von einer Woche durch den Bundestag getrieben wurde, mag man das niemandem zum Vorwurf machen, Smiley! Dennoch hat dieses Versäumnis zur Folge, dass schon ab etwa einem halben Prozent aufgerundet wird und einer der 96 deutschen Sitze im EU-Parlament an uns fällt. Dass das nicht jedem gefallen wird, ist klar.

**Sachdienlicher Hinweis der Tagesschau**
CDU und CSU im EU-Parlament kritisierten das Karlsruher Urteil. »Nun müssen wir mit dem Urteil leben und auch damit, dass wir Splitterparteien und radikale Kräfte aus Deutschland

im EU-Parlament haben werden. Das ist keine sehr angenehme Situation«, erklärten der Vorsitzende und der Co-Vorsitzende der CDU/CSU-Gruppe, Herbert Reul und Markus Ferber.

**Sachdienlicher Hinweis der Welt**
Der Vorsitzende des Auswärtigen Ausschusses im EU-Parlament, Elmar Brok (CDU), griff das Gericht wegen der Abschaffung der Dreiprozenthürde bei Europawahlen scharf an. »Mit dem Urteil schwächt Deutschland sich selbst. Einerseits klagt das Verfassungsgericht über zu wenig Demokratie in der EU, und dann hindert es das Parlament, vernünftige demokratische Kontrolle auszuüben«, sagte Brok. In dem Urteil komme »die Verachtung einiger Richter für Politik zum Ausdruck. Ich würde die Damen und Herren gern einmal zu einem vierwöchigen Praktikum ins EU-Parlament einladen, damit sie dessen Funktionsweise verstehen.«

**Sachdienlicher Hinweis des NDR**
Diese politikparodistische Spaßguerilla verhöhnt die Menschen in nicht demokratischen Ländern. Was sollen eigentlich die Wählerinnen und Wähler in der Ukraine denken, die nicht ins Wahllokal gelassen wurden?*

Ich habe nichts gegen Mandate. Einige unserer besten Politiker hatten Mandate. Aber mein Leben auf den Kopf stellen, um irgendwo in einem Parlament herumzuhängen? Kommt nicht in Frage. Zum ersten Mal haben wir von *ZDF Neo* ordentlich dotierte Verträge für längere Dokumentationen angeboten bekommen. Der 25. Jahrestag der Wiedervereinigung stand an, sollte der ohne unsere Filmbeiträge gefeiert werden? Und was hatte der eine Typ in der *Welt* gesagt, vier Wochen reichen, um die Funktionsweise des Europaparlaments zu verstehen? Da traf es sich ja gut, dass

---

※ Anmerkung der PARTEI: Ja, was sollen sie wohl denken? Z.B. »Verdammter Wodka, hab ich hier etwa auch Lokalverbot?«

wir vorgesorgt und bei unserem Bundesparteitag in Bremen etwas großspurig und für den Fall der Fälle 96 Leute auf die Europaliste der PARTEI gewählt hatten. Ein paar Jever später steht mein Plan fest. Dass ich auf der frühmorgendlichen Fahrt nach Hause offenbar noch einen Anruf entgegengenommen habe, wird mir erst bewusst, als ich beim Aufwachen am nächsten Tag meine Stimme überraschend klar im Radio höre. Der anschließende Kommentar vermeldet, dass ich bereits mit der Arbeit begonnen hätte, während viele andere noch schliefen.

**Sachdienlicher Hinweis der Zeit**
Die Satire-Partei »Die PARTEI« hat bei der Europawahl einen Sitz im Parlament bekommen. Parteichef Martin Sonneborn ist der gewählte Abgeordnete, will aber schon nach einem Monat sein Amt wieder abgeben. »Ich werde mich vier Wochen lang intensiv auf meinen Rücktritt vorbereiten«, sagte er. Damit will der frühere Chefredakteur der »Titanic« eine Rotation einleiten. Der Plan: Die Parteimitglieder sollen monatlich zurücktreten, um 60 Kollegen »durchzuschleusen durch das EU-Parlament«, vor allem wegen des Geldes. »Wir melken die EU wie ein kleiner südeuropäischer Staat.«

Der Plan ist einfach und gut. Fünf Jahre Mandat ergeben 60 Monate, in denen wir mittels monatlichen Rücktritts einen Abgeordneten und 59 Nachrücker durch das Parlament schleusen können. Eine kurze Recherche bei Wikipedia ergibt, dass sich der Monat finanziell nicht nachteilig auswirken muss: rund 8000 Euro monatliches Grundgehalt, zuzüglich einer Büropauschale in Höhe von 4300 Euro und noch mal 21 000 Euro für Mitarbeiter – das machte summa summarum rund 33 000 Euro, mit denen man politisieren kann. Hartz 33! Dafür konnte man sich schon mal einen Monat lang Brüssel ansehen. Zumal Wikipedia auch noch ein sechsmonatiges Übergangsgeld versprach, um die Wiedereingliederung nach vier Wochen Belgien zu erleichtern.

### Sachdienlicher Hinweis der Süddeutschen Zeitung

Frank-Walter Steinmeier regt das auf: »Parteien, die sich am Tag nach der Wahl einen Spaß daraus machen, sich publikumswirksam zurückziehen, leisten keinen Beitrag zur Demokratie, eher das Gegenteil.« Auch wegen Sonneborns »Jux-Partei« müsse man sich fragen, »ob es wirklich für alle Zeiten unzulässig sein soll, über eine Sperrklausel für das Europaparlament nachzudenken«. Wenn dies über das nationale Recht nicht gehe, müsse man halt überlegen, eine Hürde auf europäischer Ebene einzuführen.

Was ist eigentlich das Gegenteil von einem Beitrag, frage ich mich und empfehle dem Kollegen Steinmeier auf Twitter, am Volkshochschulkurs »Grammatik für Außenminister (I)« teilzunehmen. Und darüber nachzudenken, ob nicht die SPD mit einem publikumswirksamen Rückzug einen Beitrag zur Demokratie leisten sollte. Apropos »Demokratie«, vielleicht sollte Steinmeier den Kurs auch gleich dazubuchen: auf europäischer Ebene ein Wahlrecht einführen zu wollen, das auf nationaler Ebene nicht mit unserer Verfassung zu vereinbaren ist – wer ist hier eigentlich der Politclown?

Aber Kritik kommt auch aus dem EU-Parlament. Eine CDU-Abgeordnete namens Inge Gräßle bombardiert die Medien mit einer Pressemitteilung. Empfängt man so neue Kollegen?

### Sachdienliche Presseerklärung von Inge Gräßle, Sprecherin der EVP-Fraktion im Haushaltskontrollausschuss des Europäischen Parlaments

»Eisberg voraus!«
Neukollege Sonneborn zeigt peinliche Schwächen bei den Inhalten seines angeblichen 1-Monat-Jobs: Europaabgeordnete verdienen weit weniger als er behauptet, sagte die CDU-Europaabgeordnete und Sprecherin der EVP-Fraktion im Haushaltskontrollausschuss des Europäischen Parlaments, Inge Gräßle.
Der Parteivorsitzende der »Partei«, Martin Sonneborn, hat behauptet, Europaabgeordnete würden pro Monat über mehr als 30 000 Euro verfügen. Tatsächlich verdient ein deutscher Europa-

abgeordneter ungefähr so viel wie ein Bundestagsabgeordneter und muss sein Gehalt selbstverständlich in Deutschland versteuern. Sonneborn will sich die Gelder für seine Mitarbeiter unter den Nagel reißen. Das wäre ein Betrugsversuch. Offensichtlich ist Sonneborn schon vor seinem Einzug ein Fall für das Europäische Amt für Betrugsbekämpfung! Sie rät dem ehemaligen *Titanic*-Chefredakteur: »Volle Kraft zurück und die Wende einleiten. Satire lebt von Witz und Tiefgang und nicht von billigen Gags und Halbwahrheiten. Sonst sinkt der Satiredampfer«, so Gräßle.

Etwas weniger metapherngesättigt, aber schwerwiegender klingt die Kritik in einem offenen Brief an den Generalsekretär des EU-Parlaments. Sven Giegold aus der Fraktion der Grünen hat ihn verfasst. Schwerwiegender, weil Wikipedia offenbar die Durchführungsbestimmungen des Parlaments nicht bis ins Detail studiert hat. Kann man sich denn auf wirklich nichts mehr verlassen?

### Sachdienlicher Auszug aus dem Brief von Sven Giegold

Sehr geehrte Damen und Herren,
unser neuer Abgeordnetenkollege, Herr Martin Sonneborn, hat für seine Partei angekündigt »Wir melken die EU wie ein kleiner südeuropäischer Staat.« Er präzisiert: »Wir werden die Zeit vor allem damit verbringen, unsere Rücktritte zu organisieren und uns zu bereichern.« In den 5 Jahren der Legislatur möchte er 60 Parteimitglieder durchs Europaparlament rotieren und sie jeweils 33 000 Euro und das Übergangsgeld kassieren lassen (*taz*, 26.05.2014). Gerade weil ich seine Arbeit als Comedian außerordentlich schätze, bitte ich Sie hiermit förmlich, die Verschwendung von Steuergeldern zu verhindern und dafür alle rechtlichen Möglichkeiten vollständig zu nutzen. Ich liebe Sonneborns Witze auf Kosten von uns PolitikerInnen, aber ich lasse keine zu auf Kosten der SteuerzahlerInnen.
Im Abgeordnetenstatut unseres Europäischen Parlamens heißt es:
*Artikel 13*
1. Die Abgeordneten haben nach Ende des Mandats Anspruch

auf ein Übergangsgeld in Höhe der Entschädigung nach Artikel 10.
2. Dieser Anspruch besteht für jedes Jahr der Ausübung des Mandats für einen Monat, mindestens jedoch für sechs und höchstens für 24 Monate.
Im Übrigen zweifle ich an der Freiwilligkeit von evtl. Mandatsverzichtserklärungen der Herr Sonneborn nachfolgenden VertreterInnen der »Partei« (...) Dies wird noch verstärkt durch Herrn Sonneborns Einlassungen zur innerparteilichen Demokratie: »Wir sind ja eine straff führerzentrierte Partei.« (*taz*, 26.02.2014) Daher fordere ich Sie auf, nicht zuletzt die freie Willensentscheidung zum Mandatsverzicht ausführlich zu prüfen. Wenn uns die Große Koalition aus Konservativen, Sozialdemokraten und Liberalen die Abschaffung von Bürokratie schon schwer macht, wollen wir wenigstens Sonneborns Ringen mit ihr sehen.
Mit freundlichen Grüßen
gez. Sven Giegold

Nachdem *Spiegel Online* den Brief etwas sehr unanständig und faktenreduziert auf die Formulierung zuspitzt, der grüne Abgeordnete Sven Giegold wolle »Sonneborns Einzug ins Parlament verhindern«, kommt es zu einem kleinen, äußerst unterhaltsamen Shitstorm auf Twitter.

### Sachdienlicher Hinweis des Tagesspiegels

Auch Sonneborn selbst schaltete sich via Twitter in die Diskussion ein. »Hahaha, Giegold, dass die Grünen Probleme mit dem Rotationsprinzip haben, ist keine Überraschung ... Smiley!«, schrieb er in dem Kurznachrichtendienst.

Wirklich bedeutsam für mich ist allerdings eine Wortmeldung in der *Legal Tribune Online*. Der renommierte Parteienrechtler Herbert von Arnim gesteht zwar zu, dass wir mit unserem Vorgehen »die überzogenen Pauschalen und sonstigen Kostenerstattungen in den Fokus der Öffentlichkeit gezogen« haben ...

**Sachdienlicher Hinweis der Legal Tribune Online**
Dabei hat der ehemalige Chefredakteur der *Titanic* die verrückteste Regelung noch gar nicht erwähnt. Die 33 000 Euro, die Sonneborn sich und jedem seiner Kollegen vor dem jeweiligen Rücktritt künftig monatlich sichern will, werden auch an EU-Abgeordnete aus Ländern mit sehr viel niedrigerem Preis- und Einkommensniveau gezahlt. Das Geld ist dort real das Drei- oder Vierfache wert und beschert den Abgeordneten sehr viel höhere Einkommen, als ihre Staats- oder Ministerpräsidenten beziehen, und eine übergroße Zahl von Assistenten.

… aber den angekündigten Rücktritt und die geplante monatliche Rotation von 60 PARTEI-Freunden sieht er als »Verächtlichmachung des Parlamentes«, »gegen das die Geschäftsordnung ausreichend Sanktionsmittel zur Verfügung« stelle. Das Parlament müsste lediglich vermuten, dass die angekündigten Rücktritte »dem Geist des Direktwahlaktes widersprechen«, um meinen Rücktritt zurückzuweisen. Und so stehe ich plötzlich in der Verantwortung, vor Ihnen und vor Europa: »Gäbe Sonneborn sein Mandat faktisch dennoch auf, könnten andere Listenbewerber nicht nachrücken.«

Nun gut. Wenn Wähler und Parlament es nicht anders wollen, nehme ich den Auftrag eben an. Und gehe nach Brüssel, ins Parlament.

Aber natürlich nicht allein. Nachdem ich ein paar alte Freunde und Kollegen, die gerade nichts Besseres zu tun hatten, als Redenschreiber und Berater eingestellt habe, frage ich den Landesvorsitzenden der PARTEI in Berlin, ob er mich als parlamentarischer Assistent und Büroleiter nach Brüssel begleiten möchte. Dustin Hoffmann, zwei Jahre vor dem Fall der Mauer im Osten Berlins geboren und benannt, hatte den Landesverband der PARTEI in Berlin aufgebaut und sich dabei als kommunikationsfreudiges Organisationstalent erwiesen.

Und da ich ab sofort offenbar über ausreichend Tagesfreizeit verfüge – Silvana Koch-Mehrin (FDP) hatte als Abgeordnete des

Europaparlaments bekanntlich über mehr als ein Jahr hinweg sämtliche Sitzungen ihres einzigen Ausschusses geschwänzt –, kann ich Ihnen auf den kommenden Seiten ein paar kleine Einblicke in mein neues hochpolitisches Umfeld geben.

*Spiegel Online* bekommt noch ein schnelles Interview, dann machen wir uns auf nach Westen, in ein Land, das die Deutschen eher als Durchmarschgebiet kennen.

### Sachdienlicher Hinweis von Spiegel Online

SPON: Sie haben im Wahlkampf eine Faulenquote, eine Mauer um die Schweiz, ein Wahlalter von 12 bis 52 gefordert. Was gehen Sie als Erstes an?

Martin Sonneborn: Ich glaube, das Europaparlament kann keine eigenen Punkte setzen. Außer Resolutionen zu verabschieden, kann man dort nicht viel erreichen. Ich sehe mich eher als Stimmvieh, das die Vorgaben der Europäischen Kommission im Hauruckverfahren abnickt.

SPON: Wie stimmen Sie ab, wenn Jean-Claude Juncker und Martin Schulz im Plenum zur Wahl stehen?

Martin Sonneborn: Juncker werde ich auf keinen Fall wählen, der ist Ausländer und für Europa nicht tragbar. Schulz? Nun ja …

## »I PERSONALLY DO DRINK CHAMPAGNE«

### DAS ERSTE JAHR

## JUNI 2014

### BERLIN, FLUGHAFEN TEGEL

»Hoffmann, was verdiene ich jetzt eigentlich wirklich? Lohnt sich die Sache?« Hoffmann lächelt: »Wenn die Richter am Europäischen Gerichtshof zufrieden sind, kannst du es zu 38,5 Prozent auch sein. Du erhältst 38,5 Prozent ihres Gehalts als Diät, das sind etwas über 8600 Euro brutto. Nach Abzug einer Gemeinschaftssteuer werden rund 6700 Euro ausgezahlt, die im Prinzip versteuert sind, aber in Deutschland noch mal auf deinen persönlichen Steuersatz hin überprüft werden.«

»Aha.«

»Außerdem gibt es ein Tagegeld in Höhe von gut 300 Euro, steuerfrei natürlich, für jeden Tag, an dem du an offiziellen Aktivitäten in der EU beteiligt bist. Das kommt automatisch, sobald du deine Anwesenheit nachgewiesen hast, zum Beispiel durch deine Unterschrift in einem Anwesenheitsbuch. Wenn du Vorsitzender einer Fraktion wirst, musst du nicht einmal selbst unterschreiben, da wird das einfach gemeldet. Und als Parlamentspräsident kriegst du Tagegeld für jeden Tag im Jahr, auch für Sonn- und Feiertage. So wie Präsident Schulz.«

»Wie werde ich am schnellsten Vors… Pardon: Parlamentsprä… Entschuldigung, ich meinte: Ist das alles?«

»Natürlich nicht.« Hoffmann schaut mitleidig. »Dazu kommt eine Bürokostenpauschale von 4416 Euro, monatlich, steuerfrei natürlich, für Ausgaben wie …

»… Faxpapier? Bleistift? *Titanic*-Abo?«

»Im Prinzip: ja. Du kannst sie für alle Büroausgaben verwenden, zum Beispiel für Handyrechnungen, IT-Geräte über die Computer und iPads hinaus, die das Parlament uns stellt«, Hoffmann zieht sein Smartphone und ruft eine Seite des Parlaments auf, sucht kurz, findet die entsprechende Richtlinie und doziert weiter: »Zeitungen, Zeitschriften, ein Büro in deinem Wahlkreis …« Plötzlich fängt er

Dustin Hoffmann

an zu lachen: »Vor der Aufzählung steht ›nachstehende Liste ist nicht erschöpfend‹ – ein Schelm, wer Böses … Also, das Geld ist für alle Ausgaben, die im Zusammenhang mit der Ausübung deines Mandats stehen und von anderen Pauschalen nicht abgedeckt werden.«

»Gut zu merken. Weiter, ich will mehr. Was ist mit Reisekosten? Falls ich mal … reisen muss … Soll ich das etwa privat bezahlen?«

»Natürlich nicht. Der Bundestag stellt allen deutschen Parlamentariern eine BahnCard 100. Außerdem kannst du einmal pro Arbeitswoche zwischen Berlin und Brüssel hin- und herfliegen. Business-Class. Oder in andere Städte, wenn der Preis den eines Business-Class-Fluges nach Berlin nicht übersteigt.«

»Und wenn ich mal mit dem Auto fahren müsste …?«

»Kein Problem: In Brüssel, Straßburg und Berlin selbst kannst du kostenfrei den Limousinen-Service des Parlaments nutzen. Wenn du selbst mit dem Wagen von Berlin nach Brüssel fährst, erhältst du Spritgeld: 51 Cent pro Kilometer. Zuzüglich Entfernungspauschale, 23,12 Euro, zuzüglich 13 Cent für den 51. bis 250. Kilometer, sechs Cent für Kilometer 250 bis 1000 und drei Cent darüber hinaus.«

»Ist das schon alles?«

Hoffmann liest. »Nein, wir haben die Zeitaufwandsvergütung vergessen: Du erhältst zusätzliches Tagegeld je nach Dauer der Reise, wobei wir von einer Durchschnittsgeschwindigkeit von 70 Kilometern in der Stunde ausgehen.«

»Realitätsfern.«

»Es gibt 39,13 Euro für zwei- bis vierstündige Fahrten, 78,25 Euro, also ein Viertel Tagegeld, wenn du vier bis sechs Stunden unterwegs bist, ein halbes Tagegeld bei über sechsstündiger

Reise ohne Übernachtung, 313 Euro bei einer Übernachtung, allerdings nur bei ›unvermeidlicher Übernachtung‹. Und: ›Nicht berücksichtigt wird eine Verlängerung der Reisedauer, die sich dadurch ergibt, dass nicht die direkteste Route gewählt wurde.‹«
»Gilt das auch für die Kilometerpauschale?«, frage ich. »Ich würde mich dann ab und zu verfahren zwischen Berlin und Brüssel. Einmal falsch abgebogen – Ostsee.«
»Mach das besser nicht, ich muss mich dann hinterher mit der Verwaltung auseinandersetzen. Ich meine, ich hätte gelesen, dass die erstattungsfähigen Reisen mit dem Auto auf 24 000 Kilometer begrenzt sind. Aber wenn du drüberkommst, kannst du sie dir aus dem Additional-Travel-Budget erstatten lassen. Oder aus Budget 400? Nee, das geht nicht, sehe ich gerade.«
»Budget 400? Lass mich raten, 400 Euro für Notfälle, in denen die nicht erschöpfende Büropauschale nicht greift, man mit Tagegeld, Kilometerpauschale und Zeitaufwandsvergütung nicht auskommt und ...«
»Nicht ganz«, korrigiert mich Hoffmann. »Budget 400 sind rund 45 000 Euro im Jahr für Veranstaltungen, Kugelschreiber bzw. Werbematerial, Druckerzeugnisse wie Flyer, Broschüren etc. Das wird aber direkt vom Parlament verwaltet.«
»Schön, da können wir einiges an lustigen Dingen produzieren.«
»Und jetzt aber zum wichtigsten Budget, der Mittelausstattung für parlamentarische Assistenten. Das sind knapp 25 000 Euro im Monat, aus denen alle Personalausgaben gedeckt werden.«
»Den Posten kenne ich«, werfe ich triumphierend ein, »ich habe gehört, dass nach dem EU-Beitritt ihrer Länder einige osteuropäische Abgeordnete für zigtausend Euro Assistenten eingestellt haben und sich insgeheim von denen einen Großteil zurückzahlen ließen!«
Mein Büroleiter schüttelt bedauernd den Kopf: »Das geht nicht mehr, die Richtlinien wurden 2009 geändert. Du bekommst das Geld gar nicht mehr in die Hand. Das geht alles über eine Zahlstelle.«

## BRÜSSEL, FLUGHAFEN ZAVENTEM

Wir haben uns nicht angemeldet, deswegen wartet am Flughafen von Brüssel kein Wagen des Fahrdienstes auf Hoffmann und mich. Ich beschließe, den Flughafenbus in die Stadt zu nehmen. Es ist jetzt wichtig, den Kontakt zu den einfachen Menschen nicht zu verlieren.

## BRÜSSEL, PLACE LUXEMBURG

Der Zweite Weltkrieg hatte in Brüssel kaum Zerstörungen verursacht, aber der Bau des EU-Quartiers vermochte das locker auszugleichen. Da die EU in den siebziger und achtziger Jahren keine langfristigen Garantien für diesen Standort geben wollte, blieb der Bürohausbau der privaten Wirtschaft überlassen. Bodenspekulanten kauften vorsorglich ganze Stadtquartiere auf und zerlegten elegante, etwas heruntergekommene Jugendstilquartiere. Korrupte Verflechtungen zwischen Politik, Verwaltung und Bauwirtschaft ergänzten sich schön mit einer fehlenden Stadtplanungspolitik. Baugenehmigungen wurden höchst freizügig erteilt und den Forderungen der Investoren angepasst. Um für Europa Platz zu schaffen, folgte »eine beispiellose Abrisstragödie«, wie die *Bauwelt* 1993 konstatieren musste.

Das Ergebnis befindet sich hinter mir. Steht man mit dem Rücken zum EU-Parlament, hat man den fast idyllischen kleinen Place Luxemburg vor sich; schmale weiße, typisch belgische Häuschen, drei Stockwerke hoch, mit kleinen Restaurants, Bars und Pubs im Erdgeschoss. Dreht man sich um, steht man vor einem riesigen, beeindruckend hässlichen, vollverspiegelten Bürogebäudekomplex, der auch im Quartier um den Berliner Hauptbahnhof nicht weiter auffallen würde. Hier befindet sich mein neuer Arbeitsplatz: das Europäische Parlament. Über einen großen Vorhof schlendere ich auf eine der beiden Drehtüren zu, die von Sicherheitsleuten bewacht werden.

## BRÜSSEL, EU-PARLAMENT

Lässig nehme ich die letzten Stufen, schlendere auf die Einlasskontrollen in der Haupthalle zu. Ein interessantes Gefühl, zum ersten Mal seit Jahren ist mein Ausweis nicht gefälscht. Aber obwohl er viel weniger eindrucksvoll wirkt als die selbstgebastelten, mit denen ich oft für *Titanic* oder die »heute show« unterwegs war, versucht niemand, mich aufzuhalten, im Gegenteil, die Wachmänner grüßen höflich. Sie haben eine eingebaute natürliche Gesichtserkennung, die es ihnen ermöglicht, die meisten der 751 MEPs (Members oft the European Parliament), rund die Hälfte von ihnen neu im Parlament, freundlich durchzuwinken. Im Inneren ist das Parlament nicht wesentlich charmanter, dafür aber recht unübersichtlich. Die Ein- und Ausgänge liegen auf unterschiedlichen Ebenen, und viele Fahrstühle halten nicht auf allen Stockwerken. Die Ebene null schließe ich gleich ins Herz. Hier gibt es kleine Geschäfte, Banken, Fahrdienstschalter, ein Fitnessstudio, zwei Saunen, Friseure, ein Café – und die MEP-Bar, die den Abgeordneten vorbehalten bleibt.

Mein Hochgefühl vergeht schlagartig, als mir eine osteuropäisch konturierte Dame resolut den Weg verstellt. Sie erweist sich als Assistentin der fraktionslosen Parlamentarier, die den Finger hebt und mich streng fixiert: »Haben Sie sich eingetragen?« Schuldbewusst verneine ich. »Das müssen Sie jeden Tag tun! Das ist das Allerallerwichtigste, was Sie hier im Parlament tun können! Wenn Sie sich nicht eintragen, bekommen Sie kein Tagegeld. Und da müssen Sie auch die Geschenke eintragen, die man Ihnen machen wird. Und Einladungen, wenn Aserbaidschan Sie einlädt und den Flug bezahlt ...« Tagegeld, Geschenke, Einladungen? Hier bin ich richtig!

Sie zieht mich am Arm, und zusammen machen wir uns auf die Suche nach dem Raum, in dem sich die *non-attached members*, also die Abgeordneten, die noch keiner Fraktion angehören, in ein schmuckloses Anwesenheitsbuch eintragen können. Der Raum wird in den ersten Wochen täglich wechseln, vermutlich soll diese

Taktik die Ortskenntnis der Neuparlamentarier fördern. Das tut sie sehr trickreich – als wir nach zwanzigminütiger Suche den im Intranet annoncierten Raum finden, ist er verschlossen. Zwei bizarr große und kantig wirkende Blondinen, vermutlich nordische Kommunis- oder niederländische Faschistinnen, stoßen zu uns, offensichtlich in ähnlicher Mission. »They changed the room«, raune ich ihnen zu, »it's cheaper for the EU!« Die beiden verziehen keine Miene und machen auf dem spitzen Absatz kehrt. Wir folgen ihnen unauffällig. Nach insgesamt 45 Minuten Schnitzeljagd erreichen wir das Ziel, eine Minute vor Türschluss. Nachdem ich mich unter den gelangweilten Blicken eines überbezahlten EU-Beamten eingetragen habe, kontrolliere ich, wer so alles da ist, und erlebe eine Überraschung. Marine Le Pen hat unterzeichnet, ihr alter Herr nicht. Warum hat sie nicht schnell für ihn mit unterschrieben: Ist sie ehrlich? Oder hasst sie ihn nur?

Um meine Überwacherin abzuschütteln, verabschiede ich mich auf eine Herrentoilette. Als ich mir zum Zeitvertreib die Hände waschen will, fällt mein Blick auf eine DIN-A4-große Tafel, auf der mir in zehn Schritten erklärt wird, wie man sich in 40 bis 60 Sekunden korrekt die Hände wäscht. Gerade bricht sich der Gedanke Bahn, dass die EU wirklich zu viele Details unseres Lebens reglementieren will, als mir klar wird, dass ich bisher beim Händewaschen offenbar der Säuberung meiner Daumen nicht ausreichend Aufmerksamkeit geschenkt habe. Und immer viel zu schnell fertig war – ich bin mit meinem Routineprogramm (ohne intensive Daumenreinigung) normalerweise schon nach geschätzten 30 Sekunden fertig. Das werde ich überprüfen, die Stoppuhr meines Smartphones läuft zur Kontrolle mit. Leider verliere ich am Seifenspender wertvolle Zeit, er ist leer. Trotz drei- bis viermaligen Drückens kommt nichts. Egal, nehme ich halt möglichst heißes Wasser. Ich drehe den linken Drehknopf. Es passiert nicht viel. Der Andeutung eines hohlen Dröhnens folgt ein Tropfen, dann noch einer. Ich drehe den Kaltwasserhahn auf. Kaltes Wasser läuft. Verblüfft wasche ich mir damit die Hände, eine neue Bestzeit springt unter diesen Umständen nicht heraus. Später erfahre ich, dass im gesamten Hauptgebäude der EU in Brüssel das warme Wasser abgestellt wurde, weil sich Legionellen in den Warmwasserleitungen tummeln. Zum Glück befindet sich unser Büro für die nächsten fünf Jahre in einem der großen Nebengebäude, im siebten Stock des Willy-Brandt-Gebäudes.

## BRÜSSEL, BÜRO

Die Verwaltung hat uns drei nebeneinanderliegende Büroräume zugewiesen. Da ich plane, eher in Cafés zu arbeiten, überlasse ich Büroleiter Hoffmann die beiden verbundenen Räume und nehme den dritten; einen schmucklosen, fast quadratischen Raum mit Schreibtisch, Garderobenständer, drei Stühlen, ein paar furnierten Schränken und einem überraschend langsamen Parlamentscomputer. Hoffmann sagt, wenn mich etwas stören sollte, könnten wir von der Verwaltung jederzeit den Grundriss, Türen versetzen und Möbel kommen lassen, aber ich erbitte mir lediglich ein Sofa.

Zwei Wochen später wird ein ein gebrauchtes IKEA-Sofa mit Kaffeefleck in meinem Büro stehen und Hoffmann ein paar PARTEI-Plakate an den Wänden angebracht haben. Nachdem er sein Bürotelefon in einem Gespräch mit einer Dame in der Verwaltung zum ersten Mal im Bildübertragungsmodus verwendet hat, tauscht er das Plakat hinter seinem Sitzplatz aus. Statt »Hände weg von deutschen Titten! Nein zur EU-Norm-Brust!« prangt dort nun etwas weniger irritierend »Das Brot ist voll!«.

An diesem Mittag begebe ich mich zunächst auf einen kurzen Parcours durch das Hauptgebäude. Dort erhalte ich ein paar überwiegend in Blau gehaltene Broschüren mit Pflichten und Rechten der Abgeordneten. Und einen Badge, der mir überall Zugang gewähren soll. Zwei freundliche Mitarbeiter des Parlaments bitten mich vor eine Kamera, damit ein Passbild gemacht werden kann. Ich halte still, dann blitzt es, dann zeigen mir die Fotografen das Bild. Und dann versichern sie mir mehrfach, dass sie aber auch noch ein anderes Foto machen könnten. Wenn nicht jetzt, dann vielleicht später? Ich könnte jederzeit vorbeikommen, dann würden sie einfach noch ein Foto machen. Ein anderes. Mir gefallen das Foto und die ausgesuchte, fast übertriebene Höflichkeit, die uns Abgeordneten entgegengebracht wird.

Zurück im Büro sitze ich den Bürostuhl probe, lege zufrieden die Füße auf den Schreibtisch und lese die kleine Presseschau, die mir in Berlin mein (depressiver) Redenschreiber täglich zusammenstellt. In der *Frankfurter Rundschau* plädiert ein MEP namens Jo Leinen von der SPD für ein neues europäisches Wahlrecht. Begründet wird die Forderung damit, dass der Chefredakteur der *Zeit*, Giovanni di Florenzo, bei der nächsten Europawahl nicht wieder in zwei Ländern wählen können soll, in Italien und Deutschland. Das ist zwar auch heute schon illegal, wird aber eben nicht überprüft. Außerdem solle ein Teil der Europaabgeordneten zukünftig über sogenannte »transnationale Listen« gewählt werden. Die sollten von den europäischen Parteifamilien länderübergreifend aufgestellt werden und dann europaweit auf den Wahlzetteln stehen.

Im ersten Moment komme ich gar nicht auf den Gedanken, dass die Meldung etwas mit Außenminister Steinmeiers Verärgerung oder unserem Mandat zu tun haben könnte. Und dass uns das leidige Thema Wahlrechtsreform durch die kommenden vier Jahre begleiten wird, weil das politische Establishment beschlossen hat, mit erheblichem Aufwand dafür zu sorgen, dass dieses Mandat der PARTEI eine Ausnahme bleiben wird.

## BRÜSSEL, BÜRO

Über Twitter kommt von den vier Abgeordneten der polnischen KNP eine Einladung zu Sondierungsgesprächen. Über Twitter? Klingt unseriös und ist es auch. Die KNP ist eine rechtslastige Partei, das ergibt eine schnelle Internetrecherche, von ihren Standpunkten der amerikanischen Tea-Party-Bewegung nicht unähnlich. Ihr Vorsitzender Janusz Korwin-Mikke will die Demokratie bekämpfen und hatte im Wahlkampf angekündigt, er wolle das EU-Parlamentsgebäude »verkaufen und dort ein Bordell« errichten.

Ich reagiere nicht auf die Anfrage. Später schließen sich drei der Abgeordneten der Fraktion von Marine Le Pen an, zusammen mit der Partei »Recht und Ordnung« aus Litauen. Deren Vorsitzender, Rolandas Paksas, ist ehemaliger Präsident von Litauen und das erste europäische Staatsoberhaupt, gegen das ein Amtsenthebungsverfahren erfolgreich durchgeführt wurde. Korwin-Mikke selbst ist überraschenderweise in der rechtsextremen Fraktion nicht willkommen, der Niederländer Geert Wilders wirft ihm »antisemitische Äußerungen« vor. So bleibt der Pole fraktionslos. Noch ahne ich nicht, dass er mein bester Kumpel im Parlament werden wird.

Es klopft an meine Bürotür. Ich öffne, mein Büroleiter steht davor: »Ah, Hoffmann, immer herein, was gibt's Neues?«

Es ist das erste und gleichzeitig letzte Mal in dieser Woche, dass an meine Tür geklopft wird. Links von uns liegen die Büros von fraktionslosen Nationalisten aus den Benelux-Ländern, gegenüber französische Kommunisten und rechts residieren Abgeordnete der »Fraktion der Europäischen Konservativen und Reformer« (ECR), wahrscheinlich britische Torys und Vertreter der polnischen PiS-Partei.

Dustin Hoffmann hat eine politische Idee, die mir gefällt. Er schlägt mir vor, die legendäre EU-Gurkenkrümmungsverordnung, die 2009 abgeschafft wurde, weil zu viele Bürger darüber gelacht haben, wieder einzuführen: für Exportwaffen. Ein Zentimeter Krümmung auf je zehn Zentimeter Länge würde die Welt sicher nicht schlechter machen. Ein guter Plan. Aber wie kann ich das legislativ umsetzen lassen?

Hoffmann schaut in sein Smartphone: »Offenbar musst du fünf

Prozent der Abgeordneten dazu bringen, mitzumachen. Und dir eine Unterschrift zu geben.«

»Das sind knapp 40 Leute. Klingt aufwendig. Aber gut, für ein europaweites Gesetz zur Verbesserung der Welt ... Und dann?«

Hoffmann liest weiter: »Dann nichts. Alles, was du machen kannst, ist, die Kommission schriftlich zu bitten, sich zu dem Thema Gedanken zu machen und sie dir mitzuteilen.«

»Toll. Aber hat das Parlament denn überhaupt keine Art von Initiativrecht?«, hake ich nach. »Können wir absolut kein Gesetz in Auftrag geben?«

»Doch«, entgegnet Hoffmann, »der Vertrag von Maastricht räumt dem Parlament ein ›legislatives Initiativrecht‹ ein ...«

»Siehst du, ich wusste es!«

»... das sich jedoch auf die Möglichkeit beschränkt, die Kommission zur Vorlage eines Vorschlags aufzufordern. Und die müssen nicht mal reagieren. Ich weiß, dass vor Jahren ein britischer Kommissar mal auf die Forderung des Parlaments, eine Gesetzesvorlage zur Finanzmarktregulierung zu erstellen, einfach gar nicht reagiert hat.«

## BRÜSSEL, EU-PARLAMENT

Fraktionsverhandlungen! Die Fraktionen der Linken und der Grünen haben Interesse signalisiert, mit uns Gespräche zu führen. Büroleiter Hoffmann macht für die kommenden Tage Termine aus, dann treffen wir uns in kleinem Kreis jeweils mit den Fraktionsvorsitzenden in deren Räumen.

»Zonen-Gabi Zimmer« *(Die Zeit)*, die das Kunststück fertigbringt, einen disparaten Haufen linker Parteien aus ganz Europa unter einen Hut zu bringen, macht einen netten, ausgeglichenen Eindruck und dürfte mir politisch etwas näher stehen als Rebecca Harms, die leicht überdreht wirkende Ulknudel der Grünen. Zwar sind alle Fraktionen naturgemäß daran interessiert, möglichst viele Abgeordnete aufzunehmen, um an Bedeutung zu gewinnen, aber in beiden Gesprächen gibt es anfangs deutliche Vorbehalte gegenüber der PARTEI. Wir nehmen es mit Gelassenheit.

Um nicht wie blutige Anfänger zu wirken, fragen wir in beiden Verhandlungen mit Pokermiene, was die Fraktionen uns für den Fall eines Eintritts anbieten. Was wir mitbringen, wissen wir bereits: Unser Budget 400 würde im Falle eines Beitritts im Fraktionsbudget aufgehen.

Die Generalsekretärin der Linken, eine auffällige blonde Finnin, die ihre Rolle offenbar bei Claire Underwood gelernt hat, bietet uns an, dass wir das komplette Budget selbst verwalten können. Hoffmann fragt besorgt, ob man eigentlich als Mitglied der Linken auch Champagner trinken dürfe. Die finnische Generalsekretärin strahlt ihn an und haucht: »I personally doooo drink champagne!« Der Tonfall lässt bei mir den Verdacht aufkommen, sie würde grundsätzlich nichts anderes anrühren.

Die Grünen wollen uns nur die Hälfte des Budgets zugestehen, bieten uns aber dafür eine Stelle in der Administration an, die wir besetzen dürfen – das ist natürlich praktisch, wenn man Freunde oder Familienmitglieder unterbringen muss –, und sie reservieren die Position eines stellvertretenden Vorsitzenden im Kulturausschuss für mich.

Obwohl die bilateralen Gespräche in sehr netter Atmosphäre verlaufen, entschließe ich mich nach kurzer Bedenkzeit, in keine der beiden Fraktionen einzutreten. Ich befürchte, dass wir uns andernfalls für jeden Unsinn, den wir im Parlament anstellen, zu rechtfertigen haben.

Die Linke nimmt es komplett gelassen. Die Grünen, bei denen es im Vorfeld offenbar heftige Diskussionen gab – die progressiveren, jüngeren Grünen waren dafür, uns aufzunehmen, die älteren strikt dagegen –, können sich damit trösten, dass Julia Reda zu ihnen kommt, die einzige Piratin im Europäischen Parlament. Nachdem ich abgesagt habe, bleibt die Grüne Helga Rüpel stellvertretende Vorsitzende im Kulturausschuss. Obwohl sie mir praktisch ihre Karriere verdankt, erhalte ich nicht mal ein paar Blumen.

## BELGIEN, AUTOROUTE DU SOLEIL

Die Fahrt von Brüssel nach Straßburg ist gar nicht so unangenehm, es gibt eine durchgehende Autobahnverbindung. Sie beginnt auf der belgischen Autoroute du Soleil, führt durch Ardennen und Vogesen, zwischendurch ein kurzer Halt in Luxemburg, wo der Liter Super rund 25 Cent billiger ist als in Belgien und Deutschland, und drei noch kürzere an französischen Mautstellen. In den ersten 45 Minuten herrscht noch Verkehr, aber dann wird er spärlicher und nimmt erst vor Straßburg wieder zu. Bei einem Tempolimit von 120 auf den belgischen Autobahnen fährt man mit 140 entspannt auf der linken Spur, wird nur drei-, viermal von Irren mit Höchstgeschwindigkeit überholt. Oder von der Kolonne des Parlamentspräsidenten. Zum Glück zeigen die vorausfahrenden Polizisten auf ihren Motorrädern dabei keinerlei Interesse an meiner eigenen Geschwindigkeitsüberschreitung. Wir selbst fahren auch so eine Art Kolonne. Ich fahre als Erster, weil ich mit 51 Cent das größte Kilometergeld erhalte, mein Büroleiter und Sarah, die belgische Assistentin, die uns das Parlament stellt, fahren mit ihren Autos in meinem Windschatten. Sie erhalten nur rund 23 Cent pro Kilometer.

Aber warum eigentlich Straßburg? Bevor ich das Mandat antrat, hatte ich natürlich meinen Arbeitsplatz gegoogelt und war auf Brüssel gestoßen. Dass das EU-Parlament Filialen in Luxemburg und Straßburg unterhält, hatte mich nicht nachhaltig irritiert. Dann musste ich feststellen, dass fast die gesamte Firma zwölf Mal im Jahr nach Frankreich umzieht. Drei- bis viertausend Mitarbeiter machen sich per Zug, Flugzeug oder Pkw einmal im Monat montags auf den Weg ins Elsass. Begleitet werden sie von mehreren Trucks, die in Tausenden genormter grüner Plastikkisten Büromaterial transportieren – und von den schwarzen Limousinen des Fahrdienstes, die leer zwischen den Städten hin- und hergefahren werden, weil sie den Abgeordneten natürlich auch in Straßburg zur Verfügung stehen müssen.

Nach fünf Stunden Fahrt passiere ich in Straßburg den Europäischen Gerichtshof für Menschenrechte. Danach taucht zu meiner Linken ein abgerundetes Tortenstück aus Glas, Holz und Stahl auf. Das Parlamentsgebäude schmiegt sich fast idyllisch an den Zusammenfluss eines kleinen Straßburger Kanals mit dem Flüsschen Ill und wirkt schon von außen wesentlich freundlicher als sein belgisches Pendant.

Und von innen auch! Nachdem ich meinen 20 Jahre alten Audi im MEP-Bereich zwischen überwiegend PS-starken Limousinen in der Tiefgarage geparkt habe, mache ich mich daran, mein neues Büro zu suchen. *LOW T0503* – was soll das heißen? Zum Glück ist Büroleiter Hoffmann vor mir eingetroffen und kann mich per Handy dirigieren. Im Erdgeschoss sehe ich Hans-Olaf Henkel herumirren, den ehemaligen Präsidenten des BDI. Eine Schande, dass unsere Industriellen mit fast 75 Jahren noch arbeiten müssen! Dann springe ich in einen von acht Aufzügen, fahre in den fünften Stock des runden Gebäudes und stehe wenig später beeindruckt vor einer Bürotür mit meinem Namen.

Das Büro selbst ist klein, vielleicht zehn Quadratmeter groß, aber nett.

### Sachdienlicher Hinweis des Deutschlandfunks
Das kleine Büro im fünften Stock einer der Büroetagen neben dem Plenarsaal ist noch nicht eingerichtet. In den ansonsten leeren Regalen stehen eine kleine Flasche Gewürztraminer und ein Glas mit in Gewürztraminer marinierter Straßburger Pastete – ein Präsent der Stadt an jeden Abgeordneten zu Beginn der Legislaturperiode. Martin Sonneborn: »Kleines Bestechungsgeschenk der Stadt Straßburg. Wenn Sie mögen, es gibt noch ein Stück.«

Das Gebäude ist so konzipiert, dass es im Fall einer existenziellen Krise der EU auch als Studentenwohnheim genutzt werden kann. Direkt hinter dem Eingang meines Büros führt eine schmale Tür in ein Miniaturbad mit Toilette, Waschbecken und Dusche. Über zwei Seiten des Büros ziehen sich Schrankwände aus freundlichem Holz. Aus der einen Wand kann man eine mit rotem Samt bezogene Liege klappen – ideal für ein Mittagsschläfchen nach anstrengendem Regieren! Ein Schreibtisch mit Telefon, drei Bürostühle, ein Computer-Arbeitsplatz mit Kopierer und Drucker, ein Fernseher und eine Fensterfront, durch die man in den freundlich gestalteten Innenhof schauen kann, komplettieren das Ensemble. Leider zeigt der Fernseher auf fast allen Knöpfen das gleiche langweilige Programm, das allerdings in rund 20 verschiedenen Sprachen: Hier werden die Plenarsitzungen übertragen. Andererseits: Wer schaut heute noch linear?

Ich trage mich noch kurz in die Anwesenheitsbücher ein, dann erkunde ich mit meinem Büroleiter die Gastronomie der Straßburger Altstadt. Sie scheint für Typen wie uns gemacht zu sein. Bei Sauerkraut und drei verschiedenen Sorten Wurst erzählt mir Hoffmann, dass Hans-Olaf Henkel sich über die unzureichende Größe seines Büros beschwert habe, das ihm eher als Kaninchenstall geeignet scheine.

## JULI 2014

### STRASSBURG, EU-PARLAMENT

Erster richtiger Arbeitstag in Frankreich und gleich: peng, Plenarsitzung! Morgens um zehn Uhr! Im schwarzen Mercedes des Fahrdienstes, der mich ins Parlament bringen soll, sitzt schon ein älterer Herr mit wild wuchernden Augenbrauen. Der neue Arbeitskollege stellt sich als Ungar aus der EVP vor. Die Europäische Volkspartei ist konservativ und die größte Fraktion im Parlament. Ihr Vorsitzender heißt Manfred Streber (CSU), und die deutschen Kollegen von CDU/CSU stellen das größte Kontingent an Abgeordneten, so viel weiß ich immerhin.

Auf die Frage, wie es um die Demokratie in seinem Land stehe, beruhigt mich der Ungar. Es sei alles in Ordnung: Seine Partei habe bei den letzten Wahlen 52 Prozent erhalten, die Presse sei frei, und die Linken könnten sich im Internet äußern. Der Rest der Fahrt verläuft schweigend.
Auf dem Weg ins Plenum laufe ich einigen deutschen Journalisten in die Arme. Ich erkläre in mehrere Kameras, dass ich hier sei, um den Laden mal so richtig umzukrempeln, dann suche ich im Plenarsaal den Platz, von dem aus ich in Zukunft die Weltgeschicke bestimmen soll. Und finde mich in illustrer Umgebung.

**Sachdienlicher Hinweis der Jungen Welt**
Junge Welt: Mit 184 709 Stimmen sind Sie ins Europaparlament eingezogen. Die Plenarsitzungen begannen am 1. Juli. Haben Sie sich schon eingelebt?
Martin Sonneborn: Die Plenarsitzungen in Straßburg sind tatsächlich etwas bizarr. Direkt links von mir sitzen krachlederne FPÖ-Typen in kurzen Hosen, rechts die unrasierte »Alternative für Deutschland«, links vor mir Marine Le Pen vom französischen Front National, auch unrasiert, und links hinter mir Udo Voigt von der NPD. Ich ducke mich immer schnell weg, wenn die Parlamentskamera filmt, wegen Rufschädigung und so.

**Sachdienlicher Hinweis der Ostseezeitung**
Ostseezeitung: Haben Sie mal gesehen, was Udo Voigt auf seinem iPad spielt?
Martin Sonneborn: Nein. Ich habe darum gebeten, im Parlament hinter ihm zu sitzen. Ich hatte den Plan, ihm mittels eines Gummis eine Krampe auf den dicken Hals zu ziehen, wie wir es früher in der Schule machten. Aber jetzt sitzt er hinter mir.

Die Arbeit selbst ist nicht der Rede wert: Der Vorarbeiter, ein sympathischer Kerl mit Glatzkopf und Kinnbart, erklärt uns unter Verzicht auf die Buchstabenkombination SCH, wie man das kleine Arbeitsgerät mit den drei Knöpfen für JA, NEIN und ENT-HALTUNG beziehungsweise MIR IST SOWIESO ALLES EGAL auf dem Tisch bedient. Ein Probelauf, dann noch einer und plötzlich bedankt sich der Mann dafür, dass wir ihn zum Parlamentspräsidenten gewählt haben. Es folgt die ausgefeilteste SCH-freie Dankesrede, die ich je gehört habe, aber weil der Chef die Situation für historisch befindet, will er sie auch so bezeichnen: als historich. Herzlichen Glückwunsch, Herr Chulz!

Nachmittags gibt es ein Treffen der fraktionslosen Abgeordneten. Die Atmosphäre ist befremdlich. Als ich mich im Sitzungsraum umschaue, wird mir klar, warum wir im Parlament als Aussätzige gelten: Wer in diesem Raum nicht rechtsradikal ist, der ist bestenfalls verrückter griechischer Kommunist. Rund 50 Mandatsträger tummeln sich hier. Viele von ihnen werden in den kommenden Wochen Fraktionen beitreten – oder selbst eine Fraktion zu gründen versuchen. Aber jetzt sind sie alle hier versammelt, Mitglieder des Front National, österreichische FPÖ-Abgeordnete, polnische, belgische und holländische Nationalisten und ungarische Antisemiten. Udo Voigt von der NPD erkenne ich, er fraternisiert gerade in lustigem Englisch mit drei älteren Griechen, die ich als Vertreter der Goldenen Morgenröte ausmachen kann. Die Mitarbeiter des Sekretariats, das für uns zuständig ist, stellen sich vor. Sie sind höflich, gebildet und sehr korrekt.

Danach habe ich Tagesfreizeit. Überhaupt sind die Sitzungstage in Straßburg weniger stressig als gedacht. Das liegt sicherlich auch daran, dass ich keine Fraktionssitzungen habe. Außerdem tagt der Kulturausschuss, in dem ich Mitglied werde, nicht in Straßburg. So beginnt die Arbeit zumeist um zwölf Uhr mit den Abstimmungen, die mitunter 90 Minuten gehen, oft, zumeist donnerstags, aber auch nur eine gute Viertelstunde.

Nachmittags sichten Büroleiter Hoffmann und ich drei Kubikmeter Lobbyistenpost und Einladungen. Am besten gefällt mir der Gratulationsbrief des Botschafters der Islamischen Republik Iran, der mit »Eure Exzellenz« anhebt und unseren beiden Völkern Glück und Erfolg wünscht. Ich beschließe, sein Volk demnächst mal zu besuchen. Abends gehen wir mit den netten grünen Kollegen Terry Reintke, Jan Philipp Albrecht und Ska Keller Flammkuchen essen. Und machen sie aus politisch-strategischen Gründen mit Tequila derart betrunken, dass sie am nächsten Tag ein Video aufnehmen, mit dem sie es bis in die verfickte* *Bild*-Zeitung schaffen.**

**Sachdienlicher Hinweis von Telepolis**
Telepolis: Stellen Sie jetzt wenigstens Verwandtschaft und Freunde an, nach dem bayerischen Modell?
Martin Sonneborn: Nein, das ist mittlerweile leider untersagt. Obwohl mich die Begründung eines UKIP-Mannes, er habe seine Frau als erstaunlich gut bezahlte Büroleiterin angestellt, weil niemand anders das für ihn tun könne, was sie tue, vollkommen überzeugt. Präsident Chulz hat über 30 Leute, die für ihn arbeiten, inklusive eines Kammerdieners. Ich überlege gerade, ihm ein Angebot zu machen: Ich stelle seine Verwandten ein und er meine. Das kann für beide Seiten interessant werden, ich habe in einen libanesischen Familienclan eingeheiratet.

**Sachdienlicher Hinweis des Focus**
Drei Vertreter der rechtsradikalen griechischen »Goldenen Morgenröte« stellten gegenseitig ihre Töchter ein.

**Sachdienlicher Hinweis von Büroleiter Hoffmann**
Ich habe mal recherchiert: Offenbar sind acht Leute mit dem Namen Schulz im EU-Parlament angestellt.

\* Ich bitte um Verzeihung für die Wortwahl, aber ich genieße Immunität.
\*\* Empfohlene Google-Suchworte: Spott für grüne Teletubbies, Fremdschäm-Video. Leider geht unser Sabotageplan nicht auf, das Video zerstört die Karrieren der drei Jungpolitiker nicht nachhaltig; Terry Reintke wird später »Person of the Year« im *Time*-Magazine, Ska Keller Fraktionsvorsitzende und Albrecht Minister in Schleswig-Holstein.

## STRASSBURG, BÜRO

Zwei Journalisten sind die ersten Besucher in meinem neuen Büro, eine Dame vom *Deutschlandfunk* und ein Herr von der *Süddeutschen Zeitung*. Sie sprechen auch mit allen anderen Vertretern der deutsche Kleinparteien: Julia Reda (Piraten-Partei), Prof. Klaus Buchner (ÖDP), Ulrike Müller (Freie Wähler), Stefan Eck (Tierschutzpartei), Arne Gericke (Familienpartei) und Udo Voigt von der NPD.

### Sachdienlicher Hinweis des Deutschlandfunks
Martin Sonneborn: Ich bin im Kulturausschuss – das kann Sie auch interessieren, fällt mir gerade auf. Ich habe den Plan, dass die 390 Millionen, die sich der öffentlich-rechtliche Rundfunk durch die Haushaltsabgabe zusätzlich ergaunert hat – das Wort ›ergaunert‹ können Sie in der *Süddeutschen* vielleicht streichen und im *Deutschlandfunk* auspiepen –, den Printmedien zur Verfügung gestellt werden. Weil ich glaube, dass der *Spiegel*, die *FAZ*, die *Süddeutsche* und *Titanic* schützenswerte Kulturgüter sind.

## STRASSBURG, EU-PARLAMENT

Der zweite Arbeitstag ist schon fast Routine. Ich setze mich zwischen die Verhaltensauffälligen im linken Flügel des Plenums, wähle aus Langeweile ein paar Vizepräsidenten für das Parlament, dann gehe ich in mein Büro und schaue mir dort die folgende Aussprache im Fernseher an. Das ist lustiger als im Plenarsaal, besonders, wenn stark gestikulierende männliche Abgeordnete aus Bulgarien von weiblichen Dolmetschern mit dünnem Stimmchen übersetzt werden. Alles, was im Plenum in ein Mikrophon gesagt wird, wird in die 24 Amtssprachen der EU übersetzt. Ist das nicht ein bisschen viel Aufwand in einem von Deutschland dominierten Europa? Überhaupt, was haben die vielen Ausländer hier im Parlament zu suchen?

Ich stehe an den Aufzügen, als ein Mann im rosafarbenen Hemd auf mich zukommt:»Guten Tag, ich bin David McAllister, ich wollte mich mal vorstellen.«

»Tag, McAllister, ich kenne Sie, ich bin Niedersachse. Gut übrigens, dass wir uns treffen, ich habe da eine politische Vision, die ich gern mit Ihnen zusammen umsetzen würde.« Der Mann, dem die *Tagesschau* erst kürzlich noch attestierte, dass er »europapolitisch unerfahren« sei, schaut interessiert. »Sie kennen doch die Gurkenkrümmungsverordnung, die die EU 2009 zurückgenommen hat, weil zu viele Leute darüber gelacht haben.«

»Ja, und?«

»Ich möchte diese Verordnung wieder einführen, aber für Exportwaffen.« McAllisters Blick verdüstert sich, hilflos schaut er auf die geschlossene Fahrstuhltür. »Verstehen Sie? Je zwei Zentimeter Krümmung auf je zehn Zentimeter Lauf. Ich glaube, dass viel Leid und Unbill in der Welt verhindert werden, wenn wir als Waffenexporteure da voranschreiten ...« – Des Schotten Blick wird ziellos, dann blitzt Hoffnung: Ein akustisches Signal kündigt den Fahrstuhl an.

»Very interesting idea«, stößt der CDU-Spitzenkandidat hervor, dann springt er zwischen die sich öffnenden Fahrstuhltüren.

»Let's do lunch!«, rufe ich ihm nach, dann sind meine ersten Sondierungsgespräche beendet.

### Sachdienlicher Hinweis des Economist

As a member of the European Parliament Mr Sonneborn plans to revive the EU's infamous cucumber-curvature law (scrapped, after much ridicule, in 2009). But now it will apply to weapons exports and will promote curviness rather than discouraging it: every 10 cm of gun or tank barrel will have to curve by 2 cm.

Kommentar von Ohio: Lord, I pray that you will protect (and distance) me from Germans trying to be funny.
Kommentar von Norbert Zillatron: I am one of those 0.62%. Well, what other choices were there? His presence in the Parlia-

ment represents my raised middle finger to all those self-righteous, pompous wights that consider ordinary citizens bothersome pests.

## STRASSBURG, PLENUM

Herr Chulz hat Abstimmungen befohlen. Gut, kann er haben, ich bin bestens vorbereitet auf meinen ersten Abstimmungsmarathon. Zum Glück hatte mir einer meiner neuen Kollegen beim Bier erzählt, wie er in der vergangenen Legislaturperiode vor seinem ersten Abstimmungstag im Sekretariat Informationsmaterial zu den anstehenden Entscheidungen erbeten hatte. Die Sekretärinnen hätten die Augen verdreht und ihm innerhalb von drei Stunden einen mannshohen (Dirk Nowitzki) Stapel mit bedrucktem Papier erstellt. Er habe abgewehrt, er brauche nur die deutschen Versionen. Die Damen hätten indigniert mit den Augen gerollt und ihm bedeutet, das seien nur die deutschen Versionen.

### Sachdienlicher Hinweis meines Büroleiters
In den Fraktionen stellen zahlreiche Mitarbeiter und Assistenten Material für die einzelnen Abstimmungen zusammen. Das Abstimmungsverhalten wird in der Fraktion diskutiert, festgelegt und dann auf Formblättern in Listen eingetragen: Änderungsantrag zur »Situation in der Ukraine«, Paragraph 34, Änderung 14/2: JA, NEIN oder SCHEISSEGAL.

Als fraktionsloser Abgeordneter hat man natürlich keine Chance, die Änderung 14/2 zu kennen. Oder den Änderungsantrag zur Situation in der Ukraine. Oder die Situation in der Ukraine selbst. Zum Glück habe ich ein politisches Patentrezept, das mir die Abstimmungen erleichtert: Getreu dem Wahlkampfmotto der PARTEI stimme ich im Plenum immer abwechselnd mit JA zu Europa und NEIN zu Europa. Das bin ich meinen Wählern schuldig, und es ist bei den eineinhalb Sekunden Bedenkzeit, die bei jeder Entscheidung eingeräumt werden, auch gut zu schaffen. Kaputt machen kann ich Europa damit nicht, das stelle ich recht schnell fest: Eine Große Koalition aus der konservativen »Europäischen Volkspartei« (EVP) und der »Fraktion der Progressiven Allianz der Sozialdemokraten« (S&D) bestimmt im Plenum die Geschicke Europas. Knappe Abstimmungen gibt es fast nie, zusammen können die beiden größten Fraktionen durchsetzen, was immer ihnen gefällt.

Ich steige politisch sofort ganz groß ein, stimme vollkommen entspannt mit JA und NEIN erst mal zu Ebola, zum Israel-Palästina-Konflikt und zur Gastronomie in Spanien.

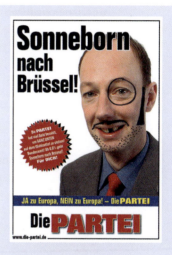

Dabei bleibt sogar noch Zeit, meinem FPÖ-Nachbarn zuzuschauen, wie er mit seinem dicken Daumen in seiner Liste abrutscht, ein paarmal gegen seine Parteilinie stimmt und dann hektisch wieder den Anschluss sucht. Typisch Österreicher! Als ich allerdings feststelle, dass ein paar Reihen vor mir eine auffällig in Pink gekleidete Cheerleaderin aufgestanden ist und mit Daumen hoch und Daumen runter ihrer Fraktion Hilfestellung leistet, ist meine Konzentration dahin. Jede Fraktion hat, das sehe ich jetzt, einen Vorturner, der zur Sicherheit in jeder einzelnen Abstimmung die Fraktionslinie aufzeigt.

Ich verpasse meinen Einsatz und stimme konfus dem Entschließungsantrag B8-0081/2014 zu, danach zusammen mit Beatrix von Strolch (AfD) gegen irgendwas und schlussendlich sogar noch für die Möglichkeit einer »Schubumkehr im Erdgasbereich (Ukraine-Konflikt)«.

Einen Moment lang bin ich entsetzt. Dann mache ich mir klar, dass alles Wichtige ohnehin von einer Großen Koalition durchgewinkt oder blockiert wird. Und zwischendurch lediglich Dutzende von bedeutungslosen Textänderungsvorschlägen zur Wahl stehen. Trotzdem, als die Schulklingel zum Sitzungsende ertönt, bin ich mit den Nerven fertig.

Endlich große Pause! Das Plenum leert sich. Ich warte, bis nur noch ein paar Putzfrauen anwesend sind, und schlendere dann zum Sitzplatz von Udo Voigt (NPD) in der Reihe hinter mir, mal nachschauen, ob er schon ein paar Hakenkreuze in seinen Tisch geritzt hat oder Kritzeleien: »Fck freihtl.demokrt. Grndordn!« Sein Pult ist wider Erwarten tadellos, ich kontrolliere kurz seine Notizen, aus denen man lediglich ersehen kann, dass er beflissen mitschreibt (»Vor Abstimmung: Panoramafoto!« »Grundwerte + Menschenrechte – für Mittwoch vorbereiten!«), die deutsche Rechtschreibung zu großen Teilen beherrscht und wichtige Funktionsträger zielsicher durcheinanderwirft (»Commisionspräsident De Gucht«).

Die Zeitung, die unter dem Tisch hervorragt, sieht eindeutig nach *Junge Freiheit* aus, erweist sich aber beim Herausziehen überraschenderweise als – *taz*. Sollte Voigt langsam senil werden? Ein Blick in den aufgeschlagenen Artikel beruhigt mich: »Hakenkreuze auf der Schulbank« lautet die Überschrift, Voigt bildet sich also lediglich weiter und ist völlig klar im Kopf. Schnell ein Foto und ab auf Facebook damit, dann gehe auch ich in die Mensa.

Das Foto schicke ich abends an die *taz*, mit dem Hinweis, dass es doch eine nette Werbekampagne wäre: »Selbst unsere Nazis lesen die *taz*!« – aber ich erhalte keine Antwort.

Als ich leicht verspätet ins Plenum zurückkomme, raunzt mich mein bulliger FPÖ-Nachbar an: »Was fällt Ihnen ein?! Schon mal was von Privatsphäre gehört?! An die Schreibtische von Kollegen gehen! Beim nächsten Mal poste ich auf Facebook, dass Sie selten da sind. Das wird sicherlich Ihre Wähler interessieren!« Ich überlege, ihm zu erklären, das sei jetzt eine Straßensache – er solle mit rauskommen, vors Parlament. Aber da ich mich mit zehn zum letzten Mal richtig geprügelt habe und der bullige Steiermärker eine fragil wirkende Brille trägt, entgegne ich lediglich, dass das meine Wähler sicherlich interessieren würde. Abends im Bett überlege ich, ob ich Martin Chulz bitten soll, uns auseinanderzusetzen.

## STRASSBURG, PLENUM

Der dritte Sitzungstag bringt die erste EU-Krise mit sich: Der Fahrdienst hat logistische Probleme, 20 Minuten lang warte ich vor dem Hoteleingang. Die Abstimmungen an diesem Donnerstagmorgen sollen pünktlich um 10 Uhr beginnen, um 9.50 Uhr ist der Wagen endlich da. Um 10.05 Uhr stürme ich ins Plenum (nicht ohne im Vorübereilen eine Art Unterschrift im Anwesenheitsbuch zu platzieren). Zu spät, Massen von gut gelaunten Europäern kommen mir bereits entgegen, jemand winkt, ruft auf Deutsch »Schon alles vorbei!«. Da, ein bekanntes Gesicht, eine Parlamentarierin der Grünen. Ich frage:
»Was haben Sie gemacht?«
»Ich glaube, wir haben abgestimmt!«
»Ah, das ist gut, worum ging es?«
»Weiß nicht, aber es war per Handzeichen und ging mit großer Mehrheit durch!«

### Sachdienlicher Hinweis auf der Homepage des EU-Parlaments
Während der Plenartagungen treffen die Parlamentsmitglieder bedeutende Entscheidungen.

### Sachdienlicher Hinweis meines palästinensischen Friseurs
Was wollen EU? Was machen EU? Nichts hören von EU! Nur Haufen dumme Gesetze!

Im Fahrstuhl ist die Stimmung ausgelassen, das Ganze erinnert plötzlich an den letzten Schultag. In breitestem Österreichisch werden Assistentinnen angewiesen, die 16-Uhr-Flüge umzubuchen, man könne die Maschine davor noch erreichen. Auf den Fluren ist der Schlenderschritt, der in Brüssel und Straßburg von Montagabend bis Donnerstagmittag vorherrscht, einem schnellen, präzisen Laufstil gewichen, die Kofferrollgeschwindigkeit hat sich verdreifacht. Ich leere eine Flasche Gewürztraminer und nehme den nächsten Zug nach Berlin. Die EU-Sommerferien haben begonnen.

## BRÜSSEL, UMLAND

Für einen letzten »heute show«-Beitrag treffe ich 20 Kilometer außerhalb von Brüssel den Waffenlobbyisten Giles Merritt, Chairman der Security & Defense Agenda, eines einflussreichen Thinktanks mit zwei weiteren politischen Schwergewichten an der Spitze: Javier Solana, vormals Hoher Vertreter der EU für die gemeinsame Außen- und Sicherheitspolitik, und Jaap de Hoop Scheffer, ehemaliger NATO-Generalsekretär.

### Sachdienlicher Auszug aus dem Gespräch

Martin Sonneborn: Mr. Merritt, wir treffen Lobbyisten auch aus anderen Bereichen, lassen uns von denen einladen und bekommen tolles Essen bezahlt, Champagner und Muscheln. Würden Sie uns auch einladen?

Giles Merritt: Sehr gern, aber ich habe heute Abend schon 150 Gäste.

Martin Sonneborn: Einige Verteidigungsminister und Generäle darunter?

Giles Merritt: Ja, sogar der russische Konsul.

Martin Sonneborn: Gute Güte, ist das nicht gefährlich?

Giles Merritt: Nein, überhaupt nicht. Er ist eine Pussycat.

Martin Sonneborn: Der russische Konsul ist eine Pussycat? Ist Putin auch eine Pussy?

Giles Merritt: Ja, absolut. Er ist sehr simpel. Ich glaube nicht, dass er begriffen hat, welche Auswirkungen die Ukrainekrise auf die russische Wirtschaft hat.

Martin Sonneborn: Glauben Sie, wenn Engländer, Deutsche und Franzosen zusammenhalten, können wir den Russen plattmachen?

Giles Merritt: Ja, sicherlich ...

Martin Sonneborn: (zeigt auf eine Katze, die an der Balkontür auftaucht) Da ist eine Pussy auf dem Balkon.

Giles Merritt: Was zum Teufel geht hier vor, in meinem Haus?

## BRÜSSEL, VERTRETUNG DES LANDES
## BADEN-WÜRTTEMBERG BEI DER EU

Ein paar hundert Lobbyisten, Politiker und Beamte stehen zur besten Abendbrotzeit in der 20 Millionen Euro teuren Residenz des Landes Baden-Württemberg herum, bedienen sich an Buffets und gesponserten Theken. Vorsichtig nippe ich an irgendetwas Hochprozentigem mit gesundem Fruchtanteil, weil ich noch etwas angeschlagen bin vom gestrigen Empfang der Landesvertretung Hessen (Jahresmiete: knapp drei Millionen Euro). Hier war ich ohne Vorwarnung auf den Anblick Volker Bouffiers getroffen, der zudem gerade neben Peter Altmaier stand, der sich gerade halb über einem runden Stehtisch liegend ein halbes Schwein mit Sahne einverleibte.

Ein Mann tritt auf mich zu und reißt mich aus meinen Gedanken. Er kommt vom Verband Deutscher Zeitschriftenverleger, ist *Titanic*-Abonnent und freut sich, mich zu sehen. Ein britischer Kollege, der routinemäßig die Abgeordneten scannt, habe ihm erzählt, ich sei ein interessanter Abgeordneter: In einem Interview hätte ich angeregt, Millionen Euro an Qualitätsprintmedien – *FAZ*, *SZ*, *Spiegel* und *Titanic* – zu verteilen. Ich erwidere, ich hätte umdisponiert: Die *Süddeutsche* stelle seit ihrem Rechtsruck in den vergangenen Monaten kein Qualitätsmedium mehr dar, und jetzt springt ein bisschen mehr Geld für *Titanic* heraus.

Der Abonnent lacht und fragt, was denn die *SZ* verbrochen habe. Ich erzähle ihm, dass mir kürzlich beim Frühstück ein kleiner Artikel im vorderen Teil aufgefallen sei, in dem von einer Umfrage berichtet wurde, die ergeben habe, dass relativ viele Deutsche glaubten, die maßgeblichen Entscheidungen in Deutschland würden durch die Wirtschaft gefällt, nicht durch die Politik. Überschrieben war die Meldung mit dem Satz »Immer mehr Deutsche linksradikal«.

Der Verband Deutscher Zeitschriftenverleger nimmt meine Kritik zur Kenntnis und warnt mich dann, dass die Sender in Brüssel gut aufgestellt seien und überall ihre Lobbyisten hätten. Recht hat der Mann, denke ich, als er in Richtung Buffet abgeht.

Zwei Interessenvertreter von *ARD* und *ZDF* hatten mich bereits in der ersten Sitzung des Kulturausschusses im kleinen Sitzungssaal des Parlamentes abgefangen und sich vorgestellt. Wir hatten uns gegenseitig der großen Bedeutung des *ZDF* im Bereich bewegter Bilder versichert, dann waren wir als Freunde geschieden.

## SEPTEMBER 2014

### BRÜSSEL, BÜRO

Das Sekretariat der fraktionslosen Abgeordneten ruft an: ob ich dem designierten Kommissar Günther Oettinger in der Anhörung morgen Nachmittag eine Frage stellen wolle. Die 28 angehenden Kommissare werden traditionell einzeln in einer je dreistündigen Befragung durch das Parlament auf ihre fachliche und persönliche Eignung für das angestrebte Amt getestet.

Es sei Gepflogenheit, höre ich aus dem Sekretariat, dass aus jeder Fraktion ein Abgeordneter eine Frage in der Muttersprache des angehenden Kommissars stelle. Selbstverständlich sage ich zu, die rechtsradikalen Österreicher können schließlich kein richtiges Deutsch, und Udo Voigt will hier niemand hören. Ich informiere meinen (depressiven) Redenschreiber in Berlin über seine erste Aufgabe. Dann lege ich die Füße auf den Tisch und frische meine Erinnerungen an Oettinger ein bisschen auf. Persönlich habe ich nichts gegen den Mann, außer dass er natürlich schon aufgrund seines Alters eine Fehlbesetzung ist im wichtigen Digitalressort. Kann Oettinger überhaupt googeln? Und ist ihm klarzumachen, dass wir uns von den amerikanischen Internetmonopolisten unabhängig machen müssen? Google nicht bei Google, Oettinger, wir brauchen eine europäische Suchmaschine, wir brauchen ein – Eugle! Würde er das überhaupt verstehen können?

Dass die Medien flächendeckend über die Befragung berichten werden, beruht letztlich auf einem Missverständnis. Die Verwaltung hatte nämlich vergessen mir mitzuteilen, dass die anstehende Befragung durch das Parlament ein reines Schauspiel für die interessierte Öffentlichkeit darstellt. In einer Großen Koalition hat natürlich niemand die Absicht, die Kandidaten der Gegenseite wirklich auf Herz und Nieren zu prüfen, geschweige denn, sie in irgendeiner Weise zu beschädigen; zumal die ganze Kommission mit allen 28 Kommissaren anschließend in einer einzigen Blockwahl vom Parlament abgenickt wird. Und selbst wenn man einen Kommissar in die Zange nehmen wollte, die Spielregeln würden es verhindern: Als Abgeordneter hat man exakt eine Minute Zeit, seine Frage zu formulieren – wie bei Reden im Parlament läuft an der Wand eine digitale Zeitanzeige gut sichtbar mit –, und der Kommissar hat dann bis zu zwei Minuten Zeit, eine Antwort darauf wortreich zu verweigern. Eine Nachfrage ist nicht gestattet, der Kommissar hat immer das letzte Wort.

### Sachdienlicher Hinweis der FAZ
Martin Sonneborn »grillt« Oettinger: »Was sind eigentlich Inkunabeln?«
Die Anhörungen der designierten EU-Kommissare sind für die Beteiligten keine angenehme Veranstaltung: Drei Stunden werden die Kandidaten von den Abgeordneten im Europaparlament »gegrillt«. Getestet werden die Bewerber auf ihre fachliche und persönliche Eignung – doch als Anwärter auf den Posten des Digitalkommissars musste sich Günther Oettinger (CDU) am Montagabend auch eine gehörige Portion Ironie von dem EU-Abgeordneten Martin Sonneborn gefallen lassen.

Eigentlich wollte ich Oettinger die Frage stellen, die mein (depressiver) Redenschreiber mir mit auf den Weg gegeben hatte: »Lieber Dr. Oetker, was ist der Vorteil von digital gegenüber analog, und wie kann die EU davon profitieren?«
Aber dann erscheint mir das angesichts eines 60-jährigen Herrn, für den das Digitalressort selbst überraschend kommt und

der sich das Internet nach eigener Aussage von seinem Sohn erklären lässt (vermutlich um die 40 Jahre alt – also viel zu alt, um etwas vom Netz zu verstehen!) statt von seinem Enkel (vermutlich 13 Jahre und damit bestens informiert), doch zu brutal. Ich entscheide mich deshalb für eine etwas verbindlichere Variante: »Herr Oettin… ähem, Oettinger, werden Sie sich in Ihrer Funktion als Digitalkommissar für das Recht auf Vergessen im Internet einsetzen und, wenn ja, wie wollen Sie verhindern, dass etwa folgende Informationen aus Versehen gelöscht werden: Ihre Ausführungen zur Nazivergangenheit von Hans Filbinger; Ihr Vorschlag, das Motorradfahren auf öffentlichen Straßen komplett zu verbieten; dass Ihre Freundin ein Einkaufscenter auf dem Gelände von Stuttgart 21 errichten will; Ihr legendärer Tübinger Ausspruch, Zitat: ›Das Blöde ist, es kommt kein Krieg mehr!‹; dass Sie schwäbische mittelalterliche Inkunabeln verhökern wollten. Was ist das überhaupt? Und dass Sie den Führerschein mit 1,4 Promille abgeben mussten. Wie wollen Sie verhindern, dass das alles aus dem Internet verschwindet? Und: Können Sie die Frage bitte auf Englisch beantworten?«

Allgemeines Gelächter im Sitzungssaal. Wie würdelos!

### Sachdienlicher Hinweis der FAZ
Das sogenannte Recht auf Vergessen ist einer der Kernpunkte der europäischen Datenschutzreform, die Anfang 2012 von der EU-Kommission vorgeschlagen wurde und nun in den Beratungsrunden der EU-Staaten wieder zu veralten droht.

»Ich habe die Absicht, Ihre Fragen zu beantworten, aber Ihre Befehle nur eingeschränkt zu befolgen«, konterte Oettinger mit starrer Miene und auf Deutsch. »Ich habe meinen Führerschein vor einem Vierteljahrhundert verloren, dazu stehe ich.«

Wenn Sie sich für die weiteren Antworten interessieren – besonders was Oettinger zu Inkunabeln sagt, führte anschließend zu einem kleinen Historikerstreit im Netz –, können Sie einen Mitschnitt der Befragung gern auf meiner Homepage ansehen.

**Sachdienlicher Hinweis aus dem Netz**
Dr. Klaus von Anderen: mediävistikprofessor dr. dr. günthroettingr: »inkunabeln sind historische gegenstände« #oettinger #witzkommissar

## BRÜSSEL, BÜRO

Büroleiter Hoffmann ist noch dabei, die Medienberichterstattung über die Geschehnisse des Vortages zu analysieren, da kommt ein Anruf aus dem Brüsseler Büro der *FAZ*. Das Politikressort bittet um ein telefonisches Interview. Ich gebe es gern, zumal die PARTEI sonst eher als ein Fall für das Feuilleton der großen Tageszeitungen gilt. Mein Gegenüber ist bestens vorbereitet und hat unser Wahlprogramm zur EU-Wahl (siehe Anhang) studiert.

**Sachdienlicher Hinweis der FAZ**
FAZ: Welche dieser Forderung hoffen Sie denn überhaupt verwirklichen zu können?
Martin Sonneborn: Es gibt drei ernste Anliegen, für die ich mich einsetzen möchte. Das erste ist die Einführung eines amazonfreien Mittwochs. Das stößt unter den Leuten auf viel Sympathie. Ich weiß selbst, dass es aus Bequemlichkeit schwer ist, auf Amazon zu verzichten. Ich möchte die Leute dafür sensibilisieren, dass sie wissen, was sie da tun.
FAZ: Und der zweite Punkt?
Martin Sonneborn: Ich möchte die 390 Millionen Euro, die sich das öffentlich-rechtliche Fernsehen durch die Einführung der Haushaltsabgabe, die in meinen Augen rechtlich so nicht haltbar ist, ergaunert hat, auf die Printmedien in Deutschland umschichten. Ich glaube, dass das Kulturgut Zeitung bedeutsamer und auch schützenswerter als jemals ist. Ich möchte, dass diese 390 Millionen Euro an die *Süddeutsche*, die *FAZ*, den *Spiegel* und die *Titanic* gehen. Das werde ich im Kulturausschuss vertreten.
FAZ: Und die dritte Forderung?

Martin Sonneborn: Ich mache mich stark für die Wiedereinführung der europäischen Gurkenkrümmungsverordnung. Das Parlament hat sie 2009 abgeschafft. Ich möchte die Verordnung für den Export von deutschen Waffen, von dem es ja zurzeit wieder sehr viel gibt, wiedereinführen, jeweils zwei Zentimeter Krümmung auf zehn Zentimeter Lauf. Das habe ich gerade meinem CDU-Parlamentskollegen David McAllister geschildert. Er fand, das sei eine sehr interessante Idee, und ist dann in einen Aufzug gesprungen, der zufällig anhielt. Offenbar war es ihm egal, ob er nach oben oder unten fuhr.

FAZ: Letzteres war uns noch nicht bekannt. Über Ihre anderen Forderungen ist ja schon geschrieben worden.

Martin Sonneborn: Ich kann Ihnen auch etwas nennen, das Sie noch nicht gelesen haben. Ich möchte Europa umbauen – in ein Kerneuropa mit 27 Satellitenstaaten. Daran arbeite ich.

FAZ: Ein Europa mit 27 Mitgliedsstaaten? Wer ist dann der 28., der Fixstern?

Martin Sonneborn: Sagen wir mal so: Sie zahlen dort Ihre Steuern. Ausländer verstehen das übrigens sofort, wenn ich so formuliere.

Die letzte Antwort wird etwas anders gedruckt, als ich sie tatsächlich gegeben habe. Auf die Frage nach dem Fixstern in der EU hatte ich etwas überrascht gesagt: »Gehen Sie mal in Ihre Wirtschaftsredaktion und fragen Sie dort nach.« Der Politikredakteur entgegnete: »Das kann ich so nicht aufschreiben. Ich bin gerade von der Wirtschaftsredaktion in die Politik gewechselt, wenn Sie das so sagen, glauben die Kollegen, ich hätte das selbst da reinredigiert.«

## BRÜSSEL, EU-PARLAMENT

Nach dem Telefonat gehen Hoffmann und ich in die MEP-Bar im Erdgeschoss und bereiten uns auf die Befragung eines zweiten angehenden Kommissars vor.

Tibor Navracsics heißt der Mann, den ich heute Abend befragen darf. Er stammt aus Ungarn und soll Kommissar für Kultur, Bildung, Jugend und Bürgerrechte werden. Die Spielregeln sind die gleichen wie bei Oettinger. Nach einer längeren Recherche formulieren wir die Frage an den vormaligen ungarischen Justizminister, den Mann, der als Orbáns Kabinettschef Justiz, Parlament und Medien vorbildlich gleichgeschaltet und das Land sauber auf Parteilinie gebracht hat.

**Sachdienlicher Hinweis von IG Kultur, Österreich**
Für manche gilt Tibor Navracsics (FIDESZ) als eher ruhiger, gelassener Politiker in der demokratiepolitisch vielfach kritisierten ungarischen Regierung Viktor Orbáns. Nichtsdestotrotz ist er als Justizminister unmittelbar für das repressive Mediengesetz zuständig, das bekanntlicherweise darauf abzielt, regierungskritische Medien zum Verstummen zu bringen. Der Pester Lloyd bezeichnet ihn etwa als »Master-Mind hinter dem systematischen Demokratie- und Rechtsstaatsabbau in Ungarn« und als »Geschichtsrevisionisten«.
Der rechtskonservative Umbau Ungarns von der Verfassung bis zu Kunst und Kultur ist zum traurigen Symbol für einen erstarkten Nationalismus in Europa geworden, der sich insbesondere gegen Minderheiten wie Roma und Sinti, Lesben und Schwule und gegen Juden und Jüdinnen richtet.

**Pester Lloyd**
Abgeordneter fordert »Judenzählung« im Parlament
Auf der montaglichen Sitzung des ungarischen Parlamentes stellte der Abgeordnete der neofaschistischen Partei Jobbik, Márton Gyöngyösi, einen Antrag zur Geschäftsordnung und forderte den Parlamentspräsidenten auf, »festzustellen, wie viele Juden im Parlament und in der Regierung sind«, da sich daraus, anlässlich der Gazakrise, »ein Risiko für die nationale Sicherheit« ergäbe.

Die Frage die ich ihm stellen will, ist recht naheliegend: »Sehr geehrter Herr Navra... ähem, ...csics, in Ihrem Land stehen antisemitische Schriftsteller wie Albert Wass und Josef Nyírö* auf den Lehrplänen der Schulen. 21 Prozent der Ungarn sympathisieren mit den Rechtsextremen. Dürfen wir, wenn Sie Kommissar für Kultur, Bildung, Jugend und Bürgerrechte werden, darauf hoffen, dass ›Mein Kampf‹ von Adolf Hitler oder ›Das kleine ABC des Nationalsozialisten‹ von Josef Goebbels zur Pflichtlektüre der europäischen Jugend gehören werden?«

Als ich abends den Sitzungssaal betrete, ist er schon gut gefüllt. Neben meinem Platz sitzt ein niedlicher kahler Franzose, der sich erhebt und als Jean-Luc Schaffhauser vorstellt. Dann fragt er, ob ich links oder rechts sei. Ich weiß nicht, was »Ich bin ein Mann der extremen Mitte« auf Französisch heißt, deswegen erkläre ich ihm, ich sei so eine Art Humanist, wohl mit eher linkem als rechtem Weltbild. Er freut sich, ergreift meine Hand und entgegnet, das sei bei ihm genauso, deswegen sei er beim Front National. Ich gratuliere ihm, wir setzen uns. Die Fragerunde beginnt, sie ist unspektakulär, und Navracsics erklärt sich ungebremst zum Verteidiger demokratischer Grundwerte.

### Sachdienlicher Hinweis des Deutschlandfunks
Auffallend unkritisch sind die Nachfragen der Abgeordneten der konservativen EVP-Fraktion. Das mag wohl daran liegen, dass Viktor Orbáns Fidesz-Partei auf Europa-Ebene auch zur EVP-Fraktion gehört.**

### Sachdienlicher Hinweis von Telepolis / Pester Lloyd
Für Aufsehen sorgte während der Befragung Martin Sonneborn von »Die PARTEI«. Er hatte wegen des herrschenden Antisemitismus in der regierenden Fidesz-Partei Navracsics provozierend gefragt, ob unter ihm als Kommissar Hitlers »Mein Kampf« bald »zur Pflichtlektüre der europäischen Jugend gehören werde«. An der Stelle musste sogar der Dolmetscher des

* József Nyírö 1941: »Das Blut reinigt Europa, es lebe Adolf Hitler«
** Also in einer Fraktion mit CDU/CSU. Smiley!

Live-Streams lachen. Navracsics erwiderte darauf, er sei »ein Politiker in der ungarischen Regierung«, von dem man wisse, »dass er überhaupt nicht antisemitisch ist«, womit er aber indirekt zugab, dass er in einer Regierung mit Antisemiten sitzt.

### Sachdienlicher Hinweis der Budapester Zeitung
Spaßpolitiker düpiert ungarische Öffentlichkeit
Der ehemalige TV-Komiker Martin Sonneborn ist ein Vertreter der deutschen Witzpartei. Man muss seinen Humor nicht lustig finden, doch ist es auch abwegig, aus seinen Äußerungen weitgehende Konsequenzen in Bezug auf die europäische Politik zu ziehen. Sonneborn hat auf jeden Fall erreicht, seine kleine Witzpartei in Ungarn bekannt zu machen. Er wurde in Ungarn deshalb scharf kritisiert, weil nur wenige erkannten, dass seine Aktion ein Jux sein sollte.

Navracsics reagiert routiniert auf den Jux. Während im Auditorium übersetzungsbedingt mit einer kleinen Verzögerung ein auffälliges Gemurmel einsetzt, verzieht der Ungar kaum eine Miene. Er weist mich darauf hin, dass er gute Verbindungen zum ungarischen Judentum habe, das Judentum in Ungarn sei das vielfältigste von allen ... Und dass er persönlich vor einem Jahr anerkannt habe, dass der ungarische Staat eine sehr große Verantwortung zu tragen habe in Bezug auf den Holocaust – auch wenn das unter deutscher Besatzung geschehen sei.

Applaus von ungefähr zwei Drittel der Anwesenden belohnt ihn. Dann sagt die italienische Vorsitzende meines Kulturausschusses, Silvia Costa, die die Befragung leitet: »Vielen Dank, Herr Kommissar, dass Sie so höflich auf eine doch recht provozierende Frage geantwortet haben.«

### Sachdienlicher Hinweis aus dem Netz
Hans Milch: Er hat die Frage doch gar nicht beantwortet. Werden nun die 2 Bücher eingeführt oder nicht?

Nach der Befragung scheinen aber nicht alle Abgeordneten mit Navracsics einverstanden zu sein. Kommissar wird er dennoch, lediglich der Bereich »Bürgerrechte« wird ihm entzogen und durch »Sport« ersetzt.

## BRÜSSEL, BÜRO

Der unseriöse ukrainische Regierungschef Petro Poroschenko kündigt den Bau einer Mauer zwischen der Ukraine und Russland an. Soll man sich eigentlich freuen, wenn die Mauerbau-Idee der PARTEI jetzt auch international aufgegriffen wird? Eigentlich war die Forderung nach dem Wiederaufbau der Mauer doch nur als Alleinstellungsmerkmal gedacht, damals, im Jahr 2004, als wir die PARTEI gegründet haben. Nach einiger Zeit war der Witz dann natürlich ein wenig schal geworden, begann uns selbst zu langweilen. Aber die Menschen draußen im Lande verbanden die Idee des Mauerbaus in derart positiver Weise mit dem Namen der PARTEI, in Ost und West, Jung und Alt, dass wir uns schwerlich davon trennen konnten. Also beschlossen wir, die Maueridee einfach neu zu interpretieren: Wir forderten den Wiederaufbau der Mauer nun deshalb, um im Osten ein kommunistisches Schreckensregime unter der Leitung von Gregor Gysi zu errichten – mit Gysi hatte ich mal in der Manyo-Bar in Ost-Berlin vor einer Kamera eine Stunde lang Bier getrunken (und einen Wodka, den der saubere Herr mir heimlich und kostenfrei in mein Bierglas geschüttet hatte, als ich kurz austreten war). Er war nicht eben wild darauf gewesen, ein solches Regime anzuführen, aber er hatte auf meine Frage hin auch nicht wirklich nachdrücklich abgewinkt.

Denn das, was dem Kapitalismus heute fehlt, ist mehr denn je ein konkurrierendes System, eine »Abgrenzungsrealität« (Oskar Negt), eine Alternative, die seine bizarrsten Auswüchse zu kontrollieren hilft. Nicht umsonst pflegte der ostdeutsche Wirtschaftshistoriker Jürgen Kuczynski in Diskussionen scherzhaft an-

EUROPÄISCHES PARLAMENT

Mitglied des Europäischen Parlaments

Martin Sonneborn

Europäisches Parlament
WIB 07M093
Rue Wiertz 60
1047 Brüssel
Belgien

Mr Petro Poroshenko
11, Bankova str.,
Kyiv–220,
Ukraine, 01220

**Mauer Ukraine - Russland**

Brüssel, den 17.09.2014

Sehr geehrter Herr Präsident der Ukraine Petro Poroschenko!

Gute Freunde haben mir von Ihrem Vorhaben berichtet, den Konflikt in der Ukraine durch den Bau einer Mauer einzudämmen. Ich beglückwünsche Sie zu diesem mutigen und wichtigen Plan und wünsche Ihnen aus ganzem Herzen alles Gute bei der Verwirklichung.

Meine Partei setzt sich seit nunmehr zehn Jahren in Deutschland mit aller Macht für den Wiederaufbau der Mauer ein, bislang leider erfolglos. Ihr Beispiel ermutigt uns, auf dem eingeschlagenen Weg unbeirrt fortzuschreiten. Als Abgeordneter des Europäischen Parlaments mache ich mich seit Neuestem dafür stark, dass die völkerverbindende, friedensstiftende Wirkung von Mauern auch europaweit Anerkennung findet. Ihr Beispiel ist dafür ein gutes, tolles und motivierendes Beispiel.

Meine Partei und ich versichern Sie, sehr geehrter Herr Präsident der Ukraine Petro Poroschenko, unserer uneingeschränkten moralischen und gedanklichen Unterstützung. Sollten Ihre Reisen Sie demnächst irgendwann einmal nach Berlin führen, zögern Sie nicht, mich zu kontaktieren. Gern präsentiere ich Ihnen die verbliebenen, teils gut erhaltenen und eindrucksvollen Überbleibsel der Berliner Mauer (inklusive Foto-Opportunity an der Gedenkstätte Bernauer Straße, bitte Krawatte umtun!).

Vergessen wir nicht: Mauern sind Narben. Aber Narben sind verheilte Wunden.

Mit vorzüglicher Hochachtung,

Martin Sonneborn | MdEP | martin.sonneborn@ep.europa.eu | Telefon +32 2 28 45756 zumerken, dass der Staatssozialismus der DDR seine größten Erfolge im Ausland hatte.

Für so ein Unterfangen konnte man die östlichen Bundesländer schon mal opfern; und ob man diesen Teil nun mit westdeutschen Aussteigern, Nerds, Sachsen oder Flüchtlingen füllt, war eine zweitrangige Frage.

Vorrangig war die Überlegung, ob man dem korrupten Poroschenko nicht gratulieren sollte zur Übernahme unserer Idee.

Mein (depressiver) Redenschreiber ist dafür, und so geht das erste Schreiben, das ich auf Parlamentspapier verfasse, per Einschreiben (mit Rückschein) in die Ukraine.

## OKTOBER 2014

### BRÜSSEL, BÜRO

Ein Anruf aus Mannheim. Der Ortsvereinsvorsitzende der PARTEI in Mannheim berichtet mir, dass Günther Oettinger am Vortag bei einer öffentlichen Veranstaltung der CDU Mannheim aufgetreten sei. Man habe ihn mit alten PARTEI-Plakaten begrüßt, auf denen unter der Forderung »Oettinger stürzen!« ein Student abgebildet ist, der gerade eine Flasche Oettinger-Bier auf ex leertrinkt. Oettinger habe sich gefreut und sie auch in seiner Rede erwähnt.

#### Sachdienlicher Hinweis von Mannheim 24

Prominenter Besuch beehrt Mannheim an diesem sonnigen Abend. EU-Kommissar Günther Oettinger sichert sich die Mannheimer Sympathien mit den Worten: »Ich bin sehr gern in Mannheim, obwohl ich nur Stuttgarter bin.« Am Rand der Bühne sind während seiner Rede Mitglieder von Die PARTEI mit Plakaten zu sehen, auf denen »Oettinger stürzen!« steht. Oettinger schüttelt ihnen die Hand und lässt es sich nicht nehmen, von der Bühne aus augenzwinkernd das Wort an sie zu richten: »Ich sehe hier auch Mitglieder von Die PARTEI stehen. Ich kenne Martin Sonneborn gut. Er ist pfiffig und witzig. Doch eure Plakate stimmen nicht. In Mannheim stürzt man kein Oettinger – sondern Eichbaum.« Gelächter.

## BRÜSSEL, BÜRO

»Hoffmann, wusstest du schon: Du bist die neue feudale Gesellschaftsschicht, die sich in der EU gebildet hat. Henryk Broder hat irgendwo über die mittelalten Ehepaare am Stadtrand von Brüssel geschrieben, ich hab mir das mal selbst angesehen: Doppelverdiener bei der Kommission in niedrigen Verwaltungsstellen, ein schönes, freistehendes Haus mit langer Zufahrt in Uccle, dem grünen Villen-Bezirk von Brüssel, der mit der U-Bahn nicht zu erreichen ist, weil die Bewohner von Uccle damals, beim Bau der Bahn, keinen Wert auf die Anwesenheit von Taschendieben und innerstädtischem Problempublikum gelegt haben. Das Haus ist in zehn bis 15 Jahren abbezahlt, davor stehen zwei Autos, ein beschissener SUV und ein frischgewaschener teurer Kleinwagen, dahinter liegt ein großer Hund mit Wuschelfell, zwei oder drei Kinder, die mindestens dreisprachig aufwachsen, auf Europaschulen gehen und eine Nanny haben, spielen im Garten. Ein Kommissionsbeamter aus diesem Umfeld kennt die Menschen nicht, für die er seine Gesetzesvorlagen formuliert. Das Sein bestimmt das Bewusstsein, was verbindet den mit einem Hartz-IV-Fall in Duisburg oder Marzahn?«

Mein Büroleiter räuspert sich: »Also, erstens: Feudal sind Rentenansprüche in Höhe von knapp 300 Euro monatlich, wie du sie mit jedem Jahr im Parlament erwirbst. Aber keine befristeten Arbeitsverträge, die jederzeit von heute auf morgen enden können. Wenn du morgen vor ein Auto läufst, erlöschen schlagartig alle unsere Verträge.«

»Meine Rentenanprüche auch ... Du solltest also verdammt gut auf mich aufpassen. Schade übrigens, dass der Rentenfonds der Abgeordneten so in Verruf geraten ist.«

**Sachdienlicher Hinweis einer unseriösen Nachrichtenseite aus dem Netz**
Abgeordnete des EU-Parlaments sparen sich im Steuerparadies Luxemburg eine zweite Pension zusammen. Zwei Drittel der Einlagen stammen aus Steuergeldern. Der Fonds verlor während der Finanzkrise mehr als 230 Millionen Euro durch Spekulation. Das EU-Parlament entschied damals, dass der Steuerzahler auch dieses Loch stopfen muss. Die Liste der Nutznießer reicht vom stets polternden EU-Kritiker Nigel Farage bis zur Linken Sahra Wagenknecht.

Hoffmann holt neuen Kaffee. Wahrscheinlich muss er kurz googeln oder Mails checken. Natürlich habe ich nicht die Absicht, diesem dubiosen Fonds beizutreten, überlege ich mir. Schon weil er seit der Aufdeckung der Angelegenheit 2009 leider keine neuen Mitglieder mehr aufnimmt. Immerhin haben über 1100 Abgeordnete und Exabgeordnete Anteile und damit später ein zweites Ruhestandsgehalt von zum Teil über 100 000 Euro p. a. zu erwarten. Dass der Europäische Rechnungshof keine legale Basis für den Fonds sieht, ändert nichts an der Tatsache, dass er bis zum Ableben des letzten daran beteiligten Parlamentariers weitergeführt wird – und Finanzierungslücken auch zukünftig vom Steuerzahler geschlossen werden.

»Hoffmann, war noch was?«

»Ja, zweitens sind Assistenten auch nicht verbeamtet, sie sind höchstens feudal auf Zeit. Deshalb wohnen sie im Gegensatz zu den Beamten auch nicht im Speckgürtel. Und was diese Leute mit Menschen aus Marzahn verbindet? Um es mit den Worten von Maxim von K.I.Z zu sagen: wahrscheinlich nichts außer dem Trikot ihrer Nationalmannschaft.«

»Dein Kollege Dings, Büroleiter und Assistent eines linken Abgeordneten, hat mir erzählt, er verdient 6150 Euro. Im Monat. Brutto. Und das sind 6200 Euro netto.«

Mein Büroleiter blättert im Intranet: »Das kann sein, vom Grundgehalt gehen einige Abgaben ab, am Ende kommen Zulagen wieder dazu. Hier haben wir es – es gibt eine Zulage für Expats in Höhe von 16 Prozent, Verheiratete erhalten zusätzlich zwei Prozent des Gehalts plus 184,55 Euro, für Kinder gibt es eine Zulage in Höhe von 403,25 Euro, Vorschulzulage 98,51 Euro, Erstattung der Schulkosten bis zu einer Höhe von 37,60 Euro, allerdings ›in bestimmten Fällen bis zu einer Obergrenze, die in einigen Fällen das Doppelte betragen kann‹.«

»Klingt so, als ob jemand länger mit der Ausformulierung beschäftigt war. Kinderzulagen gibt es doch pro Kind, oder?«

»Selbstverständlich!«, sagt Hoffmann.

Ich rechne. »Bei zehn Kindern sind das schnell 6400 Euro zusätzlich im Monat, bei 20 über 12 000, bei 50 entsprechend. Aber, um den Dichter Thomas Gsella zu zitieren, welche moderne Karrierefrau zieht da heutzutage noch mit?«

»Bei meiner Gehaltsabrechnung gehen jedenfalls insgesamt 18 Prozent ab, und 16 Prozent kommen wieder drauf, sodass ich bei zwei Prozent liege.«

»Sonst noch Vergünstigungen? Halber Preis, wenn du ins Kino willst?«

»Wohl kaum. Nur noch eine Umzugspauschale in Höhe eines Monatsgehalts. Und ich kann im ersten Jahr hier einige Sachen mehrwertsteuerfrei einkaufen.«

»Was heißt: einige Sachen?«

»Einrichtung, Möbel.«

»Computer?«

»Ja. Keine Luxusgegenstände.«

»Fernseher?«

»Ja, was man so braucht, um eine Wohnung einzurichten. Theoretisch könnte man aber auch ein Auto kaufen.«

## STRASSBURG, PARLAMENT

Ein Team von *Spiegel TV* will mich begleiten und einen kleinen Film über den monatlichen Umzug des Parlaments von Brüssel nach Straßburg produzieren. Als die Journalisten in der Pressestelle anfragen, wie viele Lastwagen bei dem Umzug eingesetzt werden und wie viele Limousinen des Fahrdienstes leer zwischen den Städten hin- und herfahren, stoßen sie plötzlich auf eine Mauer des Schweigens. Der Umzug scheint ein sensibles Thema zu sein.

Nach den ersten Filmaufnahmen erteilt ein altes holländisches Schrapnell aus der Pressestelle dem Kamerateam unter fadenscheinigsten Begründungen Hausverbot.

Der Film wird trotzdem fertig, aber von diesem Zeitpunkt an erhalten für die nächsten drei Jahre fast alle Journalisten, die mich treffen wollen, bei der Akkreditierung eine Begleitung, die sie nicht aus den Augen lassen darf. Zum ersten und letzten Mal hatte ich etwas Ähnliches auf der Frankfurter Buchmesse gesehen, wo ein chinesischer Belletrist, der einen autobiographischen Roman über seine Kindheit in der hintersten Provinz geschrieben hatte, von einem dreiköpfigen Komitee des örtlichen Auslandsgeheimdienstes auf Schritt und Tritt begleitet wurde.

Für den Film befrage ich Ulrike Lunacek, die etwa 60-jährige Parlaments-Vizepräsidentin der Grünen, zu den Umzügen: »Frau Lunacek, was bedeutet das, monatlicher Umzug von Brüssel nach Straßburg?«

Die freundliche Österreicherin antwortet: »Das bedeutet im Jahr rund 20 000 Tonnen $CO_2$-Ausstoß, das ist so viel wie 13 000 Flüge London nach New York und retour – nur weil wir hier zwischen zwei Standorten pendeln. Das bedeutet auch Ausgabe. Vom Rechnungshof berechnete 114 Millionen, wir haben berechnet 180 Millionen Euro, die hier vergeudet werden. Und ich frage mich immer: Welches Unternehmen würde auf die absurde Idee kommen, 3000 seiner Mitarbeiter jeden Monat für drei Nächte und vier Tage woanders hinzuverfrachten?«

Nun, das wusste ich inzwischen, die kafkaeske Organisation heißt »Europäisches Parlament«, und ich gehöre jetzt dazu. »Wer ist verantwortlich für diesen irren Umzug?«
»Verantwortlich sind die Regierungschefs aller 28 Mitgliedsstaaten.«
Später werde ich erfahren, dass es durchaus Bestrebungen des Parlaments gab, den Zweitsitz in Straßburg abzuschaffen, über 70 Prozent der Parlamentarier sollen mittlerweile dafür sein. Aber derartige Veränderungen müssen im Rat von den Regierungschefs einstimmig beschlossen werden, und zumindest Frankreich ist aus nachvollziehbaren Gründen gegen jegliche Veränderung.

**Sachdienlicher Hinweis meines palästinensischen Friseurs**
Das isse Quatsch!

## BRÜSSEL, PARLAMENT

Die erste Sitzung der »Delegation für die Beziehungen zur Halbinsel Korea« war nicht übermäßig spannend gewesen, hatte mir mein Büroleiter versichert. Die meisten Abgeordneten hätten sich, genau wie ich, von ihren Assistenten vertreten lassen, und es seien nur ein paar technische Details und Termine besprochen worden. Trotzdem war ich auf die zweite Sitzung gespannt. Die Delegation soll dem interparlamentarischen Austausch dienen, und das abgeschottete System in Nordkorea interessierte mich schon seit einigen Jahren. Und da so gut wie alle Abgeordneten irgendwelchen Delegationen beigetreten waren – schon weil die Delegationsreisen sich großer Beliebtheit erfreuen –, war ich eben Mitglied der Koreadelegation geworden.

**Sachdienlicher Hinweis der Agence France-Presse (AFP)**
Viele etablierte Europaparlamentarier haben wenig Sinn für diese Art von Humor. »Sonneborn nutzt das Parlament für medienwirksame Auftritte, sonst tut er nichts«, schimpft etwa

der CDU-Abgeordnete Herbert Reul, der wie der Komiker Mitglied der »Delegation für die Beziehungen zur koreanischen Halbinsel« ist. In dieser Delegation habe er Sonneborn bislang nicht bemerkt.

Ein paar Abgeordnete, ein paar Assistenten, ein paar Sekretariatsmitarbeiter der Delegation stehen vor dem ausgewiesenen Sitzungsraum herum und machen sich miteinander bekannt. Büroleiter Hoffmann zeigt auf einen unglaublich dicken 70-jährigen Mann mit weißen Haaren, den ich auf den ersten Blick für einen Inder halte: »Das ist der Vorsitzende Nirj Deva, ein aus Sri Lanka stammender Brite, der schon erfolglos versucht hat, Parlamentspräsident zu werden oder wenigstens Generalsekretär der Vereinten Nationen. Seiner Familie soll halb Sri Lanka gehören, er selbst sitzt in unzähligen Aufsichtsräten, und die *Times* wirft ihm vor, bei Delegationsreisen auch offensiv eigene Firmeninteressen zu vertreten. Ach ja, er war in den achtziger und neunziger Jahren maßgeblich an der Deregulierung des Flugverkehrs in Europa beteiligt, er sollte nicht mit Ryan Air fliegen ...«

Als ich mich bei Deva vorstelle, ist seine erste Frage, zu welcher Fraktion ich gehöre. Auf meine Antwort, ich sei fraktionslos, verliert er schnell das Interesse.

In der Sitzung geht es zu meiner Enttäuschung überwiegend um Südkorea. Mich interessiert besonders Devas Hinweis am Rande, dass wir praktisch der wichtigste Gesprächskontakt der westlichen Welt nach Nordkorea seien. Als wir uns nach einer Reisemöglichkeit nach Pjöngjang erkundigen, erfahren wir nur, dass die Situation im Moment nicht gegeben sei.

Komisch, Herbert Reul sehe ich gar nicht! Wie will er mich denn bemerken, wenn er die Sitzungen schwänzt?

## BERLIN, SCHWARZES CAFÉ

Büroleiter Dustin Hoffmann meldet sich aus Brüssel: Unsere beiden Telefone im Büro klingeln Sturm. Nigel Farage, Führer der europafeindlichen britischen UKIP-Partei im EU-Parlament, telefoniert hinter mir her. Dem Vorsitzenden der Fraktion »Europe of Freedom and Direct Democracy« (EFDD) ist eine lettische Abgeordnete von der Fahne gegangen, und wenn nicht schnell Ersatz gefunden wird, verliert die EFDD ihren Fraktionsstatus – und damit viele Vergünstigungen, viel Geld, viel Sprechzeit in Debatten und auch die guten Sitzplätze ganz vorn im Plenarsaal. Fraktionen müssen mindestens 25 Parlamentarier aus mindestens sieben Staaten aufweisen, und die EFDD hat jetzt nur noch Mitglieder aus sechs verschiedenen EU-Staaten. Und keinen Deutschen darunter.

### Sachdienlicher Hinweis von The Local
The EFDD will lose millions of euros a year in funding and speaking time in the parliament if it cannot find another MEP. EU parliamentary groups need 25 MEPs from at least seven different countries to form an alliance. As a German, Sonneborn, who is leader and one of the founders of satirical party Die Partei, would ensure the EFDD included representatives from enough countries.

### Sachdienlicher Hinweis aus einer Mail von Nigel Farage
Dear Dustin,
if Mr Sonneborn wants to help us fight the Establishment in the name of democracy that would be great!
My phone number 0032 647 …

### Sachdienlicher Hinweis des Guardian
German dadaist party offer to save UKIP group in European parliament
Sonneborn, whose Die Partei gained 0.6 % in the European elec-

tions thanks to such incisive slogans as »Merkel is stupid« and »Hands off German willies: no to the EU penis-norm« had told the *Guardian* of his desire to win over Farage's party for an »alliance of idiots and fools« in May, and reiterated his desire to see Britain leave the EU this week. Sonneborn describes himself as a »committed European, as committed as Napoleon and Hitler«.

Ich überlege eine halbe Stunde. Einerseits ist Nigel Farage ein nicht zu unterschätzender Querulant, der seinen Spaß darin findet, unseren Chef zu ärgern (»Martin Schulz wäre als Präsident besser in einer Bananenrepublik aufgehoben!«), andererseits ist seine Partei absolut nicht zurechnungsfähig, die UKIP-Krawallschachteln im Kulturausschuss sind mir gleich mehrfach unangenehm aufgefallen. Allerdings wäre es auch nicht uninteressant, in jeder Diskussion innerhalb der Fraktion mit Rücktritt drohen zu können … Aber ist Politik nicht auch die Kunst des Verhandelns, des Ausgleichs, des – Gebens und Nehmens? Dochdoch, ist sie. Gut, ich werde zusagen, allerdings unter einer Bedingung.

### Sachdienlicher Hinweis von The Local
Mr Sonneborn replied to me that he would consider joining the group under the condition of renaming it into »Sonneborn's EFDD – Sonneborn's Europe of Freedom and Direct Democracy«. It's a shame because Sonneborn – who courted controversy in 2011 by covering his face in black make-up for a billboard spoofing US President Barack Obama – and UKIP leader Nigel Farage share the same dream – Britain's exit from the EU.

Die Zahl der Anrufe und eingehenden Mails im Brüsseler Büro nimmt schlagartig ab und reduziert sich wieder auf ein verträgliches Maß. Büroleiter Hoffmann geht erleichtert an die tägliche Arbeit: umfangreiche Reisekostenabrechnungen, Auseinandersetzungen mit der Verwaltung, weil wir lustige Sonnenbrillen mit meinem Gesicht drauf produzieren lassen wollen, und die detailreiche Aufnahme von Personalien für Besuchergruppen.

**Sachdienlicher Hinweis der FAZ**
Nur wenige Tage nach dem Austritt der lettischen Europaabgeordneten weist der euroskeptische Zusammenschluss »Europa der Freiheit und der direkten Demokratie« im Europäischen Parlament wieder Fraktionsstärke auf. Wie der britische Fraktionsvorsitzende Nigel Farage erklärte, zählt die EFDD nach der Aufnahme des polnischen Abgeordneten Robert Iwaszkiewicz wieder 48 Abgeordnete aus sieben EU-Mitgliedsstaaten. Die Partei Kongress der Neuen Rechten (KNP), zu der Iwaszkiewicz zählt, ist am rechten Rand des politischen Spektrums angesiedelt. Der sozialdemokratische Fraktionsvorsitzende Gianni Pittella bezeichnete Iwaszkiewicz als Monarchisten, der zudem der Ansicht sei, »dass es eine gute Sache ist, Frauen zu schlagen«.

**Another sachdienlicher Hinweis des Guardian**
Sonneborn doesn't hold his new place of work in high regard. »The parliament is a kind of State Duma, like the East German People's Chamber that merely rubber stamps what the Commissions and its officials have formulated.
His aims are manifold. He wants Britain kicked out of the EU, for one. »It doesn't belong to the continent, just take a look at the map.«
And he wants to cement Germany's utter hegemony of the 28-member European Union by ensuring that more top posts are allocated to Germans.
»Having foreigners in leading positions in Europe is unacceptable. I want a core Europe with 26 satellite states plus a rainy offshore island that doesn't really belong and that shows much too much respect for bankers.«

## NOVEMBER 2014

### BRÜSSEL, PARLAMENT

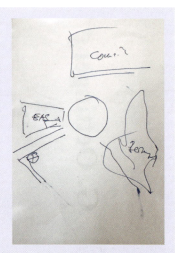

Kommissar Oettingers Geheimplan

Oettinger steht mit zwei Mitarbeitern vor einem Sitzungsraum. Ich überlege noch, ob ich nicht vorsichtshalber doch einen kleinen Bogen um ihn machen sollte, da fällt schon sein Blick auf mich. Zu meiner Überraschung geht ein Lächeln über sein Gesicht, dann begrüßt mich der Kommissar freundlich mit Handschlag. Ich brauche einen Moment, bis mir klar wird, dass Oettinger die Befragung kürzlich als Erfolg verbucht hat, weil sein Name am Tag danach groß in allen Zeitungen stand. Ist das vielleicht der Beginn einer wunderbaren Freundschaft?

»Oettinger, wo schauen Sie Fußball heute Abend?«

Der Schwabe antwortet: »Ich habe leider zwei Termine heute Abend, aber sonst: am liebsten mit meinem Sohn. Der kann alle Namen der Spieler auswendig! Alle Namen!« Dann empfiehlt er mir seinen Lieblingspub, »an der Straße, die man immer herunterkommt vom Flughafen zum Kommissionsgebäude … die große Straße … Sie wissen schon, vom Flughafen …« Kurz entschlossen nimmt er seiner Mitarbeiterin einen Block ab und malt mir alles Wichtige auf: »Da gibt es die besten Hamburger! Die besten!«

Aber eigentlich brauche ich gar keine Hamburger, denn die Firma Huawei hat für den späten Nachmittag eingeladen zu Champagner und Häppchen in die Kellerräume des Parlaments. Das lasse ich mir natürlich nicht entgehen. Auf dem Weg nach unten informiere ich mich noch schnell über meine Gastgeber: Die chinesische Firma produziert überwiegend Kommunikationstechnik, verkauft in guten Geschäftsjahren über 100 Millionen Handys und wird vom US-Kongress offiziell verdächtigt, Spionage zu betreiben. Unten angekommen, beginnen meine Augen zu schmerzen. Von einem grell ausgeleuchteten Flur mit fiesgrünem Teppichboden gehen drei oder vier karg möblierte Räume ab. Ich schaue in den ersten hinein und sehe schmucklose Verschläge mit niedrigen Decken und hässlichen massiven Betonsäulen, die offenbar für die Statik unerlässlich sind.

Vor dem dritten Raum ist ein Huawei-Logo zu sehen, Parlamentsbedienstete stehen an einem Tisch mit Dutzenden von Namensschildern und händigen mir eins mit passendem Namen aus.

Dann betrete ich die Huawei-Party. Etwa 40 Parlamentarier, Assistenten und Lobbyisten stehen um ein paar Stehtische herum, an der Längsseite des Raumes sind fünf oder sechs Schreibtische zu einem Buffet zusammengeschoben, mit Rot- und Weißwein, Wasser und Saft gefüllte Gläserbatterien wechseln mit großen silbernen Schalen voller eisgekühlter Flaschen. Die Kellner stehen dienstbeflissen dahinter und füllen auf Wunsch Gläser nach. Auf der gegenüberliegenden Seite des Raumes ist eine transportable Leinwand aufgebaut, auf die ein Minibeamer irgendwelche Graphiken projiziert. Ein Roll-up mit dem Huawei-Logo neben einem kleinen transportablen Stehpult runden die bizarre Szenerie ab.

Ich nehme mir ein Glas Champagner und laufe ein bisschen herum. Von dem, was jetzt ein Vertreter von Huawei am Stehpult in einer Art Englisch in sein Mikrophon sagt, verstehe ich wenig. Plötzlich steht eine junge Chinesin vor mir, zwei Gläser Champagner in der Hand, wirft einen prüfenden Blick auf mein Namensschild, das mich als MEP ausweist, lächelt mich dann an und verwickelt mich in ein Gespräch. Da sie mir wiederholt Champagner anbietet und da das Angebot an fester Nahrung sich vorerst auf Erdnüsse beschränkt, bin ich schon ein bisschen betrunken, als sie mich zu einer kleinen Kamera führt, die auf einem Stativ in einer Ecke des Raumes aufgebaut ist. Ein weiterer Chinese streckt mir ein Mikrophon entgegen und bittet mich, zwei kurze Fragen zu beantworten, alle Abgeordneten würden das tun. Natürlich habe ich nichts dagegen. Die Fragen lauten: »Für wie wichtig halten Sie Kommunikation? Und sind Sie der Meinung, dass Huawei einen größeren Anteil am europäischen Markt übernehmen sollte?« Ich leere mein Glas und antworte, wenn ich mich recht erinnere, fast genauso höflich lächelnd wie meine Gastgeber, dass Kommunikation eine eher bedeutsame Rolle spiele und dass, solange ich in Europa etwas zu sagen habe, kein Chinese seinen Fuß weiter in die Tür bekommt.

Die Einladungen von Lobbyisten werden in den kommenden Wochen etwas abnehmen.

## BRÜSSEL, WILLY-BRANDT-GEBÄUDE

Anfangs bin ich immer mit dem Aufzug hoch in den siebten Stock des Willy-Brandt-Gebäudes gefahren und dann einen langen Flur entlanggelaufen, in Richtung meines Büros, vorbei an den Büros rechtsradikaler Abgeordneter aus Österreich und den Niederlanden. Seitdem aber kürzlich einer der Geert-Wilders-Leute aus seinem Büro gekommen war, mir anerkennend auf die Schulter geklopft und sich für den »schönen Umzugsfilm« bei *Spiegel TV* bedankt hatte, fahre ich immer in den dritten Stock, laufe dort die 80 Meter Flur und nehme am Ende des Ganges einen anderen Aufzug bis fast direkt vor mein Büro.

## BRÜSSEL, STÄNDIGE VERTRETUNG

Die Hochstimmung, in der ich meinen Diplomatenpass in der Ständigen Vertretung in Brüssel abholen gehe, hält nur kurz an. Ein etwas säuerlich dreinblickender Beamter schiebt mir im Austausch gegen eine Unterschrift das Dokument unter der Panzerglasscheibe hindurch. »Das ist eigentlich gar kein richtiger Diplomatenpass, das ist ja nur einer für Parlamentarier ...«

»Vielen Dank trotzdem.« Thomas Bach, der unseriöse Präsident des IOC, eines privaten Vereins also, besitzt drei deutsche Diplomatenpässe, warum ist das Auswärtige Amt beleidigt, wenn ich nur einen haben will?

In der Folgezeit wird mir das Dokument gute Dienste leisten, wenn irgendwo ein Tisch wackelt oder eine Mücke erschlagen werden muss. Wirklich einsetzen werde ich den Ausweis lediglich zwei Mal. Beim ersten Mal wird er ignoriert.

Denn als ich in der Sicherheitskontrolle am Flughafen Tegel mal wieder meine Caterpillar-Arbeitsschuhe ausziehen soll, eine recht entwürdigende Prozedur, lacht die Kontrolleurin nur röhrend, als ich mit verhaltenem Stolz den Pass präsentiere, und versichert mir, dass bei ihr auch »der Papst die Schuhe ausziehen würde, wenn sie in der Sicherheitsschleuse piepen, wa?«

Gerade will ich etwas erwidern, da fällt mir ein, was meine Europapolitische Beraterin kürzlich erzählt hat: Der ehemalige Verkehrsminister Matthias Wissmann, der seinerzeit direkt aus dem Ministerium heraus Präsident des Verbandes der Automobilindustrie wurde und der heute nicht nur bei Lufthansa im Aufsichtsrat sitzt, wollte kürzlich in Tegel für einen Flug nach Brüssel elegant an der Schlange vor der Sicherheitskontrolle vorbeischlendern. Bis er, trotz lautstarken Protests und sehr zur Freude der Wartenden, von einem stark berlinernden Wachmann zurück ans Ende der Schlange geschickt wurde. Schön eigentlich, dass es das noch gibt.

Beim zweiten Mal allerdings erspart mir der Ausweis tatsächlich eine Menge Ärger. Auf einer Lesereise fahre ich in Wuppertal in großer Eile mit dem Wagen über eine durchgezogene Linie auf die Busspur, drängele mich an einer Ampel wieder in die Autoschlange und überquere dann bei Rot die Kreuzung. Das Polizeimotorrad hinter mir bemerke ich erst, als es beschleunigt und der Fahrer mit einer blinkenden roten Kelle in der Hand an mir vorbeizieht, um mich zum Halten aufzufordern. Ich halte. Der Polizist stellt in aller Ruhe sein Motorrad ab. Dann kommt er energischen Schrittes heran. Als er seinen vollbärtigen Polizistenkopf an der Beifahrerseite auf Höhe des geöffneten Fensters gesenkt hat, strecke ich ihm den Diplomatenpass entgegen und sage: »Guten

Tag, Wachtmeister, es tut mir leid, aber ich muss ganz dringend nach Krefeld!« – »Au, Krefeld«, entgegnet der Wachtmeister,»das ist kompliziert, wegen der Baustellen. Fahren Sie mir nach, ich bringe Sie zur Autobahn.« Dann schwingt er sich beflissen auf seine Maschine, schaltet das Blaulicht ein und geleitet mich sicher zur Autobahnauffahrt.

## BRÜSSEL, CAFÉ KARSMAKERS

Das Karsmakers befindet sich in der Rue Trèves, strategisch günstig gelegen, schräg gegenüber dem Parlamentsgebäude. Ein paar Schritte nur vom Place Luxemburg entfernt gilt es, ein wenig spöttisch betrachtet, als das Brüsseler Pendant zum Berliner »Café Einstein«. Ein paar Abgeordnete, viele Assistenten und Praktikanten trinken hier tagsüber Kaffee und essen Bagel, treffen Lobbyisten oder Journalisten.

Da mein Büro spartanisch eingerichtet ist, schätze ich die bequemen Sessel und Ledersofas an dem im Winter mit schnödem Gas betriebenen Kamin. Hier lese ich morgens in der Regel eine Stunde lang Zeitung.

»Hahaha«, lacht es neben mir aus dem Ledersofa, meine Europapolitische Beraterin prustet los,»ich lese gerade: ›Die Mitglieder der EU-Kommission werden aufgrund ihrer allgemeinen Befähigung und ihres Einsatzes für Europa unter Persönlichkeiten ausgewählt, die volle Gewähr für ihre Unabhängigkeit bieten.‹ Vertrag von Lissabon, Artikel 17.«

»Klingt gut«, entgegne ich,»jetzt wissen wir auch, wie Oettinger zu seinem Posten gekommen ist.« Oettinger, der»Kommissar der Konzerne« (Lobbypedia), ist wohl der Kommissar mit den meisten Lobbykontakten. Über 90 Prozent seiner Treffen finden dabei mit Wirtschaftsvertretern statt, und weil ihn Ausländer kaum verstehen können, überwiegend mit deutschen Lobbyisten – oder mit Leuten von Goldman Sachs. Bei EU Integrity Watch wird er als unangefochtener»Top Host« geführt.

»Schade«, ärgere ich mich, »ich finde den Artikel nicht wieder, in dem ich gelesen habe, Juncker habe die angestrebte Beförderung Oettingers zum stellvertretenden Kommissionspräsidenten mit der Begründung abgelehnt, das würde die EU monatlich 2000 Euro kosten. Was für eine unglaubliche Demütigung für Oettinger! Wir haben hier einen Jahresetat von rund 150 Milliarden; wenn mich Schulklassen besuchen, sage ich ihnen immer, für 2000 Euro, die irgendwo auf dem Flur herumliegen, würde sich kein Parlamentarier bücken ...«

»Wollten wir nicht über den ökonomischen Unilateralismus der Union sprechen?«, fragt meine Beraterin. Als ich nicht schnell genug Einspruch erhebe, beginnt sie zu dozieren, dass die EU ihrem Charakter nach in erster Linie ein Wirtschaftsverbund sei, als solcher sei sie nach dem Zweiten Weltkrieg gegründet worden. Zwar nicht direkt gegen Deutschland gerichtet, wie der Brüsseler Pakt, der Vorläufer der NATO, der ein Verteidigungsbündnis der europäischen Staaten gegen Deutschland war. Aber nach den Erfahrungen des Zweiten Weltkriegs habe man die kriegswichtige deutsche Industrie, also Kohle und Stahl, einer gemeinsamen Kontrolle unterwerfen wollen. Es entbehre nicht einer gewissen Komik, dass ausgerechnet Deutschland dieses Bündnis heute derart dominiert. Als Wirtschaftsverbund setze die EU klare Prämissen: Das gemeinsame ›europäische Narrativ‹, das vor zwei Jahren plötzlich energisch in den Feuilletons gefordert wurde, unter anderem von Gustav Seibt und Ulrike Guérot, sei angesichts der realen Geschichte und Natur der EU immer nur schmückendes Beiwerk gewesen. Die Freiheit des Waren- und Kapitalverkehrs sei oberste Maxime in der Europäischen Union, ihre eigentliche DNA – das Hauptgeschäft der EU, müsste man eigentlich sagen.

Waren- und Kapitalverkehr als oberste Maxime? Das sieht der Bürger anders.

»Das sieht der Bürger anders«, werfe ich ein. »Wann immer ich Besuchergruppen nach den Vorteilen der EU frage, kommt nach ›mit der EU gibt's kein Krieg mehr‹ schnell ›Reisefreiheit, keine Grenzkontrollen‹ ... Wobei das Kriegsargument nicht wirklich zieht, erstens gäbe es auch ohne EU in Europa keine bewaffneten Konflikte mehr, und zweitens gibt es sie trotz der EU, denken wir an den Jugoslawienkrieg, den Deutschland mit zu verantworten hat. Wusstest du, dass ich damals vom Faxgerät in der *Titanic*-Redaktion die Kriegserklärung nach Jugoslawien faxen musste, bloß weil unser Herr Bundespräsident sich zu fein dafür war oder das vergessen hatte?«

»Lass die alten Geschichten und hör zu: Die EU ist der einzige Staatenverbund, der eine Verpflichtung zur ›offenen Marktwirtschaft mit freiem Wettbewerb‹ vertraglich verankert hat; sinngemäß schon im Maastrichtvertrag von 1992 und wörtlich dann im Lissabonvertrag, der eigentlich als Verfassung für die EU formuliert wurde. Nachdem die Bürger der Niederlande und Frankreichs sich in Referenden dagegen ausgesprochen hatten, erhielt er 2009 einfach als ›Vertrag von Lissabon‹ Verfassungsrang, allerdings leicht verschleiert, man verzichtete dabei einfach auf staatstypische Symbole wie eine offizielle Flagge und Hymne. Und auf entsprechende Bezeichnungen, die Mogherini heißt jetzt halt ›Hohe Vertreterin für Außen- und Sicherheitspolitik‹ statt ›Außenministerin der Union‹. Das Interessante dabei ist …«, sie hebt triumphierend die Stimme, »dass laut Bundesverfassungsgericht Staatsverfassungen eigentlich wirtschaftspolitisch neutral sein müssen. Neutral! Weil die Wahl einer Wirtschaftsform nämlich zu den Gestaltungsfreiheiten demokratischer Gesellschaften gehört, basta. Es gibt eine Kontroverse unter den Verfassungsrechtlern, ob es sich beim Grundgesetz tatsächlich um den Gedanken der wirtschaftspolitischen Neutralität handelt – oder ob schon die Sozialstaatsklausel eine Garantie für die soziale Marktwirtschaft ist. In jedem Fall aber ist die völlig freie Marktwirtschaft, auf die Deutschland sich mit der Unterzeichnung des Lissaboner Vertrages verpflichtet hat, mit den Vorgaben des Grundgesetzes nicht zu vereinbaren!«

»Auf, auf!«, rufe ich. »Wo geht's hier zum Europäischen Gerichtshof?«

»Bleib sitzen, der EuGH befindet sich in Luxemburg. Außerdem war das nicht alles: Mit dem Europäischen Fiskalpakt 2012 –

praktisch die Lehre aus der Schuldenkrise – regiert Brüssel noch massiver in die nationalen Verfassungen hinein, in die Haushaltspolitik! Über die Konvergenzkriterien, die Staaten wurden gezw...

»Entschuldige, ich bin nur ein einfacher Abgeordneter, was sind noch mal Konverdings...?«

»Kon-ver-genz-kriterien: Jeder Staat darf höchstens drei Prozent Neuverschuldung im Jahr aufnehmen, und der Gesamtschuldenstand darf 60 Prozent des BIP, also des Bruttoinlandsprodukts, nicht überschreiten ... Eigentlich waren die Konvergenzkriterien nur vorgesehen, um bei der Einführung des Euro den Zutritt einzelner Volkswirtschaften zum Euroraum zu regeln. Du erinnerst dich, damals haben doch alle getrickst: Dänemark hatte den Maastrichter Vertrag bereits unterzeichnet, wollte aber nach einem Referendum der Eurozone gar nicht mehr beitreten – und hat deshalb eins der Kriterien absichtlich nicht eingehalten. Bei Einhaltung der Kriterien wären sie ja automatisch beigetreten. Ich glaube, sie haben einfach ihre Währung abgewertet damals. War das überhaupt Dänemark? Oder Norwegen?«

Ich muss kurz überlegen. »Es war Dänemark, Norwegen ist gar nicht in der EU. Die Norweger wollten 1994 beitreten, die Verhandlungen waren bereits abgeschlossen, da hat sich die Bevölkerung in letzter Minute in einer Volksabstimmung dagegen entschieden. Ich habe gehört, dass seit damals hochdotierte norwegische Verbindungsleute in sämtlichen EU-Stabsstellen herumlungern. Die sitzen ohne Aufgabe in ihren Büros, wahrscheinlich stricken sie die ganze Zeit diese dicken Pullover.«

»Genau, und Griechenland hat einfach falsche Zahlen geliefert, die haben ihre Defizite nach eigenen griechischen Regeln berechnet. Und Romano Prodi hat im beitrittsrelevanten Jahr einfach eine ›rückzahlbare Eurosteuer‹ erhoben, um das italienische Defizit kurzfristig von 3,6 auf 3,0 Prozent zu drücken. Frankreich senkte ebenfalls sein Staatsdefizit um 0,6 Prozent durch die Übernahme der Rentenansprüche von France Telekom, für die sie knapp 6 Milliarden Euro auf einen Schlag bekamen ...«

»… und die Renten müssen sie seitdem bezahlen, verstehe. Das heißt, alle unsere unseriösen Nachbarn haben ihre Haushalte geschönt …«

»Moooment«, unterbricht mich meine Europapolitische Beraterin, »nicht nur unsere unseriösen Nachbarn, auch Deutschland wird Manipulation vorgeworfen. Theo Waigel hat als Finanzminister damals von der Deutschen Bundesbank eine ›Neubewertung der Goldreserven‹ gefordert. Der erhebliche Gewinn wurde dann als ›Buchgewinn‹ an die Bundesregierung ausgeschüttet.«

Müde nehme ich einen Schluck Kaffee.

»Der eigentliche Punkt ist aber, dass die Konvergenzkriterien ursprünglich nur dazu gedacht waren, den Beitritt zum Euroraum zu regeln. Von einer Verstetigung der Gültigkeit dieser Kriterien oder gar Sanktionsmöglichkeiten war niemals ernsthaft die Rede. Erst Deutschland interpretierte dann die Haushaltsregeln in dieser Art und Weise.«

»Hat das Schäuble denn niemand erzählt?«, werfe ich ein.

»Fun Fact über die EU!«, trompetet meine Beraterin, »Fun Fact über die EU: Weißt du, wie man auf eine Neuverschuldungsgrenze in Höhe von exakt drei Prozent gekommen ist?«

»Wahrscheinlich mit Hilfe einer extrem komplexen makroökonomischen Matrix?«

»Nicht direkt. Wir versetzen uns zurück ins Jahr 1981. Der frisch gewählte französische Präsident François Mitterand suchte wegen des hohen Haushaltsdefizits ein Argument, mit dem er die Budgetwünsche seiner Minister begrenzen könnte. Pierre Bilger, der stellvertretende Leiter der Budgetabteilung im Finanzministerium, beauftragte einen rangniederen Beamten, der gerade von der Hochschule gekommen war, eine einfache, ökonomisch klingende Regel zu erfinden, die man Mitterand an die Hand geben könnte.«

Das Einzige, von dem ich weiß, dass man es Mitterand tatsächlich an die Hand gegeben hat, ist Helmut Kohl aus Oggersheim, über den Gräbern von Verdun, denke ich. Sagen tue ich nur: »Das glaube ich nicht, egal, was jetzt kommt.«

»Doch, ich hab's mir extra aus dem *Le Parisien* rauskopiert, hier steht es: Guy Abeille, so hieß der Beamte – eine Arbeitsbiene, Abeille heißt Biene –, sagte später: Mitterand brauchte ›eine Art Regel, etwas Einfaches, das nach volkswirtschaftlicher Kompetenz klingt und das er den Ministern entgegenhalten kann, die in seinem Büro defilieren, um Geld zu fordern‹. Und er brauchte sie schnell, es war schon spät. Abeille legte Wert darauf, zu betonen, dass ›die Dreiprozentregel nicht auf ökonomischer Theorie gründet‹.«

Meine Europapolitische Beraterin starrt mich an: »Und es geht hier immerhin um eine Regel, die jede Steuererhöhung und jede Reform seit über 30 Jahren rechtfertigt! Weiter sagt Abeille: ›Wir haben uns die Zahl von drei Prozent in weniger als einer Stunde ausgedacht. Sie wurde auf einer Ecke des Schreibtisches geboren, ohne jegliche theoretische Reflexion. Wir brauchten etwas Einfaches und wählten das Bruttoinlandsprodukt, weil sich in in der Ökonomie alle auf das BIP beziehen. Zweite Überlegung: Wir brauchen eine Defizitzahl ohne Komma, eine ganze Zahl. Wenn man 0,7 genommen hätte, dann hätten die Menschen sich Fragen gestellt. Zu der Zeit bewegten wir uns auf 100 Milliarden Franc Defizit zu, das entsprach ungefähr zwei Prozent des BIP. Dann gingen wir die Zahlen durch: Ein Prozent haben wir von Anfang an eliminiert, weil es ausgeschlossen war. Zwei Prozent, das setzte uns zu sehr unter Druck. Drei Prozent? Das ist eine gute Zahl! Eine Zahl, die die Epochen überdauert hat, das ließ an die Heilige Dreifaltigkeit denken. Nehmen wir doch drei Prozent! Mitterand wollte eine Norm, wir haben sie ihm gegeben. Wir dachten nicht, dass sie das Jahr 1981 überdauern würde …‹ Ist das nicht absurd?!«

Ich starre zurück: »Es ist, bei Gott es ist.«

»Aber die Zahl überdauerte. Kurze Zeit später drückte der französische Finanzminister erstmals die Verschuldung in einer Prozentzahl aus, sagt Abeille: ›100 Milliarden, das war enorm. Er hat es vorgezogen, von 2,6 zu sprechen! Und was die drei Prozent anging, es war Mitterand, der sie in sein Vokabular aufgenommen hat und ihnen Legitimität verliehen hat. Später wurde die Zahl von Ökonomen theoretisiert – und wiederaufgenommen im Vertrag von Maastricht, als eins der Kriterien, um in die Eurozone zu gelangen. Aus dem kleinen Korn ist ein großes Feld geworden. In der ersten Zeit hatte es etwas Harmloses, aber das Ungeheuer ist aus seiner Büchse gekommen, und das Ganze ist uns entglitten.‹ Und aus dieser Zahl, aus diesen drei Prozent, wird abgeleitet, ob Schulen gebaut werden, Kindergärten, Krankenhäuser. Ob Steuern erhöht werden oder nicht.«

»Ich glaube, ich brauche jetzt drei Bier. Frische kleine Primus mit flachgestrichenem Schaum, nicht zu den subventionierten Preisen im Parlament, sondern zu ganz ehrlichen Preisen drüben in der Beer Factory. Mensch, wenn Abeille Pantheist gewesen wäre und nicht Christ, wenn er statt der Dreifaltigkeit eine höhere Zahl gewählt hätte, wie viel weniger Elend gäbe es in den südeuropäischen Ländern …«

Als wir das Karsmakers verlassen, passieren wir eine lange Schlange von kaffeedurstigen Europäern. Im Gehen stößt mich meine Beraterin an. »Es ist vielleicht ein bisschen viel auf einmal, aber vor vier oder fünf Jahren hat eine hochkarätig besetzte Studie der Berlin-Brandenburgische Akademie der Wissenschaften mit Streeck, Holtfrerich, Illing, Carl Christian von Weizsäcker und weiteren Wissenschaftlern festgestellt, dass man den behaupteten Zusammenhang zwischen Staatsverschuldung und Wirtschaftswachstum gar nicht nachweisen kann.«

»Ich verstehe nicht ganz«, sage ich verwirrt.

»Das, was als Austeritätspolitik durch den Lissaboner Vertrag europaweit fiskalpolitisch festgeschrieben ist und praktiziert wird, die Gesetzmäßigkeiten und Regeln, für die gerade von den Deutschen gestritten wird, beruht auf Annahmen über Zusammenhänge zwischen Wirtschaftsfaktoren, für die es weder eine theoretische noch eine empirische Evidenz gibt. Eine stabile Wirtschaft kann man auch bei 150 Prozent Staatsverschuldung haben. England war um 1820 mal mit 300 Prozent verschuldet, das gab sich dann, ohne dass man besondere Maßnahmen ergriff.«

»Und was bedeutet das genau?«

»Wenn man es gemein ausdrücken will, ist die EU ein gigantischer Feldversuch zur Erprobung neoklassischer Theoreme und monetaristischer Theorie.«

## STRASSBURG, PLENUM

Diesmal reise ich von Berlin nach Straßburg. Nach über siebenstündiger Zugfahrt schaue ich abends um 18.30 Uhr noch mal schnell im Parlament vorbei. Eine kurze Unterschrift in der Anwesenheitsliste sichert mein Tagegeld für diesen Tag, und wenn ich schon da bin, kann ich auch einen Blick ins Plenum werfen. Auf dem Weg zu meinem Sitzplatz fällt mir auf, dass kaum Kollegen vor Ort sind, aber unter den wenigen Anwesenden befinden sich alle meine irren Nachbarn: die komplette FPÖ-Mannschaft, Udo Voigt und mehrere Vertreter der AfD. Vor irgendeinem Antrag der Radikalen am nächsten Tag gibt es offenbar die übliche Aussprache, und der rechte Flügel hält ein paar seiner Einminutenreden, die nur sehr geringe Chancen haben, in die Geschichtsbücher einzugehen. Der Anblick der Rechtsradikalen mit ihren altmodischen EU-Plastikkopfhörern erinnert mich an Bilder von den Nürnberger Prozessen. Da möchte ich mich nicht einreihen, ich kehre um.

> **Sachdienlicher Hinweis der Rheinischen Post**
> Rheinische Post: Hat die EU eigentlich Humor?
> Martin Sonneborn: Nur bedingt. Höchstens wenn sie Udo Voigt einen Sitzplatz zuweist, dessen Nummer auf 88 endet.

Der unrasierte Immobilienmakler der AfD, Marcus Pretzell, verlässt ebenfalls das Plenum. Er erblickt mich, mustert meinen C&A-Billiganzug und wirft dann einen Blick auf meine Schuhe, ganz normale Caterpillar-Arbeitsschuhe mit Schutzkappen, die ich an den unteren Enden meines Körpers trage, um auf dem politischen Parkett nicht ins Schleudern zu geraten: »Ah«, ruft er triumphierend, »die Schuhe verraten Sie!« Ich schaue an der

Alternative für Deutschland herunter, sehe braune Lederschuhe und entgegne: »No brown after six, please!« Obwohl er das fälschlicherweise auf seine Schuhe bezieht, zieht er sich zurück. Ich tue desgleichen, lasse mich vom Fahrdienst ins Hotel bringen. Morgen kommt der Papst; mit dem letzten hatten wir bei *Titanic* juristischen Ärger, da will ich lieber ausgeschlafen sein.

### Sachdienlicher Hinweis des Fahrers
Merci beaucoup, fünf Euro, danke vielmals! Wer am wenigsten Trinkgeld gibt? Die Polen. Als nach dem Mauerfall die Abgeordneten aus dem Ostblock ins Parlament kamen, haben die mir anfangs oft Hustenbonbons in die Hand gedrückt. Oder Kaugummis. Aber am geizigsten sind die Italiener. Viele haben eine App, mit der kann man sich »anrufen« lassen. Wenn das Parlament in Sicht kommt, klingelt plötzlich ihr Handy, »Pronto?« dann blablabla und »Ciao, ciao, mille grazie«, und weg sind sie ...

## STRASSBURG, PLENUM

Ein Mann mit militärisch kurz gehaltenen grauen Haaren geht in leicht gekrümmter Haltung vor mir den langen Flur in Richtung Plenarsaal. Die NPD-Frisur kenne ich. »Na, Voigt, noch in der Politik?«, frage ich ihn im Vorübergehen.
»Blöde Frage!«, knurrt Udo Voigt zurück.
»Warum?«
»Na, das sehen Sie doch! Muss ich nicht drauf antworten, auf solche Fragen!«

Der Papst hält eine gute humanistische und viel beklatschte Rede im Parlament. Er kritisiert unseren »unhaltbaren Überfluss« und fordert auf, »korrekte, mutige und konkrete politische Maßnahmen zu ergreifen«, die den Herkunftsländern der Flüchtlinge »bei der Überwindung der internen Konflikte – dem Hauptgrund dieses Phänomens – helfen, anstatt Politik der Eigeninteressen zu betreiben, die diese Konflikte steigert und nährt«. Es sei notwendig,»auf die Ursachen einzuwirken und nicht nur auf die Folgen.«

Was für eine fulminante Kritik! Ich wüsste gern, wie viele der Abgeordneten, die angesprochen sind, sich angesprochen fühlen. Dem Applaus nach zu urteilen, den der Papst erhält, zu wenige.

Aber es geht noch weiter:»Von mehreren Seiten aus gewinnt man den Gesamteindruck der Müdigkeit, der Alterung, die Impression eines Europas, das Großmutter und nicht mehr fruchtbar und lebendig ist. Demnach scheinen die großen Ideale, die Europa inspiriert haben, ihre Anziehungskraft verloren zu haben zugunsten von bürokratischen Verwaltungsapparaten seiner Institutionen.«

Obwohl der Papst seine EU gerade mit einer toten Großmutter verglichen hat, bedankt sich Martin Chulz für eine »politische Rede, die Orientierung bietet in einer orientierungslosen Zeit«. Warum wird sie dann keine Auswirkungen auf die Europapolitik haben? Und warum bezeichnet er sie nicht lieber als »päpstliche« Rede, das kann er korrekt aussprechen?*

### Sachdienlicher Hinweis der Nachrichtenagentur Reuters
Martin Schulz oder »Chulz«?
Der Ursprung des Wortwitzes liegt wohl bei Martin Sonneborn, dem Bundesvorsitzenden der PARTEI und Mitglied des Europaparlaments, der mehrere parodistische Berichte für *Spiegel TV* über seinen Arbeitsalltag in Brüssel drehte und für die Satirezeitschrift *Titanic* ebenfalls solche Berichte veröffentlicht. In einem der ersten »Berichte aus Brüssel« amüsiert sich Sonneborn darüber, dass Martin Schulz in seinen Reden den »sch«-Laut oft als »ch« ausspricht, und verleiht ihm damit den Namen »Chulz«. Diese neue Benennung ist mittlerweile zum Runnig Gag in der ganzen Comedy-Szene geworden und lässt sich so schnell nicht wieder rückgängig machen.

---

* Mit Redenschreibern ist das so eine Sache, meiner ist bekanntlich depressiv und leitet mir statt ausgefeilter Reden Spammails ins Plenum: »Wieso verdient diese Oma 459 Euro pro Tag und Sie NICHT?«

Bei einer der Abstimmungen später passiert es. Anfangs stimme ich ganz locker und unangestrengt vor mich hin, abwechselnd mit JA zu Europa und NEIN zu Europa, variiere nur manchmal, um gegen Rechts zu votieren, wenn mein FPÖ-Nachbar zu sehr nervt und mich bittet, doch mal mit ihm zu stimmen, gegen Juncker zum Beispiel, es dem Establishment zeigen, ob ich denn keine Eier hätte etc. Als das Tempo anzieht, wird es anstrengend, im Sekundentakt wird abgestimmt. Büroleiter Hoffmann wird später nachzählen, 240 Abstimmungen in 40 Minuten! Den Arm hebe ich schon lange nicht mehr, die Nationalen haben einfach besser trainierte rechte Oberarme. Nur bei den namentlichen elektronischen Abstimmungen bin ich aus tiefer Überzeugung weiterhin dabei.

Büroleiter Hoffmann hat mir erklärt, dass mir die halbe Bürojahrespauschale entzogen wird, wenn ich nicht an mindestens 50 Prozent der elektronischen Abstimmungen teilnehme.

Auf einmal schreckt mich ein Blick auf die elektronische Anzeigetafel auf: A8-0037/2014 § 22, Abst. 3: 343 zu 342. Irgendetwas wurde gerade mit lediglich einer Stimme Mehrheit angenommen. Mein Blick fällt auf das grüne JA-Lämpchen an meinem Abstimmgerät: Verdammt, ich habe tatsächlich gerade eine Abstimmung des Europäischen Parlaments entschieden! Jetzt muss ich dringend herausfinden, was ich da getan habe. Ich poste die Situation bei Facebook und erhalte Aufklärung, noch bevor die Abstimmung vorüber ist.

### Sachdienliche Hinweise aus dem Netz

Hans Bogenschütz: Wahrscheinlich das neue Ökosiegel für Topflappen!!

Christian Woldt: TTIP durchgewunken? Weil nach einem NEIN ZU EUROPA wieder ein JA fällig war?

Erik To: Was sind Sie denn für ein Politiker, wenn Sie sich Sorgen machen, was Sie getan haben?

LaFleur: Dafür wähle ich Die PARTEI. Gute Arbeit, weiter so!

Grit Michelmann: Und was macht das jetzt mit Ihnen? Kommen Sie da nicht doch in die Versuchung, vor der nächsten Abstimmung nachzudenken und tatsächlich zu entscheiden?

Martin Sonneborn: Nein. Warum?

Frank Röske: Wir haben ihn nicht gewählt, dass er aufpasst, was er macht.

Kiko Man: Ich finde, man sollte sich den Satz (§ 22/3) für den Herr Sonneborn gestimmt hat (und der dann mit einer Einstimmenmehrheit als angenommen im sogenannten Stier-Bericht verbleibt!) mal auf der Zunge zergehen lassen: »Das Europaparlament betont, dass in einer weitgehend globalisierten Wirtschaft die Verhandlungsmacht der Arbeitnehmer durch Liberalisierungsprozesse geschwächt wird und dies die Einhaltung der in der Allgemeinen Erklärung der Menschenrechte und in der Agenda für menschenwürdige Arbeit aufgeführten Rechte gefährdet.«

Martin Sonneborn: Puh, zum Glück habe ich nicht aus Versehen Europa kaputtgemacht. Smiley!

## STRASSBURG, PLENUM

Während sich das Plenum nach den Abstimmungen schnell leert, bleibe ich noch sitzen und beantworte Mails. Wie nach den meisten Plenarsitzungen folgen jetzt die »vote explanations«, die ich interessiert mit einem Ohr verfolge. Etwa 15 Abgeordnete warten, bis sie von der Präsidentin aufgerufen werden, dann haben sie eine Minute Redezeit, in der sie erklären, warum sie vorher wie abgestimmt haben. Wer fertig ist, verlässt den Plenarsaal. Den Film dieser kleinen Ansprache kann man anschließend auf der Homepage des Parlaments herunterladen und auf seine eigene Seite stellen, er gilt allgemein als Beleg für parlamentarische Arbeit.

Als Daniel Hannan ein paar Sitze von mir entfernt das Rederecht erhält, höre ich aufmerksamer zu. Hannan ist ein etwa 45-jähriger kleiner glatzköpfiger Brite, Tory und EU-Skeptiker, der vor Jahren einmal aus Protest gegen neue Regelungen zur Begrenzung der Redezeit eine Ansprache im Parlament nicht beendete, auch als ihm das Mikrophon abgestellt wurde.

Jetzt hebt er seine Stimme: »… und ich verteidige Mitglieder dieses Parlamentes immer wieder gegen Anklagen. Und zwar denken viele, dass wir faul wären, dass wir nur herumsäßen, nichts tun würden. Die Welt wäre sehr viel besser, wenn diese Klage stimmen würde, anstatt dass wir ständig Gesetze verabschieden. Es wäre viel besser, wir würden ins Parlament kommen, hier unterschreiben und dann Golf spielen, anstatt uns einzumischen in das Leben aller Bürger. Aber gut, die menschliche Natur ist so, wie sie ist, wir haben all diese Tagegelder akzeptiert, und deswegen sind wir auch bereit zu arbeiten, deswegen legen wir auch solche Berichte wie den heutigen vor … Aber: Bringt das überhaupt was? Der Schutz von schutzbedürftigen Erwachsenen ist sicher ein wichtiges Thema … Aber, also es tut mir leid …«

Jetzt explodiert auf der rechten Seite Reinhard Bütikofer, gestikuliert und ruft etwas dazwischen, das ich nicht verstehe. Weil ich die Übersetzung im Kopfhörer habe, höre ich nur, was Hannan sagt: »Also gut, ich werde hier von so einem Linken angeranzt, der hier wie ein wildes Tier losspricht …«

Die Präsidentin greift ein: »Herr Bütikofer, ich weiß nicht, was Sie gesagt haben, Sie hatten kein Mikrophon.«

Bütikofer stellt sein Mikrophon an: »Ich möchte ganz gern die Präsidentin bitten, diesen sogenannten Kollegen zu sanktionieren, er demütigt das ganze Haus!«

Die Präsidentin erwidert: »Ich bin nicht in der Lage, Sanktionen zu verhängen, aber wenn Sie eine schriftliche Bemerkung machen möchten, werden wir das gern zur Kenntnis nehmen.«

Gedemütigt, aber guter Laune mache ich mich auf in die MEP-Bar.

## DEZEMBER 2014

**Sachdienlicher Hinweis von n-tv**
Lucke, Sonneborn & Co: Alte Hasen lästern über EU-Neulinge
Die AfD, die *Titanic*-Partei, die Piraten – diese Parteien sind erstmals im EU-Parlament vertreten. Doch so richtig angekommen sind deren Vertreter noch nicht. Jo Leinen von den Sozialdemokraten nennt den fraktionslosen *Titanic*-Schreiber Sonneborn einen »perfekten Rohrkrepierer«, der »als Tiger gestartet und als Bettvorleger gelandet ist«. »Ich sehe und höre nichts von ihm. Vielleicht entzieht sich seine Aktionsebene auch meiner Wahrnehmung. Er hat jedenfalls keinerlei Bedeutung in diesem Parlament. Die Musik spielt hier auf den Fluren, in informellen Absprachen und nicht in den Sälen.«

Jo Leinen? Wer ist das, und was will der Mann von mir? Hatte ich nicht kürzlich mit Kommissar Oettinger auf dem Flur ein informelles Gespräch geführt? Und überhaupt, was ist denn das für ein Vorwurf? Bedeutungslos zu sein in einem bedeutungslosen Parlament, das hatte eigentlich schon wieder etwas.

Die Metaphorik, die Leinen benutzt, deutet darauf hin, dass er schon etwas älter ist. Ich bitte im Netz um Aufklärung.

**Sachdienliche Hinweise aus dem Netz**
Jörg Grunewald: Ich habe von Jo Leinen auch nichts mehr gehört, seit er vor 30 Jahren mal eine Torte ins Gesicht gekriegt hat.
Torsten W.: Ich habe noch nie von Jo Leinen gehört. Ich sehe und höre nichts von ihm. Vielleicht entzieht sich seine Aktionsebene, wie die vieler EU Parlamentarier auch meiner Wahrnehmung.
Gisborn Vance: Leinen? Lebt der noch????
Andi Hofer: Jo Leinen? Ist das nicht der A* aus GZSZ?

## BRÜSSEL, CAFÉ BELGA

Die AfD verkauft Gold an ihre Sympathisanten, lese ich in einer kleinen Randnotiz, um ihre Einnahmen aus der unseriösen staatlichen Parteienfinanzierung zu erhöhen. Knapp 160 Millionen Euro aus Steueraufkommen werden in diesem Jahr an Parteien ausgeschüttet, die mindestens ein Prozent bei Landtagswahlen erzielen konnten bzw. 0,5 Prozent bei Bundestags- oder Europawahlen. Das ist relativ üppig, zumal wenn man bedenkt, dass sie schön ergänzt werden durch rund 580 Millionen Euro jährlich an die sechs »parteinahen Stiftungen« der im Bundestag vertretenen Parteien.

### Sachdienlicher Hinweis von Wikipedia
Nach einer Entscheidung des Bundesverfassungsgerichts im Jahr 1966 (»Die Dauerfinanzierung der Parteien aus Staatsmitteln für ihre gesamte politische Tätigkeit steht nicht in Einklang mit dem [grundgesetzlichen] Leitbild der politischen Partei«) leiteten die im Bundestag vertretenen Parteien die betroffenen Gelder einfach auf die Stiftungen um.

Die aktuellen Gesetze zur Parteienfinanzierung sind veraltet und mehrfach den Bedürfnissen der großen Parteien angepasst worden, deshalb sollte man sie nicht mit gesundem Menschenverstand auf ihre Sinnhaftigkeit abklopfen.

Die AfD hat ein Problem, das sie mit vielen Kleinparteien teilt: ihr Anspruch auf staatliche Gelder – im Prinzip kann man sagen: ein Euro pro Zweitstimme – wird durch die Höhe der selbst erwirtschafteten Partei-Einnahmen (Spenden, Einnahmen aus Veranstaltungen etc.) begrenzt. Im jährlichen Rechenschaftsbericht muss sie ihre Einnahmen ausweisen und kann nur in dieser Höhe Gelder aus der Parteienfinanzierung erhalten; selbst wenn ihre Ansprüche aus den Wahlergebnissen viel höher liegen. Seltsam? Aber so steht es geschrieben.

Um ihre Einnahmen zu erhöhen, kam die AfD auf eine ungewöhnliche Idee. Sie verkaufte über ihre Homepage Gold, in Zusammenarbeit mit einem Händler aus Bayern und der Firma Degussa. Das passte zur Euro-kritischen Ausrichtung der Partei und machte nicht einmal viel Arbeit. Eigentlich mussten nur die Bestellungen weitergeleitet werden und das eingehende Geld: nach Berichten des *Spiegel* immerhin 1,6 Millionen Euro in den ersten elf Verkaufstagen.

Dabei musste die AfD bei dieser Verkaufsaktion gar keinen großen Gewinn erzielen (und tat dies auch nur in marginaler Höhe), denn aufgrund der seltsamen Vorschriften der Parteienfinanzierung werden lediglich die Einnahmen der Parteien berücksichtigt; die Ausgaben werden nicht gegengerechnet. Für den kleinen Kaufmann oder Ökonomieprofessor von der Ecke eine absurde Vorstellung!

**Sachdienlicher Hinweis meines palästinensischen Friseurs**
Ahahahahaha ha! Nein! Gibt nicht! Doch? Ahahahaha!

**Sachdienlicher Hinweis eines ARD-Politikredakteurs, der das Thema in der Tagesthemen-Redaktion anbot**
Die Chefredaktion hat gesagt, das ist zu komplex für unsere Zuschauer, das verstehen sie nicht.

Die AfD scheffelt also Millionen mit einem unwirtschaftlichen Verkaufsprojekt, das dann auch noch von Bernd Lucke in den üblichen Talkshows beworben werden darf. Sollten sie damit wirklich durchkommen? Nein. Was die AfD kann, können wir schon lange. Was allerdings sollte die PARTEI ihren Wählern verkaufen? Mit der Degussa wollen wir nichts zu tun haben, die unappetitliche Firma hatte ihr Kapital mit dem Einschmelzen der Goldzähne von KZ-Opfern vermehrt.

Sofort spielt ein Zweimann-Think-Tank der PARTEI bei einigen guten Gläsern Bofferding-Bier assoziativ ein paar mögliche Verkaufsobjekte durch. Sie müssen gut zu verschicken und dem Empfänger möglichst ohne Wertverlust nützlich sein: Tankkarten,

Amazon-Gutscheine (fallen raus, weil die möglicherweise das Projekt #amazonfreierMittwoch sabotieren würden), Edeka-Gutscheine – Scheine, Scheine, die Freude bereiten, Scheine, die man gern … GELD-Scheine? Aus Erfahrung wussten wir, dass Geld beliebt ist im Lande. Viele Menschen schätzen Geld und tun alles Mögliche dafür. Aber würden sie es auch kaufen? Zu einem leicht überhöhten Preis? Druckfrische 100-Euro-Scheine für, sagen wir mal, 105 Euro? Zuallererst bitten wir PARTEI-Schatzmeister Norbert Gravius, die Idee zu prüfen. Er studiert die unterhaltsamen Parteienfinanzierungsgesetze und versichert uns dann, dass das beim Verkauf von Geldscheinen eingenommene Geld vollumfänglich unseren Anspruch auf Gelder aus der Parteienfinanzierung erhöhen wird. Allerdings sollte sich notfalls eine Gewinnerzielungsabsicht nachweisen lassen, und ein inhaltlich mit der Aktion verbundener politischer Anspruch könnte gegebenenfalls nützlich sein in einer möglichen späteren Diskussion mit der Bundestagsverwaltung.

Politischer Anspruch? Aber gern! Die Bundesregierung will das Bargeld zumindest reduzieren; der 500-Euro-Schein steht doch schon länger zur Diskussion, weil er angeblich Geldwäsche und Terrorfinanzierung erleichtere. Was läge also näher, als sich für schnödes Buchgeld per Überweisung einen faltenfreien Geldschein zu kaufen, den man unkontrolliert waschen und dann damit nach Lust und Laune irgendeinen Terror finanzieren kann?

Zwei Agitationspostkarten legen wir noch drauf und bieten – nach Rücksprache mit der Post, die für die Versicherung jedes Wertbriefes rund vier Euro zuzügliches Porto berechnet – auf der Homepage der PARTEI drei Pakete an, an denen wir jeweils ein paar Cent verdienen werden.

Die Verkaufsaktion ist ein voller Erfolg, innerhalb von sieben Tagen bescheren uns 2470 Bestellungen Einnahmen in Höhe von 204 225,01 Euro. Den satten Gewinn von ca. 260,80 Euro wird die Bundestagsverwaltung uns dann freundlicherweise grotesk aufstocken. Andererseits ist das auch nur korrekt, denn die Reaktion

## Kauf kein' Scheiß (Gold) (bei der AfD), kauf GELD (bei uns)!

Und zwar jetzt. Hier. Bei Die PARTEI. **Echtes Geld.** Es kostet Sie praktisch nichts (5 Euro), bringt uns aber über die **Parteienfinanzierung** bis zu **105 Euro.** Aus rechtlichen Gründen müssen wir Ihnen dazu leider noch **zwei Original-PARTEI-Postkarten** andrehen.
184 709 Wähler haben in der EU-Wahl für Die PARTEI gestimmt. Damit hätten wir plötzlich einen Anspruch auf rund **240 000 Euro** aus dem Topf der »Parteienfinanzierung« – rund **157 Millionen** aus **Steuergeldern**, die sich bisher die etablierten Parteien (CDU und so) teilen. Dieser Anspruch wird allerdings **begrenzt** auf die **Höhe der (Spenden-)Einnahmen** der jeweiligen Partei im Jahr 2014. Und die sind bei der PARTEI nicht sehr hoch. **Smiley!**
Die **verfickte AfD** hat ein ähnliches Problem, deshalb verkauft sie auf ihrer Homepage Gold. Denn aufgrund **sehr, sehr irrer Parteiengesetze, die Bundestagspräsident Lammert schnellstens zu ändern rät,** erhöhen *sämtliche* Einnahmen der Parteien ihren Anspruch aus der staatlichen Finanzierung.
**Und deswegen verkaufen wir Ihnen ab sofort GELD!** Bekannt aus der Werbung (»Nur 3,99 €!«). Geführt von allen guten Buchmachern und Sparkassen. Nicht so schwankend im Wert wie Gold. Passt besser **in Kaugummi- und Parkscheinautomaten!**
**Und so geht's: Sie bestellen hier im PARTEI-Geld-Shop den gewünschten Schein (20, 50 oder besser: 100 €) und überweisen den Kaufpreis (25, 55 oder 105 Euro) – wir schicken Ihnen im Gegenzug per Post (versicherter Versand für 4,55 €) einen 20-, 50- oder 100-Euro-Schein zu sowie zwei Postkarten (»Grüße aus Brüssel« und »FCK AfD!«). Dann lassen Sie es mit den gekauften Scheinen mal so richtig krachen – und Die PARTEI kassiert die von Ihnen überwiesene Summe noch einmal aus der Parteienfinanzierung.**
**Bonus: Sie verwandeln Ihr unsicheres Buchgeld in saubere, blütenfeine neue Bundesbankscheine. Und auf Scheine hat die Bundesregierung – im Gegensatz zu dem Geld auf Ihrem Konto (vgl. Gesetzesänderung vom November) – keinen Zugriff!**[*]

[*] Die Ausgaben (bei der AfD für Gold, bei der PARTEI für GELD) hingegen bleiben unberücksichtigt. Nur die Einnahmen zählen. Irre, oder? Und jetzt hopp, auf, überweisen! Alles, was Die PARTEI von den 157 Millionen nicht bekommt, geht an die CDU!

GELD-Verkauf in der PARTEI-Zentrale

der Bürger ist natürlich auch ein Zeichen für eine breite Verankerung in der Bevölkerung. Woher der eine Cent kommt, kann der Schatzmeister nicht erklären und bittet uns, das nicht weiter zu hinterfragen.

Auch medial ist die Aktion ein schöner Erfolg, diverse Print- und Netzmedien berichten, *Spiegel TV* zeigt das Ganze in bewegenden Bildern, und unzählige zufriedene Käufer stellen Fotos von sich mit dem gekauften Geld ins Netz. Ihre Kommentare sind durchgehend positiv: »Die PARTEI weiß, was Wähler wollen: Geldscheine«, »FCK AfD«, »Guter Schein, wenig Gebrauchsspuren, den rahme ich mir ein!«, »Fairer Preis, prompte Lieferung, jederzeit wieder!«

## »SIE SIND FAUL, FAUL, FAUL, FRECH – UND FAUL!«

### DAS ZWEITE JAHR

## JANUAR 2015

### BERLIN, CHARLOTTENBURG

Aus Frankreich kommt die Nachricht, dass zwei Islamisten mit Kalaschnikows bewaffnet in die Redaktionsräume von Charlie Hebdo eingedrungen sind und elf Mitarbeiter erschossen haben. Sofort beginnt mein Mobiltelefon ununterbrochen zu klingeln. Ich habe nicht das Bedürfnis, mit Journalisten zu sprechen. Was soll man so kurz nach derartigen Geschehnissen denn auch äußern? Als die Anfragen nicht weniger werden, beschließe ich, der Nachrichtenagentur dpa drei Sätze dazu zu sagen und dann das Telefon abzustellen.

**Sachdienlicher Hinweis von Facebook**
Viele Presseanfragen zu Paris. Ich habe der dpa drei Sätze gesagt und nicht die Absicht, dem etwas hinzuzufügen: »Das ist nicht komisch. Mit Anzeigen, Abokündigungen oder Kalaschnikow-Geballer auf Satire zu reagieren, gilt in der Szene als unfein. Unser Mitleid gilt den französischen Kollegen. Bei *Titanic* könnte so etwas nicht passieren, wir haben nur 6 Redakteure.«

## FEBRUAR 2015

### BRÜSSEL, EU-PARLAMENT

Die Micky Mouse Bar ist ein guter Ort, um die umfangreiche Aufgabenliste für diesen Tag (ein Punkt) abzuarbeiten. Denn das hässliche Café mit seinen knallbunten Stühlen, das seinen Namen trägt, weil Margaret Thatcher das EU-Parlament einmal anerkennend als »Micky-Mouse-Parlament« bezeichnete, hat natürlich auch seine guten Seiten. Nach einer aus EU-Mitteln finanzierten intensiven einwöchigen Recherche des Ehrenvorsitzenden der PARTEI Hamburg, Alex Grupe, gibt es hier das billigste Bier von ganz Brüssel*, eine sympathische Subvention und vermutlich eins der langlebigeren EU-Hilfsprogramme.

### Sachdienlicher Bericht von Inforadio
Das EU-Hilfsprogramm für die durch das russische Embargo betroffenen Obst- und Gemüsebauern wurde schnell wieder gestoppt, da zu viele fragwürdige Anträge eingingen.

### Sachdienlicher Ergänzung von BW Agrar
Vor allem Polen hatte große Mengen angemeldet, die die üblichen Exportmengen deutlich übertrafen.

### Sachdienlicher Hinweis der Sontagszeitung (CH)
Sonntagszeitung: Bei den Wahlen in Hamburg diesen Februar überholten Sie im Stadtteil St. Pauli die CDU.
Martin Sonneborn: Die PARTEI hatte dort einen hässlichen Blecheimer aufgestellt und forderte »Puff ab 16!« Der Blecheimer bekam dann etwa so viele Stimmen wie die CDU

Büroleiter Hoffmann nimmt einen Schluck, holt tief Luft und trägt die Agenda für diesen Tag vor: Die deutsche Cheflobbyistin der Firma Facebook hat angerufen. Es habe Beschwerden gegeben, wegen eines Posts, den ich zur Oscar-Verleihung eingestellt hatte. »Ich erinnere mich«, werfe ich ein, »ich habe auf die Tatsache reagiert, dass wieder einmal kein Schwarzer für einen Oscar nominiert worden war.«
»Ja, aber ein Ausdruck in deinem Post verstößt gegen die Richtlinien des Unternehmens Facebook«, entgegnet Hoffmann und berichtet, dass sein Gespräch mit der Lobbyistin sehr freundlich und leicht bizarr verlaufen sei, weil die Dame den inkriminierten

* 0,25 Liter Stella Artois für 1,50 Euro

Ausdruck auf vielerlei Arten mehr oder weniger elegant zu umschreiben versucht habe, ihn aber keinesfalls nennen wollte. Diplomatisch lasse ich ihr ausrichten, dass ich den Post noch einmal kritisch überdenken werde. Tue ich natürlich nicht, schließlich verfüge ich über parlamentarische Immunität.

> **Sachdienlicher Hinweis von Facebook**
> Martin Sonneborn: Irre ich mich oder fehlt bei den OSCAR-Gewinnern die Kategorie »Bester Neger«?

»Hoffmann, wer regiert jetzt eigentlich die EU? Der Rat, die Kommission oder ich? Ich habe heute Morgen Günter Verheugen gehört, der tippt auf die Kommission. Immerhin hat die rund 32 000 Mitarbeiter.«

> **Sachdienlicher Hinweis des SWR**
> Günter Verheugen, ehemaliger Vizepräsident der EU-Kommission: »Der Versuch des Europäischen Rates, eine Art politische Agenda aufzustellen, kann nur eine Mogelpackung sein, denn die politische Agenda in Europa wird von der Kommission bestimmt und von niemand anderem. Sie ist die Institution, die als einzige und ganz allein das Initiativrecht hat. Was die Kommission nicht vorschlägt, das passiert auch nicht.«

Hoffmann entgegnet, das sei nicht so einfach zu durchschauen: »Eigentlich sind Europäisches Parlament und der Rat, also die 28 Regierungschefs, Gesetzgeber. Aber die Kommission hat das alleinige Initiativrecht, sie schlägt die Gesetzesvorhaben vor und formuliert sie, danach ist sie theoretisch raus aus dem Verfahren. Die Mitgliedsstaaten wiederum stellen die Kommission auf und schicken die Kommissare. Und der Rat hat insofern das letzte Wort, als er Gesetzesvorhaben einfach von der Tagesordnung streichen kann. Andererseits kann auch die Kommission ein Gesetzgebungsverfahren jederzeit stoppen ... Wie gesagt, es ist kompliziert.«
»Das heißt, alle drei Mitspieler sind aufeinander angewiesen?«

»Ja, eigentlich schon. Faktisch ist es aber so, dass der Rat letzten Endes entscheidet.«

»Das heißt, wenn ich in der EU etwas verändern will, muss ich Merkel stürzen und ersetzen?«

»Theoretisch ja. Als Kommissionspräsident kannst du natürlich auch die großen Linien vorgeben, Juncker hat ja nicht umsonst gesagt, er stehe für eine politische Kommission, die sich nicht auf die Ausführung beschränkt, sondern ganz massiv eigene Schwerpunkte setzt.«

»Ich habe so langsam das Gefühl, das Parlament als einzig demokratisch gewählte Instanz muss sich seine Gleichberechtigung zuerst noch erkämpfen.«

**Sachdienlicher Hinweis des Deutschlandfunks**
»Wir im Europäischen Parlament machen unglaublich viele wichtige Sachen!« Ska Keller, Die Grünen

## BRÜSSEL, BÜRO

Auf dem Weg ins Büro begegnet mir ein älterer deutscher Nazi.
»Na, Voigt, immer noch in der Politik?«
»Ja, und auch die nächsten 20 Jahre noch. Das wird ja langweilig, wenn Sie immer dasselbe fragen!«
»Das liegt an Ihnen, Sie müssen ja nicht immer das Gleiche antworten ...«

Als ich den langsamen Bürocomputer starte, sehe ich, dass Hoffmann mir einen Youtube-Link geschickt hat. Herbert Reul hat als Vorsitzender der CDU/CSU-Gruppe im Europaparlament offenbar vor kurzem eine Rede gehalten beim Bundesparteitag der CDU in Köln. Ich sehe ihn im Standbild mit einer auffällig roten Krawatte am Rednerpult mit der Aufschrift »Wir arbeiten für Deutschlands Zukunft«. Aber was hat der Mann eigentlich inhaltlich zu melden?

**Sachdienlicher Hinweis von Wikipedia**
Herbert Reul gilt deutschlandweit als der schärfste Gegner der jährlichen Zeitumstellung. Über die Sinnhaftigkeit der Sommerzeit stellte Reul fest: »Tod durch Zeitumstellung steht zwar später nicht als Diagnose in der Patientenakte, sollte aber als Auswirkung nicht unterschätzt werden. Die Zeitumstellung und die erzwungene Umstellung des Biorhythmusses könnten Schlafstörungen auslösen. Diese Schlafstörungen wiederum könnten langfristig zu Herz-Kreislauf-Erkrankungen führen oder zu einem höheren Risiko, an Krebs zu erkranken.« Der *Spiegel* bezeichnet Reul als »eifrigsten Kämpfer gegen das Zeigergedrehe«, die *Wuppertaler Rundschau* bezeichnete sein Engagement als »exotisch«.

Reul legt los: »Das machen wir jetzt mal kurz und bündig. Aber ich leg schon Wert darauf, hier zwei oder drei Sätze sagen zu können, weil das Europäische Parlament eines der Parlamente ist, die mit wichtigen Fragen sich auch, äh, in den letzten Monaten und letzten Jahren auch befasst. Erstens melde ich, dass wir erfolgreich waren, wir haben es geschafft, dass der Fraktionsvorsitzende aus unseren Reihen kommt, mit Manfred Weber. Darauf sind wir stolz! Zweitens haben wir dafür gesorgt, dass viele Kolleginnen und Kollegen in wichtigen Aufgaben tätig sind in dieser neuen Wahlperiode. Drittens, wir sind mit 34 Mitgliedern weniger Mitglieder als vorher. Das ist ärgerlich! Das ist allerdings nur begrenzt unsere Schuld, um das mal klar zu sagen. Denn den Satz möchte ich mir schon genehmigen: Das ist die Verantwortung derjenigen, die im Verfassungsgericht die Entscheidung getroffen haben, auf die Dreiprozentklausel zu verzichten. Dank dieser klugen Richter haben wir jetzt AfD, ÖDP, NPD, Tierschutzpartei, Spaßpartei und sonstige Verrückte neben uns sitzen. Das ist wirklich ein gelungener Beitrag des obersten deutschen Gerichts und wir müssen uns damit jetzt jeden Tag rumschlagen.« Herbert Reul nimmt die Brille ab und setzt sie wieder auf. Dünner Applaus ist zu hören.

Dann kritisiert der bestens genährte kleine Mann mit dem hängenden Augenlid, dass manchmal Beschlüsse gefasst würden, die der Industrie nicht helfen, sondern schaden: »Mehr Auflagen, mehr Belastungen hemmen eine Industrialisierung und eine Wachstumspolitik in Europa und sind schädlich für neue Jobs! Das gilt für Stahl, das gilt für Chemie, das gilt für Automobil, Sie kennen all die Beispiele. Ich würd mir wünschen, dass wir das nicht immer nur beschwören, sondern wenn's dann praktisch wird, bei Energiepolitik und anderen Fällen, dass wir dann auch mal so beschließen, dass wir nicht immer die ganze Welt auf einmal retten wollen, sondern vielleicht Stück für Stück vorangehen und berücksichtigen, dass wir auf der Strecke ein gesundes Klima unserer Nachwelt überliefern, aber vielleicht auch dafür sorgen, dass noch 'n paar Jobs, neue, entstehen. Es gäb noch viel zu erzählen, aber ich lass das jetzt.«

## BRÜSSEL, BÜRO

Mein Büroleiter erscheint ungewöhnlich spät und ungewöhnlich verkatert zur Arbeit. Gestern Abend war ein Fest in der Landesvertretung von Baden-Württemberg, aber als ich ging, waren noch alle recht nüchtern gewesen. »Was ist denn passiert?«

### Sachdienlicher Hinweis von Büroleiter Hoffmann
Die Dienstleistergewerkschaft ver.di hatte zum »parlamentarischen Abend« in die Landesvertretung von Baden-Württemberg geladen. Die Landesvertretung ist als ausgezeichneter Veranstaltungsort bekannt: deutsches Bier vom Fass und gutes Essen. Parlamentarischer Abend ist die Umschreibung für wenig Reden, viel Empfang.
Als Stargast neben dem ver.di-Vorsitzenden Frank Bsirske ist der Kommissar für Digitales und ehemalige Ministerpräsident von Baden-Württemberg, Günther Oettinger, geladen. In seinem kurzweiligen Redebeitrag am Anfang der Veranstaltung kommt er am Schluss auf den Rechtsruck in Europa zu sprechen, den er aber nicht als europäisches Problem sieht, da die Große Ko-

alition im Europaparlament und die Kommission kohärent zusammenarbeiten würden. Dass unsere Position zur Großen Koalition unterschiedlich ist, war für mich keine Große Überraschung, dass die große Koalition plötzlich der Rettungsanker der europäischen Demokratie sein soll, schon eher.
Nach den Redebeiträgen ging es direkt zum Empfang – Buffet und Bar waren eröffnet. Der Blick zur Tür des Veranstaltungssaales ist in diesem Moment stets interessant: Innerhalb kürzester Zeit drängt eine Masse von überwiegend gutverdienenden Menschen in Richtung des kostenfreien Essens.
Viele Gespräche und einige Biere später leerte sich der Saal, und die verbliebenen Gäste verschwanden im Keller. In der unteren Etage der Landesvertretung gibt es neben einem Kicker nämlich den Ort für die späteren Stunden: die Schwarzwaldstube. Dabei handelt es sich um einen großen Raum, der komplett im Stile eines süddeutschen Lokals gehalten ist. Die Wände sind mit Holz vertäfelt, und es gibt eine Bar, hinter der neben dem guten Bier auch noch ein beachtlicher Vorrat von Obstbränden gelagert wird. An einem Tisch in der Ecke hat sich inzwischen eine interessante Runde zusammengefunden, Kommissar Oettinger und sein Amtsnachfolger Winfried Kretschmann, der an diesem Abend zufällig auch in der Vertretung war, saßen gemeinsam mit einigen anderen Herren beim Bier.
Ich saß mit einer Gruppe am Nachbartisch, und wir philosophierten unter anderem über die Qualität des Kickers. Nachdem einige Zeit und weitere Biere vergangen waren, wurde unsere Runde immer kleiner. Schließlich war nur noch der bereits erwähnte Tisch in der Ecke besetzt. Kretschmann war inzwischen in die Nachtruhe aufgebrochen, Herr Oettinger aber in der Herrenrunde verblieben. Da der Abend zu jung war, um ihn zu beenden, fragte ich, ob ich mich noch dazusetzen könne – was freundlich bejaht wurde.
Es hat nicht lange gedauert, bis Herr Oettinger mich als Neuzugang in der Runde identifizierte und mich fragte, wer ich sei. Für einen kurzen Moment dachte ich, ich könne mich mit der Antwort »Ich bin Assistent im Parlament ...« aus der Affäre ziehen. Damit lag ich falsch, da sogleich die Nachfrage folgte,

für wen ich arbeiten würde. Diese Frage habe ich wahrheitsgemäß beantwortet und war gespannt auf die Reaktion. Meine Erwartungen diesbezüglich waren nicht sonderlich positiv, aber ich erlebte eine Überraschung. Herr Oettinger sagte, er halte Martin Sonneborn für einen klugen, redegewandten Mann und zollte seiner Arbeit Respekt. Dann allerdings fragte er, welches Ziel oder welche Vision er für Europa hätte. Ich sagte ihm dazu nur, dass Inhalte nicht unsere Kernkompetenz seien, das Gleiche gelte natürlich für Ziele und Visionen.

Ich hatte mir in der Zeit vor dem Abend viele Gedanken dazu gemacht, was in der Europäischen Union und speziell im Parlament falschläuft. Das hat insbesondere damit zu tun, dass es unmittelbar vorher einige undemokratische Machtspielchen gegeben hatte. Außerdem standen vollkommen unsinnige Berichte im Parlament in den Startlöchern; und die Netzneutralität wurde in Frage gestellt, während sich gleichzeitig als großer Freund ebendieser geriert wurde – es liefen einige Sachen schief. Gleichzeitig wurde der Rechtsruck in Europa immer eklatanter, gerade auch weil dessen Ursprung immer deutlicher die konservative Mitte ist, nicht zuletzt ist Viktor Orbáns Fidesz auf europäischer Ebene Mitglied der EVP – wie auch die CDU/CSU. Berauscht von der Atmosphäre (und dem Bier) dachte ich, es sei die richtige Gelegenheit, meine Gedanken jemandem vorzutragen, der an den Hebeln der Macht sitzt: Ich nahm Bezug auf die Rede von Herrn Oettinger und verwies darauf, dass ich es schade fände, dass die Große Koalition im Europaparlament den Gedanken eines paneuropäischen Pluralismus, wie er in den Fraktionen gut funktioniert, im Keim ersticke. Nebenher degradiere man die Opposition zu Beiwerk ohne Einfluss. Meiner Ansicht nach verschenke man mit der Versteifung auf eine Große Koalition demokratisches Potenzial, insbesondere da die Mehrheit immer weiter schrumpfe und man sich besser früher als später mit den demokratischen Kräften im Parlament auseinandersetzen sollte. Letztlich scheitere eine bessere Demokratie auch an der Geltungssucht einzelner Abgeordneter, die einen Diskurs außerhalb der Großen Koalition für undenkbar halten. Da überrasche es nicht, dass der Kontakt zu den Wäh-

lern immer schlechter wird, was sich insbesondere in den niedrigen Wahlbeteiligungen niederschlage. Letztlich müsse man sich doch die Frage stellen, wer die Politik in den letzten Jahren geprägt und zu verantworten habe, die dazu führt, dass viele Bürger Europas den rechten Rattenfängern in die Arme laufen.
Bereits während meiner Ausführung fiel mir auf, dass es plötzlich überraschend still wurde. Dummerweise habe ich in diesem Moment Entsetzen mit Interesse verwechselt. Mir hätte auffallen sollen, dass etwas falschlief, als der Barkeeper anfing, mir beherzt auf den Rücken zu klopfen. Offenbar wollte er mir damit signalisieren, dass es besser wäre, nicht weiter fortzufahren. Von der Reaktion des Kommissars wurde ich vollkommen überrascht: Ohne im Geringsten auf meine Argumente einzugehen, hob er die Stimme und griff mich persönlich an. Was mir einfiele, hier in die Runde zu kommen und die ganze Aufmerksamkeit auf mich zu ziehen? Ich sei unhöflich und unverschämt. Von der anderen Seite des Tisches hörte ich nur den Kommentar: »Und das in der Schwarzwaldstube!« Mein Einwurf, dass ich nur seine Frage hätte beantworten wollen, blieb unbeachtet. Zum Glück schritt dann ein ver.di-Mann ein und bat den Kommissar um etwas Zurückhaltung. Die Situation beruhigte sich dann schnell, und die Gesprächsthemen wurden wieder banaler.
Einige Minuten später, man hat mir die schlechte Laune offenbar angesehen, lächelte mich Herr Oettinger plötzlich an und lud mich zum Anstoßen ein. Wieder richteten sich alle Augen auf mich: Während die CDU-Gesellschaft es wahrscheinlich als großzügige Geste deutete, war ich noch immer wütend über Oettingers unverschämten Ausfälle. Ich wollte mit diesem Mann nicht anstoßen. Ich tat es dennoch.
In diesem Moment habe ich erkannt, dass ich mit der Annahme weit danebenlag, ein offenes Grundlagengespräch mit einem Kommissar führen zu können. Stattdessen hatte er mich im Nasenring durch die Manege geführt.
Etwas später verließ Oettinger die Runde. Ich stand auf, ging ihm hinterher und sagte ihm unter vier Augen, dass ich mir einiges an den Kopf werfen lasse. Nicht aber, dass ich unhöflich sei. Er nickte mir zu und ging.

## STRASSBURG, PARLAMENT

Die Straßburg-Woche beginnt wie üblich am Montagabend mit einem Kurzbesuch im Parlament. Im Vorraum des Plenarsaals trage ich mich in die Anwesenheitsbücher ein. Eine Nanosekunde lang staune ich dabei über meine eigene Unterschrift; nicht, weil sie dem Parlament über 300 Euro Tagegeld wert ist, sondern weil sie durch Überbeanspruchung in den vergangenen Monaten auf ein Kürzel zusammengeschrumpft ist. Zufrieden konstatiere ich, dass sich damit an Tagen, an denen die Unterschrift mal meine einzige Arbeitsleistung bleibt, mein Stundenlohn leicht aufgebessert hat.

Ein Blick ins Plenum lässt mich stutzen – relativ viele Frauen sitzen im Saal. Allerdings nur, weil kaum Männer zugegen sind. Und auch nicht wirklich viele Frauen. Ach ja, Aussprachen zur Gleichstellungsdebatte! Frau Steinruck spricht gerade, SPD:»Ich fordere den Rat auf, seine Blockadehaltung zu beenden. Frauen brauchen Schutz, genau wie neugeborene Kinder.« Ein interessanter protofeministischer Ansatz, der aber keinen der Anwesenden irritiert, weil fast alle mit ihren Mobiltelefonen beschäftigt sind. Ich setze mich dazu, starte mein iPad und beantworte Fragen auf Abgeordnetenwatch.

**Sachdienlicher Hinweis von Abgeordnetenwatch**
Gunter Grigo: Sehr geehrter Herr Sonneberg, wie steht Ihre Partei zu den geplanten Handelsabkommen? Werden Sie CETA, TTIP, TISA zustimmen?
Martin Sonneborn: Sehr geehrter Herr Gringo, die PARTEI-Position ist folgende: Nach der Machtübernahme werden sämtliche Personen, die sich für TTIP eingesetzt haben, an die Wand gestellt.
Mit freundlichen Grüßen,
Martin Sonneborn, MEP

## STRASSBURG, PLENUM

12 Uhr, Abstimmungen. Ich bin pünktlich, im Gegensatz zu Marine Le Pen, die die ersten paar Abstimmungen verpasst. Das macht aber nichts, es geht heute überwiegend um den Bericht des Frauenausschusses, und in Bezug auf die Gleichstellung der Geschlechter sind die französischen Nationalisten schon recht weit. Die Abstimmungen machen mich nicht sonderlich nervös. Der »Ausschuss für die Rechte der Frau und die Gleichstellung der Geschlechter« (FEMM) besteht aus 33 Frauen – und zwei Männern. Und da der Bericht heute offiziell von einem der beiden Männer verantwortet wird, wird er schon in Ordnung sein. Aus dem Handgelenk stimme ich abwechselnd mit JA und NEIN, erledige nebenbei die Korrespondenz mit meinem (depressiven) Redenschreiber.

### Sachdienliche Mail meines depressiven Redenschreibers
Dönitz wurde wegen Führens von Angriffskriegen und Kriegsverbrechen schuldig gesprochen und am 1. Oktober 1946 zu zehn Jahren Haft verurteilt, die er bis zum 1. Oktober 1956 vollständig verbüßte. Gar nicht so viel – willst du nicht auch mal einen führen, so einen kleinen Angriffskrieg?

Plötzlich triumphiert neben mir der FPÖ-Kollege: »Ah! Jetzt haben Sie Böses getan! Mit uns gestimmt!« Ich schaue nach links bzw. rechts und stelle fest, dass wir oft simultan stimmen. Sollten die nationalen Kollegen mein Schema aufgedeckt haben und für sich selbst nutzen? Um sie zu verwirren, stimme ich zwei-, dreimal hintereinander mit JA. Und senke damit ganz nebenbei die europäischen Kreditkarten- und EC-Gebühren, nichts zu danken, falls Sie Einzelhändler sind. Dann schreibe ich eine SMS an meinen (depressiven) Redenschreiber und gehe in die Mittagspause, die sich bis in den frühen Abend zieht.

## STRASSBURG, BÜRO

Per Mail schickt mir die Verwaltung vier oder fünf meiner Unterschriften aus den Anwesenheitslisten zurück. Beziehungsweise Fotos davon. Zusammen mit der Frage, ob diese Kürzel tatsächlich meine Unterschriften seien. Großzügig erkenne ich sie alle an. Außerdem beschließe ich, demnächst wieder etwas leserlicher zu unterschreiben.

## STRASSBURG, EMPFANG VON ARD UND ZDF

Fröhlich winkt mir ein Pärchen zu, als ich das *Arte*-Gebäude betrete. Sie stellen sich als Lobbyisten von ARD und ZDF vor, wir würden uns kennen, aus der ersten Sitzung des Kulturausschusses, große Freude. Während alle Anwesenden beflissen den Reden der Intendanten lauschen, stapft plötzlich ein dicker älterer Mann mit Schnauzbart und blondierter Mähne ungeniert ans Buffet, eröffnet es selbständig, greift sich eine Kelle, lüftet ungeniert und lauthals klappernd den eisernen Deckel vom größten Topf, schreckt enttäuscht zurück: Der Topf ist noch leer.

Leise frage ich den Büroleiter eines MEP der Linkspartei, wer denn das gewesen sei.

»Das ist Elmar Brok«, erfahre ich, »die graue Eminenz im Parlament. Der ist seit 1980 hier und darf alles. Er ist ein gefürchteter Choleriker, hat den Schlammassel in der Ukraine mit zu verantworten und zieht Merkels Linie in der EU eisern durch.«

»Elmar wie der karierte Elefant und Brok wie Brocken? Na das passt!« – »Wobei die Ukraine natürlich nicht ganz unschuldig ist an dem, was passierte. Die haben ja auch beide Seiten gegeneinander ausgespielt.«

Den Brocken will ich mir bei Gelegenheit mal etwas genauer anschauen. Das ist also der Mann, der Verfassungsrichtern vierwöchige Praktika anbietet?

Die beiden Lobbyisten kommen zurück und stellen mir ihren

Chef vor, ZDF-Intendant Thomas Bellut. Er betont, wie schade es sei, dass unsere Zusammenarbeit für die Zeit des Mandats auf Eis liegt und dass ich etwas tun müsse, »damit die Marke Sonneborn nicht verblasst in den nächsten fünf Jahren«. Höflicherweise entgegne ich nicht, dass er etwas tun müsse, damit die Marke ZDF in den nächsten fünf Jahren nicht verblasst. Dann wird das Buffet freigegeben.

Ein kleiner bärtiger Mann mit Barett kommt auf mich zu, es ist Stefan Eck von der Tierschutzpartei. Er zieht ein Formular aus einer Mappe und fragt mich, ob ich eine Unterschrift beisteuern würde, um den Tieren zu helfen. »Na klar!«, freue ich mich. »Sehr gern. Wenn Sie im Gegenzug eine Unterschrift liefern, um den Menschen zu helfen.« In kurzen Zügen umreiße ich die Vorteile der Gewehrkrümmungs-Idee, bemerke aber, dass sich das Gesicht des tierlieben Saarländers zügig verfinstert. »Nein, da unterschreibe ich nicht, da kann man nicht mit Humor rangehen!«

## STRASSBURG, PLENUM

Im *Arte*-Wein war wohl Alkohol, ich schlafe etwas länger als gewöhnlich, dann bringt mich der Fahrdienst ins Parlament. Um Punkt 12 Uhr sitze ich an meinem Platz im Plenum und werde beim Abstimmen – ohne es zu merken – hinter meinem Rücken von Udo Voigt fotografiert. Das Foto stellt er auf seiner Facebook-Seite ein.

### Sachdienliche Hinweise von Facebook
Udo Voigt: Herr Martin Sonneborn von der Spaßpartei hat ausgeschlafen und ist soeben im Plenarsaal eingetroffen!!! Während unser Europaabgeordneter jeden Morgen sehr früh aufsteht, um seiner Arbeit im Parlament sehr gewissenhaft nachzugehen, erscheint Herr Martin Sonneborn von der Spaßpartei lediglich zu den Abstimmungen, und danach verschwindet er wieder.

Martin Sonneborn: Voigt spinnt. Ich war gar nicht ausgeschlafen ...

Nachdem ich Voigts Bemerkung geteilt habe, sammeln sich schnell rund 1600 Kommentare darunter, von denen etwa zwei Voigt gegenüber positiv ausfallen. Während ich mich über die Kommentare amüsiere, tagt ein paar Ebenen höher die Konferenz der Präsidenten. Hier sitzen die Fraktionsvorsitzenden turnusmäßig zusammen, besprechen neue Gesetzesvorhaben und vergeben Aufträge zur Ausarbeitung an die Ausschüsse. Ohne dass wir es ahnen, wird auch ein Auftrag an den »Ausschuss für konstitutionelle Fragen« (AFCO) vergeben, er soll ein neues Wahlrecht erarbeiten – ein äußerst komplexes Konstrukt, an das sich normalerweise niemand heranwagt.

Aber der Wunsch von Steinmeier hat natürlich Gewicht. Außerdem haben CDU und SPD inzwischen eine Sperrklausel auf europäischer Ebene als Möglichkeit erkannt, sich die sieben Mandate, die in der vergangenen Wahl an die Kleinparteien gingen, wieder verfügbar zu machen. Im Ausschuss werden jedenfalls ein SPD-Abgeordneter namens Jo Leinen (67) und eine erfahrene polnische Konservative namens Hanuta Hübner (67) als zuständige Berichterstatter ernannt.

## BRÜSSEL, ETTERBEEK

Zwei Journalisten, die langjährigen Korrespondenten von *Süddeutscher Zeitung* und *Spiegel Online*, verlassen Brüssel in Richtung Berlin und haben mich zu ihrem Abschiedsfest eingeladen. Die große Altbauwohnung, in der eine laue Aprilnacht lang gefeiert wird, ist voller Menschen, es ist warm und laut. Ich stelle mich in die Nähe der Balkontür und trinke in den kommenden zwei Stunden den gesamten Vorrat an Bier aus (es sind leider nur drei Dosen). Von hier habe ich einen guten Überblick auf die erstaunliche Melange aus ausgelassenen deutschen Journalisten, Beamten, Lobbyisten und Politikern. Ein Mann stellt sich als höherer Beamter im Rat vor, der für die deutschen Interessen in der europäischen Fischereipolitik zuständig ist. »Deutschland hat keine großen Interessen dabei«, verrät er mir, »Fische sind nicht wichtig, Autos sind wichtig!« Klingt einleuchtend. Ich frage ihn, wie sich das Agieren der Deutschen im Rat von dem anderer Staaten unterscheidet. »Deutschland ist immer sehr spät dran, die Engländer sind viel besser vorbereitet, legen Vorschläge und Anträge vor. Bei der $CO_2$-Regelung neulich rief kurz vor der Abstimmung ein Herr Winterkorn an und sagte, das geht aber nicht. Deutschland hat dann die Ratspräsidentschaft unter Druck gesetzt. Das war jetzt Lettland in dem Halbjahr, wechselt ja immer nach einem halben Jahr. Lettland hat dann die Abstimmung im Rat einfach nicht auf die Tagesordnung gesetzt, und drei Monate später hatte Deutschland dann genug Stimmen für eine Sperrminorität zusammen.«

Neben mir schimpft eine Radioreporterin darüber, dass Heribert Prantl in der *Süddeutschen* die EU verantwortlich macht für Flüchtlinge im Mittelmeer: »Die meisten Journalisten verstehen doch gar nicht, wie die Entscheidungsprozesse funktionieren.« Ich will sie gerade fragen, wie die Entscheidungsprozesse funktionieren, da kommt ein albinoartiger Mann mit kurzgeschorenen hellen Haaren und weißem Anzug, dem man den ehemaligen Berufssoldaten noch deutlich ansieht, auf mich zu. Er ruft mir irgendetwas Unverständliches zu und greift nach meiner Hand. In seinem Schlepptau befindet sich eine dralle, komplett überdrehte Frau in dirndlartigem Kleid. »Halooooo, wir sind das personifizierte Böse ...«, lacht der Mann, »Lobbyisten!« Die Frau stimmt dröhnend in sein Gelächter ein. »Ich vertrete Waffen, Tabak, und Alkohol, und sie ...« – »... Philipp Morris! Tabakindustrie! Und vorher war ich bei der *Bild*-Zeitung!«, kreischt sie. »Herzliches Beileid«, sage ich unbewegt und nehme mir meine Hand zurück, während das Gelächter anschwillt. »Entschuldigen Sie, meine Dose ist gleich leer!« – Ich leere die halbvolle Dose und kämpfe mich zum Kühlschrank durch, um dieser Gesellschaft zu entkommen.

Am Kühlschrank treffe ich Javier Caceres, dessen Texte in der *Süddeutschen* ich sehr schätze. »Willst du ein Bier? Ich weiß, wo noch ein oder zwei sind«, spreche ich ihn an, nachdem ich kurz überlegt habe, ob ich ihn einfach duze. Caceres findet selbst irgendwo eine versteckte Dose, wir stoßen an, dann erklärt er mir, dass er es hasst, dass sich in Brüssel alle duzen: »Das ist hier ein Klüngel wie in Bonn. Brüssel ist wie Bonn mit Nachtleben, alle hängen zusammen. Eine deutsche Blase. Im Sportteil haben wir uns zusammengesetzt und überlegt, dass uns das zu unseriös ist. Wir siezen im Sport.«

Nach einem angenehmen Gespräch kommt ein unangenehmeres. Eine Dame vom *Handelsblatt*, blondiert, Brille, vielleicht 60 Jahre alt, baut sich vor mir auf: »Was wollen Sie hier? In Brüssel, im Parlament?« Einen Moment bin ich irritiert, seit wann habe ich als Politiker mich vor den Medien zu verantworten?

Dann entgegne ich stoisch: »Die EU verkleinern. An die Außengrenzen reisen und die Länder auf Demokratiefähigkeit kontrollieren.« Ich nehme noch einen Schluck belgischen Bieres. »Wenn noch Zeit bleibt, vielleicht den Neoliberalismus stoppen.«

Streng fixiert sie mich: »Sind das wirklich Ihre Sorgen?!« Ich bin sprachlos, als ob das nicht reichen würde, werde aber einer Antwort enthoben, weil eine lautstarke Begrüßung an der Eingangstür alles Interesse auf sich zieht. Der Albino und die dicke Philipp-Morris-Tante klatschen sich gerade lautstark mit Udo van Campen ab, bis vor drei oder vier Monaten Leiter des *ZDF*-Büros in Brüssel. Jetzt ist er, nach 19 Jahren in Brüssel, »Senior Fellow« bei der Bertelsmannstiftung.

Woran erinnert mich das Gesicht nur? Natürlich, es war der weißhaarige van Kampen, der bei der Abschlusspressekonferenz des EU-Gipfels im letzten Sommer aus der ersten Reihe ein einsames Ständchen für Angela Merkel zum 60. Geburtstag angestimmt hat: »Happy Birthday, liebe Bundeskanzlerin ...« Eigentlich hatte er sich damit den Hanns-Joachim-Friedrichs-Preis für journalistische Arbeit verdient.

**Sachdienlicher Hinweis der Süddeutschen Zeitung**
Was genau den ZDF-Mann Udo van Kampen auf der Pressekonferenz von Angela Merkel nach dem EU-Gipfel geritten hat, wer weiß das schon. Plötzlich aber fing er an – wie er glaubte, im Namen aller anwesenden Journalisten –, der Bundeskanzlerin ein Geburtstagsständchen zu singen. Ein Glück, dass niemand mit eingestimmt hat. Die Peinlichkeit war so schon groß genug. Merkel hat der langjährige Brüssel-Korrespondent damit übrigens keinen Gefallen getan. Die schaute ebenso peinlich berührt wie die Journalisten, die um van Kampen herum saßen.

Frau van Campen kenne ich auch, sie hatte in der Akkreditierungsstelle des EU-Parlaments gearbeitet, als wir uns vor zwei oder drei Jahren einmal für die »heute show« akkreditierten. »Aber machen Sie bitte nicht zu viel Unsinn!«, hatte sie uns mit auf den Weg gegeben, scherzhaft mit dem Finger gedroht und uns ein paar Pralinen angeboten. Eigentlich lustig, wenn man bedenkt, dass ich ein kleines Hitlerbärtchen trug, als ich ihr gegenübersaß. Ich hatte mich für den Film eine Woche lang nicht rasiert und dann den Bereich unter der Nase ausgespart. Unnötig zu erwähnen, dass ich in der S-Bahn auf dem Weg zum Berliner Hauptbahnhof und in den Zügen der Deutschen Bahn noch nie so respektvoll behandelt worden bin.

## BRÜSSEL, CAFÉ KARSMAKERS

Ich bin der zweitfaulste Abgeordnete des Europäischen Parlamentes, informiert mich unaufgefordert eine Mail von »MEP-Ranking«. Eine NGO vergibt offensichtlich Punkte für allgemein anerkannte Arbeitsleistungen im Parlament und stellt im Netz eine Rangliste der Abgeordneten auf. »Berichterstatter« wie Jo Leinen und Hanuta Hübner erhalten beispielsweise eine bestimmte Punktzahl für ihre Ausarbeitung eines Berichts. Weitere Punkte gibt es für Reden im Plenum, schriftliche Anfragen an die Kommission, Änderungsanträge für Berichte etc. »Was soll's?«, wirft meine Europapolitische Beraterin ein, »Newton hat in seiner Zeit im britischen Parlament nur ein einziges Mal die Stimme erhoben – als er einen Saaldiener bat, ein Fenster zu schließen. Ihm war kalt.« Einen Moment lang bin ich wirklich erschüttert. Darüber, dass ich nur der Zweitfaulste im Parlament bin. Andererseits, resümiere ich aus meinem schweren Ledersofa heraus, ist es aber durchaus erklärlich: Der faulste Abgeordnete hatte Krebs. Thomas Händel, ein engagierter Gewerkschafter der Linkspartei, der als Vorsitzender im »Ausschuss für Beschäftigung und soziale Angelegenheiten« (EMPL) versucht, den Vorstößen der europäischen Arbeitgeber die stärksten unsozialen Spitzen zu nehmen, konnte über ein halbes Jahr hinweg im Plenum weder Erklärungen abgeben noch »one-minute speeches« halten. Zum Glück ist er jetzt gesundet. Die PARTEI wird in den kommenden Monaten in Brüssel eine wichtige Rangliste anführen. Allerdings wirft mich eine unbedachte Wortmeldung dann noch einmal zurück.

### Sachdienlicher Hinweis des Focus
In seiner ersten Wortmeldung im Parlament erkundigte sich Sonneborn übrigens, ob im Rahmen der Verhandlungen über das Freihandelsabkommen TTIP auch geplant sei, amerikanische Foltertechniken nach Europa zu importieren und brachte Helene-Fischer-Songs als mögliche Musikfolter-Praxis ins Spiel.

## BRÜSSEL, PLACE LONDRES

Bei einem Kaffee diskutieren Büroleiter Hoffmann und ich die vergangenen Monate. Emotionaler Höhepunkt bleibt für uns die aufgeregte Wortmeldung einer sozialdemokratischen Kollegin im Plenum: »Entschuldigen Sie, Herr Präsident, aufgrund eines Druckfehlers im Abstimmungspapier hat sich gerade die gesamte Sozialdemokratie verwählt. Ich bitte um Wiederholung der letzten Abstimmung, wir sind natürlich *für* Menschenrechte!« In Anbetracht der Flüchtlingspolitik der EU ist es vielleicht gar nicht so verkehrt, das einmal öffentlich zu betonen.

Auf jeden Fall war es unser arbeitsreichstes Jahr im Parlament. Nicht zuletzt wegen einer Löschaktion. Erst vor ein paar Wochen hatte es wieder mal gebrannt im Internet, täglich gingen Hunderte gleichlautender Mails an unseren ohnehin überlaufenen Accounts ein. Drei- oder viermal im Jahr passiert das: Man liest eine ungewöhnlich gut formulierte Klage ohne die heutzutage üblichen Rechtschreibfehler über die unschönen Seiten von Stierkampf, Massentierhaltung oder Mutterschutz, stellt fest, dass die Argumente treffend aufbereitet sind, und bereitet sich darauf vor, dass bei der Abstimmung die abwechselnden JA- und NEIN-Stimmen an der richtigen Stelle kommen. Und dann kommt die gleiche Mail noch mal. Von jemand anderem. Und dann noch mal. Und noch mal. Und dann noch 735-mal. Jetzt wäre man bereit, ein paar hundert Millionen Euro für die Forschung nach qualvolleren Tötungsarten zu bewilligen.

Diesmal hatten mir Türken, die ich gar nicht kannte, in ihren Mails wortreich erklärt, dass die Osmanen nie einen Völkermord an den Armeniern verübt hätten – und zwar vor fast genau 100 Jahren, deshalb stehe im EU-Parlament eine Erklärung dazu an, gegen die ich entsprechend zu stimmen hätte. Nachdem ich mich anlässlich einer Taxifahrt mit Ömer Ö. (türkischer Name abgekürzt) kundig gemacht habe (»Ja, aaalso, ist lange her ... War anstrengende Reise für Armenier nach Syrien, durch heiße Wüste ... War Erste Weltkrieg, da sowieso wurde viel gestorben ...«), beschließe ich, im Netz höflich um die Einstellung der Mailflut zu bitten.

### Sachdienliche Hinweise aus dem Netz

> Martin Sonneborn: Liebe empörte Jungtürken draußen an den Geräten, bitte stoppt die Mailflut auf die EU-Parlamentsaccounts. Natürlich war es ein Völkermord; ich bin Deutscher und kenne mich mit so etwas aus.
> Freundliche Grüße, Martin Sonnebornian (MEP)

Hakan Aydemir: Lieber Martin da draussen. Du schmarotzer, ihr habt die EU zur Nutte der Amerikaner gemacht. Kümmer dich um deinen eigen scheiss.

Cihan Çevirme: Der Hungermarsch und die Deportationen wurden außerdem von deutschen Offizieren mitorganisiert. Egal ob Völkermord oder fahrlässige Tötung von Menschengruppen, soll nicht vergessen werden dass deutsche Offiziere mit eine Last an der Schuld tragen. Aber immernoch: ABENDLAND HALT DIE FRESSE!

SmogshaikBest: Ich finde es krass wie locker die Türken einfach mal ein fucking Völkermord leugnen.

Sven Brauer: Werter Herr Sonneborn, In Ihrem »Bericht aus Brüssel« stellen sie die Behauptung auf, das billigste Bier (Stella Artois) in Brüssel würde 1,50 Euro kosten. Lügenpresse! Das billigste Bier gibt es in der »Big Game Sports Bar« an der Bourse: Jupiler für 1 Euro. Ich als Student in Brüssel werde ja wohl noch wissen, wo es das billigste Bier gibt! Hochachtungs- und voll, Sven Brauer

Martin Sonneborn: Voller Respekt! Auch für den Nachnamen!

Meinen Kommentar zum fucking Völkermord gebe ich später noch einmal schriftlich ans Parlament. Die »Erklärung« wird zu Protokoll genommen und anschließend auf der offiziellen Seite des EU-Parlamentes veröffentlicht. Ich hoffe, sie bringt mir einen Punkt im MEP-Ranking!

## MAI 2015

### BRÜSSEL, BÜRO

Gute Nachricht aus Bremen: Die PARTEI (Wahlkampf-Etat: 1000 Euro) hat bei der Landtagswahl NPD und Piraten (Wahlkampf-Etat: 40 000 Euro) hinter sich gelassen und knapp zwei Prozent der Stimmen erhalten – sowie einen Sitz in der Bremerhavener Stadtverordnetenversammlung. Der Landesvorsitzende Marco Manfredini führt das Ergebnis nicht zuletzt auf ein Plakat zurück, bei dem das ausdrucksstarke, aber inhaltsleere Plakat der blonden FDP-Kandidatin kopiert wurde. Die Bremer hatten entsprechende Plakate im Stile der FDP mit »Blonde Frau. Irgendwas ›Frisches‹, muss keinen Sinn ergeben.« bedruckt und in Bremen aufgehängt. Und viele Fischköppe hatten darüber gelacht.

Außerdem prüft der Bremer Landesverband die Möglichkeit einer Wahlanfechtung: »Am witzigsten finden wir, dass wir die einzige Partei sind, die bei der Wahl ein Plus macht. Wir haben immer noch Wahlkampfgeld über, an unseren Ständen haben wir 500 Euro an Spenden eingesammelt, weil die Leute total wild auf unsere Plakate waren, und wir können mit 3000 Euro Wahlkampfkostenerstattung rechnen. Wir sollten dringend die Möglichkeit einer Wahlanfechtung prüfen – die Wahlwiederholung gewinnen wir mit links, die anderen Parteien sind ja erst mal pleite …«

### BRÜSSEL, KARSMAKERS

Hoffmann teilt mir mit, dass der nordkoreanische Verteidigungsminister Hyon Yong Chol laut Zeitungsberichten abgesetzt und hingerichtet worden sei. Alle deutschen Medien berichten entsprechend.

**Sachdienlicher Hinweis der Süddeutschen Zeitung**
Hyon sei damit für »Untreue und Respektlosigkeit« gegenüber Nordkoreas Staatschef Kim Jong Un bestraft worden. Der Minister war laut Yonhap dabei ertappt worden, wie er bei offiziellen Militärveranstaltungen eindöste. Außerdem habe er Kim Widerworte gegeben. Die Exekution wurde den Angaben zufolge mit Flakfeuer vollzogen.

Auch wenn »Bildblog« wenig später dokumentiert, dass es sich bei der Quelle um zweifelhafte Meldungen aus Südkorea handelt, die von der Nachrichtenagentur AFP als »unüberlegt« und »wackelige, unbestätigte Geheimdienstberichte« bezeichnet werden, gefällt uns die Flak-Methode natürlich grundsätzlich. Ich frage mich, ob sie auch bei Wirtschaftsminister Gabriel funktionieren würde (Spaß).

## BRÜSSEL, PLENUM

Ab und an finden die Sitzungen des Europäischen Parlaments auch in Belgien statt. Im Brüsseler Plenum haben meine FPÖ-Nachbarn die Sitze getauscht, hier sitzt Barbara Kappel neben mir, eine mittelalterliche Tirolerin mit sehr schwarzen Haaren und sehr roten Fingernägeln. Ich kenne sie aus einem Bericht der *Zeit* über ihren überraschend erfolglosen Versuch, in Osteuropa eine Pyramidenorganisation mit Heil- und Wunderwasser aufzubauen.

An diesem Tag leitet der Chef persönlich die Sitzung, Ban Ki-Moon kommt. Und wenn Besuch da ist, führt Martin Chulz lieber selbst durchs Programm. Der Generalsekretär der Vereinten Nationen spricht über die Herausforderungen für Europa in der Flüchtlingspolitik. Besonders gut gefällt mir seine Aufforderung an uns Parlamentarier, eine Führungsrolle einzunehmen und die Welt in die richtige Richtung zu lenken. Guter Mann, das; auch wenn mich sein Vertrauen ein wenig überrascht.

Nach der Rede kommt Jean-Luc Schaffhauser (Front National) zu meiner österreichischen Nachbarin, er steht sichtlich unter Schock: »Bist du einverstanden, dass alle Immigranten kommen zu uns? Weil wir haben keine Kinder, das hat der Generalsekretär gesagt!« Ehrlich entsetzt stöhnt der kleine Franzose auf: »Das gibt eine Drama!« – »Ich habe nicht zugehört, als der Generalsekretär gesprochen hat«, beruhigt ihn die Österreicherin und versucht umständlich, trotz ihrer langen Plastikfingernägel eine Botschaft in ihr iPhone zu hämmern.

Vizepräsidentin Mairead McGuinness übernimmt die Sitzungsleitung, und Frans Timmermans, EU-Kommissar und undurchschaubarer Stellvertreter von Kommissionspräsident Juncker, spricht über den G7-Gipfel. Gianluca Buonanno von der Lega Nord stört so lange mit Zwischenrufen, bis McGuinness der Kragen platzt. Sie verweist das rechtsradikale Männlein des Saales und bittet die Ordner, ihn hinauszugeleiten. Buonanno, der gern in Phantasieuniform im Parlament aufläuft und Merkel schon mal mit einem Hitlergruß empfing, bleibt einfach starr sitzen, auch als vier Ordner auf ihn einreden. Politische Immunität hat ihre Vorteile.

Ein paar Sitze weiter ruft jemand mit polnischem Akzent »Point of order! Point of order!« in den Saal. Anträge zur Geschäftsordnung muss die Vizeräsidenten berücksichtigen, deswegen erteilt sie dem Mann das Wort: »Bitte sehr, Herr Korwin-Mikke!«

Überrascht mustere ich den hochgewachsenen, etwa 70-jährigen Abgeordneten mit Glatze, roter Fliege und weißem Schnauzbart, der sich jetzt ein paar Sitze weiter erhebt. Das ist also der Mann, der mit mir eine Fraktion gründen wollte!

Der Pole drückt mehrfach ergebnislos am Schalter seines Mikrophons herum, dann beginnt das rote Licht zu leuchten, und ich höre die Übersetzerin in meinen Kopfhörern sagen: »Es wurde gesagt, Gewalt geht nicht, aber es gab hier auch schon Gewalt im Saal, als Frau Präsidentin einen Abgeordneten gebeten hat, den Saal zu verlassen. Er wurde aber nicht gewaltsam des Saales verwiesen, und deswegen hat Herr Timmermans weitersprechen

müssen trotz seiner Anwesenheit. Leute, die sich gewaltsam verhalten, werden sich immer durchsetzen, also ist es eigentlich töricht, auf Gewalt zu verzichten. Im Übrigen bin ich der Meinung, dass die Europäische Union zerstört werden muss!«
Ein interessanter Standpunkt, der da vertreten wird, mitten im Parlament der Europäischen Union. Interessiert recherchiere ich im Netz über den Kollegen: Korwin-Mikke gilt als reichster polnischer Politiker, besitzt eine Wochenzeitschrift und eine eigene Partei, die seinen Namen trägt: »Koalition der Erneuerung der Republik Freiheit und Hoffnung«, Abkürzung für den polnischen Namen: KORWiN. Außerdem ist er Monarchist und hat an der Universität von Warschau Mathematik, Recht, Soziologie, Psychologie und Philosophie studiert. Offenbar vergeblich, denn Korwin-Mikke hat kürzlich bei einem Empfang für Abgeordnete seinen polnischen Kollegen Boni geohrfeigt, weil der ihn vor Jahren mal in der Öffentlichkeit als »meschugge« bezeichnet hatte.

### Sachdienliche Hinweise von Wikipedia
Korwin-Mikke ist Anhänger einer freien Marktwirtschaft ohne staatliche Intervention. Die einzigen legitimen Aufgaben des Staats seien, die Bürger vor körperlichen Angriffen, Diebstahl und Betrug zu schützen. Nur zu diesen Zwecken dürften Streitkräfte, Polizei und Verwaltung unterhalten und ein geringer Steuersatz erhoben werden. Alle anderen staatlichen Tätigkeiten – wie wohlfahrtsstaatliche Einrichtungen und Umverteilung – seien ein Missbrauch des staatlichen Gewaltmonopols, und alle Steuern, die über ein unbedingt erforderliches Mindestmaß hinausgingen, seien Diebstahl.
Korwin-Mikke betrachtet China als ein Vorbild dafür, wie Kapitalismus in einem autoritären System gedeihen kann. Während Polen von »Kommunisten« regiert würde und Europa bankrottginge, sei der chinesische Kapitalismus räuberisch und gesund, was zu einem verbesserten Lebensstandard für seine Bürger führen würde. Gewalt gegen Bürger rechtfertigt Korwin-Mikke, wenn diese wirtschaftliche Vorteile bringe. So bewertet er das Ergebnis des Tian'anmen-Massakers rückblickend

positiv, da sich China in der Folge von Demokratie und Sozialismus wegbewegt und so vernünftige politische und wirtschaftliche Reformen ermöglicht habe.

Die Abstimmungen beginnen. Nach drei oder vier Votes stürmt Elmar Brocken mit rotem Kopf in den Saal und brüllt »Stopp! Stopp! Stopp!« Umständlich zwängt er seine Abstimmkarte ins Gerät, drückt einen der Knöpfe und salutiert dann vor dem Präsidium.

## JUNI 2015

### BRÜSSEL, BÜRO

Nachrichten aus einem Failed State: In Dresden, Sachsen, hat die PARTEI eine Dragqueen als KandidatIn für das Amt des Oberbürgermeisters aufgestellt.

Die seriöse House-DJane Lara Liqueur hat sich bereit erklärt, ihre Karriere für das verruchte Amt des Oberbürgermeisters in Dresden aufzugeben. Ihrem Aufruf (»Verhelfen Sie mir zu einem anständigen Dauereinkommen und uns allen zu einem ehrlicher verlogenen Dresden!«) folgen im ersten Wahlgang immerhin 2,5 Prozent der Bürger. Kein schlechtes Ergebnis in einer zerrissenen Stadt, in der die PARTEI-Forderung nach dem Wiederabriss der Frauenkirche bei großen Teilen des bürgerlichen Lagers noch immer umstritten ist.

#### Sachdienlicher Hinweis der FAZ
Für Pegida tritt die einstige Hamburger AfD-Politikerin Tatjana Festerling an, die verzweifelt Anschluss in der Stadt sucht und neulich gar mit der Kandidatin der PARTEI, einem Transvestiten namens Lara Liqueur, in einer Schwulenbar ein Foto machte.

Festerling, die bei den Demonstrationen am Montag stets gegen sexuelle Minderheiten hetzt, entschuldigte sich anschließend bei ihren Anhängern.

Leider sind nach der – knapp verlorenen – Wahl viele PARTEI-Freunde wie vor den Kopf geschlagen. Ein Bericht der Morgenpost bringt ein ungeheuerliches Verhalten an den (Wahl-)Tag.

**Sachdienlicher Hinweis der Dresdner Morgenpost**
Auf ihrer Tour durch die Stadt können sich Lara Liqueur und ihre DIE PARTEI-Anhänger nicht verkneifen, an unser schönes *MOPO24*-Logo zu pinkeln. Nur zwei Minuten später schütteln sie bei der Wahlparty von Eva-Maria Stange Dutzende Hände ...

**Sachdienlicher Hinweis aus dem Netz**
Martin Sonneborn: Wie unappetitlich, nach dem Pinkeln ausgerechnet SPD-Hände zu schütteln! Smiley

## STRASSBURG, PLENUM

Tsachiagiin Elbegdorsch, Präsident der Mongolei, spricht vor den Abstimmungen im Parlament. Der sympathische Asiate, kürzer und breiter als Chulz, freut sich über das ganze runde Gesicht, »hier das Wort ergreifen zu können, in der Wiege der europäischen Demokratie«.

Hm, stand diese Wiege nicht eher zu gleichen Teilen in Athen und London? Aber wahrscheinlich ist das von der Mongolei aus betrachtet auch gar kein so großer Unterschied.

Gleich zu Anfang erhält Elbegdorsch für seinen Satz »Kommunisten sollten nicht siegen. Nicht für immer!« spontanen Applaus von FPÖ und Front National. Begeistert schwärmt er von den Justizreformen in seinem Land, von Rechtsstaatlichkeit und fairer Gesellschaft und der Abschaffung der Todesstrafe. Ich frage mich, ob er weiß, dass er der EU damit voraus ist; immerhin ermöglicht der Vertrag von Lissabon im Falle von Aufruhr und Krieg das Verhängen der Todesstrafe.

Elbegdorsch reißt mich mit einem flammenden Appell aus meinen Gedanken: »Exzellenzen! Die Frauen sind das Rückgrat der Familie und der Nation. Frauen bringen Leben in die Welt. Oft sind sie es, die sich um die Alten, die Kranken kümmern und sie pflegen. Sie sind unsere Mütter, unsere Schwestern und unsere Töchter. Damit eine Gesellschaft fortschrittlich sein kann, brauchen wir mehr Frauen im öffentlichen Dienst, auf allen Ebenen, lokal und global. Ich bin stolz, berichten zu können, dass sich bei unseren letzten Wahlen die Zahl der Frauen im Parlament verdreifacht hat. Wenn mehr Frauen Macht haben, dann wird es wahrscheinlich mehr Harmonie geben, mehr Engagement, weniger Leid und weniger Konflikte.«

Der mongolische Präsident wäre sicherlich ein interessanter Gesprächspartner für Korwin-Mikke; schade, dass der Pole gerade nicht da ist und vermutlich erst zu den Abstimmungen erscheint. Und so verpasst er auch den lustigen Schluss der Rede:

»Mein Land ist seit 23 Jahren atomwaffenfrei. Die Mongolen sagen ... Der Charakter eines Menschen beweist sich in der Not ... und der Charakter eines Pferdes zeigt sich während des Ritts ... und ... äh ...« Der Mongole stockt. Sieht suchend auf seine Blätter, tauscht zwei Seiten, hebt entschuldigend beide Hände und sagt: »Noch mal zum atomwaffenfreien Status ...« Präsident Chulz lacht los und klatscht, viele Abgeordnete applaudieren mit.

»Noch mal zum atomwaffenfreien Status! Atomkraft ist vielleicht weiterhin eine Option für viele Länder, aber Atomwaffen dürfen Frieden und Sicherheit unserer Nachbarn nicht gefährden. Die EU ist ein weltweites Vorbild für Wohlstand, Frieden und Harmonie. Die Mongolei wird ein strategischer Anker der EU im Osten sein!«

Gut gelaunt verabschiedet ihn der Parlamentspräsident: »Herr Präsident, auch wenn Sie eine Seite überschlagen haben, wir haben schon lange nicht mehr so eine ermutigende Rede gehört.«

## BRÜSSEL, PARLAMENT

Dichtes Gedränge am Eingang des Konferenzraumes. Zwei unangenehm wirkende Sicherheitsleute bewachen die Tür, an der ein großes Schild prangt: KEIN ZUGANG FÜR ABGEORDNETE! Zum Glück besitzen Büroleiter Hoffmann und ich Presseausweise, unbehelligt gelangen wir in den überfüllten Saal. Eine Bande von Rechtsradikalen sitzt auf der Bühne, alles fraktionslose Kollegen von mir, ich erkenne Marine Le Pen und Geert Wilders. Nach knapp einjährigen Verhandlungen haben sie endlich ihre Fraktion gegründet, die ENF, »Europa der Nationen und der Freiheit«. Gerade fragt ein BBC-Kollege, wie viele zusätzliche Gelder die Fraktion erhalten wird. Le Pen weist die Frage als »Unverschämtheit« zurück, andere Fraktionen würden das auch nicht gefragt.

Eine weitere Unverschämtheit ist die Tatsache, dass ich hier unter Journalisten sitze und nicht mit auf der Bühne. Bin ich nicht auch Populist? Dass Le Pen mich nicht eingeladen hat, enttäuscht mich sehr. Andererseits dürfte mein Marktwert im Parlament gerade enorm gestiegen sein: Auf die Mindestzahl von 25 Abgeordneten kommen die Neufraktionäre mit Front National und FPÖ leicht. Aber eine Fraktion muss ja zugleich mindestens sieben Mitgliedsstaaten repräsentieren, Le Pen operiert jetzt genau wie die EFDD von Nigel Farage am absoluten Minimum. Wenn etwa die einzige Britin*, der eine Belgier oder der Rumäne abspringen, bricht die Fraktion zusammen – und damit auch der Anspruch auf zusätzliche knapp 20 Millionen Euro und erweiterte Redezeit im Plenum. Da die Halbwertszeit der beiden europakritischen Fraktionen in der Verwaltung als eher gering eingeschätzt wird und in beiden kein deutscher Parlamentarier vertreten ist, dürfte mein Markt-

* Janice Atkinson (UKIP) trat bei, nachdem sie aus ihrer Fraktion ausgeschlossen worden war. Zuvor hatte sie in England eine Thailänderin öffentlichkeitswirksam als »ting tong« beleidigt und nach einer politischen Veranstaltung in einem Restaurant eine weit überhöhte Quittung verlangt.

wert als Feuerwehrmann und Fraktionenretter im EU-Parlament jetzt auf rund eine Million gestiegen sein. Netto natürlich. Ich bitte Hoffmann, der mittlerweile recht gut vernetzt ist im Parlament, diese Information zu streuen.

Nett auch, dass der Abschaum des Parlamentes nunmehr aus lediglich 14 fraktionslosen MEPs besteht. Vielleicht können wir mal zusammen Kegeln gehen.

**Sachdienlicher Hinweis einer Mitarbeiterin aus dem Sekretariat der fraktionslosen MEPs**
Genau wie die Fraktionslosen unter den MEPs ein weitaus geringeres Ansehen genießen, so sehen auch die Sekretäre der Fraktionen auf uns herab.

**Anmerkung des Generalsekretärs der PARTEI Tom Hintner**
Wahrscheinlich schauen noch die Schaben bei den Fraktionsmitgliedern auf die Schaben bei den Fraktionslosen hinab!

## BRÜSSEL, VERTRETUNG DES LANDES HESSEN

Die »Union Europäischer Föderalisten« hat zu einer abendlichen Diskussion geladen: »An EU Army: Fantasy or Political Project?« Von den rund 100 Stühlen im uncharmant kargen Veranstaltungsraum der Landesvertretung sind höchstens drei oder vier frei geblieben. Mein Büroleiter hört neben sich Schüler darüber stöhnen, dass ihre Klasse auf einer Brüsselreise zur Teilnahme zwangsverpflichtet wurde.

Die Bühne ist von links bis rechts phantasielos besetzt, neben einer kriegslüsternen amerikanischen Journalistin, die von den Fähigkeiten amerikanischer GIs schwärmt (»Wir haben 300 US-Boys in Polen – keiner greift dort an!«) und einem Vertreter von rund 3000 Luftfahrt- und Rüstungsfirmen sitzt der deutsche General Hans-Lothar Domröse, Oberbefehlshaber eines der beiden europäischen NATO-Kommandos. Gerade zitiert er einen Satz von Juncker – »A bunch of chickens looks like a combat formation compared to the foreign and security policy of the European Union!«–, da kommt, mit 30-minütiger Verspätung, aber ohne auch nur die Andeutung einer Entschuldigung mein alter Kollege Elmar Brocken (CDU) auf die Bühne.

Ich lerne schnell, dass die Situation sehr, sehr ernst ist. Viel ernster als ich dachte: Alle Regionen der Welt haben ihre Rüstungsausgaben erhöht, nur die EU hat sie gesenkt. Und weil die Rüstungsindustrie sich deswegen mehr auf den Export konzentrieren müsse, erklärt der Vertreter der Waffenindustrie, erhöhe sich mit jedem Deal auch der Technologietransfer. Europa laufe Gefahr, des gesamten Rüstungswissens der letzten 30 Jahre verlustig zu gehen, weil überhaupt nur 20 Prozent der Rüstungsausgaben in die Industrie flössen!

Der Reihe nach werden nun von allen Anwesenden die Vorteile einer schlagkräftigen EU-Armee herausgestellt. Am unterhaltsamsten agiert dabei nach wie vor der Rüstungslobbyist, quengelt nach höheren Rüstungsausgaben, die nach dem Fall der Mauer unverständlicherweise von 400 Millionen auf 100 Millionen Euro gesunken seien, während der Russe praktisch vor der Tür stehe.

Als zum dritten Mal auch die Begeisterung darüber geteilt wird, dass zum Thema EU-Armee 120 interessierte Europäer gekommen seien, überlege ich kurz, aufzustehen und zu erklären, dass wir nicht alle diese Idee teilen: Wie sollen wir etwa Griechenland weiterhin alte deutsche Panzer teuer verkaufen, wenn wir eine einzige EU-Armee haben? Aber ich überlege zu lange, jetzt greift sich wieder Elmar Brocken das Mikrophon, hält ein Plädoyer für eine gemeinsame Armee und schläft dann auf offener Bühne ein.

Ich denke kurz über das – redundant vorgetragene – Argument nach, eine einzige EU-Armee sei wirtschaftlicher als 28 einzelne nationale Armeen. Aber ich habe den begründeten Verdacht, dass es sich eher um eine zusätzliche Hightech-Armee handeln wird, die auch auf anderen Kontinenten agieren soll; und dass es natürlich in erster Linie darum geht, große Mengen Geldes in die Rüstungsindustrie zu verschieben.

Die Idee einer EU-Armee schläft nicht – Elmar Brocken schon.

**Sachdienlicher Hinweis meines palästinensischen Friseurs**
Wieso immer planen für Krieg? Warrum nicht treiben Handel mit Russland? Ist Nachbar in Europa.

Während ich noch die Vor- und Nachteile von Narkolepsie gegeneinander abwäge, macht mein Büroleiter ein schönes Foto vom schlafenden Brocken. Ich lade das Bild in die üblichen asozialen Netzwerke hoch. Es verbreitet sich mit hoher Geschwindigkeit, im Netz wird bereits über Brocken gelacht, während er noch schläft.

**Sachdienliche Hinweise aus dem Internet**
Walter Maurer: Klarer Fall fürs Flakgeschütz
Rubin Balling: Der muss Mitglied der PARTEI werden! Ge-

krümmte Waffen und schlafende Militärpolitiker: gehören zusammen!
Andreas Vonrath: Wachhalten wäre Folter
Phi Lippe: Ist er tot?

Zu unserem Glück findet sich in den nächsten Tagen kein Mutiger, der den Choleriker darüber informiert.

Eine Woche später spricht mich in der Tiger Bar ein leicht angetrunkener junger Deutscher an, erzählt, dass er fast ein Jahr lang Büroleiter von Elmar Brocken gewesen sei – und dass er in dieser Zeit jeden Tag morgens nach dem Aufwachen über eine fristlose Kündigung nachgedacht habe. Brocken habe unter anderem mit dem Schlüsselbund nach seinen Angestellten geworfen.

## FLUGHAFEN BERLIN-TEGEL, WARTEBEREICH FÜR DEN FLUG NACH BRÜSSEL

Ach du Scheiße, Elmar Brocken ist überhaupt nicht tot! Er stapft vielmehr geradewegs und keineswegs gut gelaunt auf mich zu, ohne die mindeste Rücksicht auf am Boden stehendes Gepäck. Bloß weil sein Foto ein bisschen im Internet herumging. Erregt zischt er: »Sie haben sich über mein Glasauge lustig gemacht! Ich habe nicht geschlafen, ich habe mein Auge ausgeruht! Ich mag das nicht!« Gute Güte, der Mann hat ein Glasauge? Einem alten Witz zufolge muss es das rechte sein, weil mich das gerade mit sehr viel mehr Sympathie anschaut. Aber seit wann muss ein Glasauge ausruhen, denke ich und sage: »Und ich mag Ihre Idee einer EU-Armee nicht! Aber ich habe mich nicht über Ihr Glasauge lustig gemacht.« – »Das hätten Sie wissen müssen! Ach, gehen Sie! Informieren Sie sich über mich!« Schnaubend dreht der Ostwestfale ab. Informieren, warum? Ich weiß inzwischen, wer Brocken ist: über zehn Jahre Vorsitzender des Auswärtigen Ausschusses, Kohl- bzw. Merkel-Vertrauter. Helmut Kohl, der sein Trauzeuge war, hat einmal gesagt, Brockens Leben könnte man in drei Worten zusammenfassen: Geburt, Hochzeit, EU-Parlament. Seit 1980 sitzt er im Parlament, einer der einflussreichsten Strippenzieher und nebenbei über Jahrzehnte hinweg hochbezahlter Bertelsmann-Manager – eine Kombination, die der Staatsrechtler Hans Herbert von Arnim als »legale Korruption« bezeichnet und Transparency International als »Gefahr für die Demokratie«. Selbst in der *FAZ* hatte der jetzige Herausgeber Jürgen Kaube süffisant angemerkt: »›Brok arbeitet für sein Geld‹, hat Bertelsmann mitgeteilt – und eben damit vermutlich nicht alle Sorgen von Bürgern beseitigt, die an unabhängigen Vollzeitabgeordneten interessiert sind.«

**Sachdienlicher Hinweis des Manager Magazin**
Manager Magazin: Hans Herbert von Arnim, Sie beobachten den Lobbyismus von Berufs wegen schon seit Jahrzehnten. Welches war der krasseste Fall, den Sie erlebt haben?
Hans Herbert von Arnim: Krass sind all jene Fälle, wo Abgeordnete sich noch während der Ausübung ihres Mandats in den Dienst von Unternehmen stellen. Wie zum Beispiel der CDU-Europaabgeordnete Elmar Brok, der zugleich Cheflobbyist des Bertelsmann-Konzerns ist.

**Sachdienlicher Hinweis von Telepolis**
Auch Elmar Brok, der Sprecher der europäischen Christdemokraten im EU-Verfassungskonvent, muss wenig Zuneigung zum Grundgesetz haben, zumindest wenn man sich die von ihm in den EU-Verfassungsvertrag eingebrachten Elemente und den Unterschied zu den entsprechenden Vorschriften im Grundgesetz ansieht. Brok setzte dort unter anderem durch, dass das Recht auf »Geistiges Eigentum« absolut gesetzt wurde und keiner sozialen Verpflichtung unterliegt. Der neben Friedrich Merz prominenteste Gegner der Offenlegung von Nebentätigkeiten bei Abgeordneten war auch maßgeblich verantwortlich für die EU-Urheberrechtsrichtlinie. Hinter ihm steht der Bertelsmann-Konzern, der seinen Profit erheblich steigern könnte, wäre er nicht durch das deutsche Grundgesetz gebunden. In einer

EU-Verfassung, die ein schrankenloses Recht auf »Geistiges Eigentum«, aber keine Sozialbindung oder Ähnliches gewähren würde, wäre diese Einschränkung auf kaltem Wege ein gutes Stück außer Kraft. In die Kritik geriet Brok vor zwei Jahren, als ihm der Verfassungsrechtler Hans Herbert von Arnim »legale Korruption« vorwarf. Seine Beteuerungen, er trenne sein Parlamentsmandat und die Interessen des Bertelsmann-Konzerns »messerscharf«, hielten nur so lange, bis der fraktionslose Abgeordnete Hans-Peter Martin auf seiner Website interne Bertelsmann-Papiere veröffentlichte. Im Großen und Ganzen hielt sich die kritische Berichterstattung über den Skandal aber in Grenzen, unter anderem weil Brok nach Artikeln wie dem von Hajo Friedrich in der *Frankfurter Allgemeinen Zeitung* erfolgreich bei den Herausgebern intervenierte. Friedrich darf seither nicht mehr für das Politikressort schreiben.

Brocken ist erklärter TTIP-Freund und als langjähriger Vorsitzender des Ausschusses für Auswärtige Angelegenheiten mitverantwortlich für das politische Desaster in der Ukraine. Außerdem ein Choleriker, der u. a. bei *FAZ*, *SZ* und *WDR* unliebsame Berichterstattung durch Anrufe zu unterbinden sucht. Darüber hinaus steht er im Ruf, seine Assistenten zu schlagen; natürlich nur, wenn es angebracht ist. Im Jahr 2007 Pfeife oder Pfeifenraucher des Jahres. Hab ich was vergessen? Ach, ja.

### Sachdienlicher Hinweis von Wikipedia
In verschiedenen ukrainischen Medien wurde berichtet, Brok habe bei seinem Besuch in Kiew auch ein Bordell besucht und sich abfällig über ukrainische Frauen geäußert. Brok dementierte die gegen ihn erhobenen Vorwürfe. Die Anschuldigungen seien haltlos und Teil einer Kampagne der ukrainischen Regierungspartei. Der ukrainische Ministerpräsident entschuldigte sich bei Brok, bezeichnete die Aktion als Verleumdungskampagne und bestritt jegliche Beteiligung seiner Regierung.

## FLUGHAFEN BRÜSSEL-ZAVENTEM, WARTEBEREICH DES EU-FAHRDIENSTES

Nach der Landung gehe ich zügig in Richtung Fahrdienst, auf eine weitere Unterhaltung lege ich keinen Wert. Aber ich habe die Rechnung ohne die EU gemacht. Ab und an will auch die Verwaltung ihre Späße machen; und selbst politische Schwerstgewichte kämpfen dann vergeblich. Von einer burschikosen Fahrdienstleiterin werden Elmar Brocken, Udo Voigt und ich auf ein und denselben VW-Bus zugeschoben, der uns ins Parlament bringen soll! Brocken bekommt einen knallroten Kopf, er schwitzt jetzt vor Wut, und zischt dem Fahrer zu, er wolle keinen von den Mitfahrern sehen. Dann reißt er die Tür vorne auf und klettert mit seinem Rucksack unbeholfen auf den beengten Beifahrersitz. Ein konservativer britischer Abgeordneter, der im letzten Moment zu uns stößt, wundert sich über das eisige Schweigen im Wagen. Kurz vor dem Parlament stehen wir dann im Brüsseler Stau, als ein ungarischer MEP vorbeiläuft. Brocken ruft irgendwas aus dem Fenster, der Ungar erschrickt sichtlich: »Herr Vorsitzender!« – »Und, wie ist die Stimmung?«, fragt Brocken. »Die Griechen laufen lassen?« Leider kann ich die Antwort des Ungarn nicht verstehen, zu gern wüsste ich, ob wir die Griechen laufen lassen. »Was hat denn Dschannkloode gesagt?«, fragt Brocken nach. »Ah, er fühlt sich beleidigt?« Scheint eine schwierige Situation zu sein, die die Griechen uns derzeit bereiten. Vor Schreck würgt der Fahrer den Wagen ab.

Als wir endlich vor dem Parlamentseingang ankommen, sage ich zu Udo Voigt: »Sie steigen sicherlich rechts aus!«
»Hä?«
»SIE STEIGEN DOCH SICHERLICH RECHTS AUS?!«
»Ja, mal sehen, hrrmpf, welche Tür äh … so … aufgeht …«

## BRÜSSEL, PLACE LUXEMBURG

Jeden Donnerstag ab 18 Uhr, wenn die meisten Abgeordneten schon lange auf der Heimreise sind, wird auf dem ovalen Platz vor dem Parlament das Wochenende eingeleitet. Spezielle Verkehrsschilder werden aufgestellt, die den üblichen Brüsseler Verkehr fernhalten, danach bevölkern bis tief in die Nacht hinein Tausende von trinkwütigen Praktikanten, Assistenten, Lobbyisten, Büroleitern und angehenden Praktikantinnen aus ganz Europa den Place Lux, gönnen sich teuren Wein und hochpreisige Longdrinks aus Plastikbechern oder versorgen sich in umliegenden kleinen Läden mit günstigerem Dosenbier. Ins Gespräch kommt man schnell, und nach ein paar Bieren ergeben sich oftmals Kontakte in die Büros anderer Abgeordneter.

Aus Bernd Luckes Büro berichtet ein scheidender Mitarbeiter über die lustigen Auseinandersetzungen innerhalb der AfD. Zu allem Überfluss habe auch noch »ein Herr Udo Voigt angerufen und eine Fusion von NPD und AfD angeboten«. Man sei sich aber sicher gewesen, dass Die PARTEI dahinterstecke.

## STRASSBURG, PLENUM

Super, neue Sitzordnung im Plenum. Meine ehemaligen Nachbarn von FPÖ und Front National haben ja jetzt mit Marine Le Pen zusammen Fraktionsrang und dürfen ab sofort weiter vorne sitzen. Ich finde meinen Platz am rechten Rand der verbliebenen Fraktionslosen. Rechts von mir sitzt jetzt Beatrix von Strolch (AfD), der Platz zu meiner Linken ist frei, dann folgen Udo Voigt, Le Pen senior und eine etwas pummelige 50-jährige Dame, die mir kürzlich bei einem Abendessen des südkoreanischen Botschafters gegenübergesessen und im Gespräch einen durchaus unauffälligen Eindruck hinterlassen hatte: Krisztina Morvai. Eine kurze Recherche ergibt, dass sie aus Ungarn stammt und von der Jobbik-Partei aufgestellt wurde.

### Sachdienliche Hinweise aus dem Netz
Heiko Siebert: Sind das alle Anwesenden? Bei einem Terroranschlag müsste der IS da sogar noch eigene Geiseln mitbringen.

Milan Sühnhold: hagopur-shop: Wildschwein-Stopp ... Das sollte helfen!

### Sachdienlicher Hinweis von Wikipedia
2008 empfahl Morvai den »liberal-bolschewistischen Zionisten«, sich schon einmal zu überlegen, »wohin sie fliehen und wo sie sich verstecken«. 2009 empfahl sie ihren Kritikern, lieber »mit ihren kleinen, beschnittenen Schwänzen zu spielen«, statt sich mit ihr zu befassen, und nannte die Israelis »verlauste, dreckige Mörder«. 2010 behauptete sie, Belege für eine angebliche Erklärung Shimon Peres' zu haben, dass Israel Ungarn aufkaufen wolle.

### Sachdienlicher Hinweis der Zeit
Zur Eröffnung von Krisztina Morvais Wahlkampf in der Stadt Érd ließ Jobbik die Goj-Kolonne vorfahren: schwarzlederne Jungs auf schweren Motorrädern, die ihren röhrenden Konvoi demonstrativ nach dem hebräischen Wort für Nichtjuden benannt haben. Morvai sprach den überfüllten, verzückten Saal an, als habe sie einen Kindergarten für den Fundamentalismus zu begeistern: »Liebe Unsereine! Als christliche Juristin fallen mir um Ostern immer Szenen aus der Bibel ein. Jesus wusch die Füße seiner Jünger. Ein Zeichen von Demut. Daran fehlt es unserer Regierung ... Unsere Gegner sind Erscheinungen des Satans, und wir müssen gegen die satanischen Kräfte kämpfen ...« Draußen verkauften die Parteifreunde der EU-Kandidatin derweil ein T-Shirt mit dem Bild von Míklós Horthy, Hitlers Verbündetem bis 1944.

## STRASSBURG, AFCO-AUSSCHUSS

Fraktionslose Abgeordnete sitzen als ordentliche oder stellvertetende Mitglieder in allen Ausschüssen – aber nicht im »Ausschuss für konstitutionelle Angelegenheiten«. Hier werden institutionelle Dinge, Fragen der Geschäftsordnung und auch Fragen des Wahlverfahrens bei EU-Wahlen behandelt. Ohne dass wir zunächst davon erfahren, stellen Jo Leinen und die Ausschussvorsitzende Hanuta Hübner einen Entwurf für die von Außenminister Steinmeier gewünschte Wahlrechtsreform vor.

## STRASSBURG, PLENUM

Nachdem ich im Netz geschrieben habe, dass ich jetzt Sitznachbar von Beatrix von Strolch bin, erhalte ich viele mitleidige und aufmunternde Mails. Und auch die Bitte, die Dame neben mir einmal zu fragen, ob sie ihren Großvater noch kennengelernt habe; der ich spontan nachkomme. Von Strolch erzählt mir, das sei zwar der Fall, aber sie sei leider damals noch zu jung gewesen, um mit ihm über historische Themen zu sprechen. Neugierig google ich ihren Großvater und stelle fest, dass es sich um Johann Ludwig »Lutz« Graf Schwerin von Krosigk handelt, Hitlers Bankier, Reichsminister der Finanzen von 1932 bis zum 23. Mai 1945. Der Opi meiner Sitznachbarin hat erst das Ermächtigungsgesetz mit unterzeichnet und dann, 13 Jahre später, am 7. Mai 1945, als Reichsaußenminister und »Leitender Minister der geschäftsführenden Reichsregierung« über den Reichssender Flensburg die bedingungslose Kapitulation der Wehrmacht verkündet. Die Geldgeschäfte der AfD stehen in einer großen Tradition, ZwinkerSmiley!

# JULI 2015

## STRASSBURG, PLENARSAAL

Juncker spricht gerade zu Griechenland.

Voigt hat Kopfhörer auf. Ich beuge mich hinüber und tippe ihm auf die Schulter.
»Voigt! Das ist Juncker, der spricht Deutsch!«
»Hä?« – »DER SPRICHT DEUTSCH!«
»Ja, der ist aus Luxemburg.«
»Sie brauchen die Kopfhörer nicht.«
»Was? Doch, ich höre schwer. Zu oft neben einer Kanone gestanden.«

Unruhe auf der rechten Seite, auf Kommando halten gerade fast alle Abgeordneten der Linksfraktion Papierschilder mit dem griechischen Wort OXI hoch, das in Griechenland für »Nein« und für »Widerstand« steht. Mit dieser Parole hatten vor zwei Tagen über 60 Prozent der Griechen in einem Referendum die Pläne der EU-Troika zurückgewiesen, die den Ausverkauf des Landes bedeuten; sehr zum Erschrecken von Kommission und Teilen des EU-Parlaments. Schilder und Fahnen sind eigentlich nicht gestattet im Parlament, werden aber normalerweise toleriert. Letzlich sind sie genauso wirkungslos wie der vorübergehende Widerstand der griechischen Bevölkerung.

Chulz sieht kurz nach links hinüber, lächelt und sagt dann: »Herr de Masi, Sie müssen Ihr Schild richtig herum halten, sonst heißt es IXO ...«

Auch wenn die Debatte unter dem Eindruck der Entwicklungen in Griechenland geführt wird, findet hier eigentlich gerade eine Diskussion mit der lettischen Ministerpräsidentin Laimdota Straujuma statt. Es geht um die Ratspräsidentschaft Lettlands, die jetzt endet. Bei mir hat sie eigentlich wenig bleibende Eindrücke hinterlassen; ich habe ja bis vor kurzem nicht einmal gewusst, dass sie in der $CO_2$-Angelegenheit vorbildlich die Interessen der deutschen Automobilwirtschaft geschützt hat. Zu Beginn ihrer Präsidentschaft hatte Straujuma hier im Parlament ihre Ziele für die EU mit dem Slogan »Wettbewerbsfähig, digital und international stark« zusammengefasst. Der belgische Vorsitzende der Grünen-Fraktion Philippe Lamberts hatte damals protestiert. »Wurden wir gewählt, um die Märkte zufriedenzustellen?«, hatte er gefragt und gefordert, dass die EU lieber das Vertrauen der Bürger stärken solle.

Die lettische Präsidentin tritt unten an das Stehpult. Sie erinnert nicht von ungefähr ein bisschen an Merkel, von Körperbau, Haltung und Sprachduktus her; es überrascht mich nicht, zu lesen, dass sie studierte Physikerin ist. Sie bedankt sich für die gute Zusammenarbeit mit dem Parlament, trotz Griechenland- und Flüchtlingskrise könne sie stolz sein, habe man sehr gute Arbeit geleistet. So sei der digitale Binnenmarkt wesentlich vorangetrieben worden, um die Konkurrenzfähigkeit der EU zu stärken. Außerdem würden in absehbarer Zukunft die Roaming-Gebühren reduziert, das sei »eine wesentliche Errungenschaft unserer Ratspräsidentschaft«.

Hoffmann und ich sind ganz ihrer Meinung, unsere Telefonrechnungen sind relativ hoch, seitdem wir in Belgien und Frankreich unterwegs sind. Aber noch begeisterter ist Manfred Streber, der Vorsitzende der größten Fraktion im Parlament, der konservativen EVP. Der kleine CSU-Mann spricht traditionell als erster Parlamentarier und hat leider die längste Redezeit: »Ich möchte zunächst Danke sagen für die geleistete Arbeit: Roaming, Datenschutz, Energie, östliche Partnerschaft und vor allem der Investitionspakt, der beschlossen worden ist: eine stolze Erfolgsbilanz, die vorgelegt worden ist. Dazu Gratulation und auch ganz persönlich der Premierministerin Straujuma ein herzliches Dankeschön für den klaren Kurs, für die feste Hand, aber auch für die menschliche Art. Welch moderne Regierung wir in Lettland haben, zeigen auch die ersten drei Reihen – es sind nur Frauen in den ersten drei Reihen! Gratulation zu dieser modernen Präsidentschaft.«

Dann kritisiert Streber die Ablehnung der Troika-Pläne und stellt Lettland als gutes wirtschaftliches Beispiel für Griechenland dar. Die anschließenden Reden von Sozialdemokraten, Grünen und Liberalen verpasse ich wegen eines dringenden Termins, aber zu den unterhaltsamen Beiträgen der EU-Kritiker bin ich wieder im Plenum.

Gerade erhebt sich Paul Nuttall von der UKIP, der Stellvertreter von Nigel Farage, ein sportlicher ungefähr 40-jähriger Brite mit kahlgeschorenem Kopf und offensiv leuchtender Krawatte in Gelb und Lila:

»Herr Präsident, die Premierministerin hat gesagt, dass die lettische Ratspräsidentschaft gute Arbeit geleistet hat. Ich kann nicht glauben, was ich da höre! Ich könnte, wie wir in England sagen, die Lilie vergolden wie der Rest von Ihnen, aber ich bin aus dem Norden Englands, und wir sind sehr bekannt dafür, direkt zu sein und zu sagen, wie es ist. Also werde ich das tun. Die lettische Ratspräsidentschaft war ein vollständiges, unübertroffenes Desaster.«

Gejohle im UKIP-Gefolge. Elmar Brocken brüllt: »Schmeiß die raus!« Aber Nuttalls Zeit ist noch nicht um: »Gucken wir uns an, was passiert ist: Wladimir Putin führt die Europäische Union in der Ukraine weiterhin vor, und es scheint kein Ende zu nehmen. Wir haben 500 000 Migranten im Mittelmeerraum und 500 000 weitere warten darauf, zu kommen. Und schließlich haben wir mit Griechenland ein Land, das durchaus den Euro verlassen könnte. Das hat alles unter Ihrer Aufsicht stattgefunden, Frau Premierministerin: Es ist kein wirklich gutes Ergebnis, oder? Faktisch würde ich so weit gehen, zu sagen, dass Nero es wenigstens hat krachen lassen, als Rom brannte, aber Sie haben absolut gar nichts unternommen, während wir mitangesehen haben, wie das EU-Projekt in seine Bruchstücke zerfallen ist. Als Euroskeptiker würde ich gern sehen, dass Lettland die Ratspräsidentschaft um weitere sechs Monate verlängert, denn nach einem weiteren Halbjahr dieser Art könnte die ganze Union auseinanderfallen.«

Die lautstarken Kommentare aus den großen Fraktionen dürften Nuttall freuen. Der Italiener Buonanno ruft: »Ich habe das Gefühl, ich bin in einer Bar und nicht im Parlament!« Chulz gefällt das alles nicht. Er wirft einen strafenden Blick in die Runde, noch einen, und schnell wird es wieder ruhig. Der Mann hat seine Mannschaft im Griff.

Auf einmal wird mir klar, dass dies eine ganz typische Plenarsitzung sein muss, die sich jedes halbe Jahr nach dem Wechsel der Ratspräsidentschaft wiederholen wird. Die konservativen Parteien reden die Situation schön, die Sozialdemokraten tun ein bisschen sozialdemokratisch, die Europakritiker kritisieren alles in Grund und Boden.

Als Nächstes erhält Gianluca Buonanno Rederecht für die ENF-Fraktion von Marine Le Pen: »Herr Präsident, meine Damen und Herren! Ich möchte der scheidenden Präsidentschaft meine besten Wünsche übermitteln, aber drei Frauen in den ersten Reihen zu haben, bedeutet nicht, dass alles in Ordnung ist: Es gibt gute Frauen, und es gibt weniger gute Frauen; Es gibt gute Männer und weniger gute Männer. Es wird gesagt, dass drei Frauen besser sind als drei Männer. Also, diese Heuchelei sollten wir lassen.

Was Präsident Juncker betrifft, so würde ich ihm gern Fragen stellen. Die erste: Wissen Sie, wie viel ein Liter Milch kostet? Ein Pfund Brot? Ein Liter Benzin? Sie sprechen immer nur über große Summen, große Konzerne, Sie sind in der Mitte der Banken, der Multis, Sie habe immer mit ihnen gelebt: Aber die Leute haben andere Dinge zu tun, sie brauchen mehr Antworten!«

Buonanno nimmt zwei DIN-A4 Blätter vom Tisch, eins mit einer deutschen Fahne bedruckt, eins mit der Fahne der EU: »Das ist die Flagge Deutschlands; das ist die Fahne Europas; ich will nicht deutsch sterben: Entweder gibt es Europa oder Deutschland!« Er legt die Blätter mit den Rückseiten aneinander und faltet sie kleiner, während er weiterspricht: »Wir können den Deutschen nicht zugestehen, Europa zu kommandieren, wir hatten schon einen Nationalsozialismus, wir wollen jetzt keinen Wirtschaftsnationalsozialismus.«

Elegant zaubert der rechtsradikale Italiener ein paar Hunderteuroscheine hervor und wedelt damit. Mit der anderen Hand schwenkt er eine Rolle Toilettenpapier.

»Und Präsident Juncker, wieder wollte ich Sie fragen: Die 300-Milliarden-Investitionen, wohin sind sie gegangen? Ich habe hier zwei Sachen: Das ist der Euro, und das ist Toilettenpapier. Sie machen mit Ihrer Arbeit das eine zum anderen, also Sie bringen uns an den Rand des Zusammenbruchs; Sie tun nicht, was für die Menschen von Interesse ist! Sie sollten zurücktreten und sich bei Griechenland entschuldigen für das, was Sie getan haben, und sich bei ganz Europa entschuldigen, weil Sie es wirtschaftlich zum Einsturz bringen! Menschen begehen Selbstmord, wir stehen vor einer wirtschaftlichen Katastrophe, es gibt illegale Einwanderer … worauf wollen wir noch warten? Auf Marsianer?«

Zu spät, die Marsianer sind bereits da! Eine von ihnen spricht jetzt im Namen der Fraktionslosen: Krisztina Morvai.

»Ich gehöre zu einer Nation, die als zweitrangig behandelt wird, und deshalb habe ich mit großen Erwartungen dem lettischen Vorsitz gefolgt. Nach der heutigen Debatte kann ich sagen, dass die Vertreterin des Rates genau den gleichen herablassenden Ton pflegt wie Herr Juncker. Zum Glück hat er heute noch niemandem eine Ohrfeige gegeben, aber er guckt sowieso nur sein Handy an …«

Ich schaue reflexartig nach vorn, auf Juncker: Tatsächlich, der Luxemburger sieht gerade auf sein Mobiltelefon.

Morvai ist noch nicht fertig: »Der luxemburgische Juncker und die anderen Mainstream-Politiker aus den glücklichen, westlichen, erstrangigen Ländern: Gemeinsam haben sie alle, dass sie verfremdet reden, sie haben keine Ahnung von den Problemen der wirklichen Bürger, sie hätten die Aufgabe gehabt, über die Not in Griechenland zu berichten. Über die Not, die die alten kommunistischen Staaten und die südlichen Mitgliedsstaaten erfahren. Sie haben nicht begriffen, weshalb Leute ihre Heimat verlassen. Selbst aus Ihren Ländern übrigens, aber auch aus meiner Heimat, aber in erster Linie aus Griechenland oder aus dem weiteren Süden.

Wie lange bleibt diese Unterscheidung zwischen erstrangigen und zweitrangigen Mitgliedsstaaten? Darüber hätten Sie, der lettische Vorsitz, reden müssen. Das erwartet der Bürger in diesen Ländern von Ihnen.«

Während ich noch über die Einsatzmöglichkeiten von Wildschweinstopp sinniere (Spaß), steuert ein hochgewachsener, etwa 70-jähriger Abgeordneter mit Glatze, roter Fliege und weißem Schnauzbart den freien Sitz an meiner Linken an. »Herr Sonnäborn? Mein Name ist Korwin-Mikkä ...«, beginnt der Pole und hebt die Hand. Schlagartig wird mir bewusst, dass ich kürzlich im Netz über Korwin-Mikke geschrieben habe, er habe einen Parlamentarier geohrfeigt, der ihn zuvor als »meschugge« bezeichnet hatte. Und ich hatte den Polen zwei Zeilen weiter ebenfalls »meschugge« genannt ... Aber der Pole holt nicht weiter aus, sondern reicht mir die Hand höflich zum Gruß: »Gutten Tag!« – »Guten Tag, mein Herr! Sie sprechen Deutsch?« – »Nein. Wenn Elmar Brok Deutsch spricht, ich kann das nicht verstähn ...« Eigentlich gar nicht so unsympathisch, der polnische Monarchist!

### Sachdienlicher Hinweis des Kölner Stadt-Anzeigers

Kölner Stadt-Anzeiger: Jenseits der politischen Agenda: Wie läuft das menschlich im Europaparlament, wo Sie inmitten der Fraktionslosen Ihren Platz haben?

Martin Sonneborn: Wenn mein Nachbar Korwin-Mikke von rechts kommt, ist es ein guter Tag. Dann bin ich der Erste, dem er die Hand gibt. Wenn er von links kommt, begrüßt er zuerst Krisztina Morvai von der antisemitischen ungarischen Jobbik-Partei. Danach gibt er Jean-Marie Le Pen die Hand, danach Udo Voigt von der NPD und danach mir. Das sind harte Momente, in denen ich mir eine Flasche Sagrotan ins Fach wünsche.

Dann beginnen die Abstimmungen. Frau von Strolch schaut irritiert zu mir herüber, wundert sich, dass ich keine Abstimmlisten und keine Unterlagen auf dem Tisch habe, nur mein MacBook. »Erstellen Sie Ihre Listen selbst?«

»Ja«, entgegne ich, »vollkommen autark, ich stimme abwechselnd mit JA und NEIN.«

»Ja?«

»Nein, JA und NEIN.«

Sie schaut beunruhigt, dann wendet sie sich wieder ihrer vermutlich in Fremdarbeit erstellten Stimmliste zu.

Die Debatte plätschert vor sich hin, immer mehr MEPs verlassen das Plenum. Als es um die Einführung eines europaweit einheitlichen Fahrscheines geht, stößt mich mein neuer polnischer Nachbar an. »What means ›Ticket‹ in German?« Ich antworte, dass man ruhig ›Ticket‹ sagen kann, das würde in Deutschland jeder verstehen. Korwin-Mikke bedankt sich artig, steht auf und hält eine Rede. Ich schalte sein Mikrophon ein, damit man auch hören kann, was er sagt. Engagiert spricht er sich dafür aus, die Vielfalt in Europa zu erhalten, und wettert gegen weitere Vereinheitlichung. Denn was eine fortschreitende Vereinheitlichung nach sich ziehen würde, sei offenkundig; er hebt den rechten Arm korrekt zum Deutschen Gruß und ruft auf Deutsch: »Ein Volk, ein Reich, ein Tickkkät!«

Sie können sich, lieber Leser, vorstellen, wie entsetzt ich war! Wenn ich gewusst hätte, was der Kollege plant, hätte ich Ticket natürlich mit ›Fahrschein‹ übersetzt. Ein Wort auf F klingt in dieser konnotativen Reihung doch viel passender.

Als Korwin-Mikke sich setzt, zwinkert er mir zu. Ich zwinkere zurück und sage: »Für einen Polen sehr ordentlich, aber die Finger etwas mehr zusammen beim nächsten Mal ... Werden Ihre Landsleute Sie lieben für den erhobenen Arm?« – »Nein, aber die Leute, die mich gewählt haben, hassen Europa!«

### Sachdienliche Hinweise aus dem Netz

Lukas Metzger: Sie hätten auf die Frage nach der Übersetzung von »Ticket« anders antworten sollen. Mit »Kühlschrank«, zum Beispiel.

Henrik Kiepe: »Ein Volk, ein Reich, ein Schnaps bitte«

Gerrit Volkenborn: »Führerschein«! *Das* hätte Korwin vermutlich auch geglaubt! »grin«-Emoticon

Richtiger Arm, korrekte Haltung: Korwin-Mikke.

Am nächsten Tag ist der griechische Ministerpräsident Zypras im Plenum. Während ich die Schwingtür aufstoße, ruft Dustin Hoffmann an: »Korwin-Mikke hatte gerade wieder eine one-minute speech, diesmal hat er tatsächli…« Den Rest kann ich nicht verstehen, weil mein Büroleiter von Korwin-Mikke übertönt wird. Der rüstige Monarchist stürmt auf mich zu, strahlt vor Freude über das ganze lange Gesicht und verkündet, heute habe er eine noch viel stärkere Rede gehalten: »Ich habe Zypras gesagt, er muss in Griechenland machen wie Pinochääättt, sonst: keine Chance!«

## DEUTSCHLAND, ICE, WAGEN 22

Der Geschäftsführer einer Eventagentur aus Düsseldorf bombardiert mich mit Mails. Ob ich einen Vortrag beim »Philips Lighting Kunden- und Unternehmerforum« halten würde. Klar, prinzipiell schon, denke ich, vorausgesetzt, es passt zeitlich. Früher hätte ich mir noch inhaltliche Freiheit ausbedungen, aber als Parlamentarier kann ich ja sowieso machen, was ich will. Bevor ich aber dazu komme, die Anfrage zu beantworten, kommt schon die nächste Mail: »Guten Tag Herr Sonneborn, sehr gern würde ich mich mit Ihnen über die Honorarregelung bezüglich Ihres Vortrags auf dem Philips Lighting Kunden- und Unternehmerforum am 27.11.2015 in Brüssel sprechen. Ich hatte gestern versucht, Sie telefonisch zu erreichen. Würde mich sehr freuen, wenn wir heute die Gelegenheit hätten, miteinander zu sprechen.«

Ich schreibe kurz zurück, dass ich auf Reisen sei und am besten per Mail zu erreichen. Sehr zügig kommt die Antwort:

»Hallo Herr Sonneborn, danke für Ihre Antwort. Ich befürchte mit dem Schreiben kommen wir nicht weiter. Bezüglich des Honorars würden wir gern wissen, wie hoch Ihre Forderung ist. Bewegen wir uns im vier- oder fünfstelligen Bereich? Ich glaube am Telefon ist alles leichter und vor allen Dingen schneller. Wir müssen bis morgen eine Entscheidung fällen.«

Als ich am nächsten Morgen aufwache, habe ich bereits neue Nachrichten.

»Guten Tag Herr Sonneborn, nachdem wir nun vergeblich auf Ihre Honorarforderung gewartet haben, würde wir nach Rücksprache mit Philips Ihnen ein Vortragshonorar von € 8.000,00 anbieten. Dieses Honorar entspricht den üblichen Sätzen, die wir Vertretern aus Politik und Wirtschaft zu solch einem Anlass bezahlen. Das Vortragsthema müssten wir gemeinsam in einer Telko erörtern.«

Telko? Nur 8000 Euro? Ist Philips verrückt? Typen wie Steinbrück, Gabriel und ich sind wohl kaum für vierstellige Summen zu kaufen! Trotzdem könnte der Kontakt interessant sein, schließlich suche ich noch eine Firma, die für Geld ihr Logo auf meinen

Kragen spiegeln sehen will, während ich abstimme … Ich kommentiere das beschämende Honorarangebot zunächst nicht und biete die Themen Korruption und Bestechung sowie »Die Machtübernahme der PARTEI und die Auswirkungen auf die Firma Philips« als Vortragsthema an.

Die Agentur in Düsseldorf freut sich, mein Büroleiter nicht. Die Verhandlungen gestalten sich schwierig. Offenbar hat Philips den Anspruch, die Veranstaltung im Plenarsaal durchzuführen. Ob das die Verbindungen von Wirtschaft und Politik nicht ein bisschen zu plakativ demonstriert? Mir wäre es recht.

Leider wird die Veranstaltung niemals stattfinden. 14 Tage vor dem geplanten Event töten islamistische Terroristen in Paris über 130 Menschen; und da alle Spuren nach Brüssel führen, wird in Belgien die höchste Terrorwarnstufe ausgerufen, das Parlament bleibt in den folgenden Wochen für sämtliche Veranstaltungen mit dubiosen Besuchergruppen geschlossen.

## BRÜSSEL, PARLAMENT

Ein *ARD*-Team interviewt mich gerade zum Thema »Kleine Parteien im Europäischen Parlament, die den Steuerzahler nur Geld kosten und nichts bringen«, als Elmar Brocken vorbeispaziert. Vor laufender Kamera spricht ihn die Reporterin an, bittet ihn hinzu.

Brocken (abwehrend): »Mit Herrn Sonneborn mache ich nichts. Gar nichts!«

Ich bin empört: »Seit wann denn nicht, Herr Brocken? Wir haben neulich …«

»Ich hab noch nie etwas mit Ihnen gemacht. Sie machen nur Doofes wie Twitter, wo Sie sich bis heute noch nicht entschuldigt haben!«

»Aber ich habe neulich eine sehr schöne Veranstaltung mit Ihnen absolviert!«

Brocken: »Ich habe es Ihnen doch gesagt: Ich hab' ein Glasauge, und darüber machen Sie sich lustig!«

»Und ich habe es Ihnen auch gesagt: Ich habe mich nicht über Ihr Glasauge lustig gemacht.«

Brocken (mit vor Zorn hervortretenden Adern):»Sie sind ein bösartiger Mensch, der hier nichts schafft, faul ist und nur rummeckert. Faul! Faul!«

»Stimmen denn wenigstens die 150 Kilo?«

Brocken (kommt so nah an mich heran, dass sein enormer Bauch meinen Bauch berührt und beantwortet damit die Frage. Unsere Köpfe dagegen bleiben vor der Kamera schicklich auf Abstand):»Wissen Sie, auf welchem Niveau Sie sich bewegen? Eines Komikers! Das ist auch Ihr Beruf: Ein Komiker, Sie sind ein auf Steuerzahlerkosten subventionierter Komiker!«

**Sachdienlicher Hinweis von Moritz von Uslar in der Zeit**
Im Umgang mit dem Reporter ist der alte Brok ausnehmend zuvorkommend, fast kumpelhaft easy und locker. Seine blitzende Intelligenz, sein verschrobener Humor. Der Profi-Kommunikator Brok: Für seine sehr unterschiedlichen Gesprächspartner kann er im Niveau blitzschnell von unverständlichem EU-Bürokraten-Englisch zu Talkshowsprüchen und Gags (»Ich kann ja vier Sprachen, Hochdeutsch, Plattdeutsch, durch die Nase und über andere Leute«) hin- und herschalten.

Meine Zweifel an Brockens Darstellung sind – beruhigenderweise – jedoch nicht ganz unberechtigt. Ein paar Tage später prosten mir bei einem Straßenfest der Landesvertretung NRW zwei Journalisten aus Dortmund zu. Sie haben von meiner Auseinandersetzung mit Brocken gehört und feixen:»Wenn in Westfalen in der Oper ein Handy klingelt oder jemand auf einer Bühne einschläft – es ist immer Elmar Brok!«

## BRÜSSEL, BÜRO

Der Tagespresse entnehme ich, dass den Bundestagsabgeordneten in Berlin nach wie vor der Einblick in die TTIP-Unterlagen verwehrt bleibt. Ich beschließe, die Kollegen in Deutschland etwas zu trösten.

> **Sachdienlicher Hinweis aus dem Netz**
> Martin Sonneborn: Es ist vollkommen überflüssig, dass Bundestagsabgeordneten Einblick in die TTIP-Unterlagen gestattet wird. Ich habe die Verhandlungstexte im Leseraum des Parlaments in Brüssel eingesehen; TTIP ist nicht gut.

## PARLAMENT, SITZGRUPPE IM 3. STOCK

Einige Tage später fragt Justus von Daniels vom Recherchezentrum »Correctiv«, ob er mir im Parlament fünf Fragen stellen darf. Klar.

Daniels kommt mit Miniequipment. Wir setzen uns in eine kleine Sitzgruppe mit fest installierten Stühlen, die man nicht verrücken kann.

»Herr Sonneborn, Sie sind ja Europaparlamentarier ...«

Ich unterbreche den Reporter: »Das war die erste Frage? Ja, das stimmt.«

»Sie sind einer der ganz wenigen Menschen auf der Welt, die in diesen geheimen Leseraum dürfen, die TTIP-Unterlagen einsehen. Wie viel Schokolade müssten Sie dem Wachmann geben, damit er kurz wegschaut und Sie die Papiere mitnehmen und uns geben?«

Dass Bundestagsabgeordnete und Medien keinen Zugang haben zu den Informationen, ist natürlich absurd und kein geschickter Schachzug der TTIP-Verfechter. Ich hatte mich deshalb angemeldet und kürzlich an einem Freitagnachmittag unter Aufsicht einer strengen Matrone 30 Minuten in einem kleinen Raum mit einem großen verschließbaren Stahlschrank an einem kleinen Tisch verbracht.

Mein konservativer österreichischer Kollege Paul Rübig, ein gemütlicher älterer ÖVPler aus Oberösterreich und seit 1996 Abgeordneter, hatte mir kürzlich bei einem Abendessen der Korea-Delegation versichert, dass in diesem Stahlschrank »sämtliche Ausnahmen liegen, die die Lobbyisten in TTIP hineinverhandelt haben, das darf natürlich niemand sehen«.

Mein Handy hatte ich abgeben müssen und nicht mal eigene Schreibwerkzeuge nutzen dürfen. Da ich mich in der Anmeldung für einen bestimmten Themenkomplex des Vertragswerks entscheiden musste, hatte ich kurzerhand »Kosmetika« ausgewählt.

Die Matrone hatte dann die Tür ab- und den Schrank aufgeschlossen, mir einen Stapel TTIP-Ausdrucke auf markiertem Papier zum Thema Kosmetik auf den Tisch gelegt, sich mir gegenübergesetzt und mich angestarrt. Ob die mit Schokolade herumzukriegen war? Ich musste an ältere Angestellte denken, die im Parlament Besuchern Sitzplätze auf den Zuschauerbänken oben zuweisen und dank ihres Gehalts Aston Martin fahren können.

»Also, ich weiß, dass die Angestellten hier sehr gut verdienen, teilweise noch besser als die Abgeordneten. Deswegen glaube ich nicht, dass man mit Schokolade bestechen sollte hier. Aber ich war einmal im TTIP-Leseraum, weil ich Ruhe wollte, man darf ja keine elektronischen Geräte mitnehmen. Da war eine Dame, die mich bewacht hat. Möglicherweise, wenn Sie Pralinen mitnehmen ...«

»Sie schreiben ja über TTIP bei Facebook und Twitter. Sie schreiben zum Beispiel, TTIP muss verhindert werden. Können Sie in einem Satz begründen, wieso?«

Hm, vielleicht, weil hier im Interesse von Wirtschaftszweigen versucht wird, mühsam erkämpfte europäische Verbraucherstandards auszuhebeln, das Vorsorgeprinzip abzulösen und neben den ordentlichen Gerichten eine Quasigerichtsbarkeit einzuführen – das Ganze unter Geheimhaltung und Missachtung von Bürgerrechten? Nein, das ist nicht prägnant. Besser, ich sag nix.

»Nein, bestimmt nicht.«

Daniels ist nicht enttäuscht, emotionslos kommt die nächste Frage: »Ich war gestern bei dieser Verhandlungsrunde. Der erste

Satz lautet: ›TTIP ist schlecht für Frauen.‹ Und der zweite: ›TTIP wird bis Ende des Jahres fertig.‹«

Ich muss unwillkürlich lachen, mir kommt gerade eine Idee. Wenn niemand weiß, was in TTIP steht, dann kann ich doch eigentlich behaupten, was ich will: »Natürlich ist TTIP schlecht für Frauen, ich hab zufällig ...«, entschuldigend lächle ich in die kleine Kamera. »Also, ich darf eigentlich nicht drüber sprechen, aber wir sind ja hier praktisch unter uns bei Correctiv. Ich hab zufällig, als ich im Leseraum war, etwas über Kosmetika da liegen gehabt. Es war zwar in sehr juristischem Englisch formuliert. Aber ich kann den Damen draußen an den Geräten verraten, wenn ich es richtig verstanden habe, dürfen Sie sich nicht mehr schminken, wenn TTIP in Kraft tritt! Und ob TTIP bis Ende des Jahres in Kraft tritt? Das glaube ich auch nicht. Ich habe einen Plan, das notfalls zu stoppen. Deshalb war ich auch im Leseraum, habe mir mal die Verhältnisse angeschaut.«

Daniels schaut leicht interessiert: »Und was ist Ihr Plan?«

»Es gibt ja nur zwei oder drei Exemplare von TTIP. Mein Plan ist: Ich will in diesen Leseraum gehen und dann möglichst große Mengen dieser TTIP-Unterlagen – aufessen. Ich wollte vorher noch den wissenschaftlichen Dienst im Parlament fragen, ob das gesundheitsschädlich sein kann. Aber ich gehe mal davon aus, dass ich zwei, drei, vier Seiten schaffen könnte. Und es ist ja nicht so einfach, das dann wiederzubesorgen. Ich glaube, dass ich damit etwas Gutes für Europa tue ...«

»... auch wenn Sie Ihre Gesundheit damit schädigen würden. Es stimmt also, dass TTIP gesundheitsschädlich sein könnte? Dass es Standards senken könnte?«

»Das stimmt auf jeden Fall. Es gibt nur eine einzige Sache, die ist daran gut: Wenn wir TTIP schon hätten, könnte VW jetzt in den USA im Abgasskandal die USA verklagen, auf ungefähr 18 bis 25 Milliarden entgangener Gewinne.«

Daniels scheint dem Gedanken nichts abgewinnen zu können: »Wenn TTIP scheitern sollte, wenn Sie das aufgegessen haben ...«

»Ich nehme allerdings an, dass da sofort zwei große Männer auf

mich zustürmen werden, wenn ich anfange ... Mein depressiver Redenschreiber meint, ich soll sagen, ich hätte auf einmal sehr, sehr großen Hunger bekommen. Ich weiß aber gar nicht, ob das meine Situation juristisch verbessert.«
»Gut, das reicht. Vielen Dank!«

## STRASSBURG, PARLAMENT

Zum Glück wird sich die Angelegenheit TTIP letztlich fast von allein erledigen und ohne dass ich ein zweites Frühstück zu mir nehmen muss. Aber vorher dreht Chulz noch einmal auf, um das Abkommen in einer kritischen Situation zu retten. Nachdem der öffentliche Druck besonders auf die SPD-Abgeordneten zunimmt, lässt er eine öffentliche Abstimmung zum Freihandelsabkommen, bei der sich im Plenum jeder Abgeordnete namentlich positionieren müsste, noch in der Sitzung in allerletzter Sekunde von der Tagesordnung nehmen.

> **Sachdienlicher Hinweis von Spiegel Online**
> Dabei sollte das Parlament Empfehlungen zu den weiteren Verhandlungen an die Kommission aussprechen. Die Resolution war mühsam zwischen den Fraktionen ausgehandelt worden, es folgten weit mehr als 100 Änderungsanträge. Die Geschäftsordnung befugt den Parlamentspräsidenten, einen Bericht in den Ausschuss zurückzuweisen, wenn mehr als 50 Änderungsanträge vorliegen.
> Der Bundesverband der Deutschen Industrie (BDI) begrüßte die Verschiebung der Abstimmung.

Die anschließende Debatte wird hochemotional geführt. Selbst ein so in sich ruhender Choleriker wie Elmar Brocken ruft wutentbrannt, mit dem Finger nach rechts und links weisend, auf Grüne, Linke und Europakritiker: »Wir wissen, wo die Feinde der Demokratie sitzen.«

Diese CDU-Vorstellung von Demokratie wird mir langsam ein bisschen suspekt.

Am nächsten Tag lässt Chulz mit einer sehr knappen Zustimmung des Parlaments (183 vs. 181 Stimmen) auch noch die Debatte über TTIP verschieben. Sein Argument: Die Debatte sollte nicht getrennt von der Abstimmung erfolgen.

**Sachdienlicher Hinweis der ARD**
Inoffiziell heißt es vor allem von Seiten der Kritiker, dass die großen demokratischen Fraktionen – die Sozialdemokraten, die Christdemokraten – in so einer Debatte nicht zeigen wollten, wie zerstritten sie innerhalb ihrer eigenen Parteien noch sind.

**Sachdienlicher Hinweis von Spiegel Online**
Im Plenarsaal kam es zu tumultartigen Szenen. Linke und Konservative warfen sich gegenseitig fehlendes Demokratieverständnis vor. Der Grünen-Abgeordnete Sven Giegold schrieb bei Twitter von einem »demokratischen Skandal«.

Am besten gefällt mir mal wieder Manfred Streber (CSU): »Mir macht es Angst, wenn ich sehe, wie die Links- und die Rechtsradikalen hier im Haus sich gegenseitig in Rage reden und die Grünen an der Seite dieser Leute stehen!« Klar, dass Rebecca Harms das nicht auf ihrer Partei sitzen lassen will: »Wenn jetzt jeder, der kritisch ist gegen private Schiedsgerichte, an den Pranger gestellt wird als links- und rechtsradikal, dann frage ich mich, was wir für eine Basis der Zusammenarbeit haben.«

Schade allerdings, dass mein (depressiver) Redenschreiber nun umsonst gearbeitet hat. Keine Debatte, keine Rede!

**Sachdienliche Ergänzung aus dem Ordner**
**»Nichtgehaltene Reden« (I)**
Die TTIP-Verhandlungen stagnieren, womöglich scheitern sie sogar ganz. Die Folgen für die korrupte und kriminogene internationale Wirtschaftselite wären vermutlich lustig. So möchte

z. B. der Onlinehändler Amazon künftig europäische Kunden, die mehr als zehnmal hintereinander Sachen zurückschicken, in Guantanamo internieren lassen. Ohne TTIP ginge das zwar auch, zum Beispiel illegal, das wäre aber deutlich umständlicher. Umstände darf man der Wirtschaft aber keine machen. Daher zwei Vorschläge:
1. Die sofortige Umbenennung von TTIP in TTOP oder kurz: TOP-Abkommen. Der gut eingeführte und positiv besetzte Begriff TOP sorgt für gute Laune bei allen Beteiligten und wiegt die Bevölkerung in Sicherheit. Wahrscheinlich bringt das aber auch nichts. Deswegen:
2. Die Umwidmung des TOP-Abkommens in einen TOP-Kaufvertrag. Die Europäische Union bietet sich darin geschlossen zum Kauf an. Langweilige und umständliche Verhandlungen werden durch einen einfachen Handel ersetzt. Ich selbst möchte mit gutem Beispiel vorangehen. Mein Preis beträgt 800 000 Dollar.
(Zettel mit der handschriftlichen Summe hochheben)
Ich bitte die Anwesenden, meinem guten Beispiel zu folgen. Bitte schreiben Sie Ihren Preis auf einen Zettel. Mein Büro wird später die Gesamtsumme errechnen und den transatlantischen Verhandlungspartnern ein vorläufiges Angebot machen.
Unter allen Teilnehmern werden außerdem Best-Choice-Gutscheine im Gesamtwert von 150 Euro verlost, es lohnt sich also doppelt!

## AUGUST 2015

### BRÜSSEL, BÜRO

Toll, ich bin in der Zeitung! Sogar im *Focus*, der einzigen Konkurrenz, die *Titanic* im Printbereich wirklich respektiert. Zu verdanken habe ich es der Konrad-Adenauer-Stiftung, ein »Parteienforscher« hat eine Studie veröffentlicht: »Kleine Parteien im

Europäischen Parlament«. Darin resümiert er: »Sonneborn verweigert im Grunde jede Mitarbeit und bringt seine Geringschätzung des Parlaments zum Ausdruck.«

Nachdem wir uns mit der Parteienfinanzierung beschäftigt haben, werden wir versuchen, die Finanzierung der »parteinahen Stiftungen« mal öffentlich in Misskredit zu bringen. Die Hochstapelei beginnt schon damit, dass die meisten »Stiftungen« von der Rechtsform her gar keine echten Stiftungen sind, sondern eingetragene Vereine. Die Konrad-Adenauer-Stiftung müsste eigentlich korrekt »Konrad-Adenauer-Verein« heißen.

**Sachdienliche Hinweise des Handelsblatts**
Laut KAS-Studie macht Sonneborn »im EP im Grunde nichts« – außer, dass er den Brüsseler Betrieb für Satire nutzt. Als »Trittbrettfahrer des Null-Prozent-Sperrklausel-Urteils« kostet Sonneborn die Steuerzahler jährlich mindestens 160 000 Euro. Und was bekommen sie dafür? Mal mehr oder mal weniger originelle Videoclips aus dem EP. Ein teurer Spaß also?
»Die EU kostet im Jahr 135 Milliarden Euro. Da ist die eine Milliarde, die ich in Brüssel einstecke, gut investiert«, sagte Sonneborn dem *Handelsblatt*. »Ich stimme abwechselnd mit ›Ja‹ und ›Nein‹. Damit mache nichts kaputt, außer TTIP, und habe einen höheren Unterhaltungswert als Herbert Reul.«

**Sachdienliche Hinweise des Focus**
Er kassiert 160 000 Euro pro Jahr: Sonneborn krümmt im EU-Parlament keinen Finger!
Einer, den das gewaltig aufregt, ist Elmar Brok: »Ich finde es schlimm, wenn jemand versucht, das Parlament der Lächerlichkeit anheimfallen zu lassen. Herr Sonneborn wurde gewählt und kassiert Geld für seine Abgeordnetentätigkeit, deshalb ist es seine Pflicht, positiv zu arbeiten.«

### Sachdienliche Hinweise aus dem Netz
Martin Sonneborn: Elmar Brocken will, dass ich in Brüssel »positiv arbeite«. Wie er. Aber eine zweite Ukraine können wir uns in Europa derzeit nicht leisten. ROLF!
Torsten Klöpfel: Rumsitzen, Nichtstun und dafür Geld kassieren? Ich bin noch nie authentischer repräsentiert worden.

Mein (depressiver) Redenschreiber mailt mir. Er kennt Elmar Brocken und wünscht mir viel Spaß in den nächsten Tagen – ich solle lieber nicht selbst ans Telefon gehen. Nach einer kleinen satirischen Kolumne, in der er sich Anfang des Jahres darüber lustig gemacht habe, dass die EU in der Ukraine auf die Zusammenarbeit mit politischen Kräften eher zweifelhaften Charakters setzt, während die Neonazis hierzulande politisch eher ausgegrenzt würden, habe er eine knappe Mail aus Brockens Büro erhalten.

### Sachdienlicher Hinweis der Berliner Zeitung
Der deutsche Nazi muss sich jede kleine Grabschändung ewig vorhalten lassen. Wenn dagegen der Swoboda-Chef »Russensäue, Judenschweine und andere Unarten« erwähnt, ist das laut Katrin Göring-Eckardt nur »ein Zitat von 2004«.
Auch für CDU-Europapolitiker Elmar Brok sind bei Auslandsnazis »nicht Sprüche der Vergangenheit« entscheidend, sondern, »dass diese Partei sich für eine Rechtsstaatlichkeit einsetzt und die Demokratie in der Ukraine möglich macht«. Warum bekommt der deutsche Nazi nicht dieselbe Chance, sich für Rechtsstaatlichkeit einzusetzen?
Ein Anfang wäre ein Gruppenfoto des »Thüringer Heimatschutzes« mit Frank-Walter Steinmeier. Am Ende liefe es auf einen Kabinettsposten für Beate Zschäpe hinaus. Ihr letztes Delikt war ja wohl auch schon 2006.

In der Mail sei ihm mitgeteilt worden, dass Herr Brok, MdEP, ein kurzes Telefongespräch mit ihm führen wolle: »Dann rief ich brav zurück und erwischte Brok im Auto. Er wetterte etwa 15 Minuten ununterbrochen, was für ein erbärmlicher Journalist ich sei und dass ich von nichts eine Ahnung habe. Er war die ganze Zeit sehr, sehr laut und wäre wohl am liebsten durch die Telefonleitung gekrochen, um mich physisch zu maßregeln. An wörtliche Zitate kann ich mich leider nicht mehr erinnern. Aber ich habe während des ›Gesprächs‹ wohl nicht mehr als zehn Worte sagen können. Er war wie im Rausch. Ein Vollblutpolitiker!«

## SEPTEMBER 2015

### BRÜSSEL, CAFÉ BELGA

Bei Abgeordnetenwatch häufen sich die Fragen, wie ich zum Thema »Bedingungsloses Grundeinkommen« stehe. Nun, in Anbetracht des bevorstehenden Verlustes an Arbeitsplätzen in den kommenden Jahrzehnten, ist das keine schwere Entscheidung: »Als Parlamentarier verfüge ich über ein bedingungsloses Grundeinkommen in erheblicher Höhe. Trotz intensiver Prüfung habe ich noch keine Nachteile feststellen können, ich kann das also nur empfehlen bzw. niemandem guten Gewissens verweigern. Die meisten meiner Kollegen sehen das sicher ganz ähnlich, besonders der eine Dicke.«

### BRÜSSEL, AFCO-AUSSCHUSS

Ohne dass wir etwas ahnen, steht im »Ausschuss für konstitutionelle Angelegenheiten« die Wahlrechtsreform von Leinen/Hübner zur Abstimmung und geht mit 15 zu 5 Stimmen durch. Sie beinhaltet u. a. folgende Punkte: »transnationale« (europaweite) Kandidatenlisten das Aufbringen von Logos der europäischen Parteienfamilien (EVP, S & D etc.) auf den Wahlzetteln; die

Möglichkeit, über das Internet zu wählen; Briefwahlmöglichkeit in allen Staaten; eine Empfehlung, das Wahlalter auf 16 Jahre zu senken; einen gemeinsamen Zeitpunkt, zu dem die Wahlkabinen in allen Staaten schließen; die Etablierung zweier EU-weiter Spitzenkandidaten für das Amt des Kommissionspräsidenten; die Forderung, alle Kandidaten demokratisch wählen und nicht von einer Parteiführung berufen zu lassen; und außerdem eine Sperrklausel für EU-Wahlen: Sie soll zwischen drei und fünf Prozent betragen.

Einige der aufgeführten Änderungen wären wirklich sinnvoll; zumal der Rat schon mehrfach angedeutet hat, die öffentliche Nominierung von Spitzenkandidaten für das Amt des EU-Kommissionspräsidenten durch die europäischen Parteien – wie in der vergangenen Wahl mit Junckers und Chulz – nicht noch einmal dulden zu wollen. Das gehört zum Machtkampf zwischen Parlament und Rat. Wichtiger als eine breite demokratische Legitimation des Kommissionspräsidenten durch Millionen Wähler scheint den Regierungschefs die Möglichkeit, Junckers Nachfolger selbst in Hinterzimmerrunden bestimmen zu können.

Im Grunde aber geht es nach der Einschätzung von Fachleuten bei der Wahlrechtsreform um ein rein deutsches Interesse, die Wiedereinführung einer Prozenthürde in Deutschland. Alles andere sei gut klingendes Beiwerk und habe praktisch keine Chance auf Verwirklichung.

## OKTOBER 2015

### STRASSBURG, BÜRO

Aufregung im Parlament: Merkel und Hollande werden morgen zu Gast sein im Plenum, Reden halten für Europa. Wie die Fraktionen hat auch die Gruppe der zurzeit 15 fraktionslosen Abgeordneten anschließend Redezeit, allerdings recht wenig: genau eine Minute. Was kann man Merkel in einer Minute sagen? 60 Sekunden, in denen sie in der Bank sitzen muss, schweigend wie eine Siebtklässlerin ohne Hausaufgaben. Seehofer hatte kürzlich in Bayern beim CSU-Parteitag auf der Bühne noch ganze 13 Minuten gebraucht, um die anwesende Kanzlerin herunterzuputzen und zu demütigen. Egal, Büroleiter Hoffmann beantragt jedenfalls sofort die Redezeit. Leider stellt sich die Verwaltung quer. EU-Referatsleiter Herr Bordez (Franzose) glaubt, dass die Minute eher meinem unseriösen Kollegen Bruno Gollnisch (auch Franzose) zusteht. Auch politisch dürften die beiden bestens harmonieren, Bordez war früher Assistent eines rechtsradikalen französischen Abgeordneten, und Goldfisch* steht dem alten Le Pen freundschaftlich nahe.

Auf unsere begründeten Beschwerden hin erweist sich Bordez als erstaunlich kreativ beim Erfinden neuer Kriterien, nach denen die Redezeit ab sofort vergeben wird; und nimmt es dabei auch mit der Wahrheit nicht allzu genau. Während der Schlagabtausch läuft, bitte ich meinen (depressiven) Redenschreiber um eine »one-minute speech« für Merkel. Drei Stunden später erhalte ich den Text für meine Ansprache, der mir auf den ersten Blick fast ein wenig staatstragend geraten scheint:

»Liebe Frau Merkel, auch nach zwanzig Jahren Kanzlerschaft haben Sie nichts von Ihrer Wahnsinnsausstrahlung eingebüßt. Schade eigentlich. An Politik ist jedenfalls nicht zu denken, wenn eine so scharfe Braut im Parlament posiert. Endlich weiß ich, wofür das M in MILF steht: für Angela.«

---

[*] Achtung, der Name »Gollnisch« wird bisweilen vom Korrekturprogramm in »Goldfisch« geändert. Bruno Goldfisch war lange Jahre zweiter Mann hinter Jean-Marie Le Pen beim Front National und darf nicht mit in Marine Le Pens rechtsradikale EU-Fraktion ENF, weil er zu justiziable Ansichten zum Holocaust vertritt.

**Sachdienliche Hinweise aus dem Netz**
Deniz Y.: Bisschen zu passiv. Ich würde das etwas offensiver gestalten.
Burkhard Tomm-Bub: Das ist flach, sexistisch, am Thema vorbei, sinnlos und in sich widersprüchlich. Von daher: den ansonsten dort üblichen Reden und Beiträgen eigentlich zu ähnlich.
Helge De: Ein wenig subtil vielleicht, aber gut. In einer Minute kann man nicht mehr Schaden anrichten. »wink«-Emoticon
Denis König: Mutti ist doch gar nicht 20 Jahre Kanzlerin. Bleiben Sie realitätsnah. Solche Fehler können Sie diskreditieren.
Franziska-Maria Kaul: Soll das witzig sein? Die Fuckability der Bundeskanzlerin? In welcher verranzten Ecke wurde denn der Redenschreiber aufgespürt?!
Björn Schwabe: Müsste es dann nicht ALF heißen?
Mario Lars: Ein bisschen Satire würde der Rede Würze verleihen.

## STRASSBURG, HOTEL

Am späten Vormittag soll die Entscheidung über die Reden fallen. Als ich gegen 10.30 Uhr das Hotel verlasse, grüßt mich vor der Lobby ein hochgewachsener Mann auf Deutsch. Ich kann ihn nicht einordnen, grüße höflich zurück, bleibe kurz stehen. Gut gelaunt hilft er meinem Gedächtnis auf die Sprünge: Er habe mir mal den Tag verdorben, damals, im Olympiastadion in Berlin. Plötzlich weiß ich, wer vor mir steht: eine große Nummer unter den deutschen Personenschützern – der Mann, der mir fast den Arm auskugelte, als ich mit Matussek, der damals, vor fünf Jahren, noch ganz normal wahnsinnig war, den Papst im Olympiastadion besuchte. Wir wollten einen Film für die »heute show« drehen, und Matussek hatte behauptet, er sei mit Papst Benedikt Nr. 16 praktisch befreundet. Ich hatte das als ganz normale Aufschneiderei genommen, bis wir tatsächlich sämtliche Einlasskontrollen vor dem Stadion überwanden, voran Matussek, den ich stets vorschob, hinter mir Georg Behrend in einer schwarzen Soutane und das Kamerateam. Ich weiß nicht, ob es das ZDF-Mikrophon war, die Kamera oder mein guter Ruf (»Lassen Sie uns durch! Wir sind Freunde des Papstes!«), jedenfalls kamen wir kurz vor der Messe ins Stadion und dann bis auf fünf oder sechs Meter an den Altar heran – und Matussek hatte immerhin eine Aktentasche dabei, gegen die Stauffenbergs Aktenkoffer ein Handtäschchen gewesen ist –, bevor uns dann im letzten Moment zwei Personenschützer stoppten. Und zwar recht routiniert. Zuerst noch fast höflich, bis sie die laufende Kamera nach oben stoßen konnten, und dann mit derartig ausgefeilter Brutalität, dass Matussek obszön zu fluchen begann und mich der rechte Ellenbogen zu schmerzen anfing, ungefähr fünf Monate lang.

»Was? So was könnt ich gar nicht«, entgegnet der Mann mit dem Kurzhaarschnitt grinsend. Ich tröste mich mit dem Gedanken, dass er wahrscheinlich die Standpauke seines Lebens erhalten hat, nachdem die Messe gelesen war. Zumal Georg Behrend von den beiden Personenschützern nicht belästigt wurde, obwohl seine verlotterte schwarze Soutane mit diversen Brandlöchern von Zigarettenglut übersät war. Der Fundus der Komischen Oper in Berlin hatte sie ausgemustert, weil selbst das Opernpublikum sich nicht mehr von ihr täuschen ließ. Ich weise den Beamten höflich darauf hin, dass ich mittlerweile parlamentarische Immunität genieße, und freue mich zum ersten Mal darüber, dass der Fahrer meiner schwarzen Fahrdienst-Limousine dienstbeflissen aussteigt, um mir die Tür zu öffnen und sie hinter mir wieder sicher zu schließen.

Die Anwesenheit des BKA-Mannes gibt mir jedoch zu denken. Sollte Merkel in meinem Hotel wohnen? Was kann ich tun, um sie zu ärgern? Zahnpasta unter der Türklinke? Toilettenpapier abrollen, »Merkel ist doof!« draufschreiben, wieder aufrollen? Ich bitte im Netz um qualifizierte Vorschläge.

**Unqualifizierte Vorschläge aus dem Netz**
Benjamin Krähling: 100 Pizzen auf ihr Zimmer bestellen!? »grin«-Emoticon
Bast Petrichor: Brühwürfel im Duschkopf!?

## STRASSBURG, PARLAMENT

Schlechte Nachrichten empfangen mich, als ich im Parlament ankomme: Die Redezeit geht endgültig an Frankreich. Zum Glück kann ich meine Wut gleich an ein paar Rentnern auslassen. Da ich in Straßburg regelmäßig über Tagesfreizeit verfüge, bevor das Plenum um zwölf Uhr zusammentritt, treffe ich zwei- bis viermal im Monat Schüler- oder Studentengruppen und berichte von den weniger seriösen Aspekten meiner Abgeordnetentätigkeit. Heute begrüßt mich zur Abwechslung eine Gruppe fast zu gut gelaunter Mannheimer Senioren: »Wir sind 18 Mannheimer Unternehmer, waren alle mal in der CDU, heute ist nur noch einer in der Partei, hahaha ...« – »Gute Güte, und verdammt alt sind Sie«, entgegne ich. »Letztwähler, was? Werden Sie denn die nächste Wahl noch erleben?« Johlend folgt mir die Gruppe durch die Flure im Erdgeschoss, als uns in der Nähe des Eingangs eine Absperrung stoppt. Merkel und Hollande sollen hier gleich über den roten Teppich laufen und Bilder für die TV-Nachrichten liefern. Die Mannheimer zücken ihre Fotoapparate, ich mein Badge, das mir überall Zutritt garantiert. Auf der rechten Seite des Teppichs ist eine Pressetribüne aufgebaut, voll besetzt mit Fotografen und Kameraleuten. Ich gehe nach links, stehe bestens postiert auf der anderen Seite.

Schon blitzen die Fotoapparate, Chef Chulz führt Merkel und Hollande gemessenen Schrittes über den roten Teppich. Kurz bevor sie auf meiner Höhe anlangen, beginne ich ein lautes, einsames, beklemmend langsames Klatschen, dem wohl anzuhören ist, dass es nicht wirklich von Herzen kommt. Chulz dreht sich überrascht um, sieht mich und hat nichts Besseres zu tun, als der Kanzlerin zuzurufen: »Ah, da ist der Herr von *Titanic*!« Was dann kommt, irritiert mich nachhaltig. Merkel dreht sich um, sieht mich, für einen Moment treffen sich unsere Blicke – und im Überschwang der Gefühle, in großer Verwirrung oder in der Anspannung vor den Kameras der Weltpresse *winkt sie mir zu*! Die Frau, der ich regelmäßig ihre *Titanic*-Titel\* zugeschickt habe, die mich bei »heute show«-Dreharbeiten zum »Tag der offenen Tür« im Kanzleramt mit dem kältesten Blick der Welt bedacht hatte, sie winkt mir zu. Was hat das zu bedeuten: Wird sie langsam senil? Müssen Deutsche im Ausland zusammenhalten? Ist das so eine Art Stockholm-Syndrom?

Nachdenklich begebe ich mich ins Plenum. Die Situation wird in den Medien als »historisch« beschrieben, ein französischer Präsident und eine deutsche Kanzlerin sprechen im Parlament, Ähnliches hatte es zuletzt nach dem Fall des »Eisernen Vorhangs« gegeben, aber Kohl und Mitterand hatten damals weitaus mehr Anlass zu Hoffnung und Euphorie. Wer hätte schon gedacht, dass der Kollaps des Ostblocks unser System derart entfesseln und erschüttern würde, mit einer ungebremsten Entwicklung des Finanzkapitalismus und einer Ökonomisierung sämtlicher Lebensbereiche? Vermutlich mussten sich Kohl und Mitterand auch weniger kritischen Fragen stellen als Merkel und Hollande in Zeiten von Flüchtlingskrisen, einer bedrohlich hohen Jugendarbeitslosigkeit und unter dem Eindruck islamistischer Terroranschläge in Europa.

Ich höre die gewohnt holprig vorgetragene, dabei aber gewohnt belanglose Rede Merkels und die ihres »Vize-Kanzlers Hollande aus der Provinz Frankreich« (Marine Le Pen anschließend). Während beide substanziell nicht weit darüber hinausgehen, den Geist von Europa zu beschwören, ist Elmar Brocken offensichtlich zumindest die ganze Zeit über wach, jedenfalls blättert er eifrig im Sportteil der *FAZ* herum. Insgesamt kämpft die Bundeskanzlerin

\* Vgl. Internet: »Deutschland wählt: Ein neues Gesicht für Angela Merkel«, »Darf *das* Kanzler werden?« etc.

länger damit, Flüchtlinge zu intregi... intrige... intregieren, als man mir Redezeit zugestanden hätte.

Beste Analyse in Merkels Rede: »Wir in Europa sind mit den globalen Ereignissen eng verbunden!«

Meine Lieblingsstelle: »Jeder einzelne Abgeordnete spielt dabei eine wichtige Rolle.«

Beste politische Idee der Kanzlerin: Der Schutz der Außengrenzen soll die Wiedereinführung der Binnengrenzen verhindern. Mein Gott, wir haben es weit gebracht! Die PARTEI-Forderung nach dem Aufbau einer Mauer um Europa ist in der Führungsetage angekommen ...

Mein Hochgefühl vergeht jedoch schnell, nach den Gästen spricht wie immer der Vertreter der größten Fraktion. EVP-Chef Manfred Streber (CSU) gibt sich im Umgang mit Autoritäten gewohnt devot. Er hat zehn Minuten Redezeit, und er legt gut los: »Ich möchte der Bundeskanzlerin danken, dass sie den Menschen Mut macht: danke!« Danach skizziert der kleine Mann die Unions-Pläne für Europa, eine Weiterentwicklung der EU, die Abschaffung der Veto-Rechte für einzelne Staaten durch die Aufgabe der Einstimmigkeit bei Ratsbeschlüssen, den Aufbau einer europäischen Armee, TTIP – und schließt mit einem herzlichen »Liebe Bundeskanzlerin Merkel, lieber Präsident Hollands*, schaffen Sie mehr Europa, schaffen Sie mehr Union!« Dann kommen, nach Bedeutung und Größe gestaffelt, die Vorsitzenden der übrigen Fraktionen mit zehn, fünf, drei Minuten Redezeit. Und ganz, ganz zum Schluss kommt noch ein wenig erheiternder Einminutenbeitrag Bruno Gollnischs: kein einziges Wort über Holocaust oder scharfe Bräute!

---

\* Seine Fremdsprachenkenntnisse sind limitiert, er sagt tatsächlich »Lieber Präsident Hollands«. Das aber ist Mark Rutte.

## BRÜSSEL, CAFÉ KARSMAKERS

»TTIP?«, fährt mich meine Europapolitische Beraterin an, »Weber hat TTIP gesagt? Eine Unverschämtheit! Wusstest du, dass es eine Europäische Bürgerinitiative dagegen gibt? Die EBI ist ein im Vertrag von Lissabon beschlossenes Instrument politischer Teilhabe für die Bürger und als solches selbstverständlich komplett wirkungslos. Weil man, selbst wenn man das Quorum erfüllt – immerhin eine Million Unterschriften innerhalb von zwölf Monaten in mindestens sieben EU-Staaten –, die Kommission lediglich zwingen kann, sich mit einem bestimmten Thema *zu befassen*.«

»Die EU ist nicht für Basisdemokratie oder Bürgerbeteiligung berühmt, also ...«

»Moment! Das Bündnis ›Stop TTIP‹ hat über 3,2 Millionen Unterschriften in 23 Mitgliedsstaaten gesammelt dafür, dass die TTIP-Verhandlungen mit den USA abgebrochen werden und dass CETA nicht ratifiziert wird. Und was ist dann passiert?«

»Die EU-Kommission hat sich mit dem Thema ... äh: beschäftigt?«

»Falsch! Juncker persönlich hat die Initiative einfach als ›formal nicht zulässig‹ vom Tisch gefegt. Die Verhandlungsmandate für die Freihandelsabkommen seien ›interne Verwaltungsakte zwischen EU-Organen‹ und als solche nicht anfechtbar. Die Initiative hat vor dem Europäischen Gerichtshof dagegen geklagt, jetzt zieht sich das Verfahren hin.«

»Wenn es nicht so viel Aufwand wäre«, überlege ich, »müsste man jetzt eine Europäische Bürgerinitiative starten mit dem Ziel, Europäische Bürgerinitiativen abzuschaffen. Offenbar sind sie ja überflüssig.«

Als ich mich meinem iPad zuwende, sehe ich, dass die *FAZ* ein Interview, das wir gestern geführt haben, mit einem Zitat bei Blendle bewirbt: »Hier in Europa entscheiden zum Glück immer noch die Deutschen, was gemacht wird.« Um die Aussage ein wenig zu relativieren, steht hinter meinem Namen nicht EU-Abgeordneter, sondern: »Satiriker«.

In meinen Mails findet sich eine aus Leipzig. Elmar Brocken nimmt offenbar am Gründungskongress des »Europäischen Zentrums für Presse- und Medienfreiheit« teil: »Pressefreiheit ist für die EU-Beitrittskandidaten ein heikles Thema. In der Türkei sind Dutzende Journalisten inhaftiert, der mazedonische Geheimdienst bespitzelt Medienschaffende, und in Serbien werden kritische Journalisten zusammengeschlagen. Journalisten aus EU-Anwärterstaaten und hochrangige EU-Repräsentanten wie Elmar Brok und Andris Kesteris diskutieren über europäische Pressefreiheitsstandards.«

## BRÜSSEL, BÜRO

Vom Portal Abgeordnetenwatch kommt eine Anfrage, ob ich nicht in einer ihrer Umfragen Stellung beziehen wolle zur Netzneutralität, über die in der nächsten Straßburgwoche im Plenum abgestimmt werden soll. Große Provider und Anbieter wie Netflix oder Youtube haben naturgemäß ein Interesse, gegen höhere Gebühren schnelleren Datenverkehr zu ermöglichen, da stört ein Gebot der Netzneutralität nur.

Lustigerweise schreiben sämtliche deutschen Abgeordneten, sowohl die konservativen Befürworter des Gesetzes als auch seine progressiveren Gegner, dass sie natürlich für ein freies Internet seien und deshalb für beziehungsweise gegen das Gesetz stimmen werden, welches die Freiheiten im Netz in Frage stellt. Zudem haben fast alle beteiligten SPDler auch noch voneinander abgeschrieben und stehen mit wortgleichen Erklärungen im Netz. Soll denn niemand die Gegenposition besetzen? Dochdoch, schon aus Prinzip!

**Sachdienlicher Hinweis von Abgeordnetenwatch**
Position von Martin Sonneborn: DAGEGEN GESTIMMT Ich bin Spotify-Kunde. Und außerdem der Überzeugung, dass sich Besserverdienende einige Privilegien bewahren können soll-

ten. Darüber habe ich vollstes Vertrauen in den zuständigen EU-Kommissar Günther Oettinger (162). Smiley!

Position von Albert Deß (CSU): DAFÜR GESTIMMT Ich bin für ein offenes und faires Internet und denke, dass wir mit der aktuellen Position einen vernünftigen Kompromiss haben ... Blablabla ... für unsere CSU... Blabla (Anm. des Autors: Pardon, beim Abtippen eingeschlafen.)

### Sachdienliche Hinweise aus dem Netz

Johannes Hülsemann: Das sind alles so Ja-sager, Glutbürger und originale Nichtskönner. Sehr geehrter Herr Martin Sonneborn, danke dass Sie für Ihre Wählerschaft da sind. Stärker als 1 Wolf.

Albert Hermes: Man könnte Martin Sonneborn als ersten Quantenpolitiker weltweit betrachten. Seine Abstimmungen unterliegen immer einer bestimmten Verschränkung. Nie vorhersehbar und doch steht im Prinzip die Antwort schon fest, bevor die Frage gestellt wurde.

Tim Tassonis: Ich als Taylor-Swift-Fan bin voll für Netzneutralität, weil diese Spotify Arschlöcher keine Musik dieser wunderbaren Künstlerin im Angebot haben. Nicht mal »I knew you were trouble«, das geht ja gar nicht!

### Sachdienlicher von Netzpolitik.org

Gestern wiesen auch die EU-Abgeordneten in zweiter Lesung alle Änderungsanträge zurück. Unklare Regeln im Bereich der Netzneutralität werden damit europäisches Recht. Der Kampf für ein offenes Netz und klare Regeln zur Netzneutralität ist nicht vorbei – er wird nur schwieriger.

# NOVEMBER 2015

## BRÜSSEL, EIN FLUR IM PARLAMENT

Strahlend grüßt mich ein sorgsam frisierter älterer Herr in feinem Tuch. Ich frage mich, wer das sein könnte, gebe ihm die Hand, da stellt er sich vor: »Ich bin Jo Leinen.« *Das* ist Jo Leinen? Der A**** aus GZSZ, der mich einen Bettvorleger genannt hatte? Aber der ist ja ganz zutraulich! Jetzt eröffnet er mir äußerst freundlich, dass seine Freundin eine Buchhandlung in Freiburg betreibe, nichts Altmodisches, etwas ganz Modernes – ob ich dort nicht mal eine Lesung veranstalten könnte? Leicht irritiert gebe ich ihm meine Mailadresse.

Nachmittags berichtet mir der Assistent eines Abgeordneten der Linkspartei, Leinen habe morgens im »Ausschuss für konstitutionelle Fragen« verbissen für die Wahlrechtsänderung gekämpft, in der es unter anderem um die Einführung einer Drei- bis Fünfprozenthürde bei EU-Wahlen gehe.

Die Neuregelung, die praktisch nur in Deutschland und Spanien Auswirkungen hätte, würde von CDU und SPD gemeinsam vorangetrieben. Bei einem Erfolg ihres Unterfangens würden bei einem ähnlichen Wahlergebnis wie 2014 sämtliche sieben Kleinparteien ihre Mandate abgeben: je zwei an SPD und CDU und wohl auch zwei an die AfD, wie es aussieht. »Lustig«, entgegne ich, »wenn die Wähler die ehemaligen Volksparteien nicht mehr wählen, lassen die ehemaligen Volksparteien einfach die Wahlgesetze ändern.«

**Sachdienlicher Hinweis der FAZ**
Nur noch 54 Prozent Mehrheit für die beiden großen Parteien im EU-Parlament.

**Sachdienlicher Hinweis des Tagesspiegels**
»Eine Zersplitterung ist nicht gut für die Funktionsfähigkeit des Parlaments«, sagt Jo Leinen (SPD). Ihn stört nicht nur, dass Politiker wie Sonneborn das Parlament missbrauchen. Es gebe auch zunehmend knappe Abstimmungen, weil einzelne Abgeordnete ohne feste Fraktionszugehörigkeit laufend ihre Meinung wechselten. Außerdem ließen sich ungebundene Abgeordnete auch leichter »kaufen«.

Zersplitterung des Parlaments? Wovon spricht der Mann? Von den sieben Abgeordneten der Kleinstparteien sind fünf einer Fraktion beigetreten und machen ordentliche politische Arbeit, nur Udo Voigt und ich sind Totalausfälle. Nieten, was die Sacharbeit anbetrifft, da kann man jeden fragen. Aber Professor Buchner (ÖDP) verantwortet als Berichterstatter wichtige Gesetzesvorhaben zum Export von Dual-Use-Gütern in Krisengebiete und legt sich dabei mit dem BDI an, Julia Reda (Piratenpartei) macht sich auf dem Gebiet Digitalisierung und Urheberrecht gerade einen Namen, selbst der Tierschützer Stefan Eck (Tierschutzpartei) kämpft unverdrossen und furchtlos im Umgang mit Kommissaren für kleine Erleichterungen für Kaninchen in der Käfighaltung. Und auch die Vertreter der Familienpartei und der Freien Wähler leisten in ihren Fraktionen ganz normale parlamentarische Arbeit.

Was also meint Leinen mit Zersplitterung? Und was mit »kaufen«? Korruption und Lobbyismus sind Begriffe, die für gewöhnlich eher im Zusammenhang mit den großen Parteien genannt werden.

Normalerweise werde das Wahlrecht von den 28 Regierungschefs im Rat – der jede Änderung einstimmig bestätigen muss – niemals angerührt, erklärt mir der Assistent: »Viel zu komplex, viel zu viele widersprüchliche Interessen!« Aber aus irgendeinem Grund, den er nicht verstehe, habe Merkel wohl gerade signalisiert, dass sie ihren ganzen Einfluss im Rat geltend machen werde. Sie würde es schätzen, wenn ihr in Europa demnächst keine Vertreter von Kleinstparteien mehr über den Weg laufen.

Schade für Piraten, Nazis, Tierschützer! Und eigentlich auch für die Vierprozentpartei FDP natürlich. Aber die »Liberalen«, nicht dumm, versuchen mit einem unauffälligen kleinen Änderungsantrag die Tür ins EU-Parlament einen Spalt weit geöffnet zu lassen: »Für Parteien, die zum Zeitpunkt der Wahl zum Europäischen Parlament in einem regionalen Parlament mit Gesetzgebungsbefugnissen vertreten sind, beträgt die Sperrhürde 50 Prozent des Wertes der nach Absatz 3 festgelegten allgemeinen Sperrhürde.« Wenn es auf eine Zwei- oder Dreiprozenthürde hinauslaufen sollte, würden für die FDP lediglich die Hälfte gelten. Ein bzw. anderthalb Prozent trauen sich die Mannen um Christian Lindner offenbar locker zu!

Tatsächlich können CDU und SPD für ihre Wahlrechtsänderung im Parlament keine Mehrheiten organisieren. Die meisten Staaten können mit der Änderung nichts anfangen oder stehen ihr kritisch gegenüber. Zu durchsichtig ist offenbar auch das deutsche Interesse an der Sperrklausel. Da Jo Leinen in informellen Gesprächen auf den Fluren keine Mehrheit für seinen Bericht zusammenbekommt, lässt er die Abstimmung kurzerhand verschieben. Dann bearbeiten die Deutschen den Belgier Guy Verhofstadt, den Vorsitzenden der ALDE, der Liberalen, die die viertgrößte Fraktion im Parlament stellen. Die CDU verspricht Verhofstadt, einem überzeugten Europäer, für seine Unterstützung, die von ihm favorisierten länderübergreifenden »transnationalen Listen« ins Wahlrecht mit aufzunehmen. Aus sehr, sehr vertraulichen Unterlagen des Auswärtigen Amtes, die wir aber erst wesentlich später zu Gesicht bekommen werden, geht hervor, dass die Bundesregierung im Hintergrund bereits enormen Druck ausübt.

Zwei Wochen später geht dann die Wahlrechtsänderung mit einer Mehrheit durchs Parlament. Leinen und Hübner haben ihre Abstimmung gezielt auf eine sogenannte »Miniplenarsitzung« verlegen lassen, bei der für gewöhnlich weniger MEPs anwesend sind. An diesem Tag fehlen 147 Abgeordnete, viele von ihnen wären Gegner einer europäischen Wahlrechtsänderung gewesen. Lustigerweise stimmen auch vier spanische Abgeordnete für die

Änderung. Nach Aussage ihrer Assistenten war es ihnen nicht bewusst, dass sie in der nächsten Wahl selbst von der Regelung betroffen sein könnten. Der Halbierungsantrag der FDP findet allerdings keine Mehrheit.

Nach der Abstimmung bezieht Sven Giegold von den Grünen Stellung:

**Sachdienlicher Hinweis auf der Homepage von Sven Giegold**
Die Große Koalition will über das europäische Wahlrecht das Grundgesetz aushebeln. Obwohl Karlsruhe zweimal ein klares Urteil getroffen hat, sollen kleine Parteien nun über das europäische Wahlrecht wieder chancenlos gemacht werden.
Durch die Abschaffung der Prozenthürde kamen viele Parteien erstmals ins Europaparlament: Die beiden Abgeordneten der ÖDP und der Piraten schlossen sich der Grünen-Fraktion an, ein Abgeordneter der Tierschutzpartei ging zur Linken, eine Freie Wählerin zu den Liberalen, ein Abgeordneter der Familienpartei ging mit der AfD zusammen zu den Rechtskonservativen. Nur der Abgeordnete der NPD und Martin Sonneborn von »Die Partei« blieben allein.
Die Praxis zeigt, dass das EU-Parlament auch mit Kleinparteien arbeitsfähig ist. Ein Neonazi und ein Komiker aus Deutschland können die Arbeit des Parlaments nicht derart erschweren, dass es den Verfall von Millionen Wählerstimmen rechtfertigt. Die meisten Abgeordneten von Kleinparteien wurden Mitglied größerer Fraktionen und arbeiten konstruktiv im Parlamentsalltag mit. Die Europäische Demokratie funktioniert bestens, ohne das Grundgesetz über das Europarecht zu verbiegen. Wer die Rechtslage in Deutschland ändern will, muss das Grundgesetz ändern statt maßgeschneiderte Änderungen am europäischen Wahlrecht voranzubringen.
Bei den Änderungen bleibt die große Reform aus: Europaweite Wahllisten, die wichtigste Maßnahme für eine wirklich europäische Wahl, wird nur als ferne Zukunftsoption genannt. Immerhin finden sich auch wenige gute Vorschläge an den Rat. Sie könnten die europäischen Wahlen ein Stück europäischer und

demokratischer machen: Die Logos der europäischen Parteien auf dem Wahlzettel und im Wahlkampf können klarmachen, welche Parteien in Europa zusammenhängen. Die Wähler sollten beispielsweise wissen, dass Orbán, Berlusconi und Merkel allesamt zur Europäischen Volkspartei gehören. Neue, längere europäische Fristen zur Einreichung von Wahllisten und Mindestanforderungen an die Basisdemokratie bei der Listenaufstellung können verhindern, dass selbstherrliche Parteichefs eigenhändig kurz vor der Wahl entscheiden, wer die Kandidatinnen und Kandidaten sind. Eine verbindliche Quotierung von abwechselnd Männern und Frauen scheiterte knapp an Christdemokraten und Europaskeptikern. Das ist peinlich für ein Parlament, in dem Frauen stark unterrepräsentiert sind.

Es geht letztlich um kaum etwas anderes, als die Umgehung des deutschen Bundesverfassungsgerichts.

Das Ergebnis wird im Parlament, auch weil die Liberalen erst in letzter Minute als Unterstützer dazugeholt wurden, sodass von den anderen Mehrheitsbeschaffern niemand mehr ihretwegen abspringen konnte, als »ausgefuchstes machtpolitisches Spiel« von Hübner und Leinen bewundert.

Das Spiel wird noch ausgefuchster, als Daniel Caspary (CDU) direkt nach den Abstimungen in einer schriftlichen Stimmerklärung für die CDU angibt, man habe zwar für transnationale Listen gestimmt, sei aber dagegen. Der Standpunkt ist durchaus verständlich, denn die Deutschen würden damit im Parlament Einfluss verlieren.

Ob das Verhofstadt und seiner Fraktion eine Lehre sein wird?

Um die Wahlrechtsreform gültig werden zu lassen, muss sie jetzt noch – einstimmig – im Rat beschlossen werden.

### Sachdienlicher Hinweis von Daniel Caspary
Ich spreche für die deutschen CDU/CSU-Abgeordneten: Für uns ist die Verabschiedung dieses Berichts ein wichtiger Schritt voran, denn er beinhaltet viele Änderungen am Wahlakt, die wir

ausdrücklich begrüßen. Darunter sind insbesondere Vorschriften, die die Wahrnehmung dieser Wahl erhöhen, die Teilnahme daran erleichtern und das Parlament arbeitsfähig halten.

Ziel war es auch, diesen Schritt mit einer möglichst breiten Mehrheit zu gehen. Das ist gelungen. Zur Demokratie gehört es dabei auch, zu erkennen und anzuerkennen, dass es Akteure im Hause gibt, die mit dem Wahlrecht Ziele verbinden, die nicht die unseren sind oder die wir derzeit als nicht realistisch betrachten. Insbesondere gilt unsere Skepsis den transeuropäischen Wahlkreisen für die Spitzenkandidaten, denen wir nur im Interesse einer breiten Mehrheit für den Hübner/Leinen-Bericht insgesamt zugestimmt haben.

Als ich das Plenum verlasse, treffe ich Henkel und Bernd Lucke. Ich frage die beiden, was sie von der Wiedereinführung der Dreiprozenthürde halten. Lucke schaut mich streng an: »Die interessiert mich nicht.«

»Sie sehen Ihre politische Karriere nicht gefährdet?«

»Eine politische Karriere, die sich im Dreiprozentbereich bewegt, ist für mich keine politische Karriere ...«

Dann dreht sich der kleine Professor weg.

### Sachdienliche Hinweise von Vice ...

Frank-Walter Steinmeier freut sich.

### ...und vom Auswärtigen Amt

Zur Annahme des Berichts zur Europäischen Wahlrechtsreform durch das Plenum des Europaparlaments sagte Außenminister Steinmeier heute:

»Ich freue mich, dass das Europäische Parlament gestern eine Reform des Europawahlrechts auf den Weg gebracht hat. Das ist ein wichtiger Schritt auf dem Weg zu einer stärkeren Sichtbarkeit der Europawahlen und zur Modernisierung des Wahlrechts. Besonders bedeutsam ist die Empfehlung der Europaabgeordneten zur Schaffung verbindlicher europaweiter Mindesthürden zum Einzug in das EU-Parlament.

Bei den letzten Wahlen zogen – wegen des Fehlens von Mindest-

hürden – auch aus Deutschland zahlreiche einzelne Populisten und Extremisten in das Parlament ein.
Die EU ist in ihrer sprachlichen, kulturellen und sozialen Vielfalt auf konstruktive Abgeordnete angewiesen, die nicht ausschließlich extremistische und destruktive Einzelagenden verfolgen. Ich werde mich im Rat dafür stark machen, dass die europäische Mindesthürde geltendes Recht wird.«

## BRÜSSEL, PARLAMENT

Neben »Trinker fragen – EU-Politiker antworten«-Veranstaltungen (mit aus Brüssel subventioniertem Bier) in den Bundesländern sind Pressekonferenzen in Brüssel eine gute Möglichkeit, zweckgebundene Gelder zweckgebunden auszugeben. Also veranstalte ich eine Pressekonferenz, um über ein für Europa eminent wichtiges neues Buch zu sprechen, zusammen mit meinen Ghostwritern Thomas Gsella & Oliver Maria Schmitt: »Sonneborn, Gsella, Schmitt – 20 Jahre Krawall für Europa«. Eine Einladung an die Praktikanten der deutschsprachigen MEPs ergeht per Mail, drei Tage darauf bin ich spätnachmittags auf dem Weg zur Veranstaltung. Elmar Brocken kommt mir entgegen.

»Falsche Richtung, Herr Brocken, wenn Sie meiner Einladung folgen wollen ...«

»Von wegen!«, schnaubt der Ostwestfale. »Ich gehe arbeiten!! Aaaar-beiiiii-ten!!! Im Gegensatz zu Ihnen, Sie sind faul, faul, faul, frech – und faul!«

Wir arbeiten natürlich auch: Minuten später führen Gsella, Schmitt und ich den Vorsitz im vollbesetzten Saal ASP 3E2, eröffnen die Sitzung und lesen eine Stunde aus dem Buch vor, dem eine europäische Vision wohl abgeht wie keinem zweiten.

Auch wenn manchen Praktikanten der konservativen MEPs von der Teilnahme an der Veranstaltung abgeraten wurde – wir hatten sie explizit eingeladen, weil sie im Gegensatz zu Praktikanten anderer Fraktionen zumeist kein oder kaum Geld für ihre Tätigkeit erhalten –, verfolgen doch über hundert Hörer die

Lesung interessiert, schon weil ein abschließender Champagnerempfang annonciert wurde.

**Sachdienliche Hinweise unseres Praktikanten, der sich mal umgehört hat, was seine Kollegen so verdienen**
**Praktikantengehälter in Brüssel**
Praktikanten bei der Konrad-Adenauer-Stiftung: 0 Euro
Praktikanten im Büro von Bernd Lucke: 750 Euro
Praktikanten in der ECR-Fraktion: 1000 Euro
Praktikanten beim Thinktank CEPS: 0 Euro
Praktikanten in der Landesvertretung Brandenburg: 0 Euro
Praktikanten bei EnBW: Mindestlohn
Praktikanten der Bertelsmann-Stiftung: 1100 Euro
Praktikanten bei Daimler: 1000 Euro
Praktikanten bei Terry Reintke: 1300 Euro
Praktikanten in unserem Büro: 1000 / 1500 Euro (je nach Aufgabenbereich)
Praktikanten bei Elmar Brocken: 400 Euro
Anmerkung: Die Praktikanten bei der CDU bekommen oft keinen Cent. Eine Praktikantin von MEP Markus Ferber (CSU) wohnt in einem Wohnwagen. In der Nähe von Brüssel. Sie fährt morgens 15 Kilometer mit dem Fahrrad. Ob Elmar Brocken für Prof. Dr. Dr. h. c. Andreas Voßkuhle, Präsident des Bundesverfassungsgerichts, und seine Kollegen vom Zweiten Senat 50 Euro drauflegen würde?

Die Diskussion am Schluss der Veranstaltung wird abgerundet durch die Wortmeldung einer Japanerin, die fragt, was in den vergangenen 75 Minuten gesprochen worden sei, sie habe eine Übersetzung vermisst. Schmitt fasst zusammen – »We just were talkin' Bullshit!« –, dann begeben wir uns nach unten, in die Feierräume des Parlaments. Heute lässt sich die EU nicht lumpen, livrierte Kellner haben Champagner und diese kleinen leckeren aufgespießten Dinger aufgefahren.

Die Stimmung ist bestens, großer Durst kommt auf, und nach einer guten Stunde ist Champagner für 3000 Euro weggetrunken.

Zum Glück haben wir unseren Empfang genau so platziert, dass in diesem Moment einen Raum weiter ein Empfang von Jo Leinen und Hanuta Hübner folgen soll, bei dem der AFCO-Ausschuss nach seiner Sitzung feiern und über das neue Wahlrecht plaudern will. Wer plauderte da mit mehr Recht als wir? Und da sich der Beginn etwas verzögert, weil Leinen bei seiner Veranstaltung die juristischen Fragen meines Büroleiters Dustin Hoffmann zur Wahlrechtsänderung nicht zu dessen Zufriedenheit beantworten kann, beschließen wir, nicht länger auf politische Randfiguren zu warten.

Ein paar Dutzend junge durstige Europäer entern den hässlichen Raum, der mir von den Huawei-Feierlichkeiten noch in bester Erinnerung ist. Auf die verwirrte Frage eines Kellners, ob wir der AFCO-Ausschuss seien, frage ich zurück, ob wir etwa nicht so aussähen, und zeige sehr, sehr kurz mein Abgeordneten-Badge. Dann lassen die Kellner die Korken knallen.

Viel zu schnell ist auch Jo Leinens Empfang leer getrunken; obwohl es hier nur den billigeren belgischen Schaumwein, Chips und Erdnüsse gibt. Das wird auch der Grund sein, warum Hanuta Hübner nur sehr kurz im Raum erscheint und dann kochend vor Wut abzieht. Sie ist immerhin Ex-EU-Kommissarin und somit vermutlich bessere Getränke gewöhnt. Mühsam beherrscht zischt mir ihre fast zwei Meter große Assistentin zu: »Ich finde es sehr, sehr schade, dass der AFCO-Ausschuss diesen Empfang bezahlt – und niemand vom AFCO-Ausschuss hier ist!« Ich stimmte ihr zu: »Ja, das ist wirklich sehr schade, noch einen billigen Sekt? Cheers!«

Trotz der angespannten Atmosphäre verlassen wir den Schuppen in bester Laune und ziehen in die Brüsseler Innenstadt, an den Bars südlich von Molenbeek mal kräftig unsere westliche Lebensart verteidigen.

Zu vorgerückter Stunde erklärt Büroleiter Hoffmann, dass er jetzt Verhandlungen mit dem einen oder anderen Staatspräsidenten aufnehmen will. Das Votum des Rates zur Wahlrechtsänderung muss einstimmig sein; und vielleicht wollen Ungarn, Briten oder Polen Merkel ein bisschen ärgern. Ich halte das für eine ausgezeichnete Idee und bitte ihn, gleichzeitig vom Wissenschaftlichen Dienst prüfen zu lassen, ob wir Viktor Orbán verklagen können, weil er den Bau seines Grenzzauns nicht europaweit hat ausschreiben lassen. Möglicherweise können wir den doofen Ungarn ein wenig unter Druck setzen.

## BRÜSSEL, PARLAMENT

Nach einem Interview mit »treffpunkteuropa«, einer Internetzeitschrift, die von den Jungen Europäischen Föderalisten (JFE) finanziert und parallel in sieben Ländern publiziert wird, treffe ich abends Jo Leinen. Er geht sich gerade im Zentralregister eintragen; wieder in feinem Tuch, zwei teure Rollkoffer neben sich, ein Mann von Welt. Mein (depressiver) Redenschreiber rät mir, bei der nächsten Begegnung den langen Mantel anzufassen und zu fragen »Oh, feines Tuch, von Ebay?«.

Leinen lächelt und sagt, es tue ihm leid, dass er neulich nicht zum Empfang gekommen sei. Ich sage, es sei nicht so schlimm gewesen, wir hätten uns auch so hervorragend amüsiert. Nachdenklich schaut mich der Saarländer an: »Wir werden noch viel Spaß miteinander haben.«

### Sachdienlicher Hinweis von treffpunkteuropa.de

**Treffpunkt Europa:** Herr Sonneborn. Seit gut einem Jahr sitzen Sie als Abgeordneter im EU-Parlament. Was nervt Sie an der Europäischen Union?

**Martin Sonneborn:** Dass die eigentlich gute Idee, die Europa einmal bedeutet hat, durch das Primat der ökonomischen Effizienz, dem die große Koalition im EU-Parlament fast jede Entscheidung unterordnet, zerstört wird. Und dass das Parlament nicht über ein Initiativrecht verfügt. Mein Chef, Präsident Chulz, hat zu Recht einmal gesagt, dass die EU als Beitrittskandidat zur EU keine Chance hätte, weil sie zu undemokratisch strukturiert ist.

**Treffpunkt Europa:** Kommen wir zu Ihrer Partei. Wie hat sie sich durch den Einzug ins EU-Parlament verändert?

Martin Sonneborn: Sie ist selbstbewusster geworden und steht jetzt bereit zur Übernahme nationaler Regierungsverantwortung. Und sie freut sich über diverse »Trinker fragen – EU-Politiker antworten«-Veranstaltungen in den einzelnen Bundesländern, bei denen sämtliche Biergetränke aus Mitteln der Europäischen Union finanziert werden.

Treffpunkt Europa: Ein Blick zurück: Was haben Sie persönlich in Europa verändert? Was haben Sie erreicht?

Martin Sonneborn: Genau das, was ich mir vorgenommen habe: absolut nichts. Als einzelner Abgeordneter können Sie in diesem Parlament mit einer Mehrheit aus Konservativen und Nochkonservativeren wenig ausrichten.

Treffpunkt Europa: Jean-Claude Juncker ist ...

Martin Sonneborn: ... ein zu sympathisch wirkender Borderliner, eine beeindruckende multiple Persönlichkeit. Er hat als Regierungschef in Luxemburg überzeugt das Gegenteil von dem vertreten, was er heute darstellt.

Treffpunkt Europa: Herr Sonneborn, was ist ihre Vision von Europa?

Martin Sonneborn: Ein Kerneuropa mit 27 Satellitenstaaten und mir an der Spitze.

## BERLIN, PARTEI-ZENTRALE

Komisch, will nicht eigentlich mal irgendjemand die Parteienfinanzierungsgesetze ändern? Nein? Gut, dann machen wir da weiter, wo wir im letzten Vorweihnachtsgeschäft aufgehört haben: beim Geldverkauf. Aber diesmal setzen wir weitere Reizpunkte, Smiley!

### Sachdienlicher Hinweis des Bayerischen Rundfunks

»100 Euro zum Preis von 80 Euro!« – ja, wirklich: Die PARTEI verkauft diese Woche Geld für weniger Geld. Was absurd klingt, ist ein guter Deal für beide Seiten – und das ganz legal. »Sie mögen GELD und wollen einen preisreduzierten 100-Euro-

Schein kaufen?« Mit diesem durchaus attraktiven Deal hat es die Satirepartei »Die PARTEI« diese Woche bis auf die Schnäppchenjäger-Seite mydealz.de geschafft. Zu Recht: Im parteieigenen Geld-Shop können 100-Euro-Scheine für je 80 Euro erstanden werden. Fast 30 000 Bestellungen sind schon eingegangen. Das klingt erst mal unlogisch. Aber das Tauschgeschäft ist tatsächlich ernst gemeint – und sogar gut für beide Seiten: Denn die deutsche Parteienfinanzierung ist so kompliziert, dass die PARTEI bei dem Geschäft am Ende mit Gewinn aus der Sache rausgeht.

BR: Herr Sonneborn, 100-Euro-Scheine für 80 Euro – wie sind Sie denn auf diese Idee gekommen?

Martin Sonneborn: Ganz einfach – durch die AfD. Als wir gesehen haben, dass die Kollegen Gold verkaufen, dachten wir: Wir nehmen etwas, das die Leute noch mehr reizt als Gold. Wir verkaufen einfach Hunderteuroscheine. Im letzten Jahr noch für 105 Euro – und in diesem Jahr wollten wir ein sehr gutes Angebot machen und verkaufen das Geld jetzt für 80 Euro.

BR: Ein Herbstschlussverkauf sozusagen.

Martin Sonneborn: Ja, im Prinzip schon. Wir müssen bei diesem Verkauf eine Gewinnerzielungsabsicht nachweisen. Die Gewinnerzielungsabsicht steckt darin, dass wir aus der Parteienfinanzierung hinterher das Geld, das wir einnehmen, verdoppelt bekommen. Das bedeutet: Der Käufer kann auf unserer Homepage einen Hunderteuroschein für 80 Euro kaufen, und wir bekommen hinterher noch mal 80 Euro aus der Parteienfinanzierung dazu. Also kriegen wir für 80 Euro insgesamt 160 Euro und haben Ausgaben von 100 Euro.

BR: Das ist doch ein wunderbarer Deal! Jeden Tag wird ein bestimmter Betrag verlost. Wie läuft's bisher, sind Sie alles Geld losgeworden?

Martin Sonneborn: Ja, gestern schon. Wir deckeln das auf 100 000 Euro in fünf Tagen. Das heißt: Von Montag bis Freitag werden jeden Tag 20 000 Euro verkauft.

BR: Sind das richtige Scheine? Werden die per Post verschickt, oder kann man das über PayPal oder Paydirekt machen?

Martin Sonneborn: Das wäre unseriös. Wir tauschen nicht einfach Geld, sondern wir verkaufen es: Sie überweisen uns Buchgeld und bekommen Bargeld. Bei Bargeld ist der Vorteil, dass Sie es in den Kaugummiautomaten stecken können, und der Staat kann Ihnen darauf keine negativen Zinsen aufbrummen. Dieses Geschäft hat seine politischen Hintergründe.
BR: Das ist durchdacht. Die Aktion ist ja am 9. November gestartet, also am Tag des Mauerfalls vor 26 Jahren. Ist das auch ein Kommentar zur Wiedervereinigung?
Martin Sonneborn: Nein, das war zufällig die Woche, in der wir Zeit hatten, uns mit diesen Dingen zu beschäftigen. Aber es ist natürlich auch das 9/11 der deutschen Parteienfinanzierung.

Der vorweihnachtliche Preisnachlass wirkt sich nicht negativ auf unseren Verkaufserfolg aus. Ein großes Medienecho lässt die PARTEI-Server rauchen, extrem viele Menschen interessieren sich für die druckfrischen Hunderter direkt aus namhaften deutschen Großbanken. Kein Wunder, es handelt es sich ja auch um ein eingeführtes Markenprodukt!

Schade, dass wir nur 100 000 Euro verschleudern können, aber wir haben beschlossen, die möglichen Verluste bei rund 25 000 zu deckeln – unsere Juristen sind sich nicht sicher, ob die Absicht auf Gewinnerzielung durch die Gelder der Parteienfinanzierung im Streitfall wirklich hundertprozentig Bestand haben würde.

In Interviews kündige ich an, dass wir im kommenden Jahr, sofern der Bundestag die irren Gesetze zur Parteienfinanzierung immer noch nicht ändert, Zweihunderteuroscheine zum Kilopreis verkaufen werden. Ob der Bundestag jetzt reagiert?

### Sachdienlicher Hinweis der Zeit
Parteienfinanzierung: Schluss mit Goldesel
Neue Regeln für staatliche Zuschüsse an Parteien machen den AfD-Goldhandel unrentabel.
Die AfD schäumt. Dabei entspricht die Änderung ihren eigenen Prinzipien.

Es ist ein Scherz und es ist doch keiner: Die Partei »Die Partei« verkauft gerade 100-Euro-Scheine für 80 Euro das Stück. Warum? Weil sie es kann. Sie selbst kostet das keinen Cent, der Staat zahlt. Möglich machen es die absurden Regeln der deutschen Parteienfinanzierung.

Dieses Beispiel allein beweist, wie richtig die Gesetzesänderung ist, mit der die Abgeordneten von Union und SPD heute im Bundestag die Parteienfinanzierung neu regeln und so derartige Absurditäten stoppen wollen. Die Neuregelung dürfte nicht nur den Geldverkauf der Partei beenden, sondern auch den gar nicht satirisch gemeinten, aber nicht weniger absurden Goldverkauf der Alternative für Deutschland.

### Sachdienlicher Hinweis des Stenografischen Berichts des Bundestags

Helmut Brandt: Allerdings haben wir in den letzten Jahren feststellen müssen, dass mit den gesetzlichen Regelungen betreffend die Parteienfinanzierung Missbrauch betrieben wird. Ich erinnere an die Aktion der AfD, Goldankäufe zu tätigen, oder an die Aktion von Herrn Sonneborn von der Partei »Die Partei«, hundert Euro für achtzig Euro zu verkaufen.
(Halina Wawzyniak, Die LINKE: Der Sonneborn ist gut!)
– Ich nehme an, dass Sie davon mehrfach Gebrauch gemacht haben, wenn Sie das gut finden.
(Heiterkeit und Beifall bei der CDU/CSU – Halina Wawzyniak, Die LINKE: Ja!)

### Sachdienlicher Hinweis der Welt

Gesetzesänderung könnte AfD in Finanznöte bringen
Der Bundestag hat eine Gesetzesänderung beschlossen, die die rechtspopulistische AfD in Finanznöte bringen könnte. Mit den Stimmen von Union und SPD legte das Parlament am Donnerstag fest, dass bei der staatlichen Teilfinanzierung von Parteien deren Einnahmen aus Unternehmertätigkeit nur noch in Höhe des positiven Saldos – also Überschusses – berück-

sichtigt werden. Das zielt auf den Handel der AfD mit Goldmünzen.
AfD-Vizevorsitzende Beatrix von Storch hatte dem *Handelsblatt* gesagt, ihre Partei müsse wohl 1,7 Millionen Euro an den Staat zurückzahlen, wenn sie bis Jahresende nicht zwei Millionen Euro an Spenden mobilisiere. Im Wahljahr 2017 würden ihr weitere 1,7 Millionen Euro fehlen.

Arme AfD! Müsste man den Kollegen nicht helfen in ihrer Notsituation? Dochdoch! Ich gehe mal schnell ins Netz, der AfD etwas Geld spenden.

**Sachdienlicher Hinweis der Welt**
Linke Aktivisten rufen dazu auf, der AfD Beträge zwischen einem und zehn Cent zu spenden. Damit wollen sie der Partei nicht nützen, sondern schaden
Die Alternative für Deutschland (AfD) droht Parteispendern von Kleinstbeträgen mit rechtlichen Schritten. Bei Facebook teilte die Partei anlässlich eines seit Mitte der Woche laufenden satirischen Spendenaufrufs mit, sie werde die Kontodaten und Adressen von Kleinstspendern den Ermittlungsbehörden zur Prüfung einer »möglichen strafrechtlichen Relevanz« weiterleiten. Martin Sonneborn, Chef der am Aufruf beteiligten Satirepartei »Die Partei«, sagte der Nachrichtenagentur AFP, er persönlich werde der AfD einen Cent überweisen.
Linke Aktivisten unter anderem aus den Reihen der »Partei« hatten vor einigen Tagen dazu aufgerufen, die AfD durch die Überweisung von Beträgen bis zu zehn Cent finanziell zu schädigen. Da bei Spenden beispielsweise bei PayPal Bearbeitungsgebühren von mehr als zehn Cent anfielen, erwachse der AfD bei den Kleinstbeträgen ein Minus, erläuterte »Die Partei« im Internet. Sie rief potenzielle Spender dazu auf, den Vorgang möglichst oft zu wiederholen und außerdem jeweils eine Spendenquittung anzufordern.
»Partei«-Parteichef Martin Sonneborn sagte, auch er selbst wolle seinen »Beitrag zur Rettung« der AfD leisten. Anlass

dafür sei nicht zuletzt seine Sitznachbarin im Europaparlament, die AfD-Abgeordnete Beatrix von Storch, der er sich »kollegial verbunden« fühle. Sollte die AfD ein Problem mit den Kleinstspenden haben, lasse er sich seinen Cent aber auch gern zurücküberweisen.

# »WIR FLIEGEN WEITER«
## DAS DRITTE JAHR

# FEBRUAR 2016

## BRÜSSEL, CAFÉ KARSMAKERS

Eine unangenehm nasse Februarkälte hängt in den Straßen von Brüssel. Zum Glück ist das Karsmakers gut geheizt. Ein grüner EU-Spitzenpolitiker sitzt mir gegenüber in den Ledersesseln. Meine Frage, was jetzt politisch als Nächstes anstehe, beantwortet er recht präzise: »Nichts.« Und weil er meinen fragenden Blick richtig interpretiert, klärt er mich lächelnd auf. »Bis zur Brexit-Abstimmung Ende Juni passiert gar nichts mehr, weil man den Briten vor ihrer Abstimmung keine Munition mehr liefern will. Danach ist Sommerpause. Und dann kommt schon bald Weihnachten. Das Jahr ist gelaufen.«

Ich trinke meinen Kaffee aus und mache mich auf den Weg, Weihnachtsgeschenke besorgen. Draußen bemerke ich einen »FCK AfD«-Aufkleber, den offenbar jemand aus einer unserer Besuchergruppen hier verklebt hat, und ich überlege, ob im bevorstehenden Weihnachtstrubel der Gebrauch von Schusswaffen als »Ultima Ratio« gerechtfertigt wäre.

### Sachdienlicher Hinweis der Zeit

Im Fall eines gewaltsamen Grenzübertritts von Flüchtlingen hält der nordrhein-westfälische AfD-Landesvorsitzende Marcus Pretzell den Gebrauch von Schusswaffen als »Ultima Ratio« für gerechtfertigt. »Die Verteidigung der deutschen Grenze mit Waffengewalt als Ultima Ratio ist eine Selbstverständlichkeit«, sagte der umstrittene Europaparlamentarier. »Wenn man den ersten Schuss in die Luft abgibt, wird deutlich, dass wir entschlossen sind.« Er glaube aber nicht, dass man anfangen müsse, auf die Flüchtlinge zu zielen – »die Menschen sind ja vernunftbegabt«.

## BRÜSSEL, PARLAMENT

Mit dem Mobiltelefon am Ohr laufe ich an der Cafeteria vorbei. Büroleiter Hoffmann ist bei einem Polizeikongress in Berlin und berichtet mir gerade, dass ein PR-Mann von Heckler & Koch ihm ein Sturmgewehr in die Hand gedrückt und dieses mehrfach als »Meinungsverstärker« beworben habe. Während ich noch lache, läuft Marcus Pretzell an mir vorbei. Grüßend hebe ich die linke Hand, ziele mit dem Zeigefinger in die Luft und drücke zweimal ab. Pretzell grinst, legt mit der rechten direkt auf mich an, ruft: »Piff, paff!« Hält er mich für noch weniger vernunftbegabt als ich ihn?

## BRÜSSEL, PLENUM

Auf dem Weg zu meinem Platz sehe ich nur ein paar Meter entfernt plötzlich einen Kommissionspräsidenten, den ich aus dem Fernsehen kenne. Dann kommt auch schon ein über das ganze Gesicht strahlender Juncker auf mich zu, streckt mir die Hände entgegen und begrüßt mich fast übertrieben herzlich. Einer Umarmung und dem im französischsprachigen Raum verbreiteten feuchten Wangenkuss kann ich mich gerade noch entziehen: »Mahlzeit, Herr Juncker!«

Dann geht der Luxemburger weiter, auf David McAllister zu, der etwas weniger Glück hat als ich, bevor er sich abwendet und auf die teuren Plätze ganz vorne lossteuert. Der Niedersachse schaut mich an, die Verblüffung steht ihm deutlich ins Gesicht geschrieben.

An meinem Platz grüble ich, worüber McAllister so erstaunt war; darüber, dass Juncker mich begrüßt hat? Oder ihn selbst? Noch bin ich zu keinem Schluss gekommen, da taumelt auch noch der alte Le Pen (87) ins Plenum, schaut sich leicht verwirrt um, weiß offenbar nicht genau, wo er sich befindet, steuert dann zielstrebig auf die Sitzplätze von Marines rechtsradikaler Fraktion zu.

Sofort stürzt von hinten ein Assistent herbei, redet beruhigend auf ihn ein, zieht ihn zurück zu den hinteren Plätzen der fraktionslosen Abgeordneten. Kaum hat es sich der Alte in unserer Reihe einigermaßen bequem gemacht, da beginnt in seiner rechten Jackettasche ein Smartphone loszuröhren: Klingelton »Alte Hupe«, volle Lautstärke. Wer je eine Kernschmelze in der Zentrale eines AKW verfolgt hat, kennt die Situation. Zudem beginnt das Gerät Lichtblitze auszusenden. Ich überlege, ob das ganz normale Rentner-Einstellungen sind oder ob Le Pen die Anrufe seiner Tochter damit markiert. Letzteres ist aber unwahrscheinlich, denn die Stimme, die anschließend bestens verständlich Französisches aus dem Gerät quäkt, ist noch rauer als die von Marine. Nach dem Telefonat kommen fünf oder sechs Parlamentarier und machen ihre Aufwartung: »Guten Tag, mein Präsident!«

## STRASSBURG, MEP-BAR

Mit einem Salatteller in der Hand steht ein älterer Herr an der Bar. Ich kenne ihn von einem PARTEI-Plakat, es ist Hans-Olaf Henkel (75). Weil alle anderen Plätze besetzt sind, bieten Hoffmann und ich ihm einen Stuhl an unserem Tisch an. »Wir wollten sowieso mit Ihnen sprechen. Sie haben einen Berliner PARTEI-Aktivisten wegen Beleidigung anzeigen lassen, nachdem er Sie bei einer AfD-Veranstaltung mit einem ›Heil Henkel!‹-Plakat mit AfD-Logo begrüßt hatte. Die Klage wurde in erster Instanz abgewiesen, jetzt geht die Staatsanwaltschaft in Berufung. Wollen Sie den Strafantrag nicht lieber zurückziehen?« – »Nein!«, schnaubt Henkel abweisend und berichtet verbittert, er sei vor der Europawahl in Berlin mit Eiern beworfen und niedergeschrien worden. Auf den Einwurf meines Büroleiters, das sei nach dem Rechtsruck der AfD nicht sonderlich überraschend, zischt Henkel empört: »Vor der Europawahl gab es in der AfD doch noch gar keinen Rechtsruck!« Offenbar läuft Henkels Wahrnehmung nicht mehr ganz rund. Ich bitte ihn abschließend, sich das noch einmal zu überlegen; wir würden das schöne Geld aus der Parteienfinanzierung lieber in Plakate investieren als in Gerichtskosten. Als ich ihm das von-Strolch-Plakat der PARTEI Bremerhaven in meinem Handy zeige, lacht Henkel auf:»Hahaha, das ist gut!« Dann tapert er seines Weges.*

Die Behauptung, es habe vor der EU-Wahl keinen Rechtsruck in der AfD gegeben, dürfte vor Gericht schwer zu belegen sein. Ich hatte aus hessischen PARTEI-Kreisen gehört, dass auch bei einer AfD-Kundgebung in Frankfurt gefakte Plakate mit dem AfD-Logo geschwenkt worden waren. Als Henkel von zwei Polizisten vor Gegendemonstranten in Sicherheit gebracht und zu einer schwarzen Limousine geleitet wurde, sah er plötzlich zwei PARTEIler mit einem»Heil Henkel!«-Plakat und einem mit dem Bild Luckes und der Aufschrift»Jawoll, mein Führer!« vor sich. Ein aufgebrachter Henkel habe die Polizisten angewiesen, die Personalien der Leute festzustellen und die Plakate sicherzustellen, berichteten die Hessen. Die Beamten aber hätten verwundert reagiert:»Wieso? Das sind doch Ihre eigenen Leute!«

### Höflicher Hinweis aus der Bevölkerung
Heute begegnet mir in Freiburg ein Plakat auf dem ich folgenden Text lese:»Der Storch bringt die Kinder. Die Storch tötet sie.« Bei allem Verständnis für kreative Werbung, aber diese Aussage ist in meinen Augen voll danebengegriffen. Eine unhaltbare Behauptung, die nur ein Ziel hat: Ihre Konkurrenz zu diffamieren und auszuschalten. Für wie dumm halten Sie die deutschen Wähler? Mit dieser Anzeige entlarvt auf jeden Fall»Die Partei« sich und ihre Geisteshaltung.
Besten Dank dafür. H. Heilmann

---

* Henkel hat seine Klage nicht zurückgezogen; eine Beleidigung konnte allerdings vom Richter auch in der zweiten Instanz nicht festgestellt werden. Ätsch!

Heil und Tod: PARTEI-Plakate mit großen Themen

## STRASSBURG, PLENUM

Eine stellvertretende Vorsitzende der AfD kreuzt meinen Weg. Gerade zitieren sämtliche Medien genüsslich ihre Entschuldigung, sie sei mit ihrer Maus abgerutscht, als sie sich auf ihrer Facebookseite für den Schusswaffengebrauch auch gegen Frauen und Kinder aussprach. »Das mit den Kindern geht zu weit, Frau von Strolch«, rufe ich ihr nach, »ich war selbst jahrelang Kind …« Beatrix Amelie Ehrengard Eilika von Strolch dreht sich um, ungewöhnlich blass, und entgegnet etwas kleinlaut: »Ja, ich weiß.«

## BRÜSSEL, WILLY-BRANDT-GEBÄUDE

Das polnische Magazin *WPROST* zeigt auf dem Titel ein Bild von Merkel, die in einer Hitler-Pose vor einer ausgebreiteten Europakarte steht. Darüber muss ich sofort mit meinem polnischen Sitznachbarn sprechen. Zusammen mit einem Team von *Spiegel TV* mache ich mich im Stechschritt auf den Weg zum Büro von Korwin-Mikke.

»Korwin-Mikke, was denken Sie über Europa?«, frage ich ihn diplomatisch zur der Begrüßung.

»Nun, Europa ist ein sehr alter Kontinent. Und vielleicht stirbt er gerade.«

Überrascht frage ich, wie viel Zeit meinem Lieblingskontinent denn noch verbleibe.

»Die Europäische Union, die Erziehung der Kinder ...«, beginnt der Kollege und nähert sich dann gestikulierend seiner Kernthese: »Die Jungs dürfen nicht aggressiv sein, so wird es in den Schulen gelehrt. Und jetzt haben in Köln und anderen deutschen Städten Migranten Frauen angegriffen.«

Korwin-Mikke verzieht das Gesicht: »In Polen, wenn da Marokkaner, Syrer und Neger und Araber oder auch Polen Frauen angreifen würden, dann würden auf der Stelle zehn junge Männer kommen und sie verprügeln.« Sein Ton wird aggressiver: »Ihr seid nicht aggressiv genug, ihr müsst aggressiv sein im Kampf gegen die Muslime! Wer nicht aggressiv ist, wird sterben.« Der Pole starrt mich mitleidig an.

»Könnten wir nicht mit den Moslems reden, wenn wir nicht aggressiv genug sind?«, schlage ich vor.

Korwin-Mikke geht fast in die Knie vor Lachen: »Typischer EU-Idiotismus! Was soll das Gequatsche?!«

»Aber dann ist die Demokratie vielleicht die falsche Staatsform.«

Der polnische Abgeordnete des Europäischen Parlaments zieht die buschigen Augenbrauen hoch: »Ich hasse Demokratie! Weil in der Demokratie die Mehrheit recht hat, und es gibt mehr Idioten als vernünftige Leute. Die Demokratie ist ein Idiotensystem!«

Überrascht frage ich: »Was kann ich tun, um aggressiver zu werden?«

Korwin-Mikke schlägt mit der geballten Rechten in seine Linke. »Die Aggressivität muss in den Schulen gelehrt werden! Vom ersten Schuljahr an sollten Jungs zum Kampf erzogen werden.« Ich war auf einer katholischen Schule und leite jetzt doch vorsorglich den Abschied ein. Vielleicht sind die 28 EU-Staaten doch unterschiedlicher, als man immer denkt.

Für ein paar Schnittbilder springe ich schnell noch in eine Wehrmachtsuniform mit passender Mütze und Schaftstiefeln und laufe im Stechschritt zurück zu meinem Büro. Zum Glück ist der Weg nicht weit, und wir begegnen lediglich zwei UKIP-Assistenten, die uns lachend zuwinken und salutieren. Was für ein Irrenhaus.

## MÄRZ 2016

### STRASSBURG, HOTEL

Entsetzen am Frühstücksbuffet. Gerade erreicht uns die Nachricht, dass es in der drittgrößten Fraktion im Parlament Streitigkeiten gibt. Die europakritische EKR, eine rechtspopulistische Gruppe, in der u. a. die »Wahren Finnen« und die polnische PISS-Partei (Spaß) vertreten sind, hat die zwei AfD-Mitglieder wegen der Schießbefehl-Diskussion aufgefordert, die Fraktion bis zum 31. März zu verlassen – andernfalls werde man Mitte April über einen Ausschluss abstimmen. Büroleiter Hoffmann grinst mich an. »Dir ist hoffentlich klar, wenn die da rausfliegen, kommen sie automatisch zu den fraktionslosen Abgeordneten …« Gute Güte, als ob unsere Gruppe nicht schon bizarr genug besetzt wäre! Schnell verfassen wir eine Presseerklärung, um der Sache einen Riegel

**Martin Sonneborn**
Mitglied des Europäischen Parlaments

**Pressemitteilung**  Straßburg, den 09.03.2016

*Für die Gruppe der Fraktionslosen Abgeordneten im EU-Parlament erklärt Martin Sonneborn (MdEP, Die PARTEI) heute:*

## Fraktionslose Abgeordnete im EU-Parlament verweigern <u>Beatrix von Strolch</u> und <u>Marcus Pretzell</u> (beide AfD) die Aufnahme

Mit Bestürzung haben wir vernommen, dass die beiden AfD-Abgeordneten im Europaparlament, Beatrix von Strolch und der unrasierte Immobilienmakler Marcus Pretzell, aus der europakritischen EKR-Fraktion ausgeschlossen werden sollen.

Ich möchte deshalb vorsorglich betonen, dass die Gruppe der Fraktionslosen Abgeordneten aus überzeugten Monarchisten, Antisemiten, Nationalisten, Kommunisten, Nazis, Spaßpolitikern und Jean Marie Le Pen besteht, die kein Interesse daran haben, dass ihr Ansehen durch zwei AfD-Politiker vom Schlage Strolch/Pretzell beschmutzt wird.

Eine Aufnahme dieser beiden Parlamentarier lehnen wir ab.

Martin Sonneborn, fraktionsloses Mitglied des Europaparlaments

---

B-1047 Brüssel - WIB 07M093 - Tel. +32 2 28-45756 - Fax +32 2 28-49756
F-67070 Straßburg - LOW T05032 - Tel. +33 3 881-75756 - Fax +33 3 881-79756
martin.sonneborn@ep.europa.eu - www.europarl.europa.eu

vorzuschieben. Da sie sich gegen die AfD richtet, wird sie in deutschen Medien flächendeckend zitiert.

**Sachdienliche Hinweise aus dem Netz**
Lena WiSt: Das »von Strolch« finde ich unnötig – »Beatrix von Storch« ist auch so schon ein besonders lächerlicher Name.
Rolf Eicken: Was für ein konservativer Laden! Noch nix von »Inklusion« gehört?!??
Clemens Torno: Könnt ihr auch irgendwas anderes außer immer nur so ein Blödsinn zu verzapfen?
Michael Henschke: »Unrasiert«? Ist das politisch korrekt und zeugt von Intelligenz? Wie geht ihr denn mit anderen Randgruppen um? Schwule, Lesben, Dicke, Dünne, Männer, Frauen, usw? Besser kann man Inkompetenz nicht ausdrücken! Dies gilt für Sonneborn und Hofmann – scheinbar habt ihr sonst nichts zu tun! Für mich seid ihr eine indiskutable Fehlbesetzung!?

## BRÜSSEL UND ZAVENTEM

Am Flughafen Brüssel in Zaventem sprengen sich gegen acht Uhr morgens zwei Attentäter in die Luft, um 9.11 Uhr explodiert eine weitere Bombe in der U-Bahn-Station Maalbeek. 35 Menschen kommen ums Leben, über 300 werden verletzt. Die U-Bahn-Station liegt auf Hoffmanns Arbeitsweg, in der Nähe von Kommission und Rat. Wenn der Attentäter die Bombe in der U-Bahn ein oder zwei Stunden früher gezündet hätte, hätte er die Institutionen empfindlich getroffen.

Das Leben in der Stadt ist wie gelähmt, die Straßen sind leer. Wer zu Hause bleiben kann, bleibt zu Hause, liest auf Twitter Kurzmeldungen und hört belgischen Rundfunk.

Am späten Nachmittag beschließe ich, zu Fuß ins Parlament zu gehen. Auf allen Plätzen patrouillieren schwerbewaffnete Soldaten, die ab sofort in Belgien zum Straßenbild gehören werden. Auf der Straße zum Place Luxemburg stehen Militärlaster und blockieren die Straßen. Der Eingang des Parlaments allerdings, vor dem sonst stets mehrere Sicherheitsleute stehen, ist komplett unbewacht. Im Radio höre ich ein Interview mit Elmar Brocken. Seine Hauptsorge gilt seiner Heimreise, er klagt darüber, dass alles geschlossen sei und er nicht wisse, wie er jetzt nach Ostwestfalen kommen soll. Aber er ist nicht der Einzige, der sich Gedanken macht.

**Sachdienlicher Hinweis von Herbert Reul**
#Brüssel: wieder ein Hinweis, dass die europ. Staaten mehr zusammenarbeiten müssen

## APRIL 2016

### BRÜSSEL, CAFÉ KARSMAKERS

»Weißt du, was das Problem der EU ist?«, will meine Europapolitische Beraterin von mir wissen.

»Dass wir nicht aggressiv genug sind? Zu viel EU-typisches Gequatsche?«, rate ich ins Blaue.

»Nein, ich sag es dir: dass Brüssel mit unterschiedlichem Maße misst. Die Kommission geriert sich gern als die Hüterin der EU-Verträge, aber sie hütet nicht sorgsam. Während anderen Ländern radikale Sanktionen drohen, dürfen die Franzosen seit Jahren ungestraft die sogenannten Stabilitätskriterien verletzen. Und jetzt hat Juncker bei einem Treffen französischer Bürgermeister in Paris auf die Frage nach dem Grund geantwortet: ›Weil es Frankreich ist.‹ Und dann hat er noch nachgeschoben, man dürfe ›den Stabilitätspakt nicht blind anwenden‹. Deutlicher hätte er diese Ungerechtigkeit nicht machen können.«

»War Juncker nüchtern? Klingt nach Realpolitik.«

»Ganz anders läuft es auch, wenn Deutschland selbst Kriterien verletzt. Seit 2011 gibt es das ›Europäische Verfahren zur Vermeidung und Korrektur makroökonomischer Ungleichgewichte‹, da ist festgelegt, dass die einzelnen Staaten einen Leistungsbilanzüberschuss von sechs Prozent des BIP nicht überschreiten dürfen. Deutschland überschreitet diese Schwelle seit Bestehen des Gesetzes jedes Jahr deutlich. Trotzdem gab es kein Verfahren gegen uns, obwohl die Strafen bis zu einem Prozent des BIP betragen. Und, was glaubst du, wie sind die auf sechs Prozent gekommen damals?«

»Doppelte Dreifaltigkeit!«, werfe ich ein. »War es wieder Guy Abeille?«

»Quatsch!«, ruft meine Beraterin. »Da schauen wir einfach mal, wie hoch Deutschlands Leistungsüberschuss bei der Einführung der Kriterien war.«

Sie schaut in ihrem iPad nach: »Der lag bei 5,9 Prozent. Deutschland ist natürlich längst weiter, heute sind wir bei ungefähr acht Prozent, wir haben den weltweit größten Leistungsbilanzüberschuss, 2017 waren es 287 Milliarden Dollar. Dieser Überschuss bedingt notwendigerweise ein entsprechendes Defizit bei den anderen Staaten. Schulden. Die haben sich mittlerweile auf eine knappe Billion Euro summiert. Deswegen will die Bundesregierung auch niemanden aus dem Euro-Raum entlassen.«

»Das ist doch nur Buchgeld! Ich habe Hans-Olaf Henkel kürzlich vorgeschlagen, einfach ein, zwei Nullen zu streichen in den griechischen Schulden und analog dazu in den Bilanzen der Gläubiger. Er hat mich angesehen, als wären diese Summen durch irgendetwas realistisch abgedeckt.«

Leider findet mein revolutionärer Vorschlag wenig Interesse.

»Papperlapapp! Wir haben in Deutschland die niedrigsten Löhne, die niedrigsten Unternehmenssteuern, viel zu geringe Investitionen in Bildung, Infrastruktur, Digitalisierung. Früher, vor dem Euro, konnten verschuldete Staaten ihre Währung abwerten, dann haben die Leute halt mal eine Zeit lang weniger Luxusgüter aus dem Ausland gekauft. Aber Nahrungsmittel,

Fixkosten, Miete verteuerten sich ja nicht, die Binnennachfrage stieg meistens sogar, weil vermehrt inländische Produkte gekauft wurden.«

»Sind wir Deutschen denn die Einzigen, die vom starken Euro profitieren?«, hake ich nach.

»Es profitieren nicht alle Deutschen, die Wirtschaft profitiert! Die Maastrichter Kriterien zeigen deutlich, dass es um ein Europa der Wirtschaft geht und besonders des Finanzkapitals. Ein Europa der Bürger würde doch Armut, Jugendarbeitslosigkeit – in Italien und Spanien über 30 Prozent, Griechenland fast 40 Prozent! – und soziale Ungleichheit mit derselben Konsequenz bekämpfen wie derzeit die Verletzung der Maastricht-Kriterien. Warum gibt es keine maximal zu tolerierende Armutsgrenze, keine maximale Jugendarbeitslosigkeit, keine Quote für soziale Ungleichheit, deren Überschreitung eine Strafandrohung nach sich zieht?«

»Hüstel. Schau mich nicht so wütend an, ich habe die EU-Verträge nicht gemacht. Das war Elmar Brocken!«

»An sich ist die EU ein Instrument, das erst mal völlig neutral ist. In den Verträgen tauchen auch laufend die Begriffe Frieden, Freiheit, soziale Gerechtigkeit auf – nur findet das wenig Eingang in die konkreten Gesetzgebungsverfahren, die von der Kommission angeregt werden.«

»Noch einen Kaffee? Bagel? Frischgepresster Apfel-Möhren-Saft? Ich hole auch ...«

»Eine Idee, die auch der Grüne Sven Giegold vertritt, ist die Einführung einer EU-weiten Körperschaftssteuer. Wir haben europäische Richtlinien für eine Mehrwertsteuer in der EU, warum nicht eine gemeinsame Körperschaftssteuer für Unternehmen? Im Moment haben wir eine Standortkonkurrenz, Unternehmen siedeln sich dort an, wo sie die günstigste steuerliche Situation vorfinden. Ohne gemeinsame Sozial- und Steuerpolitik spielen die Länder sich gegenseitig aus, und die Wirtschaft profitiert. Schaut man sich die Steuereinnahmen in Deutschland einmal genauer an, fällt auf, dass in den sechziger Jahren die drei Säulen Lohnsteuer, Einkommensteuer und Körperschaftsteuer

etwa gleich hoch waren. Heute ist die Lohnsteuer extrem hoch, die Einkommensteuer, die Freiberufler wie du bezahlen, relativ niedrig und die Säule für Körperschaftssteuer für Unternehmen kaum noch zu erkennen.«
»Gut, du hast gewonnen, ich geh mal los, 39 Abgeordnete überzeugen. Vielleicht können wir zusammen die Kommission bitten, zu überlegen, ob sie über das Thema mal unverbindlich nachdenken möchte …« Ich ziehe meine Jacke über, aber meine Beraterin ist noch nicht fertig: »Wenn du schon dabei bist, ich würde gern das Primat der freien Wirtschaft abschaffen. Unsere Gesellschaft krankt daran, dass in diesem System vom Wasser über Wohnungsbaugesellschaften, öffentliche Verkehrsbetriebe, Straßenbau und Mautsysteme bis zu den Sparkassen alles privatisiert werden soll, was Gewinne verspricht. Im Staatsbesitz bleibt alles, was Verluste abwirft. Das ist der neoliberale Gesellschaftsentwurf, der dem Lissabon-Vertrag entspricht: Kosten vergemeinschaften, Gewinne privatisieren …« Ich weiche zurück in Richtung Ausgang. »Und wir brauchen eine Finanztransaktionssteuer! Ein Prozent würde schon reichen! Damit auch der Finanzsektor seinen Beitrag leisten kann. In der Finanzkrise wurden 4600 Milliarden Euro in die Banken gesteckt …« Ich erreiche die Tür.

## BRÜSSEL, PLACE LUXEMBOURG

Gutes Wetter, auf dem Place Lux wird es heute voll werden. Wir stehen recht weit vorn, wer jetzt aus dem Parlament auf den Platz kommt, geht an uns vorbei. Eine Praktikantin aus Luxemburg stellt sich gleich zu uns, fragt nach einem Selfie. Wir kommen auf den bekanntesten Luxemburger der Welt zu sprechen, und sie gesteht, dass die Kommissionspräsidentschaft Junckers ihrem ganzen Land entsetzlich peinlich sei. Und zwar nicht, wie ich ihr gegenüber vermute, weil Juncker als Finanzminister Hunderten von Unternehmen wie Amazon, IKEA, E.ON und der Deutschen

Bank geholfen hat, Milliarden Euro* an Steuern zu vermeiden, sondern ganz schlicht, weil er Alkoholiker sei. Während die Praktikantin die Happy Hour nutzen geht (jedes zweite große Bier ist umsonst), google ich unauffällig die Worte »Juncker, Champagner« und bin überrascht von der Qualität der Treffer. Als ich etwas später den Assistenten eines Luxemburger Abgeordneten kennenlerne, hake ich noch einmal nach. »Ja, natürlich«, nickt der Luxemburger, »Junckers Trinkfreude ist in Luxemburg allgemein bekannt. Er war 18 Jahre lang Regierungschef und hat in den letzten Jahren praktisch nichts mehr getan. Viele Leute haben ihn trotzdem gewählt, weil er wie ein netter älterer Herr aussieht. Aber die meisten waren froh, als wir ihn dann nach Europa abschieben konnten ...« – »Na, Europa sagt: Vielen Dank!«

### Sachdienlicher Hinweis des Independent
Jean-Claude Juncker waves off speculation over drinking – while ›drinking four glasses of champagne‹
President of European Commission has been accused of drinking ›cognac for breakfast‹ in the past.

### Sachdienlicher Hinweis der Presse
Der heute 63-jährige Juncker ist kein Abstinenzler. Spekulationen darüber, dass er alkoholkrank sei, wies er verärgert zurück: »Glauben Sie, dass ich noch im Amt wäre, wenn ich Cognac zum Frühstück nähme? Das macht mich wirklich traurig, und es hat dazu geführt, dass meine Frau mich fragt, ob ich sie anlüge, weil ich zu Hause nicht trinke.«

### Sachdienlicher Hinweis des Spiegels
Doch das sehen viele, die ihn in Brüssel über Jahre beobachtet und begleitet haben, deutlich anders. Teilnehmer der Euro-

---

\* Finanz-/Premierminister Luxemburg von 1995–2013. Vgl. Google, Seite 949 ff., Suchworte »Lux-Leaks«, »Schandfleck des Jahres«, »Amazon-Steuersatz 0,5 Prozent«.

Gruppen-Besprechungen erinnern sich an Sitzungen, die Juncker »etwas erratisch« geleitet habe, andere wollen eine Alkoholfahne gerochen haben. In Luxemburg zucken politische Weggefährten bei diesem Thema nur die Achseln – die Trinkfreude ihres fast zwei Dekaden lang amtierenden Regierungschefs sei »ein offenes Geheimnis«. Schon zum Mittagessen genehmige er sich mitunter zwei Gin Tonic und ein Bier. Das habe ihn aber in seiner Amtsführung bislang nicht beeinträchtigt, schieben die Weggefährten schnell hinterher. Der Journalist Pascal Steinwachs schrieb im »Lëtzebuerger Journal«, schelmische Zungen behaupteten, Juncker habe tatsächlich kein Problem mit Alkohol, nur ohne.

**Sachdienlicher Hinweis von Telepolis**
Der britische Komiker John Cleese hatte ihm deshalb bereits vorher den Spitznamen »Jean-Claude Drunker« verpasst.

Zwei Gin Tonic und ein Bier? Damit kann Juncker im Parlament nicht mithalten. Ich habe von UKIP-Leuten gehört, die an der Bar standen und mehrfach Wassergläser voll Whisky bestellten. Bevor sie um 11.30 Uhr mittags zur Abstimmung gingen.

Mit noch mehr Elan als zuvor widme ich mich meinem belgischen Bier. Ein ehemaliger Mitarbeiter von Elmar Brocken kommt und berichtet, dass der ostwestfälische Choleriker nicht nur mit dem Schlüsselbund, sondern auch mit Schuhen nach seinen Praktikanten werfen würde. Die endgültige Demütigung sei dann, dass die Beworfenen ihm die Schuhe wieder anziehen müssten.

Ein paar Studenten aus NRW treten auf Büroleiter Hoffmann und mich zu, bitten um ein Gruppenfoto. Feixend teilen sie uns mit, dass sie mit einer Reisegruppe in Brüssel sind, um einen CDU-Abgeordneten zu besuchen. Die Hälfte ihrer Gruppe sei tatsächlich zumindest halbwegs politikinteressiert, die andere Hälfte hätte einfach billig nach Brüssel reisen wollen. Der Preis, den dann alle zu zahlen hatten, war die Teilnahme an einem 20-minütigen Vortrag des CDU-Parlamentariers Axel Voss. Der Vortrag sei aber gar nicht so langweilig gewesen wie befürchtet, weil Voss zwar zehn Minuten lang relativ unmotiviert und emotionslos über AfD, PKK und Front National schwadroniert, den Rest der Zeit aber damit verbracht habe, ansatzlos über die Faulheit des Abgeordneten Sonneborn zu schimpfen.

Wieso eigentlich Faulheit? Zumindest bis zur Brexit-Abstimmung lagen doch laut interner Anweisung in der Kommission sowieso sämtliche Projekte auf Eis, die Wasser auf die Mühlen der Europakritiker hätten sein können – also alle. Darüber hinaus übrigens auch die komplette Umweltpolitik, weil Juncker sich für Umwelt nicht interessiert. Jedenfalls nicht für niederprozentige.

## BRÜSSEL, CAFÉ KARSMAKERS

Am nächsten Vormittag analysieren Hoffmann und ich die Situation. Im ersten Jahr des Mandats hatte ich nachweislich zwei Minuten gearbeitet, je 60 Sekunden bei der Befragung der EU-Kommissare Oettinger und Navracsics. Wenn ich diesen Schnitt halten wollte, war also langsam mal wieder ein Einsatz fällig, eine Rede.

Aber worüber soll ich sprechen? Ich habe zwar noch ein Werk meines (depressiven) Redenschreibers liegen. Leider jedoch ist es zeitgebunden und wird erst im kommenden Februar wieder aktuell.

### Sachdienliche Ergänzung aus dem Aktenordner
### »Nicht gehaltene Reden (I)«

Liebe Kolleginnen und Kollegen,
sehr geehrte Damen und Herren,
vorab einen herzlichen Dank, dass Sie heute hier erschienen sind. Es soll nicht zu Ihrem Schaden sein: Im Anschluss an diese Sitzung wird unter allen Anwesenden ein exklusiver Reisegutschein im Wert von 100 Euro verlost.
(Den Gutschein hochhalten)
Und auch ein Wort an die, die nicht hier erschienen sind: Meine

knappe Redezeit verbietet es, Sie alle namentlich aufzurufen. Aber: Ihr steht auf meiner Liste, Arschlöcher!

Heute, liebe Mit-Europäer, auf den Tag vor 8 Jahren, am 16. Februar 2007, starb Tanja. Tanja war das letzte Walross in einem deutschen Tierpark. Sie starb im Zoo von Hannover, so, wie viele Europäer und Europäerinnen: einsam im Kreise ihrer Pfleger. Gerade einmal 33 Jahre wurde sie alt.

Das alles wissen Sie natürlich selbst. Warum ich es trotzdem erwähne? Weil mir scheint, dass sich Europa heute in einer ganz ähnlichen Situation befindet wie das Walross Anja. Wir, liebe Kollegen, spielen dabei die Rolle der Pfleger; das Europäische Parlament ist der Zoo, und Brüssel ist Hannover. Der 16. Februar aber ist und bleibt der 16. Februar.

Daran können wir nichts ändern. Aber: Wir können die Geschichte des 16. Februar ändern. Aus einer Geschichte der Unfreiheit können wir eine Geschichte der Freiheit machen. Hier und heute. Denn ein Walross gehört nicht in den Zoo, schon gar nicht den von Hannover!

Ich fordere Sie daher auf, mit mir Ihre rechte Hand zu heben, wenn Sie der sofortigen Auflösung des Europäischen Parlaments und der Befreiung Europas zustimmen!

Ich denke, dieses Ergebnis spricht für sich.

Ich danke Ihnen für Ihre Aufmerksamkeit und wünsche Ihnen viel Glück gleich noch!

(Mit dem Gutschein wedeln)

Die *Süddeutsche*, die ich nur des Sportteils wegen bei mir trage, hilft bei der Themenfindung aus: Verwundert lese ich, dass der türkische Präsident Erdogan über seinen Botschafter die EU-Kommission aufgefordert hat, ein EU-gefördertes Musikprojekt der Dresdner Sinfoniker zu zensieren: Der Begriff »Genozid« müsse sofort getilgt, die Finanzierung eingestellt werden. Ohne öffentliche Diskussion nimmt die Kommission – verantwortlich ist mein alter Freund Tibor Navracsics – das Projekt von ihrer Seite, und wenn nicht der Dresdner Intendant Rückgrat bewiesen und die Sache publik gemacht hätte, hätten wir davon gar nichts erfahren. Auch davon nichts, dass Erdogan sogar mit dem Abbruch der Beitrittsverhandlungen gedroht haben muss. Abbruch der Beitrittsverhandlungen? Hm, interessanter Ansatz. Wenn ich den absurden Plan Merkels, Milliarden in die Türkei zu verschieben, damit Flüchtlinge dort interniert werden, ein wenig hintertreiben kann, so soll es geschehen. Überhaupt, die Türkei ist ein islamistischer asiatischer Staat, was hat der in der EU zu suchen?!

Für die Türkeidebatte in zwei Tagen erhalte ich keine Redezeit, da waren wahrscheinlich meine unangenehmen rechtsradikalen griechischen Kollegen der »Goldenen Morgenröte« schneller. Bleibt nur die Möglichkeit, am Abend vorher schon zu sprechen in der Debatte über Themen minderer politischer Bedeutung. Hoffmann beantragt Redezeit, die auch bewilligt wird; allerdings erst für 22 Uhr.

## BRÜSSEL, PARLAMENT

Hoffmann organisiert für 20 Uhr einen um diese Zeit nicht genutzten Besprechungsraum, ein MacBook, eine Leinwand sowie ein Sky-Signal, bei dem ich nicht fragen darf, woher es kommt. Ein paar Dosen Jupiler-Bier (wallonisch, zuckerfrei) und ein »Sitzung, bitte nicht stören!«-Schild an der Tür runden die Situation ab, dann überbrücken wir die Zeit mit einer Partie Champions League. Gibt es eigentlich keine Nachtzulage für MEPs?

Die Aussprache zieht sich hin, im Intranet verschiebt sich meine Redezeit weiter nach hinten. Es geht bereits auf 23 Uhr zu, als ich den Plenarsaal betrete. Falls Sie sich die Rede auf Youtube anschauen wollen, muss ich Sie warnen: Der Plenarsaal sieht leer aus. Das liegt aber nur daran, dass der Plenarsaal fast leer ist um diese Zeit. Ein gutes Dutzend Abgeordneter sitzen verteilt über den großen Saal, warten auf ihre jeweilige Redezeit und vertreiben sich bis dahin überwiegend digital die Zeit. Ich erkenne David McAllister, und auch mein Lieblingsnachbar, der alte Monarchist

Korwin-Mikke, ist da, hellwach sitzt er allein in unserer Reihe. Ich grüße und schaue unauffällig auf seine Notizen. Offensichtlich feilt er an einer Rede zum Thema »Gleichstellung der Frau im digitalen Zeitalter«.

### Sachdienlicher Hinweis der Welt
Janusz Korwin-Mikke lehnt ein aktives Wahlrecht für Frauen ab, er beschreibt sie als Zwischenform zwischen Mann und Kind.

### Sachdienlicher Hinweis von Wikipedia
Als Korwin-Mikke 2014 in einem Fernsehinterview nach seiner Haltung zur Vergewaltigung in der Ehe befragt wurde, äußerte er, Frauen gäben grundsätzlich nur vor, Widerstand zu leisten. Der Mann müsse daher selbst wissen, wann Geschlechtsverkehr angebracht sei. Er äußerte außerdem, Frauen seien durchschnittlich um vier bis sechs IQ-Punkte (national unterschiedlich) weniger intelligent als Männer.
Bei einer Pressekonferenz bezeichnete er die gleichwertige Intelligenz von Mann und Frau als »Stereotype des 20. Jahrhunderts« und verwies darauf, dass angeblich keine Erfindungen der Menschheit von einer Frau stammen würden. Auf eine Entgegnung der polnischen Soziologin und Politikerin Joanna Scheuring-Wielgus über Nobelpreisträgerin Marie Curie behauptete er, die Entdeckungen würden in Wahrheit von Pierre Curie stammen.

Korwin-Mikke wird zuerst aufgerufen. Für einen erklärten Gegner des Frauenwahlrechts zeigt er sich heute recht liberal: »Also beim Tennis zum Beispiel, da spielen die Männer ja mehr Sätze als die Frauen, fünf und drei, und beim Laufen laufen die Frauen auch nicht so viele Kilometer wie die Männer, und das heißt ja im Grunde, dass es da Unterschiede gibt ...« Dann äußert er sich noch kritisch zum Verhalten Merkels in der Causa Böhmermann/Erdogan und beschließt seine Ausführungen routiniert: »Abgesehen davon glaube ich, dass die Europäische Union zerstört werden muss, vielen Dank!«

Während der Pole sich wieder setzt, grinst er mir verschwörerisch zu.

**Sachdienlicher Hinweis der FAZ**
In einer kurzen Rede mit satirischen Untertönen hat der EU-Parlamentarier Martin Sonneborn Kritik an der Zensur der türkischen Regierung geübt. Die Rede im Wortlaut:
»Der ›Irre vom Bosporus‹ wie wir den Irren vom Bosporus, Erdogan, im EU-Parlament liebevoll nennen, hat wieder zugeschlagen. Diesmal hat er durch seinen Botschafter die EU-Kommission angewiesen, die Förderung für ein Konzertprojekt der Dresdner Sinfoniker einzustellen, das sich mit dem türkischen Genozid an den Armeniern beschäftigt. Die Kommission hat daraufhin das Orchester aufgefordert, entsprechende Textstellen abzumildern und das Wort ›Genozid‹ zu vermeiden.
Als Mitglied des Kulturausschusses möchte ich einen Vorschlag zur Güte machen: Ich empfehle den Dresdner Sinfonikern dringend, das Wort ›Genozid‹ zu streichen – und durch den Begriff ›Völkermord‹ zu ersetzen.
Ich bin Deutscher und mit Völkermord kennen wir uns aus.
Allerdings konstatiere ich mit einer gewissen Verblüffung, dass uns die Türkei hier allmählich den Rang abläuft. Deshalb möchte ich die türkische Regierung warnen, den hundertjährigen Rhythmus, in dem sie offensichtlich Genozide zu begehen gedenkt – derzeit genügt ein Blick auf die Lage der Kurden –, nicht zu beschleunigen. Sonst müssen wir darüber nachdenken, die Drecksarbeit mit unseren Flüchtlingen jemand anderem zu übertragen. Nichts für ungut, derzeit keine Türkei-Urlaube geplant.«

Nachdem ich meine eigenen Ausführungen beendet habe, zwinkere ich zurück.

Ein bisschen, denke ich, wirken Korwin-Mikke und ich wahrscheinlich wie Waldorf & Statler im EU-Parlament, nur dass wir weniger Applaus bekommen – nach meiner Rede ertönt vorne links und vorne rechts jeweils ein einzelnes zaghaftes Klatschen.

Der *Stern* macht daraus in seiner Berichterstattung freundlicherweise: »Die Rede erhielt Applaus von links bis rechts.«

## MAI 2016

### ERFURT, STAATSKANZLEI

VI. Bundesparteitag der Partei Die PARTEI in Erfurt! Mit 86 Prozent wird der Bundesvorstand wiedergewählt, und während nach den Abweichlern gefahndet wird, nutze ich die Gelegenheit, den thüringischen Ministerpräsidenten Bodo Ramelow auf dem Balkon seiner Staatskanzlei zu empfangen. Eine Einladung war von beiden Seiten ausgesprochen worden, immerhin verbindet uns einiges: Ramelow wurde nach Osten abgeschoben, ich nach Westen. Beide gehören wir obskuren Protestparteien an, die schleichend hier wie da die Macht übernehmen. Leider ist meine Anzughose relativ feucht, nachdem ein PARTEI-Freund mir sein komplettes Pilsner Urquell darübergeschüttet hatte, statt es einfach zu trinken, aber das fällt gar nicht weiter auf, in Thüringen hat man derzeit andere Probleme. Zu gut erinnere ich mich noch an zwei ältere Herren, die mir bei Entnazifizierungsversuchen separat und unabhängig voneinander in einer *Titanic*-Telefonaktion und Jahre später bei einem Dreh für die »heute show« auf die Frage »Wie lange währte das 1000-jährige Reich?« fast wortgleich geantwortet hatten: »Das ist doch 'ne Fangfrage, oder? Na, 1000 Jahre!«

Das Treffen selbst ist nett, und Ramelow beantwortet die Frage, ob er als Juniorpartner in einer Koalition zur Verfügung steht, positiv. Dann gehen wir auf den Balkon, damit 46 Jahre nach dem historischen Treffen von Stoph und Brandt mal wieder zwei Willys nach Erfurt hinunterwinken können. Und weil ein Fotograf den schönen Moment festhält, kann die *Bild*-Zeitung ihn am nächsten

Tag präsentieren und wahrheitswidrig berichten, dass »MP Bodo Ramelow und ›Partei‹-Chef Martin Sonneborn dem Volk zuwinken«. Die Wirklichkeit ist nicht ganz so spektakulär, auf dem Platz vor der Staatskanzlei jubeln keine Volksmassen, sondern lediglich Ed aus Bremen (»Martin! Ich hab ein Kind von dir!«) mit zwei eindrucksvollen Fahnen; einer geliehenen PARTEI-Fahne und seiner eigenen (zwei Flaschen Pfeffi).

## BRÜSSEL, PARLAMENT

Ein leicht verhärmt wirkendes graues Paar geht vor mir untergehakt durch das fast leere Parlament in Richtung Plenum, offensichtlich auf Besichtigungstour. Irre ich mich, oder ist das ein alter Bekannter von mir? Ich beschleunige meinen Schritt, tatsächlich, Udo Voigt mit einer Dame ähnlichen Jahrgangs.

»Guten Tag, die Herrschaften«, sage ich, und als sich beide umdrehen und zurückgrüßen, erklärt Udo Voigt warnend seiner Frau: »Das ist der Herr, der immer über mich schreibt.«

Ich lächle seine Frau an und frage freundlich interessiert: »Und, Frau Voigt, sind Sie auch rechtsradikal?«

Etwas erschrocken schaut Frau Voigt zurück und sagt abwehrend: »Nein, ich bin nicht in der Partei. Ich bin Österreicherin.«

»Ach, so, na bei Ihnen gilt die NPD ja auch gar nicht als rechtsradikal ...«

# JUNI 2016

## BRÜSSEL, PARLAMENT

Die Brexit-Abstimmung in Großbritannien steht bevor. Eigentlich ist sämtlichen politischen Beobachtern klar, dass die Briten nicht für einen Austritt aus der EU votieren werden, aber auf den Fluren der UKIP-Abgeordneten war eine merkwürdige Unruhe zu spüren, als einige von ihnen wie gewohnt am Mittwochnachmittag ihre Koffer für die Rückreise packten. Für einige Abgeordnete der europakritischen Parteien endet die Arbeitswoche gern schon am Mittwoch. Die UKIPler unter Nigel Farage sind ein disparater Haufen von Briten, die im Jahr 2004 nach einem überraschenden Wahlerfolg in Großbritannien plötzlich zwölf Sitze im EU-Parlament besetzen mussten. Farage ist einer der besten Redner im Parlament, seine elf Kollegen praktizieren eine überwiegend gut gelaunte Fundamentalopposition, teils mit britischem Humor, teils mit primitiver Freude am Stören, aber überwiegend auch mit den Erfahrungen eines politischen Systems, das der Rhetorik wesentlich höhere Wertschätzung entgegenbringt und in dem politische Widerrede und lustige Zwischenrufe einen ganz anderen Stellenwert genießen.

Seitdem sie die Vorteile des kontinentalen Daseins, funktionierende Heizungen, dichte Fenster, gutes Essen und bequeme Hotelbetten, schätzen gelernt haben, zumal als mit Geld eher üppig ausgestattete Parlamentarier, bringen sie der Abstimmung über einen möglichen Brexit ambivalente Gefühle entgegen. Und obwohl das Propagieren des britischen Austritts aus der EU wirklich ihren einzigen politischen Inhalt darstellt, höre ich, dass ein Großteil meiner UKIP-Kollegen gegen den Brexit stimmen wird. Kann da noch etwas schiefgehen für die Briten und die EU?

Ja, es kann. Als ich am Tag nach der Abstimmung aufwache, ist überraschend Brexit. Ich will es zuerst nicht glauben, aber die Nachrichten im Radio sind eindeutig. Überrascht nehme ich die neue Situation zur Kenntnis, frage mich, wie Nigel Farage sich jetzt wohl fühlt.

**Sachdienlicher Hinweis von David McAllister**
Ich weiß nicht, ob Sie das gesehen haben, aber das Gesicht von Farage, den man übrigens auch anders aussprechen kann, aber das mache ich jetzt nicht, direkt nach der Bekanntgabe des Abstimmungsergebnisses – der war vollkommen entsetzt. Damit hatte er nicht gerechnet.

Nun, die Europäische Union hat auch nicht damit gerechnet, zum ersten Mal sieht sie sich ganz offiziell und grundsätzlich in Frage gestellt. Was wird der Austritt Großbritanniens bedeuten: lediglich ein neues Schlechtwettersteuerparadies vor der Küste? Oder wird die EU in ihrem Kurs innehalten, werden Parlament und vor allem: Kommission und Rat Schlüsse aus dieser Entwicklung ziehen?

Zwar darf man nicht nur die negativen Seiten des Brexit betrachten, schließlich haben uns die Briten einiges eingebrockt in den vergangenen Jahrzehnten, von der radikalen Neoliberalisierung von Wirtschaft und Gesellschaft, Toni Blairs verführerischem »dritten Weg«, den Spice Girls bis zur unbekümmerten Zertrümmerung eines ganzen Bildungssystems durch den Bologna-Prozess. Andererseits dürfte sich der Charakter der EU langfristig doch ziemlich verändern, wenn die Engländer gehen und dafür im Osten neue Balkanstaaten beitreten.

Müsste ich nicht zumindest eine kleine Rede halten, versöhnliche Momente herausstellen und den verwirrten Menschen draußen im Lande Mut zusprechen? Dochdoch, das ist schließlich mein Job.

Da es sonntags keine Plenarsitzung gibt, bauen wir uns am offiziellen VIP-Eingang des Parlaments auf, eine schöne blaue Europa-Wand im Rücken und zwei offizielle Fahnen links und rechts. Büroleiter Hoffmann installiert seine Minikamera auf einem Stativ und hält mir das DIN-A4-große Blatt mit der Rede so hin, dass ich gut davon ablesen kann.

Es wird nachher nicht ganz so routiniert wirken wie bei Bernd Lucke, den ich kürzlich im Parlament vor einer Kamera in gewohnter Eloquenz eine mitreißende Ansprache halten sah. Als ich dann hinter ihm einmal quer durchs Bild lief, sah ich, dass er seinen Text von einem Teleprompter direkt in der Kamera ablas.

### Sachdienlicher Hinweis aus dem Ordner »EU-Austritte I«
Brexit? Gesundheit!
Holy bloody motherfucking Shit! Wir haben Brexit. Aber ist das wirklich so schlimm? Die Briten waren nie mit dem Herzen Europäer anders als Napoleon, Hitler oder Helmut Kohl. Sie haben jetzt lediglich politisch vollzogen, was tektonisch schon seit dem Mesozoikum, also jedenfalls schon lange vor Queen Mums Zeiten, Realität ist, die Abspaltung vom Kontinent. Was wird uns fehlen? Die europaweiten Bildungsreisen britischer Jungmänner, wie kürzlich zum EM-Spiel nach Marseille? Rinderwahn? Klon-Schafe wie die Spice Girls?
Maggie Thatcher, ein ehemaliges englisches Sex-Symbol, hat nach dem Mauerfall gesagt: ›Wir haben die Deutschen zwei Mal geschlagen, jetzt sind sie wieder da.‹ Ich möchte entgegnen: Wir haben die Briten zwei Mal gewinnen lassen, jetzt sind sie wieder weg. Und deswegen werde ich morgen den Antrag stellen, dass ab sofort im Parlament ausschließlich Deutsch gesprochen wird. Ich freue mich schon auf die Domino-Effekte, die es nach sich zieht, wenn die Europäer erstmals verstehen, was Martin Chulz, mein Chef, Günther Oettinger und Elmar Brocken – 174 Kilo konzentrierte CDU – wirklich zu sagen haben ... Noch eine Anmerkung: Es haben übrigens nur ein Drittel der jungen Briten abgestimmt. Das Ganze wäre nicht passiert, wenn es ein Youtube-Tutorial gegeben hätte, wie man wann, warum und wo ein Kreuz macht. Vielen Dank!

## BRÜSSEL, PARLAMENT

Als offizielle Reaktion der EU scheint meine kleine Rede nicht auszureichen, Chulz hat spontan eine außerordentliche Plenarsitzung zum Brexit angesetzt. Der Plenarsaal platzt aus allen Nähten, tatsächlich ist die gesamte Führungsriege der EU-Kommission anwesend, Juncker ist demonstrativ mit allen 28 Kommissaren angereist. Im ganzen Saal wird aufgeregt diskutiert, so unruhig habe ich die Szenerie noch nie erlebt. Plötzlich hallt es über die Lautsprecher: »Der Präääääsidennnnt!«, dann betritt ein sichtlich konsternierter Chulz mit seinem kleinen Gefolge den Saal an der Stirnseite, nimmt seinen Platz ein und begrüßt Parlament und Kommission. Juncker erhebt sich und bedankt sich kurz: »Mein Platz heute ist hier. Demokratie ist Demokratie, wir müssen das respektieren.« Sofort brandet heftiger Applaus auf von der UKIP-Seite, Juncker dreht sich um zu Nigel Farage, der in der ersten Reihe sitzt: »Das war das letzte Mal, dass Sie hier applaudiert haben!« Jetzt kommt der Applaus von den großen Fraktionen, Juncker fährt schlecht gelaunt fort: »Und ich bin wirklich überrascht, dass Sie hier sind. Sie haben für den Brexit gekämpft. Die Briten haben dafür gestimmt. Warum sind Sie noch hier?«

Dann erklärt er, dass man den Willen des britischen Volkes respektiere – aber dass der Austritt Konsequenzen haben werde. Und er betont, dass es keine Verhandlungen, auch keine Hinterzimmergespräche geben wird, bevor nicht die britische Regierung den Austritt offiziell beantragt hat. Hinterzimmergespräche? Ob Juncker die inoffiziellen Abendessen im luxuriösen Stanhope-Hotel meint, zu denen er sich ein oder zweimal im Monat mit Chulz, Manfred Streber, seinem Stellvertreter Franz Timmermans und Gianni Pittella trifft, um mit ihnen die Zusammenarbeit der Großen Koalition im EU-Parlament zu konzertieren? Wir Fraktionslosen sind dazu nie eingeladen worden; aber wir tragen die Situation mit Fassung, im Gegensatz zu Guy Verhofstadt, dem ehrgeizigen Vorsitzender der liberalen Fraktion, der seit Urzeiten quengelt, er würde eigentlich auch in die Runde gehören und müsste miteingeladen werden.

Am meisten diskutiert von Junckers Aussagen wird allerdings diese blumige Passage:

»Das britische Votum hat einige unserer zahlreichen Flügel abgeschnitten, aber wir fliegen weiter. Wir werden unseren Flug Richtung Zukunft nicht abbrechen. Der Horizont erwartet uns, und wir fliegen Richtung Horizont, und diese Horizonte sind die von Europa und des ganzen Planeten. Sie müssen wissen, dass jene, die uns von weitem beobachten, beunruhigt sind. Ich habe gesehen und gehört, dass Führer anderer Planeten beunruhigt sind, weil sie sich dafür interessieren, welchen Weg die Europäische Union künftig einschlagen wird. Und deshalb sollten wir die Europäer und jene, die uns von außen beobachten, beruhigen.«

Im offiziellen Redemanuskript fehlt das Bekenntnis zu außerirdischem Leben. Handelt es sich um einen Versprecher Junckers – oder wurde es von den Aliens nachträglich gelöscht?

Als Erstes erhebt sich Manfred Streber, er hat sieben Minuten Zeit, um die Position der EVP in niederbayerischem Singsang von seinem Blatt abzulesen: »Eine ganze junge Generation ist im Schock, mehr als 73 Prozent (der jungen Briten) wollte europäisch bleiben. Ihre Hoffnungen wurden zerstört.« Der Applaus, der eigentlich den 73 Prozent galt, kommt etwas spät, festigt sich dann und unterlegt damit den letzten Teil des Satzes, die Zerstörung der Hoffnungen. »Unsere Botschaft heute ist: Die junge Generation in England kann auf ihre Freunde in Europa zählen. Es ist ein Sieg der Populisten. Europas Zukunft ist an einem Scheideweg. Die Demagogen von links und von rechts wollen Europa zerstören.

Und in einer Sache müssen wir heute deutlich sein: Heute gibt es keine Konservativen, Liberalen, Sozialdemokraten, Grüne – wir, die große Mehrheit in diesem Haus, stehen für die Idee eines geeinten, friedlichen und toleranten Europas. Die größten Lügner können in der UKIP gefunden werden. Schämen Sie sich, Herr Farage!« Applaus belohnt ihn. »Die Zeiten des Appeasement sind vorbei, wir müssen«, liest Streber emotionslos weiter vor, »aufstehen und für unser europäisches Projekt kämpfen. Europa braucht Veränderung. Aber wir wollen Europa verbessern, nicht zerstören. Es gibt kein Reserve-Europa, keine zweite Chance. Das Pfund hat nachgegeben, der Sommerurlaub wird für viele Briten teurer. In den Niederlanden hat der Pensionsfonds drei Prozent an Wert verloren. Die Rentner stehen vor weiteren Rentenkürzungen, dafür können sie sich bei Farage und Wilders bedanken. Und an der Seite von Farage steht dann noch Putin, der sich freut über dieses Ergebnis – und damit ist alles gesagt.

Der Brexit ist ein Weckruf an die Geschlossenheit des europäischen Rates. Wenn wir bei Arbeitslosigkeit, Flüchtlingen, Antiterrorkampf endlich mit dem Streit aufhören und den Bürgern die Führer Europas zeigen, dass sie gemeinsame Antworten für diesen Kontinent beschreiben, dann wird Europa von den Menschen auch unterstützt und gemeinsam in die Zukunft geführt!«

»Grazie, Presidente ...«, klingt jetzt durch das Plenum. Endlich, Gianni Pittella, der italienische Vorsitzende der S-&-D-Fraktion, ist aufgerufen worden. Ich mag seine Reden, zumal wenn er nach Manfred Streber spricht. Eigentlich spricht er gar nicht; er stammt irgendwo aus Kalabrien und singt seine Beiträge wie Arien. Auch höre ich bei ihm die Begriffe »sociale« und »democrazia« öfter als bei seinen Kollegen. Zum Glück spricht er immer Italienisch. Im Plenum verzichtet er auf Englisch, seitdem sich die Berlusconi-Sender im italienischen Wahlkampf über seinen ausgeprägten süditalienischen Akzent lustig gemacht haben. Im Brustton der Überzeugung weist er darauf hin, dass die EU sich zu sehr auf den Markt verlassen und zu wenig um die Verlierer der Globalisierung gekümmert habe. Mehr Engagement sei dringend notwendig, um zu zeigen, dass die Demokratie über den Finanzinteressen stehe. Außerdem bleibe Großbritannien natürlich ein Teil Europas: »Kein Referendum kann das historische und gefühlsmäßige Band zerschneiden!« Pittella steigert sich im Laufe seiner Rede, zum Schluss gestikuliert er derart heftig, dass Knut Fleckenstein, der neben ihm sitzt, in Sorge um die eigene Unversehrtheit ein wenig abrückt, sich in Sicherheit bringen muss vor dem erhobenen Zeigefinger, der regelmäßig in seine Richtung stochert. Ich sehe, wie er seinen Kopfhörer fest auf die Ohren presst, um neben dem lautstark vorgetragenen Originalbeitrag zumindest einen Teil der Übersetzung zu verstehen.

Die beiden großen Fraktionen sind durch, jetzt kommen die kleinen mit weniger Redezeit. Syed Kamall, britischer Vertreter der europakritischen EKR, empfiehlt in seinen drei Minuten, den Blick jetzt nach vorn zu richten, die EU-Verträge zu respektieren und mit den Engländern gute Nachbarschaft zu pflegen.

Danach ist die Bühne frei für Guy Maurice Marie Louise Verhofstadt, die große alte Dame der Liberalen. Der ehemalige belgische Regierungschef sieht mit seinem Mittelscheitel und der runden Brille zwar aus wie eine durchgeknallte alte Schachtel, ist aber ein guter Redner. Allerdings nur ein mittelmäßiger Demokrat: »Es ist schwer, eine Entscheidung zu akzeptieren, mit der man nicht einverstanden ist.« Das entscheidende Resultat des Brexit ist für Verhofstadt »der Milliardenverlust an Börsenwerten«. Ich frage mich, warum es niemanden irritiert, dass sich Marktradikale wie Verhofstadt oder Lindner immer wieder ungeniert auf den Liberalismus berufen.

Dann greift der Belgier Nigel Farage direkt an, wirft ihm vor, die Interessen von Millionen Wählern und Aktienbesitzern ignoriert zu haben, um selbst einmal *Prime Minister* zu werden. Und schimpft weiter über »die Lügen über Migration, die Lüge, die Türkei wird in die EU kommen nächste Woche, die Lügen von den 350 Millionen Pfund, die sofort in das britische Gesundheitssystem gehen! Standard & Poor's haben die britische Währung abgewertet, und je öfter Mr. Johnson spricht, desto mehr sackt das Pfund ab. Ein giftiges Klima wurde geschaffen letzten Donnerstag, ein giftiges Klima, das schlecht ist für Business, schlecht ist für Investitionen, schlecht, Mr. Farage, für alle gewöhnlichen, hart arbeitenden, anständigen Leute.« Lustig, dass sich ausgerechnet Verhofstadt, der für die Neoliberalisierung in der EU kämpft und der als Parlamentarier mit den höchsten Nebeneinkünften gehandelt wird, so um die kleinen Leute sorgt. Er schließt mit einem pathetischen Aufruf:»Wir müssen jetzt voranschreiten, couragiert, überzeugt, vereint auch, zu einem neuen Horizont. Denn da ist ein neuer Horizont! Eine neue Zukunft für einen alten Kontinent!« Gabi Zimmer vertritt für die Fraktion der vereinigten linken Parteien eine etwas bodenständigere Position. Sie bemängelt das Fehlen jeglicher Reflexion und Selbstkritik:»Sie erwägen gar nicht, was für Spuren der brutale Umgang mit Griechenland, mit Spanien, mit Italien im Gedächtnis vieler EU-Bürger hinterlassen hat. Die Eingriffe in das souveräne Handeln nationaler Parlamente, das Hinwegsetzen über Verfassungen, das hat sich manifestiert. Die EU hat durch ihre Austeritätspolitik eben nicht gezeigt, dass sie zuerst die Menschen vor den Auswirkungen der Krisen und der Globalisierung schützen will.«

Ein bisschen blumiger wiederum klingt Philippe Lamberts, der für die Grünen ein neues Projekt Europa fordert, der aber auch gleich darauf hinweist, dass diesem vermutlich viel Misstrauen entgegenschlagen werde.»Wir müssen wieder zu den Wurzeln des europäischen Projekts zurück und Frieden sowie nachhaltigen Wohlstand schaffen. Können wir sicherstellen, dass alle Menschen innerhalb und außerhalb der EU in Würde leben? Unsere Antwort lautet: Ja!«, schließt der Belgier ein wenig realitätsfern.

Als Nigel Farage sich schließlich erhebt, erschallen Buhrufe aus fast allen Fraktionen, auch, und das ist sehr ungewöhnlich, aus der vordersten Reihe, in der die Fraktionsvorsitzenden ihre Plätze haben.»Good morning«, grinst Farage seine Kollegen an,»good Morning! Vielen Dank für den netten Empfang! Ist es nicht lustig ...« Die Zwischenrufe werden lauter, dann geht Chulz souverän dazwischen:»Ladies and Gentlemen, eine große Qualität der Demokratie ist, dass man auch denen zuhört, deren Meinung man nicht teilt.«

»Danke, Mr. Schulz«, fährt Farage fort und kostet jeden Moment seines Triumphes aus.»Well, ist es nicht lustig? Als ich vor 17 Jahren hierherkam und sagte, ich will eine Kampagne starten, um Großbritannien aus der EU zu führen, da haben Sie über mich gelacht. Aber jetzt lachen Sie nicht mehr!« Als Farage Merkels

Flüchtlingspolitik kritisiert und erklärt, die EU würde die Bürger belügen, werden die empörten Zwischenrufe lauter.»... und als die Bürger 2005 in den Niederlanden und in Frankreich gegen diese politische Union stimmten und die Verfassung zurückwiesen, da haben Sie sie einfach ignoriert und die Verfassung durch die Hintertür eingeführt!« Vereinzelter Applaus, die Problematik ist einigen Abgeordneten durchaus bewusst.

»Die kleinen Leute, deren Lebensstandard immer weiter gesunken ist, die gegen Globalisierung sind und gegen die Bankverflechtungen, die haben gesagt: Wir wollen unser Land zurück, wir wollen unsere Fischgründe zurück, wir wollen unsere Grenzen zurück, wir wollen eine unabhängige, selbständige normale Nation sein. Ich sage Ihnen heute eins: England wird nicht das letzte Land sein, das die EU verlässt!« Farage hält inne, lächelt in die Runde:»Jetzt hören Sie mal zu: Ich weiß, dass praktisch niemand von Ihnen einen ehrlichen Job ausgeübt hat in seinem Leben. Oder einen Job geschaffen hat!« Einige von Farages Fraktionskollegen können sich ein Lächeln nicht verkneifen, die Intensität der Zwischenrufe nimmt zu.

Chulz muss noch einmal eingreifen:»Liebe Kolleginnen und Kollegen, bei allem Verständnis für Ihre Aufregung, Sie benehmen sich gerade, wie UKIP sich normalerweise in diesem Hause benimmt. Herr Farage, ich will Ihnen aber eins sagen: Dass die Kollegen hier im Hause niemals einen ordentlichen Job gemacht haben ... Also Sie müssen nicht von sich auf andere schließen!«

Farage spricht sich noch für einen fairen Handel und Umgang miteinander aus und schließt mit dem Versprechen, dass England der beste Freund der EU sein werde. Als er Platz nimmt, brechen wieder Pfiffe und Buhrufe los. Farage grinst verschmitzt, hinter ihm erheben sich einige der Franzosen um Marine Le Pen und applaudieren ihm.

Sie können gleich weiterklatschen, jetzt kommt ihre Parteivorsitzende. Marine Le Pen steht auf, reibt sich genüsslich die Hände:»Tja, liebe Kollegen, wieso ärgern Sie sich so?« Der Brexit, erklärt die Französin triumphierend und mit ausgebreiteten Armen, sei das wichtigste politische Ereignis seit dem Fall der Mauer, ein Signal der Freiheit an die Welt, ein Schrei der Liebe eines Volkes, eine Ohrfeige für die EU-Befürworter und ein großer Sieg für die Demokratie: »Freuen Sie sich über die Befreiung der Völker! Patriotismus – das ist eine schöne Zukunft für die Europäische Union.«

Die restlichen Wortbeiträge sind dann kürzer und bringen wenig Neues. Lediglich Marine Le Pens Stellvertreter fordert die gesamte EU-Kommission zum sofortigen Rücktritt auf, allerdings ohne direkte praktische Folgen, und Verhofstadt teilt noch einmal gegen Nigel Farage aus: »Endlich werden wir den Posten im EU-Haushalt los, der die größte Verschwendung bedeutet und den wir 17 Jahre lang bezahlt haben: Ihr Gehalt!«

Das letzte Wort hat traditionell wieder der Vorsitzende der größten Fraktion, der die Debatte auch eröffnet hatte. Zu meiner Überraschung resümiert Manfred Streber nach all der Polemik und der Ratlosigkeit, die in den vergangenen Stunden zutage trat: »Ich glaub, das war heut eine sehr, sehr gute Debatte im Europäischen Parlament. Das Wichtige war, dass wir heute deutlich gemacht haben, wir stehen zu dieser Idee Europas, wollen diese Idee weiter in die Zukunft führen.«

Amen. Innerlich schlage ich drei Kreuzzeichen, als ich den Plenarsaal verlasse. Ob das Parlament eine Lehre ziehen wird aus dem Brexit? Nach der Debatte wage ich es doch zu bezweifeln.

Auf dem Weg zur Tiefgarage kommt mir Udo Voigt entgegen.

»Na, Voigt, immer noch in der Politik?«

»Immer noch, es ändert sich nix. Die Schaftstiefel haben Ihnen gut gestanden, neulich in dem Film.«

## HAMBURG, BUCERIUS LAW SCHOOL

Nach einem Vortrag an einer Hochschule in Hamburg stellt mir ein interessierter Zuhörer drei Fragen, die ich höflich beantworte. Als ich am nächsten Tag ins Netz schaue, stelle ich fest, dass ich offenbar der verkommenen *Bild*-»Zeitung« mein erstes – und letztes! – Interview gegeben habe.

**Sachdienlicher Hinweis einer
dämlichen deutschen Boulevardzeitung**

Martin Sonneborn erklärt Bild den Brexit:
»Ich gehe erst mal shoppen nach London«
EU-Politiker Martin Sonneborn (51), Satiriker und Gründer der Partei »Die Partei«, war schon immer anders. Er ist der Rebell des EU-Parlaments und lästerte Donnerstag an der Bucerius Law School über den Brexit.
*Wie stehen Sie zum Brexit?*
Sonneborn: »Ich habe ja immer gesagt, dass die Briten nie zum Kontinent gehört haben. Man kann auf jede Karte gucken, die gehören nicht dazu. Sie haben jetzt politisch nachvollzogen, was geographisch schon länger als seit Queen Mum's-Zeiten feststeht.«
*Wie sieht für Sie die bittere Zeit nach dem Brexit aus?*
Sonneborn: »Ich gehe erst mal shoppen nach London.«

## JULI 2016

## STRASSBURG, SOMMERFEST

Gartenfest in einer prächtigen alten Straßburger Stadtvilla. Die parlamentarische Vertretung lädt ein, und europäische Wein-, Schnaps-, Bier-, Blumen- und Fressfirmen dürfen unentgeltlich die Stände im Garten bestücken. Büroleiter Hoffmann und ich stehen auf der Gästeliste und haben keine Probleme beim Einlass. Auch unsere beiden Hamburger Praktikanten haben wenig Schwierigkeiten mit den Kontrollen am Gartentor. Sie verfügen zwar nicht direkt über eine Einladung, aber über etwas aus der

Mode gekommene Anzüge und beste Laune, die sie einer leichten nachmittäglichen Alkoholisierung verdanken. Ihre Laune bessert sich noch, als direkt hinter ihnen MEP Bernd Lucke der Eintritt verwehrt wird.

Hoffmann und ich diskutieren die Sachlage bei einem transsylvanischen Bier, als der Chef den Garten betritt. Nach allen Seiten grüßend dreht Parlamentspräsident Chulz eine Runde in Richtung Bühne. Uns kann er nicht sehen, weil einer seiner hochgewachsenen Leibwächter genau in der Sichtachse zwischen ihm und uns läuft, also belle ich im Kasernenhofton laut »SCHULZ!«. Während der Leibwächter mich interessiert mustert, tritt der SPD-Mann freundlich lächelnd auf uns zu. »Normalerweise sagen Sie doch ›Chulz‹, Herr Kollege Sonneborn?« – »Sie haben recht, aber ich wusste nicht, ob Sie schon darauf reagieren. Als inoffizieller Sprecher der fraktionslosen Abgeordneten möchte ich Ihnen nur erklären, dass wir Sie stützen werden, wenn Sie Ihre Amtszeit verlängern wollen ...« Forschend blickt mir der Rheinländer ins Gesicht, überschlägt offenbar kurz die Machtverhältnisse im EU-Parlament und seine Chancen als designierter Kanzlerkandidat der SPD, nickt mir zu und geht dann ans Mikrophon.

Wahrscheinlich ist sein Redenschreiber bereits im Urlaub. Chulz sieht den dicken schottischen UKIP-Abgeordneten David Coburn in der ersten Reihe stehen, erklärt, dass er gerade den schottischen UKIP-Abgeordneten David Coburn vor sich sehe, trotz des Brexit-Votums, hier auf dem Kontinent. Und dass der Mann ihm künftig fehlen werde. Egal, was er, Chulz, im Plenum von sich gebe, immer, immer höre er ein lautes »Rubbish!« aus Coburns Richtung. Schade, dass es das demnächst nicht mehr ... Ein lautes »Rubbish!« unterbricht den Parlamentspräsidenten, im allgemeinen Gelächter gibt er das Büffet frei.

Mit einem altersangemessenen Strohhut irrt Hans-Olaf Henkel umher, sucht wohl seinen Kompagnon Lucke. Als er uns sieht, kommt er heran und beglückwünscht uns zur Presseerklärung im Falle Pretzell/von Storch. Auf die Frage, wie es denn um ihn stehe, stöhnt der ehemalige BDI-Präsident auf: »Unser Schicksal ist doch, dass wir nicht zurücktreten können, da würden sonst AfD-Leute nachrücken. So Arschlöcher. Wahrscheinlich müssen wir noch auf dem Krankenbett verkabelt am Leben gehalten werden, bis zum letzten Atemzug ...«

»Haben Sie keinen Sohn, Henkel, auf den Ihr Mandat übergehen kann?«

»Hahaha«, lacht der alte Mann nach einem kurzen Moment des Nachdenkens und ohne eine Miene zu verziehen.

## BRÜSSEL, PARLAMENT

Die Korea-Delegation tagt – und diesmal mit Herbert Reul! Direkt neben mir nimmt der kleine Rheinländer mit dem hängenden Augenlid Platz. Ich stelle mich vor. Reul sagt, er freue sich wirklich, mich endlich kennenzulernen. Überraschenderweise wirkt er ganz ehrlich dabei.

»Unsere Delegation ist die einzige Gruppe, die Zugang zu allen Seiten hat«, erklärt er mir.

»Herr Reul, Sie waren schon mal in Nordkorea?«

»Ja!«

»Wann war das?«

»Ich weiß nicht mehr ...« Mit großen Augen schaut Reul mich an. Plötzlich kommt ihm eine Idee: »Wir fragen die Ausschussmitarbeiterin, die muss das doch wissen!« Energisch ruft Reul die Sekretärin heran. »Der Herr Sonneborn möchte wissen, wann wir in Nordkorea waren!«

»Ich frage mal nach«, entgegnet die Dame und geht gemächlich zurück auf ihren Platz.

»Die wollten da, dass wir unsere Mobiltelefone alle abgeben«, erzählt Reul aufgebracht, »dabei ist das Unsinn, die funktionieren dort sowieso nicht. Aber da bin ich Robin Hood! Aus Prinzip!«

»Was haben Sie gemacht?«

»Ich habe es einfach nicht abgegeben.«

Die Mitarbeiterin kommt wieder: »2013«, ruft sie Reul zu.

Reuls Augen funkeln: »Herr Sonneborn, es war 2013. Und es war beeindruckend, wie alle in Nordkorea an ihre Führung glauben. Wir haben mit so richtig hohen Leuten gesprochen, Außenministerium und so. Hohe Offiziere haben zu uns gesagt: ›Der große Führer wird das alles machen!‹.«

»Das haben sie vor 70 Jahren bei uns auch gesagt.«

»Ja, aber Reisen ist seeeehr interessant! Ich reise ja eigentlich nicht gern, aber wenn man dann reist, dann erlebt man doch oft irgendwas und lernt etwas von fremden Völkern. Da war eine junge Frau, hübsch, sie hatte ein Smartphone, und sie war nett. Und die glaubte ganz fest, dass alles gut wird in Nordkorea. Ihr Vater war ein hoher Offizier.«

Das Telefon von Bruno Goldfisch beginnt zu lärmen, dann beginnt die Sitzung.

## AUGUST 2016

### STRASSBURG, BÜRO

Kurz vor den Präsidentschaftswahlen in den USA meldet sich die *Huffington Post* bei mir. Eine Redakteurin fragt mich, ob ich den dämlichen Kandidaten Donald Trump in den amerikanischen Wahlkampf eingeschleust hätte. Ich denke kurz nach, kann mich nicht genau erinnern und antworte vorsichtshalber mit »Ja!«. Unseriöse Zeiten und Medien erfordern unseriöse Maßnahmen.

#### Sachdienlicher Hinweis der Huffington Post
Ihr habt es geahnt. Wir auch. Aber jetzt haben wir es schriftlich: Was Donald Trump in den USA abzieht, ist alles nur ein Scherz, eine genial geplante Inszenierung, Politsatire.

Trump ist ein Produkt des Satirikers Martin Sonneborn. Sonneborn gibt im Gespräch mit der *Huffington Post* zu: »Ich habe Trump in den US-Wahlkampf eingeschleust.« Und weiter: »Ich habe mir bei Trump übrigens viel mehr Mühe gegeben als bei der Einschleusung des Schmierlappens Sigmar Gabriel in die SPD.«
Trump beleidigt seit Monaten ausnahmslos alle in den USA. Minder- und Mehrheiten. Normalos und Helden. Und droht nebenbei noch mit dem Einsatz von Atombomben.
Und das alles, ohne auch nur einmal durch Lachen aus der Rolle zu fallen.
»Ursprünglich haben wir in Wahlkämpfen früher auch die US-amerikanischen Wahlkampfmethoden und -praktiken parodiert: Populismus, Inhaltsleere und Krawall; dieses jetzt noch einmal zu übersteigern und in den USA selbst zur Meisterschaft zu bringen, ist eine beeindruckende Leistung«, sagte Sonneborn der *HuffPost*.

## SEPTEMBER 2016

### STRASSBURG, PLENUM

Udo Voigt (NPD) tapert zu seinem Platz. »Na, Voigt«, frage ich, »immer noch in der Politik?«
»Hä?«
»IMMER NOCH IN DER POLITIK?«
»Was soll man tun? Als altes Frontschwein bleibt man dabei ...«
»Aber was bringt denn das? In Göttingen hatte selbst Die PARTEI mehr Stimmen als der NPD-Kandidat.«[*]

---

[*] Bei den Kommunalwahlen in Niedersachsen errangen PARTEI-Kandidaten über 20 Mandate.

»Die Wähler haben uns nur alle nicht gewählt, weil die auf das Urteil im NPD-Verbotsprozess warten. Danach wählen die wieder uns!«

> **Sachdienlicher Hinweis der Zeit**
> Ganz Niedersachsen lacht über die Göttinger NPD. Bei den Kommunalwahlen wollte diese siegessicher in den Kreistag einziehen und hatte schon ihren Kandidaten für das Landratsamt gekürt. Daraus wird nichts, denn der von der NPD anvisierte Sitz ging ausgerechnet an die Satirepartei »Die PARTEI«. Die kommentiert treffsicher: »Die PARTEI makes Göttingen great again!«

## STRASSBURG, PLENUM

Das Plenum ist heute voll besetzt, die Pressetribüne auch. Juncker hält eine groß angekündigte Ansprache zum »State of the Union«. Büroleiter Hoffmann hatte mir vor zwei Tagen eröffnet, ich müsse dann natürlich ebenfalls eine solche Rede halten, und sogleich eine Minute Redezeit beantragt. Ich hatte das klaglos akzeptiert und mir im Biergarten ein paar Gedanken gemacht. Was mich derzeit am meisten empörte, war das Verhalten der irischen Regierung. Die *Zeit* hatte vermeldet, Apple habe in Irland innerhalb weniger Jahre eine Steuerschuld von 12 bis 14 Milliarden Euro angehäuft – die die Regierung aber lieber nicht eintreiben wolle, wahrscheinlich aus Sorge, das Wohlwollen des Umsatzgiganten zu verspielen. Absurd. Der Chief Executive Officer von Apple, Tim Cook, hatte die Steuerforderung als »politischen Scheiß« abgetan. Was für ein Betrug und Diebstahl an den Bürgern! Zwölf Milliarden, was könnte man damit alles machen: Straßen und Schulen instand setzen, iPhones kaufen …

Der Kommissionspräsident spricht lange und verspricht den Europäern dabei das Aufstocken seines Investitionsprogramms von 315 auf 630 Milliarden Euro, von denen allerdings erst 500 Milliarden gesichert seien. Ob ich Europa eine weitere Verdoppelung versprechen soll? Nein, lieber nicht; ich weiß nicht, ob meine Haftpflichtversicherung im Zweifelsfall derartige Summen abdeckt.

Nach den üblichen Wortmeldungen der Fraktionsvorsitzenden höre ich Chulz plötzlich meinen Namen nennen: »Das Wort hat jetzt der fraktionslose Abgeordnete Sonneborn.« Na gut:

»Vielen Dank, Chef!«, nicke ich ihm zu. Chulz zuckt ein wenig überrascht. »Die EU hat sich verändert«, fahre ich fort. »Als ich mein Mandat antrat, wollte ich für ein starkes Kerneuropa kämpfen mit 27 Satellitenstaaten. Diese Anzahl hat sich reduziert. Nach dem Brexit und dem anstehenden Ausschluss Ungarns möchte ich dafür werben, auch den Iren die Tür zeigen. Eine Regierung, die es ablehnt, Steuerzahlungen der Firma Apple anzunehmen, könnte den Eindruck erwecken, es gehe um ein Europa der Konzerne, nicht der Bürger. Deswegen appelliere ich an die irische Regierung ...« Ab jetzt ziehe ich beide Mundwinkel nach hinten und oben, um möglichst perfektes Oettinger-Englisch zu sprechen: »Dear Mr President of Ireland! If you still believe that Apple will create some jobs in Ireland – forget it. Apple only ever had *one* Jobs. But he is dead. He will not come back. So please take my advice: Take the money and run! 13 Billion Euro will buy you many, many iPhones. This will generate more tax income for Ireland. Then you can buy even more iPhones. It's a win-win-win-situation. Think it over with a good bottle of Whisky. Sláinte!

Eine kleine Bitte noch, Herr Juncker: Könnten Sie Ihren Digitalkommissar Oettinger dazu verdonnern, sich alle 90 Minuten mit seinem Handy ins deutsche Telefonnetz einzuwählen? Das würde die Verhandlungen über Roaming und Leistungsschutzrecht in Brüssel erheblich aufwerten ...«

Während Juncker und Timmermans keine Miene verziehen, verkneift sich Chulz diskret ein Lächeln: »Vielen Dank, Herr Sonneborn, für Ihre ... (Pause) Rede. Auch dass Sie mich als Ihren Chef anerkennen, ehrt mich über alle Maßen, ich wusste gar nicht, dass ich der Chef eines so begabten ... (längere Pause) Menschen bin.«

Juncker und sein Stellvertreter Timmermanns müssen mitanhören, wie ihre EU weiter zusammenschrumpft

**Sachdienlicher Hinweis der Irish Times**

Another German really had the knives out for Ireland. MEP Martin Sonneborn, founder of Die Partei (The Party), demanded the Republic be thrown out of the European Union for refusing to accept the commission's judgment.

He said expelling Ireland was an important signal to show that Europe was there for its citizens and not multinational concerns. In an open letter to President Michael D. Higgins, he suggested the State »take the money and run«.

**Sachdienliche Hinweise aus dem Netz**

Synapsenkitzler: klatsch-app

Epsomgwtfbbq: Fühle mich gut vertreten, die Stimme war richtig gesetzt. Würde wieder die Partei wählen;

Harald von Hessen: Warum bekomme ich immer, wenn ich Sonneborn eingebe, angezeigt »Könnte Ihnen auch gefallen: Recep Tayyip Erdogan, NPD, AfD«

deepfield23: super fc bayern! alles gute fürs rückspiel!?

Martin Herwig-Päutz: Kopf hoch, unser Justizminister hatte bei Anne Will auch nur einen Klatscher. Und den hat er sogar selbst mitbringen müssen. In der heutigen Zeit wird außerhalb der CDU-Parteitage generell wenig geklatscht.

**... und von FAZ.net**

E. E.: Es ist unfassbar, wie manche Menschen sich einfach mal so über ein Staatsoberhaupt lustig machen können. Dann wundern sie sich, wenn sie verhört werden. Erst überlegen, dann aufs äußerste beleidigen ...

## BERLIN, PARTEI-ZENTRALE

Bei den Abgeordnetenhauswahlen in Berlin erhält Die PARTEI 2,0 Prozent der Stimmen; und außerdem zwei Mandate für die Bezirksverordnetenversammlung in Kreuzberg.

FUN-Fact: »Im Wahlbezirk Friedrichshain-Kreuzberg 2 lag die PARTEI offenbar zwischenzeitlich mit der CDU mit jeweils üppigen 5,9 Prozent gleich auf.« *(Telepolis)*

**Sachdienlicher Hinweis der Bundeszentrale für politische Bildung**
Für Berlin forderte die PARTEI verkehrspolitisch eine »Happy-Hour von 1.00 bis 4.30 Uhr«, in der sämtliche Geschwindigkeitsbegrenzungen aufgehoben werden. Zudem erteilt sie angeblichen Plänen zur Schaffung eines »Tiefflugübungs- und Bombenabwurfplatzes« auf dem Tempelhofer Feld eine Absage und schlägt den Rückbau und eine Neugestaltung des Potsdamer Platzes vor. Sie fordert in der Asylpolitik ein Zuzugsverbot für Schwaben, setzt sich für eine »700-prozentige Erhöhung der Hundesteuer« ein und fordert die »Wiedereinstellung der freigesetzten 248532 Polizisten«. Die PARTEI setzt sich zudem für die Einführung von sogenannten Bottle-Days ein, an denen alle Berlinerinnen und Berliner ihre Pfandflaschenbestände auf die Straße stellen und somit den Schwächsten der Gesellschaft ihre Solidarität aus-

drücken sollen. Zudem kündigt sie die Erstellung eines »6-Punkte-Plans« zur Behebung sämtlicher Probleme der Stadt Berlin an.

## STRASSBURG, PLENUM

Kurz vor Beginn der Sitzung stupst mich mein Sitznachbar Korwin-Mikke an: »Beim nächsten Mal halte ich eine Rede, nach der werden mich *alle* hassen!« Der Pole kichert zufrieden in sich hinein. Udo Voigt drängelt sich hinter uns durch, grinst mich an. »Jetzt werden Sie mir sagen, dass Sie uns auch in Berlin geschlagen haben? Wir hatten Ihnen extra ein Plakat freigehalten, vor unserer Zentrale nur zwei aufgehängt und eins freigelassen.«
»Ich weiß nicht, wahrscheinlich, wie viel Prozent hatten Sie denn?«
»Hä?«
»WIE VIEL?«
»0,6 Prozent. Unser schlechtestes Ergebnis ...«
Reflexartig ergänze ich »... seit Kriegsende.«
Voigt stutzt: »Nein, wir sind da ja erst seit den sechziger Jahren vertreten!«
»Aber ist das nicht ein Zeichen, dass Sie den Laden zumachen sollten? Die AfD verwaltet doch jetzt Ihr Erbe.«
»Jaha, das wird sich zeigen, ob die das System immanent bekämpfen oder wie wir von außen. Wenn sie es immanent bekämpfen, wird unsere Zeit wieder kommen ... Wer zuletzt lacht, lacht am besten!« Voigt lacht los, stockt: »Oh, jetzt habe ich zu früh gelacht!«

Die außersystemische Opposition hatte uns einen Plakatplatz vor ihrer Zentrale freigehalten? Das ist nett, denn 2011 hatte mich die NPD noch verklagt, weil wir ihr ein Plakat vor die Tür gehängt hatten. In der Wahl zum Berliner Abgeordnetenhaus arbeiteten die Neonazis mit einem Plakat, bei dem Udo Voigt auf einem Motorrad zu sehen war, die Hand am rechten Griff, das Ganze versehen mit dem plakativen Slogan »Gas geben!«. Dieses Motiv wurde in Berlin-Mitte direkt vor dem Jüdischen Museum plakatiert und wurde, wie man sich denken kann, in der Stadt heftig diskutiert. Da aber die PARTEI die einzige Partei ist, die mit geschmacklosen Plakaten werben darf, haben wir das Motiv einmal überarbeitet und eine akzeptable 2.0-Version davon hergestellt – dabei wurde das Bild von Udo Voigt und seinem Motorrad ausgetauscht gegen eins von Jörg Haider und dem Wrack des Phaetons, in dem sich der österreichische Rechtsradikale zu Tode gefahren hatte. Slogan und NPD-Logo ließen wir der Einfachheit halber stehen. Nachdem wir tagsüber die NPD-Plakate vor dem Jüdischen Museum aktualisiert hatten, überklebten wir in einer Nacht-und-Nebel-Aktion 400 weitere Exemplare, unter anderem direkt vor der NPD-Zentrale in Köpenick.

Zwei Jahre später rief mich ein Berliner Staatsanwalt an und erklärte mir, dass gerade eine Klage der NPD auf seinem Tisch liege, dass er sie aber wegen mangelnden öffentlichen Interesses einstellen könnte – gegen Zahlung einer Spende an eine Einrichtung meiner Wahl in Höhe von 300 Euro. Sofort holte ich mir bei der *Titanic*-Anwältin Gabi Rittig Rat. Sie empfahl mir, auf das Angebot einzugehen. So rief ich den Staatsanwalt zurück und sagte: »Gut, ich würde das Geld gern spenden, und zwar an den Mossad.« Der Staatsanwalt lachte. Dann erwiderte er: »Das geht nicht.« Wir einigten uns schließlich auf den Jüdischen Nationalverband, und ich hörte den Staatsanwalt grinsen, als er mir erzählte, dass er jetzt erst mal die NPD anrufen werde, um denen zu erklären, wohin das Geld geht.

## KEHL, EINKAUFSZENTRUM

Am frühen Abend fahren Büroleiter Hoffmann und ich von Straßburg nach Kehl. Im Ausland sind Lebensmittel wesentlich teurer als in Deutschland, und in Belgien gibt es außerdem eine Luxussteuer auf praktisch alle Haushaltsartikel; deswegen kaufen wir in einem direkt an der Hauptstraße gelegenen kleinen Einkaufszentrum ein, in dessen Tiefgarage man mit Hoffmanns Wagen praktisch hineinfahren kann. Als wir nach einer halben Stunde mit einem Kofferraum voll Küchen- und Badbedarf wieder abfahren, kommen uns zwei andere MEPs entgegen.

Zurück in der Tiefgarage des Parlaments hoffe ich nur, dass uns jetzt niemand sieht. Zwei Männer in Anzügen laden konspirativ Küchenrollen und Großpackungen Toilettenpapier aus einem Mercedes-Kofferraum in einen Audi-Kofferraum.

## STRASSBURG, PLENUM

Gleich beginnen die Abstimmungen, unten stehen die Saaldiener bereit, den Präsidenten hereinzugeleiten. Hektisch kommt Korwin-Mikkes polnischer Assistent angelaufen. Aus irgendeinem Grund ist die »Voting-List« des Polen nicht aufzufinden. Während Korwin-Mikke verdrießlich das Gesicht verzieht, empfiehlt ihm der Assistent, er solle sich an Reinhard Bütikofer orientieren, der gut sichtbar drüben bei den Grünen thront, und immer genau entgegengesetzt abstimmen. Die Abstimmungen beginnen. Das Prinzip funktioniert, Bütikofer ist gut zu erkennen, das rote oder grüne Licht an seinem Abstimmgerät ebenfalls.

Ein paar Minuten stimmen Korwin-Mikke und ich munter vor uns hin. Auf einmal wird zum allgemeinen Erstaunen irgendeine Gesetzesformulierung mit nur einer einzigen Stimme abgelehnt. Bei uns beiden signalisiert ein rotes Lämpchen an den Stimmgeräten, dass wir parallel mit NEIN gestimmt haben. Der Pole jubelt »Ich war's!«. Ich korrigiere ihn: »Nein, ich!« Dann müssen wir beide lachen. Per SMS bitte ich meinen Büroleiter, herauszufinden, was wir Fraktionslosen gerade entschieden haben. Die Antwort kommt kurze Zeit später per Mail und ist ein bisschen enttäuschend, meine Allmachtsgefühle schwinden schnell wieder: »Es ging um diesen Bericht: Entschließung des Europäischen Parlaments über die Umsetzung des Übereinkommens der Vereinten Nationen über die Rechte von Menschen mit Behinderungen unter besonderer Berücksichtigung der abschließenden Bemerkungen des Ausschusses der Vereinten Nationen zum Schutz der Rechte von

Menschen mit Behinderungen (2015/2258(INI)). Und dort um einen Erwägungsgrund. Wenn du dafür gestimmt hättest, hieße es nun ›in der Erwägung, dass die Kommission ihren Vorschlag für eine Richtlinie über den Mutterschaftsurlaub zurückgezogen hat und der Aspekt gleicher Rechte für Mütter und Väter, Kinder und Erwachsene somit in der Politik der EU zugunsten einer besseren Vereinbarkeit von Beruf und Privatleben bisher nicht ausreichend berücksichtigt wird‹. Mit deiner Stimme hast du es verkürzt auf ›in der Erwägung, dass die Kommission ihren Vorschlag für eine Richtlinie über den Mutterschaftsurlaub zurückgezogen hat‹. Ist aber halt nur nur ein unbedeutender Erwägungsgrund.«

Um dem Gedrängel von über 700 Abgeordneten zu entgehen, bleibe ich nach den Abstimmungen oft noch ein bisschen am Platz und beantworte Anfragen. Gerade will ich mich der Beantwortung einer Frage bei Abgeordnetenwatch widmen, da kommt Hans-Olaf Henkel auf mich zu: »Na, was machen Sie denn wieder Schlimmes?«

Ohne groß nachzudenken erkläre ich, was ich gerade tue: »Ich beantworte die Frage eines Wählers, wie lange es nach der Machtübernahme dauern wird, die Mauer wieder aufzubauen.«

Henkel verzieht keine Miene, hat aber recht deutliche Probleme, sich in dieser täglich komplexer werdenden Welt zurechtzufinden. »Macht…übernahme …? Mau…er … wieder … auf …?«

»Machtübernahme bedeutet über 50 Prozent der Sitze im Bundestag, und den Wiederaufbau der Mauer fordern wir bereits seit 2004. Immer mehr Staaten übernehmen diese Idee und immer mehr Wähler, wir hatten zwei Prozent bei den Wahlen in Berlin.«

Ob Henkel auf Botox ist? In seinem Gesicht zeigt sich keine Regung: »Zwei Prozent in Berlin? Wie haben Sie denn das gemacht?? ZWEI PROZENT??? Wir hatten 0,4 Prozent mit der ALFA …« Ich überlege, ob ich etwas Tröstendes sagen soll, aber mir fällt nichts ein. Nullkommavier Prozent für eine »Allianz für Fortschritt und Aufbruch«? Ein absurdes Ergebnis für eine politische Partei!

Henkels Blick schweift ab: »Die AfD war ja tot, als wir sie verlassen haben, Tausende traten aus, die lagen bei drei oder vier Prozent 2015. Die Flüchtlinge haben die AfD zurückgebracht ... Merkel hat zwei Fehler gemacht: Der Euro hat die Briten aus der EU getrieben, der Euro und die Zentralisierung, die Briten waren die Letzten mit gesundem Menschenverstand, und Farage und Johnson haben das ausgenutzt, haben verkündet, dass Merkel alle Flüchtlinge aufnehmen und mit Reisepässen ausstatten will, mit denen sie dann nach London kommen ...« Sein Blick fällt wieder auf mich. »Na, Sie werden im Parlament bleiben nach 2019, ich gehe dann ja. Bin froh darüber, da kommen die ganzen Arschlöcher von der AfD. Ich kenne die ja alle!«

»Also Pretzell saß schon neben mir, ein ganz unauffälliger Rechtsradikaler ...«

»Pretzell rechtsradikal?« Henkel lacht auf: »Der steht doch für nichts! Der war pleite, 2015, Offenbarungseid, wussten Sie das? Der hat geschaut, was muss ich sagen, um Erfolg zu haben, ah, was Rechtes. Und dann hat er es gemacht. Die Petry, seine Freundin, auch, wissen Sie, was die beiden verbindet? Beide standpunktlos, beide pleite, beide vier Kinder und abgehauen. Bei Gauland, da weiß man wenigstens, wofür der steht.«

Auf dem Weg nach draußen treffe ich Marcus Pretzell. »Der sächsische CDU-Kollege Winkler hat eine Koalition aus CDU und AfD vorgeschlagen, ist das nicht rufschädigend? Bei der Einstellung Ihrer Wähler?«

»Ja, sehr, ich hatte eigentlich auch gedacht, das Angebot würde von der PARTEI kommen, wir brauchen doch schließlich Mehrheiten ...«

»Das wird nichts, Hans-Olaf Henkel hat mir verraten, dass Sie gar nicht aufrichtig rechtsradikal sind!«

»Rechtsradikal? Ich dachte immer, das wären Sie!«

Vor dem Plenum wartet Büroleiter Hoffmann auf mich. Lachend zeigt er auf sein Handy und sprudelt los: »Ich hab heute Morgen Herbert Reuls Rede zum State of the Union angesehen, Hashtag SOTEU – sie hat einen Aufruf, einen einzigen! Und das war ich, hier ist der Beweis, Bildschirmfoto, schau, bei mir in der Playlist steht »1« und ›angesehen‹ ... Ich bin sein größter Fan!«

# OKTOBER 2016

## BRÜSSEL, CAFÉ BELGA

»Die europäische Idee entstammt nicht, wie in der offiziellen Selbstdarstellung der EU oft angeführt, der Nachkriegszeit. Dieses Narrativ ist leider falsch«, erklärt mir meine Europapolitische Beraterin. »Selbst in der NSDAP gab es ein sogenanntes ›Europakränzchen‹, in dem Pläne für ein deutsches Europa formuliert wurden. Interessanterweise sind sie heute fast vollständig umgesetzt, vom einheitlichen Wirtschaftsraum über eine Zentralbank auf deutschem Gebiet bis zur gemeinsamen Währung, die ursprünglich ›Europagulden‹ heißen sollte ...«

Belustigt blättere ich weiter durch die Zeitung. Die *Welt* lese ich normalerweise nur in Hotels, und im Prinzip auch nur »Zippert zappt«. Aber heute veröffentlicht das Springer-Blatt ein ganzseitiges Interview mit mir.

**Sachdienlicher Hinweis der Welt**

Die Welt: Was motiviert Sie eigentlich zur Arbeit im Europaparlament?

Martin Sonneborn: Es gibt viel Berichterstattung über die seriösen Seiten der EU, und mich interessieren die unseriösen.

Die Welt: Ihre Kritik zur Steuermoral von Apple teilen Sie mit vielen Menschen. Warum verpacken Sie berechtigte Kritik als Satire? Verliert sie dadurch nicht an Wirkung?

Martin Sonneborn: Ich betrachte meine Arbeit als moderne Turbopolitik, die auch anders wahrgenommen wird als herkömmliche Politik. Um ein Beispiel zu nennen: Der CDU-Abgeordnete Herbert Reul hält gern etwas unbeholfenere, ernste Standardreden. Meine Rede zu Irland wurde 5 Millionen Mal aufgerufen, die Rede von Reul zum gleichen Zeitpunkt 35 Mal. Und drei Mal davon waren mein Büroleiter und ich. Das spricht dafür, die Botschaft mit einem kleinen Witz zu versehen.

Die Welt: Eine Rede allein hat aber selten etwas bewirkt.
Martin Sonneborn: Es ist nicht mein Anspruch, direkte Wirkung zu erzielen. Viele Menschen sehnen sich aber offensichtlich danach, dass Alternativen formuliert werden in einer Zeit, in der Angela Merkel Dinge einfach für alternativlos befindet. Zumal sie auch aus der Opposition lediglich reflexhaft kritisiert wird. Ich finde es befriedigend, mit satirischen Mitteln arbeiten zu können, gleichzeitig im besten Falle einen aufklärerischen Aspekt zu liefern und den gesunden Menschenverstand da zu vertreten, wo viele Menschen eine Äußerung einfordern.

Die drei Abrufe von Hoffmann und mir kamen zustande, weil wir den Beitrag zuerst getrennt geschaut hatten und dann noch einmal gemeinsam, weil wir nicht glauben konnten, was wir da gesehen hatten. Von Jo Leinen gibt es bei Youtube sogar Reden, die auf der ganzen Welt kein einziges Mal abgerufen wurden. Null Abrufe. Und das ist eigentlich eine Unverschämtheit, weil es bedeutet, dass nicht einmal sein Büroleiter, der die Dinger einstellt, angeschaut hat, ob das Zeugs überhaupt läuft.

## BRÜSSEL, CAFÉ BELGA

Ein paar Tage später blättere ich wieder durch die *Welt*, die ich normalerweise nur in Hotels lese, und im Prinzip auch nur »Zippert zappt«. Aber heute veröffentlicht das Springer-Blatt einen langen engagierten Leserbrief von Jo Leinen.

**Sachdienlicher Hinweis der Welt**
Großer Bahnhof
Zu: »In der Erdogan-Affäre wollte ich Böhmermann Asyl anbieten« vom 6. Oktober 16
Das ganzseitige Interview in der *Welt* ist ein großer Bahnhof für Martin Sonneborn, ein Abgeordneter, der nicht Politiker sein will, und seine Spaßpartei – auch die Mandate – nutzt, um den

Politikbetrieb lächerlich zu machen. Wegen der Nullprozenthürde ist Martin Sonneborn 2014 genauso wie die NPD und andere Miniparteien in das Europaparlament eingezogen. In Europa hat man sich über die deutschen Sonderlinge gewundert und zum Teil geärgert. Zur Mitte der Legislaturperiode bin ich gelassener. Martin Sonneborn ist in Brüssel nicht bekannt, fällt bei den 751 Abgeordneten nicht auf, und der direkte Schaden hält sich in Grenzen. Das monatliche Gehalt im Parlament plus die sonstigen Aufwendungen sind für die Ausübung seines Hobbys ganz schön üppig. So gibt es dann eine Querfinanzierung aus dem EU-Haushalt für seine Beiträge im Satiremagazin *Titanic,* was auch schon Satire ist. Bei seinem neuen Buch über die Politik in Brüssel sollte sich Martin Sonneborn beeilen, bei der nächsten Europawahl 2019 wird es eine Sperrklausel zwischen drei und fünf Prozent geben, die seine Spaßpartei kaum überwinden wird. Da hört dann der Spaß auch wieder auf.
Jo Leinen, SPD, MdEP

### Sachdienlicher Hinweis aus dem Netz
Heide Witzka: »Jo Leinen? War das nicht der, der sich mal zu Martin Sonneborn geäußert hat?«

Hoppla, wie kann denn der Kollege Leinen so nachtragend sein, bloß weil wir mal seinen komischen kleinen Sektempfang mit Erdnüsschen im EU-Parlament gekapert haben?

Dustin Hoffmann ruft an. Er hat den Leserbrief gesehen. Und sich einmal etwas näher mit Jo Leinen beschäftigt: »Für Leinen selbst ist das monatliche Gehalt übrigens gar nicht so üppig, denn er bezieht nebenher noch eine Pension aus dem Saarland, rund 7000 Euro, weil er dort mal Umweltminister war. Allerdings nicht sehr erfolgreich, er war offenbar nicht in der Lage, sein Ministerium zu führen, und Oskar Lafontaine nannte ihn zum Schluss nur noch »Pannen-Jo«. Das zusätzliche Geld hat er sich recht geschickt gesichert, er hat eine Gesetzeslücke ausgenutzt. 2009 wurde ein neues europäisches Abgeordnetenstatut eingeführt, Jo Leinen war damals schon so alt, dass ihm eine Pension aus seiner Tätigkeit als Umweltminister

»Wir werden dieses Land unregierbar machen!«, drohte Jo Leinen 1983 in der außerparlamentarischen Opposition, heute ist er Pensionist & Parlamentarier und trägt Hut.

im Saarland zustand. Nach dem alten Statut wurde diese mit der Diät verrechnet, und er hätte nur 20 Prozent davon zusätzlich bekommen. Im neuen System bezieht man hingegen durch eine Gesetzeslücke die volle Pension.

Die Abgeordneten konnten 2009 wählen, ob sie im alten System bleiben oder ins neue wechseln. Leinen wurde damals von Journalisten befragt, wie er sich entscheidet: Er hat versichert, dass er im alten System bleiben werde. Durch ein, wie er es nannte, »administratives Versäumnis« hat er aber die Frist dafür verstreichen lassen und ist automatisch im neuen System gelandet – mit voller Pension. Verschiedene Medien haben dann noch mal nachgefragt, ob er das Geld nicht zum Beispiel spenden wolle, seine Antwort war: »Weitere Entscheidungen sind nicht zu treffen.« Auf öffentlichen Druck hin hat er dann wohl mal einen Teil einer Monatspension gespendet – und danach ist die Sache im Sande verlaufen.

## BRÜSSEL, FLUGHAFEN ZAVENTEM

Vor mir in der Warteschlange erkenne ich Knut Fleckenstein, einen nicht unsympathischen etwa 60-jährigen Sozialdemokraten: »Ah, Fleckenstein, guten Tag. Wir sind Kollegen. Ich gehöre zum Abschaum des Parlam…«

»Ja, ich kenne Sie«, lächelt der stellvertretende Fraktionsvorsitzende, »Sie machen Späße auf Kosten des Staates!«

»Nun, wir nennen es moderne Turbopolitik. Und ich meine, es macht bessere Laune, wenn man sich bei seiner Arbeit inhaltlich nicht allzu sehr verbiegen muss ...« Der Hamburger schaut mich fragend an, deshalb fahre ich fort: »... wie die SPD bei ihrer Arbeit in der Großen Koalition im Europaparlament.«

»Da haben Sie recht, das ist das Problem der SPD. Wir müssten ...«, ein klein wenig strafft sich sein Körper, »wir müssten einfach etwas selbstbewusster sein. Die Linken und die Grünen stellen auch immer Forderungen an uns, wenn es um Rot-Rot-Grün geht.« Ein wenig resigniert schließt er: »Wir müssten denen auch mal Forderungen stellen!«

## STRASSBURG, MEP-BAR

In der Bar stehen Marcus Pretzell und Hans-Olaf Henkel, ohne einander zu bemerken, Rücken an Rücken, in ihre jeweiligen Gespräche vertieft, nur wenige Zentimeter voneinander getrennt. Ich erhebe mich von meinem Tisch, trete unbemerkt hinzu und klopfe beiden gleichzeitig auf die Schulter. Wie auf Kommando drehen sich beide um, erkennen einander, springen auseinander: »Gütiger Himmel!« – »Nein, das ist noch zu früh!« Danach wahren sie wieder den gebührenden Abstand ehemaliger Parteifreunde.

## STRASSBURG, PARLAMENT

Auf dem Weg ins Plenum überhole ich Udo Voigt.
»Na, Voigt, immer noch in der Politik?«
»Hä, was?« – »Noch in der PO-LI-TIK?!«
»Was soll sich daran ändern? Bis zum letzten Atemzug ...«

Leicht verspätet schiebe ich mich in den Saal, die Abstimmungen laufen schon, ich suche meinen Sitzplatz, die Lücke in der vorletzten Reihe und erstarre: Die Reihe ist voll besetzt. Wie kann das sein? Korwin-Mikke, mein großer alter kahler Freund, ist schnell lokalisiert, und rechts daneben müsste ein Platz frei sein, mein Platz – aber da sitzt ein kleiner Mann mit blauem Anzug und braunen Locken! Ich kenne ihn, es ist Steven Woolfe, ein UKIP-Mann aus Manchester.

Woolfe ist der Abgeordnete, der kürzlich bei einem ehrlichen Faustkampf um die Nachfolge von Nigel Farage im Straßburger Parlament zu Boden gegangen war, dort ein paar Minuten wie leblos lag und dann sofort ins Krankenhaus gebracht werden musste. Ich hatte die Rettungssanitäter durchs Plenum hasten sehen und zuerst gedacht, Elmar Brocken (177 kg, CDU) wäre etwas zugestoßen. Mit einem leichten Anflug schlechten Gewissens ...

**Sachdienlicher Hinweis von Vice**
Vice: Da es ja immer auch um Moral geht, habe ich Ihnen drei von Max Frischs Fragen rausgesucht. Los geht's: Wie heißt der Politiker, dessen Tod durch Krankheit, Verkehrsunfall usw. Sie mit Hoffnung erfüllen könnte??
Martin Sonneborn: Ich überlege gerade ... Vielleicht Elmar Brocken von der CDU. Ich habe von Anfang an gesagt, ich möchte Chulz politisch überleben, und Brocken biologisch. Da könnte natürlich ein Autounfall die Sache abkürzen.
Vice: Sehr gut. Und was ...
Martin Sonneborn: Ich hoffe, das »sehr gut« wird auch veröffentlicht.
Vice: Na klar!

Aber dann hatte ich auf dem Weg zur MEP-Bar die Absperrungen gesehen. Bei dem leblos wirkenden kleinen Körper, der hinter den Sichtschutzwänden auf dem fragilen Übergang zum Plenum lag, konnte es sich unmöglich um Brocken handeln.

Darf man den britischen Zeitungen Glauben schenken, hatte der Engländer in der intensiven Diskussion um die Fraktionsführung seine Jacke ausgezogen, um seine Argumente nachdrück-

Klare Niederlage durch K.O. in der ersten Runde: Steven Woolfe

licher vertreten zu können, sie ordentlich aufgehängt und in diesem Moment bereits von Mike Hookem (63) auf die Nase erhalten. Hookem, das hatte Woolfe wohl übersehen, ist verteidigungspolitischer Sprecher der UKIP.

Woolfe hatte nach drei Tagen zuerst das Krankenhaus verlassen, dann seine Partei. Und jetzt sitzt er bei uns Fraktionslosen, eine nette Verstärkung zweifellos, auch wenn er noch an seiner Deckung arbeiten muss. Da Bordez, der französische Generalsekretär der Fraktionslosen, mich nicht leiden kann, hat er den Engländer einfach auf meinen Platz gesetzt. Ein Saaldiener geleitet mich zu meinem neuen Sitz, eine Reihe weiter vorne. Ich muss schlucken. Jetzt habe ich Udo Voigt direkt im Nacken, und links von mir sitzen Foundoulis, Synadinos und Epitideios, die drei rechtsradikalen Griechen der »Goldenen Morgenröte« – einer Nazipartei, deren Mitglieder ihren Hitler-Gruß »klassisch-dorisch« nennen, Alfred Rosenberg lesen und vorschlagen, das Problem der illegalen Einwanderung mit Tretminen an den Grenzen zu bekämpfen. Synadinos war seinerzeit schon einmal von Chulz gemaßregelt worden.

**Sachdienlicher Hinweis der FAZ**
EU-Parlamentspräsident Schulz verwies Synadinos am Mittwoch aus dem Saal des Straßburger Parlamentsgebäudes, nachdem dieser von Türken als »geistigen Barbaren« gesprochen und sie als »schmutzig« bezeichnet hatte. Synadinos ging erst nach fast tumultartigen Szenen, als Schulz die Saaldiener gebeten hatte, ihn hinauszuführen.

Ich habe nichts gegen Irre, aber unsympathische Irre aus einer Partei, die das Horst-Wessel-Lied nur auf Griechisch singen kann, und nur, wenn sie nicht gerade »Blut und Ehre« brüllt? Wer mag sich da einen Bleistift vom Nebenmann ausleihen, die Pausenbrote teilen, den Nachbarn bei Abstimmungen von seiner Stimmliste abgucken lassen?

Sofort nach der Sitzung gehen Büroleiter Hoffmann und ich ins Generalsekretariat der Fraktionslosen und schlagen dort Krach. Generalsekretär Bordez, ebenso überbezahlt wie unterbeschäftigt, ist natürlich nicht in seinem Büro. Vielleicht ist er in Paris? Es heißt, dort sei er ab und an, nehme aber nicht jedes Mal extra Urlaub, schließlich sei die französische Hauptstadt in gut anderthalb Stunden mit dem Zug zu erreichen. Jedenfalls ist er nicht greifbar, und wir hinterlassen seinem Stellvertreter eine recht deutlich formulierte Bitte um einen Platztausch, weg von den Rechtsradikalen.

## BRÜSSEL, PARLAMENT

Das Büro des Parlamentspräsidenten fragt per Mail nach meiner Handynummer. Wenig später ruft Chulz selbst an, bittet mich für die kommende Woche zum Kaffee in sein Büro im neunten Stock. Ich sage zu, fordere aber im Gegenzug einen anderen Sitzplatz, »am besten neben Elmar Brocken«. Chulz lacht. »Den können Sie haben! Sie dürfen sitzen, wo Sie wollen!« Wie sich herausstellt, sind die einzelnen Plätze den Abgeordneten zwar namentlich zugeteilt, aber meine Karte, mit der ich mich bei elektronischen Abstimmungen legitimiere, funktioniert an jedem freien Sitzplatz. Und freie Plätze gibt es im Plenum immer. Beruhigend, das zu wissen.

## BRÜSSEL, BAR

Sarah kommt, unsere belgische Assistentin, erzählt, dass sie gestern von einem UKIP-Abgeordneten angesprochen worden sei. Meine Erdogan-Rede habe den Briten gut gefallen, und mit derartigen Abrufzahlen im Internet sei ich ein kleiner Star in England. Ich könnte doch in ihre Fraktion kommen, in die EFDD. Sarah hatte geantwortet, dass Nigel Farage mich schon gefragt habe und dass ich verlangt hätte, im Gegenzug die Fraktion umzubenennen, in »Sonneborn's EFDD«. Der Brite hatte entgegnet: »Ja? Und warum haben wir das nicht gemacht? Namen sind doch total egal!«

## STRASSBURG, PLENUM

Gut gelaunt grüße ich die Saaldiener vor dem Plenum, lasse mir den neuen Sitzplan zeigen. Es ist ein erhebendes Gefühl, dem Franzosen Bordez gezeigt zu haben, wer in Europa das Sagen hat. Als ich auf dem Plan meinen Namen finde, kann ich es nicht fassen: Ich sitze noch immer neben den »Golden Dawn«-Typen, zum Ausgleich habe ich jetzt aber Alessandra Mussolini zu meiner Rechten, die Enkelin des Duce.

#### Sachdienlicher Hinweis von N24
Auf den Vorwurf eines transsexuellen Politikers, sie sei Faschistin, antworte Alessandra Mussolini: »Besser, ein Faschist zu sein als eine Schwuchtel!« Sie sei stolz darauf, Faschistin zu sein.

**Sachdienlicher Hinweis der Welt**
Mussolini (52), Enkelin des Faschistendiktators Benito und Europaabgeordnete für Forza Italia, hat mit ihren öffentlichen Anschuldigungen einen Zickenkrieg unter Politikerinnen ausgelöst. Sie beschimpfte die Abgeordnete im römischen Parlament Nunzia De Girolamo, nicht wegen politischer Meriten an ihr Amt gekommen zu sein. »De Girolamo, ich habe keine Ahnung, wie du Parlamentarierin geworden bist. Oder vielmehr: Ich weiß es, aber ich sage es nicht ...«, meckerte Mussolini während einer Tagung am Wochenende.

Mussolini, derzeit vermutlich das einzige ehemalige Playboy-Covergirl im EP, hatte im Sommer 2011 im italienischen Parlament für Furore gesorgt. Als ultrarechtes Mitglied der Berlusconi-Fraktion wurde sie wütend, als sie erfuhr, dass sie als Platz 5 auf einer »Po-Liste« der höchstbewerteten weiblichen Hinterteile des Parlaments geführt wurde. Wütend, weil sie sich unterbewertet fühlte. Und zwar sehr wütend: »Ich verspreche, wenn auch nur eine Zeile darüber veröffentlicht wird, schreibe ich einen Artikel in *L'Espresso* darüber, wie lang – oder kurz – die Mikropenisse unserer männlichen Mitglieder im Parlament sind.«

Leider taucht sie bis zum Ende der Sitzung nicht auf. Schade, ich hätte mich gern mit ihr unterhalten, zum Beispiel darüber, ob es die Abgeordnete Barbara Matera wirklich gibt. Matera war ebenfalls von Berlusconi geschickt worden.

**Sachdienlicher Hinweis der Welt**
Ihr Versuch, Miss Italia zu werden, scheiterte. Barbara Matera arbeitete als Schauspielerin in Billigproduktionen und als Programmsprecherin für das italienische Fernsehen. Dann entdeckte Italiens Regierungschef Silvio Berlusconi die wohlproportionierte Italienerin und machte sie zur Abgeordneten. Seine Kriterien: »Wir wollen kultivierte Leute, die gut riechen und nicht schlecht angezogen sind.« Berlusconis damalige Frau,

Veronica Lario, reagierte ungehalten und bezeichnete die Kandidatur Materas als »schändlichen Unfug«.

Matera ist in der EVP und stellvertretende Vorsitzende im »Frauen«-Ausschuss (FEMM).

EVP-Kolleginnen erklären den Medien gegenüber: »Ich habe diesen Namen noch nie gehört.« Assistentin Sarah allerdings hat den Namen schon gehört, als ich sie frage: »Ja, ich weiß, in welchem Hotel sie in Straßburg immer wohnt. Es wollten mir schon Abgeordnete Geld bezahlen, damit ich es verrate. Hab ich aber nicht gemacht!«

Als ich das Plenum verlasse, höre ich draußen auf dem Gang Elmar Brocken herumtrompeten.

### Sachdienlicher Hinweis der Neuen Westfälischen

Bis zur Abstimmung ist es noch hin, doch Elmar Brok ruft den Gewinner einfach schon mal aus. »Ah! Il Presidente!«, schmettert er Antonio Tajani auf einem der Korridore des Straßburger EU-Parlaments entgegen. Tajani lacht, sie streichen sich gegenseitig über Schultern und Rücken. »Foto! Ich will ein Foto«, verlangt Brok, und um die beiden Männer herum holen Mitarbeiter ihre Mobiltelefone hervor.

»Elmar, der wichtigste Abgeordnete des Parlaments«, schmeichelt Tajani zurück und setzt sein Gérard-Depardieu-Grinsen auf. Eine Übertreibung, gewiss. Wenn man Brok in seiner Welt erlebt, fragt man sich allerdings schon: Wer eigentlich sonst?

Wenn man Brok googelt, taucht in der Angebotsliste als Erstes der Name »Sonneborn« auf. Der Europaabgeordnete, Satiriker und Chef der »Partei«, hat den 70-jährigen CDU-Politiker einige Male aufs Korn genommen. Inzwischen sei er »sauer, weil ich ihn vor laufender Kamera angepfiffen hab«, erzählt Brok feixend. »Seitdem verfolgt er mich mit Rache. Da sieht man mal, wie kleinkariert der ist.«

## BRÜSSEL, PARLAMENT

Standesgemäß lässt mich Chulz ein paar Minuten vor seinem Büro oben in der Präsidentenetage im neunten Stockwerk warten. Die Zeit vertreibe ich mir auf Twitter. Dann öffnet sich die Tür, und Chulz bittet mich herein.

Eine gute halbe Stunde sitzen der Chef und ich in seinem aufgeräumten Büro, blicken hinunter auf Brüssel und reden über dies und das. Ich würde gern berichten, dass Chulz mir verraten hat, wie er die SPD von Europa aus retten will, wie er wieder sozialdemokratische Inhalte in seiner kaputten Partei durchsetzen will, aber für die Unterhaltung muss ich Verschwiegenheit zusagen.

Nachdem wir das Büro verlassen haben und die Vertraulichkeit endet, biete ich Chulz Koalitionsgespräche für 2021 an. Der Rheinländer lacht und ruft seinem Büroleiter zu: »Er hat mir Koalitionsgespräche für 2021 angeboten!« – »Ja, ich fürchte 2017 wird es schwer für unsere beiden Parteien«, verabschiede ich mich, »Tschüss, Chulz!«

### Sachdienlicher Hinweis der Hamburger Morgenpost
Böser Satire-Tweet zum HSV
Der *ARD*-Film »Terror – Ihr Urteil« hat die Zuschauer am Montag vor eine Gewissensfrage gestellt – und das deutsche Publikum hat eindeutig entschieden. 87 Prozent der Zuschauer sprachen im virtuellen Gerichtssaal einen Kampfpiloten frei, der eine Passagiermaschine mit 164 Menschen an Bord abgeschossen hatte, um einen Anschlag mit eben dieser Maschine auf ein voll besetztes Fußballstadion zu verhindern.
Der Satiriker Martin Sonneborn gab sich mit dem Urteil der Masse offenbar nicht zufrieden und stellte daher am Dienstag eine ebenso hypothetische wie vielsagende und geschmacklose Frage in den Raum. »Wäre die Abstimmung bei ›Terror‹ gestern Abend klüger ausgegangen, wenn das Flugzeug Kurs aufs Volksparkstadion genommen hätte?«, twitterte Sonneborn unter Verwendung des Hashtags #HSV. Erste User reagierten angewidert auf den Post des *Titanic*-Mitherausgebers und Europapolitikers

der »PARTEI«. »Satire darf viel, aber nicht alles!«, schrieb etwa einer an Sonneborn.

## BRÜSSEL, BÜRO

Hoppla, überraschende Post aus dem Bundestag, Bundestagspräsident Lammert schreibt uns. Wenn ich sein Juristendeutsch richtig verstehe, wirft er uns vor, wir hätten unter absoluter Geheimhaltung (*Spiegel TV, Telepolis, FAZ, Meedia.de* et al.) und in betrügerischer Absicht im Rechenschaftsbericht der PARTEI unrichtige Angaben gemacht. Der Bundestag hat rückwirkend die entsprechenden Gesetze geändert, und die Einnahmen aus dem ersten Geldverkauf seien keine Einnahmen. Aus diesem Grund fordert Lammert angeblich unrechtmäßig erlangte 71 643,92 Euro von uns zurück und verhängt im selben Atemzug noch eine Strafzahlung in Höhe von 383 750 Euro, insgesamt also rund 450 000 Geld. Rumms. Die Stimmung im Bundesvorstand ist so mittel, als ich die Nachricht weiterleite. Rücktritte, Austritte, Haftungsmodalitäten und Pfändungsgrenzen werden gegoogelt. Und natürlich: AfD, Goldverkauf. Das Ergebnis ist ernüchternd, der Goldverkauf der AfD wird in keiner Weise beanstandet.

### Sachdienlicher Hinweis des Spiegel

Damit wäre die Partei »selbstverständlich pleite«, sagt Sonneborn, es sei denn, »wir fänden ein paar jüdische Vermächtnisse, Koffer mit Schwarzgeld oder anonyme PARTEI-Spender«.
So bizarr das Ganze klingt: Es wäre das erste Mal, dass die Bundestagsverwaltung einer Partei wegen möglicher Unregelmäßigkeiten im Rechenschaftsbericht das Ende bereitet.

Moment mal, der PARTEI ein Ende bereiten? Das wollen wir doch mal sehen! Im Jahr 2014 haben wir erstmals staatliche Gelder erhalten, 56 000 Euro. Bis dahin haben wir zehn Jahre lang mit viel persönlichem Einsatz, Kreativität, begeisterungsfähigen

PARTEI-Mitgliedern, *Titanic*-Lesern und Sympathisanten aus allen Bereichen der Gesellschaft einen beachtlichen Parteibetrieb auf die Beine gestellt. Die lustigsten Aktionen haben wir mit zweistelligen Summen finanziert – oder die IG BAU hat uns dabei unterstützt, Smiley!* Die meistbelachten PARTEI-Plakate waren handgemalt und haben praktisch nichts gekostet. Geld war nie entscheidend – könnte es aber jetzt zum ersten Mal werden: Wir holen es unter der Matratze hervor und gehen zum Anwalt! Der Bundesvorstand beschließt, sich gegen den Bescheid juristisch zur Wehr zu setzen.

### Sachdienlicher Hinweis von Meedia

Sonneborns Satire-Partei klagt gegen Bundestag-Strafzahlung
Bei der »Partei« sieht man sich im Recht, »aber es wird eine gewisse Zeit dauern, das vor Gericht durchzusetzen«, so Sonneborn. »Ich gehe davon aus, dass Bundestagspräsident Lammert sich bei uns entschuldigen wird und der verantwortliche Ministerialrat demnächst an der Bundestagspforte grüßt.«
Die Spaßpolitiker wollten mit ihrer Aktion drei Fliegen mit einer Klappe schlagen: Sie foppten die AfD, sie besserten die eigene Kasse auf, ohne die Brieftasche ihrer Anhänger über Gebühr zu belasten und sie demaskierten das System der Parteienförderung.
»Nach einer lustigen Geldverkaufsaktion der Partei rückwirkend die Gesetze zu ändern, die AfD mit ihrer Gold-Verkaufsaktion ungeschoren davonkommen zu lassen, uns aber ein ruinöses Strafgeld aufzubrummen – das ist mit geltendem Recht nicht zu vereinbaren«, so Sonneborn weiter. »Wir sind schließlich nicht in der Türkei!«
Meedia: Wie wollen Sie mit der Forderung des Bundestages umgehen?
Martin Sonneborn: Ganz normal, wir klagen und ziehen notfalls durch alle Instanzen. Funktioniert das auch nicht, gehen wir in den bewaffneten Untergrund.

* Vgl.: Das PARTEI-Buch, Seite 77 ff.

Meedia: Wie wollen Sie das Geld im Zweifel aufbringen?
Martin Sonneborn: Wir würden nicht um Geld betteln, wir sind ja nicht die *taz*. Im äußersten Notfall würden wir uns als systemrelevant bezeichnen und einen satten stattlichen Rettungsschirm fordern.

## BERLIN, PARTEI-ZENTRALE

Hoffmann nimmt Kontakt auf zu den Wissenschaftlern der juristischen Fakultät an der Universität Düsseldorf, um juristischen Rat einzuholen. Wir sind hocherfreut, als Prof. Dr. Martin Morlok sich persönlich bereit erklärt, uns zusammen mit seinem teuflischen Assistenten Dr. Sebastian Roßner in der Frage der Parteienfinanzierung zu vertreten.

Morlok ist Inhaber des Lehrstuhls für »Öffentliches Recht, Rechtstheorie und Rechtssoziologie« und Direktor des »Instituts für Deutsches und Internationales Parteienrecht und Parteienforschung« an der Heinrich-Heine-Universität, eine Koryphäe auf seinem Gebiet. Zudem steht er in dem seltenen Ruf, vor Gericht nur Positionen zu vertreten, von denen er auch persönlich fest überzeugt ist.

## BRÜSSEL, EU-KOMMISSION

Die EU-Kommission legt einen neuen Verteidigungs-Aktionsplan EDAP vor. Juncker erklärt: »Europa muss für den Schutz seiner Interessen, seiner Werte und der europäischen Lebensweise einstehen. Die Kommission ist bereit, sich in einem bisher nicht gekannten Ausmaß in der Verteidigung zu engagieren, um die Mitgliedstaaten zu unterstützen. Sie wird die der EU zur Verfügung stehenden Instrumente einschließlich EU-Finanzierungen und das volle Potenzial der Verträge ausschöpfen, mit dem Ziel, eine Verteidigungsunion aufzubauen.«

Außerdem wird Günther Oettinger befördert, vom Digitalkommissar zum Haushaltskommissar und stellvertretenden Vizepräsidenten der EU-Kommission. Im Überschwang der Gefühle hält er anlässlich eines Auftritts vor 200 geladenen Gästen des größten Unternehmensverbandes für Handel und Dienstleistungen eine launige Rede. Und zwar auf Deutsch. Was den Nachteil hat, dass ihn alle verstehen können.

### Sachdienlicher Hinweis des Spiegels
Oettinger hatte in einer Rede in Hamburg unter anderem Chinesen als »Schlitzaugen« bezeichnet, von einer »Pflicht-Homoehe« gesprochen und durchblicken lassen, Frauen könnten ohne Quotenregelung keine Spitzenpositionen erreichen. Später spielte er die Aussagen, für die er von vielen Seiten kritisiert wurde, herunter. Seine Worte über »Schlitzaugen« seien eine »saloppe Äußerung« gewesen, sagte er der *Welt*.

Mein Vorschlag, Oettinger auch gleich noch zum Kommissar für Schlitzaugenbeleidigung zu ernennen, verhallt weitgehend ungehört.

## NOVEMBER 2016

### BRÜSSEL, CAFÉ KARSMAKERS

Während ich im Café arbeite, hält Praktikantin Undine die Stellung im Kulturausschuss. Der Ausschuss hat praktisch keine Bedeutung, und ich selbst bin selten dort. Gleich in der ersten Sitzung hatten sich zwei UKIP-Schachteln lautstark gestritten, ob man überhaupt über Kultur sprechen dürfe, während in Nordengland Leute hungern. Seitdem gehe ich nur in den Ausschuss, wenn ich von interessierter Seite darum gebeten werde, weil knappe Abstimmungen anstehen. Ab und zu verfolgt mein Büroleiter die Sitzungen oder ein interessierter Praktikant. So wie jetzt Undine. Ihre Mail klingt verzweifelt: »Interparlamentarische Sitzung des Kulturausschusses zu Kultur und Kreativität: Man ist sich einig, dass diese auch sozioökonomisch eine Hauptrolle spielen werden. Der Berichterstatter aus Wallonien denkt dabei an creative vouchers und Multi-Level-Strategies, die Parlamentarierin aus Portugal an den portugiesischen Schuh, der jetzt »der zweitteuerste der Welt ist und auch in Hollywood getragen wird«. Schweden äußert den Wunsch, sich neuen Entwicklungen nicht mit Subventionen für alte Systeme in den Weg zu stellen, während in Italien beschlossen wird, Filme im Fernsehen wieder mit komplettem Abspann auszustrahlen. Insgesamt verwirrende Mischung aus Sinn und Unsinn, wohl wie in jedem Stadtrat.«

## BRÜSSEL, LEOPOLDPARK

Der thüringische Ministerpräsident Bodo Ramelow ist in Brüssel, er hat zu einer Podiumsdiskussion in die prächtige alte Bibliothek Solvay im Leopoldpark eingeladen. Mit auf der Bühne sitzt Günther Verheugen, einer der wenigen SPD- und EU-Politiker, die mir heute noch gefallen. Als Kommissar für Industrie und Unternehmenspolitik in der Kommission Barroso hatte er der *Süddeutschen Zeitung* einmal gesagt: »Mein eigener Stab sagt, 80 bis 90 Prozent seiner Arbeitszeit dient der internen Koordinierung. Man könnte überspitzt sagen, wir verbringen einen Großteil unserer Zeit damit, Probleme zu lösen, die es nicht gäbe, wenn es uns nicht gäbe.«

Interessanter als die Veranstaltung selbst ist der anschließende Sektempfang. Als Ramelow mich begrüßt, fragt er augenzwinkernd, ob seine Partei mich für das Amt des Bundespräsidenten vorschlagen soll. Ich antworte ihm, dass ich auf Twitter bereits den üblichen Testballon gestartet und angekündigt hätte, dass ich nicht für das Amt zur Verfügung stehen würde. Daraufhin seien aber keine Anfragen der beiden großen Parteien eingegangen.

Günther Verheugen sieht lustig aus. Und er geht auch lustig, seine Kniegelenke sind offenbar recht neu, er läuft wie ein Roboter. Als er für einen Moment allein steht, spreche ich ihn an: »Guten Abend, Herr Verheugen, Sie haben doch damals als Kommissar die Osterweiterung der EU vorangetrieben, gibt es nicht eine Hintertür in den Verträgen, einen juristischen Kniff, um die Staaten im Osten wieder loszuwerden?«

Verheugen kneift die Augen zusammen: »Ich weiß, dass Sie Satiriker sind, aber ich beantworte Ihnen diese Frage mal: Warum sollten die Polen oder Ungarn weniger Recht haben, in der EU zu sein, als die Deutschen?«

»Weil die Deutschen bereits seit den dreißiger und vierziger Jahren an einem vereinten Europa arbei…« Verheugen unterbricht mich vorwurfsvoll: »Die Polen doch auch! Polen und Beneš, Ungarn, haben doch auf der Dingskonferenz in London bereits Europapläne vorgelegt, als …« Konferenz? London? Hoppla, meine Geschichtsgrundkurskenntnisse reichen nicht aus, um dieses Gespräch zu einem sinnvollen Ende zu bringen. Zum Glück kommt meine Europapolitische Beraterin mit zwei Bieren dazwischen: »Und die Türkei? Sie haben damals den Weg bereitet, würden Sie das heute noch so sehen, dass die Türkei in die EU gehört?« Verheugen wird sofort defensiver: »Nein, aber das haben die hier in Brüssel verbockt. Ich konnte damals noch bei Erdogan anrufen und sagen, ›He, Recep, das machst du jetzt aber nicht‹. Aber das geht heute nicht mehr …«

## BRÜSSEL, EU-PARLAMENT

Als ich mittags im Büro vorbeischaue, wartet Besuch auf mich. Eine Praktikantin von MEP Graf Lambsdorff (FDP), die wegen eines gemeinsamen Fotos angefragt hatte, sitzt vor Hoffmanns Schreibtisch. Zu dritt plaudern wir ein bisschen über die Atmosphäre bei den Liberalen und sind uns schnell einig, dass Lambsdorff grundsätzlich Humor hat. Zwar hatte er es abgelehnt, sich von mir für einen *Spiegel TV*-Film zum Parlamentsumzug nach Straßburg interviewen zu lassen. Aber er hatte zumindest gelacht, als ich das Telefongespräch mit den Worten »Herr Graf, hier spricht das Volk!« eröffnet hatte. Die Praktikantin erzählt, dass Lambsdorff zusammen mit einem Kollegen im Februar zurücktreten wird, um als Bundestagskandidat Wahlkampf zu machen. Ich konstatiere, das sei ja recht anständig, andere Abgeordnete würden ihr Mandat behalten, während sie in Deutschland Wahlkampf machen. Zumal ja auch der Einzug der unseriösen FDP in den Bundestag nicht wirklich sicher sei. Nachdem wir uns verabschiedet haben, twittere ich ein bisschen vor mich hin.

**Sachdienlicher Hinweis aus dem Netz**
Martin Sonneborn: Ich fordere die MEPs Theurer und Graf Lambsdorff auf, zurückzutreten und bis Ende Februar ihr EU-Mandat niederzulegen. #sonstKonsequenzen

## BRÜSSEL, BÜRO

In den USA wird aus Versehen ein »Unternehmer, Entertainer« (Wikipedia) namens Donald Trump zum 45. Präsidenten gewählt. Das hat auch für uns nichts Gutes zu bedeuten: Namhafte Politologen weisen gern darauf hin, dass die Entwicklungen in den USA bisher mit einer Verzögerung von etwa einer Dekade Europa erreicht hätten.

In Brüssel hat niemand mit diesem Ausgang der Wahl gerechnet. Im »Ausschuss für auswärtige Angelegenheiten« gibt es nicht einmal Kontaktadressen zu Trumps Umfeld. Ich gratuliere deshalb nach dem ersten Kaffee herzlich über Twitter.

»Bedeutet das für Deutschland, dass wir in zehn Jahren Dieter Bohlen zum Kanzler haben? ?#dashatmitHumornichtsmehrzutun«

### Sachdienlicher Hinweis von Telepolis

Telepolis: Nachdem die konventionellen Parteien in der Vergangenheit stets ihre Treue zu den amerikanischen Freunden betonten, ist seit der Trump-Administration eine gewisse Ernüchterung zu beobachten. Die PARTEI hingegen kann auf eine bereits etablierte Tradition ihrer US-Kritik mit einem »Komitee für antiamerikanische Umtriebe« verweisen. Was hat es damit auf sich?

Martin Sonneborn: Wir haben das Komitee vor einigen Jahren gegründet, zu einer Zeit, da die USA unter deutschen Leitartiklern etwas zu undifferenziert betrachtet wurden. Nicht, dass sich das inzwischen geändert hätte, aber mittlerweile rückt ja Trump so ein bisschen die Fronten zurecht.

### Sachdienlicher Hinweis der Huffington Post

Demokratie nach Nordkoreas Vorbild

Kann man der Demokratie noch trauen, wenn ein Mann wie Trump gewinnt? Nein, meint Satiriker Sonneborn, und hat schon die Lösung parat: »Ich fürchte, das Konzept der Demokratie muss jetzt auf den Prüfstand. Die Partei arbeitet bereits seit einiger Zeit zusammen mit Nordkorea an einer Weiterentwicklung mit leicht diktatorischen Zügen«, sagte er der *Huffington Post*.

Die Wahl Trumps könnte laut Sonneborn nicht nur negative Folgen für die USA und den Rest der Welt haben. Wichtig sei, das Ergebnis »als Abfuhr an den herrschenden Neoliberalismus, an die Globalisierung« zu erkennen. Dann könnte so manches Übel der Deutschen ein Ende haben:

»Das Zeitalter der Umverteilung von unten nach oben, von TTIP, Merkel, Gabriel, Elmar Brocken (172 Kilogramm konzentrierte CDU), von unsozialen Steuersystemen, von der Privatisierung ganzer Länder, von Lobbyismus und Finanzmarktquatsch und Laubbläsern am frühen Morgen geht vorbei – so oder so«, ist sich Sonneborn sicher.

Sicher bin ich mir natürlich absolut nicht, ich spekuliere einfach drauflos und hoffe, dass mich die Zukunft bestätigt. Aber die

Wahlniederlage von Hillary Clinton bedeutet zumindest einen Bruch in der US-Politik und in den merkwürdigen Beziehungen zwischen Deutschland bzw. der EU und den USA; und ein bisschen Stichelei gegen das System kann schließlich nicht schaden.

Allerdings ist mir zu diesem Zeitpunkt noch nicht klar, dass die Medien zukünftig jede Twitter-Meldung von Trump als offizielle Verlautbarung betrachten, vermelden und hysterisch kommentieren werden.

Die Wahl von Trump hat nur ein Gutes: TTIP liegt jetzt erst mal auf Eis. Die zuständige EU-Kommissarin Cecilia Malmström erklärt gleich nach der Wahl resigniert, dass die Verhandlungen nun eine Weile pausieren würden. Das freut mich doppelt, Malmström hatte sich über die Kritik der Millionen TTIP-Gegner anlässlich einer Pressekonferenz mit der Bemerkung hinweggesetzt, als Kommissarin sei sie dem Bürger keine Rechenschaft schuldig – sie sei schließlich nicht vom Bürger gewählt worden.

## STRASSBURG, PARLAMENT, LESETISCH

Ich lese Zeitung. Jo Leinen (183) schlendert am Zeitungsregal vorbei, tut so, als ob er mich nicht sehen würde. Drei Minuten später wird er bei Twitter aktiv.

### Sachdienlicher Hinweis aus dem Netz
Jo Leinen: Bravo @MartinSonneborn: bei Halbzeit des #EP schon 30-mal zentrales Wahlkampfversprechen gebrochen, nach 1 Monat abzutreten für den Nächsten.
0 Antworten 0 Retweets 1 Gefällt mir

## STRASSBURG, PLENUM

Gerade hat mir ein Praktikant berichtet, er habe von Chulz ein neues Wort gelernt. Bei einem Vortrag habe der Würselerer den Begriff »menchenverachtend« gebraucht. Ich überlege kurz und komme dann zu der Überzeugung, dass der Begriff im Zusammenhang mit einer Bemerkung über den 1,52 Meter großen Bernd Lucke gefallen sein muss. Lucke, Henkel und Starbatty waren gerade in den Medien, weil sie ihre ALFA-Partei nach einem verlorenen Namensstreit umbenennen mussten und jetzt LKR heißen. Wie Landkreis, LKR.

MEP Lambsdorff steht direkt vor dem Plenum mit dem Rücken zu mir, unterhält sich mit zwei CDU-Leuten. »... und Karlsruhe sagt immer, die Deutschen wären benachteiligt, weil wir nicht *one man, one vote* haben. Also dem Voßkuhle könnte ich so eine rein... Ditsch!« Ganz schön undiplomatisch, Herr Graf!, denke ich. Als sie mich erblicken, verfinstern sich die CDU-Gesichter. Lambsdorff dreht sich irritiert zu mir um. »Sagen Sie mal«, fragt er mich verständnislos, »warum haben Sie mich zum Rücktritt aufgefordert?«

»Weil ich es kann ...«, entgegne ich ernst – und muss loslachen: »Es ist eigentlich so: Ich habe gehört, Sie treten im Februar zurück, weil Sie dann Bundestagswahlkampf machen, und wollte den Eindruck erwecken, Sie würden dabei meiner Aufforderung Folge leisten.«

Entgeistert schauen mich meine drei Kollegen an. Lambsdorff ist vollkommen irritiert: »Aber ich trete gar nicht zurück, erst im September!«

»Ähem ...«, nun bin ich überrascht, »wie können Sie denn ernsthaft für die EU arbeiten, wenn Sie monatelang Wahlkampf machen?«

Jetzt schaltet sich einer der böse blickenden CDUler ein, zischt: »*Ernsthaft*? Das müssen *Sie* gerade sagen!«

Im Plenarsaal bleibe ich zur Abwechslung mal in der letzten Reihe sitzen und stimme von dort ab. Eigentlich hat man einen schönen Überblick von hier hinten. Ich sehe McAllister ein paar

Reihen vor mir, zwischen zwei Abstimmungen ruft er etwas zu Bernd Lange von der SPD hinüber und lacht. Aber nicht lange, die nächste Abstimmung wird aufgerufen, und McAllister ist in seiner Liste verrutscht. Es ist wirklich wie in der Schule früher, und ein alter Reflex scheint auch bei McAllister trotz der vergangenen Jahrzehnte quicklebendig: So unauffällig wie möglich, und für Oberlehrer Chulz praktisch nicht zu sehen, wirft er einen routinierten Schülerabschreibeblick über seinen Arm hinweg und guckt bei den nächsten drei Votes ab, wie seine Tischnachbarn stimmen.

**Sachdienlicher Hinweis aus dem Netz**

Martin Sonneborn: Gerade #Lambsdorff im EP getroffen, wir haben uns darauf verständigt, dass MEP Theurer und er im September zurücktreten. Für mich ist das ok.

## BRÜSSEL, SEOUL

In Deutschland ist die Debatte um die Nachfolge von Joachim Gauck beendet. Die Union wird den SPD-Kandidaten Frank-Walter Steinmeier unterstützen. Steinmeier als Bundespräsident? Hm, ausgerechnet der Mann, der als verantwortlicher Architekt der Agenda 2010 gilt, der im haarsträubenden Fall des Murat Kurnaz bis heute jegliche Entschuldigung verweigert und sogar betont hat, er würde wieder so handeln? Der seine Haltung zur Armenienresolution des Bundestages genau wie Merkel und Gabriel durch Abwesenheit zum Ausdruck brachte?

Wie schade, dass es nicht mal einen aussichtsreichen Gegenkandidaten geben würde! Wer hat eigentlich das Vorschlagsrecht für dieses Amt? Habe ich nicht im Sozialkundeunterricht mal gehört, dass eigentlich jedes Mitglied der Bundesversammlung vorschlagsberechtigt war? Dochdoch! Und in die Bundesversammlung werden jedes Mal auch ein paar Dutzend handverlesener Bürger, zumeist prominentere Sportler oder Schauspieler, geschickt. Möglicherweise würden die Linken oder die Piraten-Partei mich nominieren, wenn ich sie darum bitte. Aber wen sollte ich dann als Kandidaten vorschlagen?

Bei Dirk Baecker hatte ich vor Jahren gelesen, die entwickelten Gesellschaften seien aus der Phase der Fixierung auf Führerpersönlichkeiten in Wirtschaft und Politik herausgetreten, um die Macht Strukturen zu übertragen. Die EU, hatte ich seinerzeit gedacht, könnte als ein Ausdruck dieses gesellschaftlichen Fortschritts angesehen werden. Postheroische Zeiten. Andererseits bewiesen Trump, Macron, Putin und Baby-Hitler Kurz zur Genüge, dass das Pendel aktuell wohl wieder in die entgegengesetzte Richtung auszuschlagen schien. Mein Kandidat musste also ein Held sein.

Mit meinem Büroleiter kann ich nicht darüber diskutieren, er liegt gerade am Außenpool des teuersten Hotels von Seoul. Das wichtigste Freihandelsabkommen der Südkoreaner ist eins mit der EU, und wie andere Nationen auch haben die Koreaner einen Thinktank beauftragt, Ideen für die Beziehungspflege zu entwickeln. Eine der Ideen war, nicht die Abgeordneten direkt anzugehen, sondern ihre Assistenten. Und so ist Hoffmann mit mehreren Kollegen zu einer Reise eingeladen worden, die ihm Korea näherbringen soll. Inklusive Besuch im Außenministerium, Gesprächen im Staatlichen Institut für Wiedervereinigung und Ausflügen nach Pyeongchang, dem Ort der Olympischen Winterspiele, und in die demilitarisierte Zone. Dass der Ausflug nicht unter allzu spartanischen Umständen stattfindet, wird mir klar, als mein Büroleiter mir am Telefon erzählt, dass Latte macchiato in seinem Hotel 14 Euro zuzüglich 20 Prozent Steuern kostet, Paulaner Hefeweizen vom Fass 23,40 Euro (inklusive). Hoffmanns Interesse an Südkorea ist jedenfalls geweckt nach dieser Reise.

## BRÜSSEL, CAFÉ BELGA

Eine Woche später sehe ich in der *FAZ* Steinmeiers neues Buch »Europa ist die Lösung« mit dem Hinweis beworben: »Das aktuelle Buch des künftigen Bundespräsidenten«. Natürlich ist Europa die Lösung; aber wofür? Und war Steinmeier als einziger Kandidat einer übermächtigen Großen Koalition wirklich auch eine? Ich musste dringend einen respektablen Gegenkandidaten finden.

Zur Einstimmung gehe ich die Liste der deutschen Präsidenten durch. Die beginnt allerdings nicht gerade ermutigend: »Ebert: Tod im Amt, Hindenburg: Tod im Amt, Hitler: Selbstmord, Dönitz: Verhaftung, Amt aufgelöst ...« Danach kamen Männer, die durchaus Orientierung geboten hatten, zu ihrer Zeit; belesene Männer, intelligente Männer mitunter, präsidial wirkende Männer. Frauen natürlich nicht, es heißt ja schließlich »Bundespräsident«, nicht »BundespräsidentIn«. Aber irgendwann kam der Bruch, der Postheroismus schlug sich auch in der Politik brutal nieder, im Schloss Bellevue residierten plötzlich Typen wie Köhler, Wulff, Gauck (mit seiner Freundin).

Eine kongeniale Weiterführung dieser Reihe wäre vermutlich Günter Netzer, den ich angesichts des komplexen Weltgeschehens tatsächlich gern die Lage erklären sähe, aber der hatte im vergangenen Jahr einen Herzanfall und würde sich diesmal nicht selbst einwechseln können. Blieb eigentlich nur ...

Natürlich, Kurnaz, Murat Kurnaz. Der in Bremen geborene Türke wäre ein guter Gegenkandidat für den Ostwestfalen Steinmeier, den die Öffentlichkeit nur mit weißem Haar und ebensolcher Weste kennt. Kurnaz, den die Regierung Schröder in Guantanamo hatte sitzen lassen. Steinmeier hatte damals das Angebot der Amerikaner abgelehnt, den offenkundig unschuldigen Kurnaz nach Deutschland zurückzuholen.

### Sachdienlicher Hinweis des Tagesspiegels

Die rot-grüne Regierung, in der Steinmeier Kanzleramtschef war, habe nach »internen Regierungsunterlagen« nicht nur die Freilassung von Kurnaz aus Guantanamo verzögert, berichtet die *Süddeutsche Zeitung* unter Berufung auf vertrauliche Dokumente der Regierung. Die Regierung habe noch 2005 versucht, einen neuen Terrorverdacht gegen den in Bremen geborenen Türken zu konstruieren.

Als ich auf der Suche nach einer Kontaktmöglichkeit zu Murat Kurnaz bin, lese ich plötzlich, dass Kurnaz noch keine 40 Jahre alt ist. Mir wird klar, dass er wahrscheinlich lediglich älter aussieht, weil man ihn fast fünf Jahre in Guantanamo gefoltert hat. Bundespräsident aber kann nur werden, wer das 40. Lebensjahr vollendet hat. Ein anderer Kandidat muss her. Zum Glück ist ja noch ein bisschen Zeit.

Ich nehme Kontakt mit Patrick Schiffer auf, dem Vorsitzenden der Piraten. Er findet die Idee, einen Gegenkandidaten zu benennen, gut, sagt mir aber gleich, dass seine Tante Claudia Schiffer nicht zur Verfügung stehe. Und dass die Landtagsfraktion der Piraten in NRW, die insgesamt elf Vertreter schicken darf, gerade die zehn berühmtesten deutschen Youtuber angefragt hätten, für sie in die Bundesversammlung zu gehen.

Ein paar Tage später stellt sich heraus, dass die Youtuber fast alle vertraglich an einen Fernsehkonzern gebunden sind und gar keine eigenen Entscheidungen treffen dürfen. Die Fraktion muss neu diskutieren, und dabei kommt auch mein Name ins Spiel. Eigentlich kann ich ganz optimistisch sein, die Beziehungen zum zurechnungsfähigen Teil der Piraten-Partei sind recht gut. So gut, dass in Berlin gerade zwei Piraten mit Mandat zu uns übergetreten sind. Zusammen mit unseren zwei Mandatsträgern bilden sie in der Bezirksverordnetenversammlung Kreuzberg die erste Fraktion der PARTEI unter Führung unseres Landesvorsitzenden Riza Cörtlen, früher einer der führenden Köpfe der Spaßpartei KPD/RZ (Kreuzberger Patriotische Demokraten/Realistisches Zentrum).

### Sachdienlicher Hinweis der Welt
Langsam wird die PARTEI staatstragend
Im Berliner Bezirk Friedrichshain-Kreuzberg spielt sich gerade Historisches ab. »Die Partei«, 2004 vom damaligen *Titanic*-Chefredakteur Martin Sonneborn und Redakteuren der Satirezeitschrift gegründet, stellt vier von 55 Abgeordneten und hat damit zum ersten Mal in einem deutschen Parlament eine Fraktion gebildet.

In der ersten Sitzung der Bezirksverordnetenversammlung (BVV) vor einem Monat war die Kandidatin der Grünen in zwei Wahlgängen durchgefallen. Daraufhin wurde die Sitzung abgebrochen. Auch die Besetzung der Stadträte ruhte daraufhin. Unhaltbar, fand die Partei »Die Partei« das und berief eine außerordentliche Sitzung ein, »damit endlich eine handlungsfähige BVV gewährleistet wird«. Dass ausgerechnet die Satirepartei den politischen Betrieb im Bezirk beschleunigt, ist bisher vielleicht eine ihrer besten Pointen.

Nach einer Lesung in Paderborn bekommt die Causa Steinmeier noch eine zusätzliche, persönliche Komponente. Ich darf mit einer »Krawall & Satire«-Veranstaltung nicht in das Audimax, weil Steinmeier am selben Tag die Ehrendoktorwürde der Universität verliehen wird und er keinen Wert darauf legt, dass die beiden lustigen Veranstaltungen sich gegenseitig Konkurrenz machen.

Also weiche ich ins Berufskolleg Schloss Neuhaus aus. Der Veranstalter erzählt mir nach dem Auftritt, dass Steinmeier in Paderborn mit rund dreißig Familienmitgliedern erschienen sei. Mit dreißig. Für einen »Dr. h. c.« der Universität Paderborn!

Vielleicht, denke ich, muss ich anders an die Sache herangehen. Wen würde Steinmeier an seinem Ehrentag in Berlin wohl am allerwenigsten in seiner Nähe haben wollen? Mein Blick fällt auf eine alte *Titanic* und ein Bild von Karl-Heinz Schwensen. Schwensen ist eine Hamburger Kiezgröße, eigentlich der personifizierte Gegenentwurf zu Steinmeier. Der großgewachsene narbige Exboxer, der früher in den Boulevardmedien »Neger-Kalle« genannt wurde, sich aber inzwischen gegen diesen Spitznamen juristisch zur Wehr setzte, war berühmt dafür, dass er nie seine goldgerandete Sonnenbrille abnahm. Nicht für das Foto in seinem Führerschein, nicht anlässlich der Beerdigung des »Schönen Mischa« und nicht, als er »zur Warnung« von der Konkurrenz zusammengeschossen von zwei Sanitätern auf einer Trage abtransportiert wurde.

Sofort schicke ich eine schnelle Mail an den Landesverband der

PARTEI in Hamburg, schildere kurz die Situation und frage nach einer Kontaktmöglichkeit.

Tatsächlich hat irgendjemand aus dem Landesverband irgendeinen losen Kontakt zu Schwensen. Allerdings fragen ihn die Hamburger aufgrund eines kleinen Missverständnisses gleich direkt, ob er Bundespräsident werden wolle. Schwensen lehnt sofort ab und empfiehlt uns Udo Lindenberg, »der hat mehr Lust dazu und sicherlich auch bessere Chancen«. Panik-Präsident Lindenberg? Keine ganz schlechte Idee, er wäre zumindest weniger steif und bürokratisch als Steinmeier, hätte einen leichteren Zugang zu den Herzen der Menschen. Schade, dass ein scharfsinniger Gesellschaftsanalytiker wie Georg Schramm nicht zur Verfügung steht.

Ein Gegenkandidat wird dringender denn je gebraucht, Steinmeier wird nicht nur von CDU/CSU/SPD unterstützt, sondern auch von der FDP, den Grünen und dem Südschleswigschen Wählerverband. Die Linke hat mittlerweile den Armutsforscher Christoph Butterwegge nominiert, und auch AfD und Freie Wähler bieten irgendwelche Spaßkandidaten auf; keiner von ihnen wird in der anstehenden Wahl eine Rolle spielen.

Telefonisch berate ich mich mit der *Titanic*-Redaktion, frage Chefredakteur Tim Wolff, ob er eine Idee für einen Kandidaten hat. Wolff schlägt vor, einen zweiten Frank-Walter Steinmeier zu suchen, der ohne jegliche moralische Vorbelastung in die Wahl gehen könnte und der, wenn sein Name unten als fünfter auf dem Wahlzettel aufgeführt wird, sogar eine realistische Chance auf den Wahlsieg hätte. Eine ausgezeichnete Idee! Sofort machen wir uns getrennt an eine Internetrecherche.

Praktikantin Rosa findet recht schnell genau zwei Frank-Walter-Steinmeiers in Deutschland, einer davon ist Bundesaußenminister. Die zweite Adresse im brandenburgischen Jüterbog fotografierte ich von ihrem Computerbildschirm ab. Nachdem ich die Praktikantin gebeten hatte, telefonisch Kontakt aufzunehmen, schicke ich das Foto der Adresse per Mail in die *Titanic*-Redaktion und rate den Kollegen hämisch, sich ihren eigenen Steinmeier zu suchen, wir hätten bereits einen guten.

Tim Wolff schreibt zurück, unser Steinmeier sei leider der echte, der habe seinen Wahlkreis nämlich in Brandenburg. Meine Enttäuschung wird nicht geringer, als die Praktikantin klopft und erzählt, der Frank-Walter Steinmeier aus Jüterbog sei leider nicht ans Telefon gegangen, sie habe deshalb auf den Anrufbeantworter gesprochen, dass er mich doch bitte zügig im Europäischen Parlament zurückrufen solle. Unnötig zu erwähnen, dass Steinmeier sich bis heute nicht gemeldet hat.

## DEZEMBER 2016

### BRÜSSEL, CAFÉ BELGA

Mein (depressiver) Redenschreiber schickt mir unaufgefordert eine Rede, die ich bitte als »Weihnachtsansprache« halten solle. Vier Tage später kommt es zu einem Terroranschlag auf dem Berliner Breitscheidplatz. Danach lege ich die Rede erst mal in einem meiner drei Ordner ab.

*Sachdienliche Ergänzung aus dem Aktenordner*
*»Nicht gehaltene Reden (I)«*

(Sektkelch in der Hand)
Liebe Bevölkerung!
Das Jahr 2016 war kein gutes Jahr. Es war bestimmt von Krieg, Verbrechen, Betrug und Internet, von sinnloser und sinnvoller Gewalt, politischem Irrsinn und allgemeiner Zerbröselung.
Viele haben in diesem Jahr einen lieben Menschen verloren oder sogar einen Verwandten. Oder ihren Bowie.
Doch es gibt auch noch eine andere Geschichte über das Jahr 2016. Es ist die Geschichte von vielen Millionen und Abermillionen Menschen. Menschen wie du und ich. Menschen, die ganz einfach zu faul, zu ängstlich, zu schwach, zu des-

interessiert oder einfach zu betrunken sind, um Schlechtes zu tun. Oder um überhaupt etwas zu tun. Denn auch eine schlechte Tat ist eine Tat, und zu der muss man sich erst einmal aufraffen. Diese Menschen sind die heimlichen Helden von 2016. Ihr Einfluss muss 2017 stärker werden. Und ich bin mir sicher, wenn wir alle zusammen fleißig und mit aller Kraft daran arbeiten, dann kann 2017 ein ereignisloses, ein wunderbar leeres (hier Sektkelch anheben), ein gutes Jahr werden.
In diesem Sinne!
(Sektkelch auf ex leeren)

## BERLIN, BREITSCHEIDPLATZ

Zu den Geschehnissen auf dem Berliner Weihnachtsmarkt am Breitscheidplatz mit 12 Toten und über 50 Verletzten gibt es natürlich nichts zu sagen. Bis Marcus Pretzell twittert: »Es sind Merkels Tote.«

### Sachdienlicher Hinweis von bonnFM

bonnFM: Gibt es eigentlich Momente, in denen Satire nicht funktioniert, nicht erlaubt oder sogar unpassend ist?

Martin Sonneborn: Es gibt wenig Situationen, Satire reagiert ja stets auf Geschehnisse. Die *Titanic*-Redaktion soll die Grenzen der Satire monatlich neu ausloten – man kann nicht sagen, dass es ein Thema gibt, über das man keine Witze machen kann. Natürlich gibt es keine Notwendigkeit einer satirischen Reaktion auf den Breitscheidplatz. Es sind vielmehr die offiziellen Reaktionen von Politik und Medien, diese schematischen und floskelhaften Bekundungen – wenn der Innenminister den Kriegszustand ausruft, wenn mein EU-Parlamentskollege Marcus Pretzell schreibt: »Es sind Merkels Tote.« Ich habe getwittert: »Wenn es Merkels Tote sind, ist es Pretzells Lkw.«

»ES WÄRE MIR LIEBER, DER ADAC ODER DIE BISCHOFSKONFERENZ WÜRDE SICH DARUM KÜMMERN!«

DAS VIERTE JAHR

# JANUAR 2017

## STRASSBURG, EU-PARLAMENT

In mehreren Wahlgängen, die sich über den ganzen Tag hinziehen, wird Antonio Tajani zum Präsidenten des EU-Parlaments gewählt. Mir ist der konservative Italiener suspekt, weil er mit seinem Freund Berlusconi zusammen die Forza Italia gegründet hat und auch dessen erster Pressesprecher war. Andererseits: In Zeiten von #metoo-Debatten und angesichts der Verhältnisse im EU-Parlament ist ein Präsident, der sich im Bereich Bunga-Bunga auskennt oder zumindest bei ausgewiesenen Fachleuten Rat holen kann, vielleicht gar keine schlechte Wahl.

Viel lieber hätte ich den Kandidaten der sozialdemokratischen Fraktion S&D, Gianni Nut… Pardon: Pittella gesehen. Nicht nur wegen seines theatralischen süditalienischen Akzentes; sondern auch, weil er angekündigt hatte, die für Europa unselige Große Koalition im Parlament aufzukündigen. Seine Chancen sanken jedoch rapide, als am Wahltag morgens Guy Verhofstadt überraschend die eigene Kandidatur aufgab, um Tajani mit seinen Liberalen zu stützen und im Gegenzug einen Vizepräsidentenposten zu behalten. Vermutlich hat man ihn damit geködert, dass er beim Essen im Stanhope-Hotel mal zum Dessert dabeisitzen darf.

Ein bisschen Zunder hatte in die Wahl gebracht, dass Verhofstadt ein gutes Angebot der S&D offenbar ausschließlich mit sich selbst diskutiert und gar nicht an seine Fraktion weitergeleitet hatte.

Tajani, der mit Hilfe der europakritischen ECR gewählt wird (britische tories, polnische PISS-Partei) und den sogar Lambsdorff als »Kröte, die wir schlucken müssen« bezeichnet, dürfte zumindest Kanzlerin Merkel gefallen. Ein Untersuchungsausschuss des EU-Parlaments attestierte dem Italiener eine Mitschuld am VW-Skandal, weil er 2012 als zuständiger Industrie-Kommissar Hinweisen eines Managers auf Abgasmanipulationen nicht nachging – und stattdessen die vertraulichen Adressdaten des Informanten veröffentlichte.

Insgesamt ist die Stimmung nicht gut, nach der Wahl. Die Sozialdemokraten spüren die Niederlage und stellen sich auf Zeiten ein, in denen ihnen der umtriebige Chulz an der Spitze fehlen wird. Die Konservativen sind sauer, weil Manne Streber (CSU) es als Fraktionsvorsitzender der EVP nicht vermocht hat, mit dem deutschen Übergewicht einen einigermaßen zurechnungsfähigen Kandidaten aufzustellen – zum Beispiel einen Deutschen.

Hoffmann sinniert, dass wir Manfred Streber jetzt öffentlich ein bisschen mehr damit aufziehen sollten, dass er in Zeiten des drohenden Verfalls der EU offenbar Allianzen mit der europakritischen ECR-Fraktion eingegangen ist. PISS-Partei, Tories und die deutschen LKR-Abgeordneten stehen ja nicht wirklich für das europäische Projekt.

Erschöpft von den Wahlgängen, verteilt auf fast zwölf Stunden Nichtstun, sitzen Büroleiter Hoffmann und ich abends beim Bier in der MEP-Bar und beobachten, wie Tajani inmitten einer Gruppe halbseiden wirkender Italiener Hof hält. Als Knut Fleckenstein vorbeigeht, frage ich:»Fleckenstein, ist die Große Koalition jetzt passé? Gibt's wieder politische Auseinandersetzungen? Wird die SPD wieder sozialdemokratisch?« Mit rauchiger Stimme entgegnet er: »Ja, jetzt herrscht Krieg! Aber das heißt ja nicht, dass man nicht in der ein oder anderen Angelegenheit zusammenarbeiten könnte ...«

## STRASSBURG, MEP-BAR

Bei Youtube stoße ich auf eine bemerkenswerte Analyse, die mein Brüsseler Flurnachbar, der französische Präsidentschaftskandidat Jean-Luc Mélenchon, offenbar gerade im Plenum getätigt hat. Leider ist er nur selten im Parlament. Schade, er wäre eine interessante Alternative zum blutleeren Tajani gewesen!

**Sachdienlicher Hinweis von Mélenchon im Plenum**
Ihre ganzen proatlantischen und Pro-NATO-Bekundungen sind von der Zeit längst überholt, weil Mr. Trump entschieden hat, dass von nun an Europa und China seine designierten Feinde sind. Kurzum: Wenn Sie Europa stärken wollen, dann stärken Sie die Bürger, vereinen Sie die Bürger durch sozialen Fortschritt und durch die Vision einer Zukunft, die etwas anderes beeinhaltet als Finanzwesen und Krieg!

## STRASSBURG, PLENUM

Udo Voigt schlurft vor mir. Gestern hat das Bundesverfassungsgericht den Antrag der Bundesländer auf ein Verbot der NPD abgelehnt: Die NPD sei zwar verfassungsfeindlich, aber von geringer politischer Bedeutung.

»Na, Voigt, noch in der Politik?«

Der alte Mann dreht sich um: »Ja, und jetzt noch länger! Das ist der zweite Geburtstag der NPD!«

»Warum? Das Urteil bedeutet doch nur, dass Sie nicht mehr gefährlich sind.«

»Das heißt, dass wir nicht gefährlich *waren*!«

Voigt dreht sich um und geht gefährlich weiter.

## BRÜSSEL, EMPFANGSBEREICH DES EP

Chulz geht.

Der Würselerer hat im Parlament durch die geschickte Führung der Großen Koalition eine für meinen Geschmack in wesentlichen Teilen zu konservative Politik forciert; nicht nur in TTIP-Fragen und teilweise auch über die Grenzen des juristisch Sauberen hinaus. Warum er dies tat, ist mir nicht wirklich klar. Möglicherweise versprach er sich von seiner freundschaftlichen Allianz mit Juncker, eine Allianz aus Parlament und Kommission, eine stärkere Position gegenüber dem vorwiegend auf die nationalen Interessen ausgerichteten Rat. Chulz ist jedenfalls keiner von den stromlinienförmigen Opportunisten, die heute das Bild der Politik prägen. Der großmäulige, lebenserfahrene und ironiefähige Rheinländer wusste das Parlament und auch die EU ins Bewusstsein der Bürger zu rücken. Notfalls fuhr er zum Krisengipfel der Staats- und Regierungschefs in Bratislava, um dort uneingeladen die Position des Parlaments deutlich zu machen. Schade eigentlich, dass er in seinem Bemühen, auch die zweite Hälfte der Legislaturperiode Parlamentspräsident zu bleiben, erfolglos blieb.

### Sachdienlicher Hinweis des Spiegels
Gegen Martin Schulz' Kampagne für Martin Schulz wirkte »House of Cards« wie ein Mikadospiel von Laiendarstellern. Schulz' Drehbuch hätte auch für einen Politthriller getaugt, Kommissionschef Jean-Claude musste sich auf seine Seite werfen, Staatsoberhäupter und Regierungschefs bearbeitete Schulz genauso höchstpersönlich wie den letzten Hinterbänkler.

Auf jeden Fall hat Chulz ein paar warme Worte zum Abschied verdient!

Sonntags ist das Parlament schön leer, ungestört können Büroleiter Hoffmann und ich die Abschiedsrede filmen, die mein (depressiver) Redenschreiber geschickt hat:

»Selten findet man sich als Angestellter in der glücklichen Situation, die Entlassung des eigenen Chefs miterleben zu dürfen. Es ist, so viel kann ich heute sagen, ein erhebendes Gefühl.

Dieses Gefühl hat einen Namen: Trauer. Chulz' Abgang ist ein immenser Verlust. Martin Chulz war immer pünktlich, erschien stets mit ordentlich gestutztem Bart und geschmackvoll ausgewählter Krawatte. Seine Anzüge passten ihm ganz gut. Er war kein einziges Mal in eine Schlägerei verwickelt und hat auch – soweit bekannt – keine Nacktfotos von sich mit dem Diensthandy verschickt. Und für seinen Sprachfehler kann er ja nichts.

Aber Spaß beiseite: Wir alle hier verdanken Martin Chulz fast alles, denn er hat geholfen, das Europäische Parlament zu dem zu machen, was es heute ist: eine postdemokratische Ramschbude und kostenintensive Deponie für zweitklassige Politheinis aus ganz Europa. Ich möchte hier keine Namen nennen. Außer Martin Chulz. Und natürlich ›Glasauge‹. Und Jo Leinen, die Pfeife. Und mich selbst nicht zu vergessen.

Machen Sie's gut, Chef, und denken Sie dran: Man sieht sich immer zweimal im Leben ...«

## BRÜSSEL, BÜRO

Die Piraten haben mich inzwischen für die Bundesversammlung nominiert, allerdings haben wir immer noch keinen würdigen Gegner für Steinmeier. Aber ohne eigenen Kandidaten in die Bundesversammlung gehen? Nein, nicht für 70 Euro Tagegeld. Von den vier zur Verfügung Stehenden mag ich höchstens Butterwegge meine Stimme geben. Andererseits: wozu?

Mich selbst konnte ich auch schlecht vorschlagen. Das hätte ebenjenen schalen Beigeschmack gehabt, der auch das Postengeschachere der großen Parteien begleitete.

Da kommt aus den Vereinigten Staaten die Meldung, dass Trump seinen Schwiegersohn zum »Chefberater des Präsidenten« berufen hat. Was für eine plumpe Vetternwirtschaft!

Meine Europapolitische Beraterin kommentiert das in einem Tonfall, der Trump nicht gefallen hätte: »Ist das dämlich! Da könntest du ja deinen eigenen Vater nominieren, als schönen Kontrast! Vatternwirtschaft! Trump arbeitet dynastisch und du dann umgekehrt dynastisch, verstehst du? Umgekehrte Dynastie ...«

Meinen Vater? Warum eigentlich nicht? Er ist jedenfalls über 40, und ich habe seine Kontaktadresse. Langsam nimmt die Idee Form an: Engelbert Sonneborn ist eine ehrliche Haut im besten Bundespräsidentenalter (78) und hat bis heute keiner Fliege etwas zuleide getan. Außerdem hat er Tagesfreizeit. Merkel dürfte auf ihre letzten Monate gut mit ihm harmonieren. Als mein Bruder und ich erstmals wählen durften, beantragte er

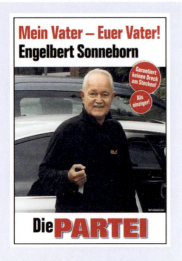

Briefwahlunterlagen, zitierte uns an den Küchentisch und erklärte uns, wie man CDU wählt. Mein Vater ist ein Mann von ausgesuchter Höflichkeit, Manieren alter Schule und besitzt einen schwarzen Anzug.

Vor die Wahl gestellt, ihn eines Tages ins wenig mondäne Altersheim »Bellevue« in Berlin-Köpenick zu schicken oder in Kürze ins gleichnamige Schloss am Tiergarten, fällt mir die Entscheidung leicht. Das Altersheim kostet ein paar Tausender im Monat, als Nachfolger Gaucks erhält er dagegen eine vollfinanzierte Rundumbetreuung, warme Mahlzeiten, ordentlich Taschengeld, Unterhaltung, die Möglichkeit, kleinere Sommerfeste zu veranstalten und geführte Reisen in Länder seiner Wahl zu unternehmen (mein Vater reist gern, gerade plant er eine Kanadatour). Die Reden, die er bisweilen und zu Weihnachten halten wird, werden ähnlich wie bei Gauck monothematisch sein und um den Topos »Freizeit« kreisen: »Freizeit. Ein Plädoyer«, »Freizeit will immer wieder neu errungen sein!«, »Freizeit heißt Verantwortung« und so was.

Damit wäre dann die Entheroisierung der Politik in diesem unseren Lande dann auch komplett abgeschlossen. Und wenn wider Erwarten Frank-Walter Steinmeier zum Bundespräsidenten gewählt werden sollte, dann wird er zumindest einen Job antreten, den N****-Kalle Schwensen vor ihm abgelehnt hat. Smiley!

Bleibt nur eine Schwierigkeit: meinen Vater zu überzeugen. In Telefongesprächen taste ich vorsichtig vor, wie ihm denn dieser Sozi gefalle, der da ins Schloss Bellevue gewählt werde … Mit der Idee einer eigenen Gegenkandidatur konfrontiert, erbittet sich mein Vater Bedenkzeit, deutet aber an, dass er die Idee für nicht so gut befindet. Außerdem habe er schon eine Reise nach Australien geplant für die Woche nach der Wahl – und das Flugticket sei schon bezahlt, Air Berlin.

Steinmeier ist so siegessicher, dass er sogar schon aus seinem alten Job aussteigt, obwohl der neue noch gar nicht sicher ist. Sigmar Gabriel übernimmt das Außenministerium. Was für eine Arroganz! Ich bearbeite meinen Vater noch ein wenig, und nach einem Abendessen im Berliner Gasthaus Lentz und ein paar Gläsern hellen Andechser (vom Fass) sagt er zu, für das höchste deutsche Amt zu kandidieren. Die Piraten diskutieren intern noch ein wenig – natürlich gefällt diese Idee nicht jedem –, dann gibt Michele Marsching, der Vorsitzende der NRW-Landtagsfraktion, grünes Licht für eine gemeinsame Pressekonferenz in den repräsentativen Räumen des Berliner Ensembles. Einen kleinen heiklen Moment gibt es noch, am Tag vor der Pressekonferenz. Mein Vater muss eine Erklärung unterzeichnen, dass er bereit ist, zu kandidieren, und das Amt des Bundespräsidenten gegebenenfalls auch anzutreten. Wir einigen uns darauf, dass er seine Australienreise auf jeden Fall antreten wird, notfalls halt mit der Flugbereitschaft der Bundeswehr.

## FEBRUAR 2017

### BERLIN, BERLINER ENSEMBLE

Die Pressekonferenz ist gut besucht, die Hauptstadtmedien interessieren sich für den nachnominierten Außenseiter.

#### Sachdienlicher Hinweis des Deutschlandfunks
Ein Pulk von aufgeregten Medienvertretern stürmt durchs Berliner Ensemble in Richtung Pressekonferenz. Ein 78 Jahre alter Mann, auf den alle blicken, rückt noch schnell seine Krawatte

zurecht. Engelbert Sonneborn tritt am Sonntag zur Wahl des Bundespräsidenten an.

Vor einem großen Logo der Piraten-Partei sitzen wir auf der Bühne und geben kurze Statements ab. Patrick Schiffer stellt als Bundesvorsitzender die Situation für die Piraten klar: »Frank-Walter Steinmeier ist für uns eine Mogelpackung und erfordert einen besonderen Gegenkandidaten. Wir wollen mit der Kandidatur der Satire eine Bühne geben, um zu zeigen, was für eine Farce die Aufstellung von Frank-Walter Steinmeier für uns ist. Deutschland hat mehr verdient als einen Parteipolitiker, und deshalb fordern wir die Direktwahl des Bundespräsidenten! Vielen Dank.«

Danach begrüße ich die Medienvertreter auch im Namen der PARTEI und erkläre, dass »aus Respekt vor dem höchsten deutschen Amt Frank-Walter Steinmeier nicht Bundespräsident werden soll; zumindest nicht ohne angemessenen Gegenkandidaten!«

Michele Marsching weist darauf hin, dass es im Internet seit gestern eine Umfrage mit mehreren tausend Teilnehmern gibt, bei der über 70 Prozent sich für einen Bundespräsidenten Sonneborn ausgesprochen haben. Das sei ein deutliches Zeichen dafür, dass es andere Bundespräsidenten gäbe, wenn sie direkt vom Volk gewählt würden und nicht aus dem Postengeschachere großer Parteien hervorgingen.

Dann stellen wir uns den Fragen der Journalisten. Dabei bitte ich um Verständnis dafür, dass Engelbert Sonneborn noch keine Fragen beantwortet: »Er wird Ihre Fragen beantworten, sobald er gewählt ist und dafür bezahlt wird.«

### Sachdienlicher Hinweis des Deutschlandfunks

Aber ist dieser Präsidentschaftskandidat tatsächlich der Vater des Satirikers? Abgesehen vom lichten Haar sehen sie sich kaum ähnlich. Frage an Martin Sonneborn: Sind Sie sich sicher, dass das Ihr Vater ist?

»Nein! Aber du bist dir sicher? Dass ich ...«, fragt Martin Sonneborn Engelbert Sonneborn. Aber der darf ja nicht antworten. Ein

CDU-Wähler sei er, erzählt der Sohn über den Vater und gesteht: »Es gibt vielleicht ein Problem: Die Engländer haben mal auf ihn geschossen, 1944 oder 1945. Insofern: Europapolitisch – ich glaube, dass er ein Befürworter des Brexit ist.«
Wenn Engelbert Sonneborn am Sonntag die Wahl zum Bundespräsidenten gewönne, hätte das auch für den Sohn Vorteile. Martin Sonneborn: »Wir leben in Zeiten, in denen die Familienwerte wieder etwas gelten. Wir sehen das gerade bei Donald Trump. Und ich gehe sehr davon aus, dass ich zumindest zu Sommerfesten eingeladen werde ins Schloss Bellevue. Mein Bruder vielleicht auch.«

Was mein Vater nach der Wahl tun wird, ist natürlich ein Thema. Da mache ich mir aber überhaupt keine Sorgen: »Seine Haupttätigkeit wird im Nichtunterzeichnen von Gesetzen liegen, es gibt da einiges Fragwürdiges in den letzten Jahren. Und wenn ihm im Schloss Bellevue langweilig wird, geht er auf den Balkon und schwingt große Reden zum Thema Freizeit.«

Auf die Frage nach den zu erwartenden Stimmen in der Bundesversammlung gehen die Meinungen auf der Bühne ein wenig auseinander. »Alle!«, ruft Marsching, während ich eine realistischere Sicht der Dinge pflege: »Ich finde, alles über drei Stimmen wäre ein deutlicher Erfolg, den wir auch entsprechend feiern würden.«

Schiffer schiebt noch nach, dass die Piraten ihre elf Wahlleute nicht auf eine Entscheidung verpflichtet haben, dann ist unsere erste gemeinsame Pressekonferenz zu Ende, und wir gehen auf ein Bier in die Kantine des Berliner Ensembles.

## BERLIN, REICHSTAG

Am Tag vor der Wahl fahren wir nachmittags zum Reichstag, damit wir uns am nächsten Tag orientieren können. Der Fahrdienst des Bundestages, den ich in Berlin rund um die Uhr benutzen darf, schickt uns einen schwarzen Mercedes, und mein Vater genießt die Fahrt in der Luxuslimousine sichtlich. Im Bundestag werden wir behandelt, wie es sich für einen Kandidaten für das höchste deutsche Staatsamt und seinen Anhang geziemt: Obwohl wir uns nicht angemeldet haben, erkennen uns die Polizisten an der Sicherheitsschleuse. Schnell ist eine Dame vom Protokoll vor Ort, die meinen Vater sehr höflich begrüßt, überall herumführt und ihm einen schönen Platz oben auf der Tribüne zeigt, der für ihn morgen reserviert ist.

Aufgeregt ist mein Vater kaum, eher gespannt. Als wir abends bei Erbsensuppe und einem Andechs im Gasthaus sitzen, fragt er mich, mit wie vielen Stimmen wir rechnen können. »Also ich würde sagen, drei haben wir sicher: Schiffer, Marsching und ich werden dich wählen. Alles über drei ist ein Erfolg.«

Der Tag der Wahl selbst beginnt nicht gut. Der Wagen, mit dem uns der Fahrdienst morgens zur Bundesversammlung abholt, ist nicht schwarz, sondern in einem schmutzigen Beige gehalten: Es ist ein Taxi. Ein uraltes Berliner Taxi mit einem schlecht gelaunten türkischen Fahrer, mit komplett durchgesessener Sitzbank hinten und penetrantem Dieselgestank im gesamten Innenraum. Ich weiß nicht, ob das Absicht ist oder einer akuten Überlastung des Dienstes geschuldet. Mein Vater trägt seinen einzigen schwarzen Anzug und versucht, sich die Enttäuschung nicht anmerken zu lassen.

Der Reichstag ist überfüllt, 1260 Mitglieder hat die Bundesversammlung, die Hälfte davon sind Bundestagsabgeordnete.

Um Punkt zwölf Uhr begrüßt Bundestagspräsident Lammert alle Anwesenden und bittet uns, in den engen aufgestockten Stuhlreihen Platz zu nehmen. Marsching und ich sitzen nebeneinander, rechts außen, eingekesselt von merkwürdigen Typen, die sich als FDP- und AfD-Abgeordnete herausstellen. Lammert hält in genau dem oberlehrerhaften Ton, der den mit durchschnittlichem Esprit gesegneten Bürgern schon immer gefallen hat, eine von durchschnittlichem Esprit getragene Rede zum Zustand der Republik und Europas, nur seine Witze sind furchtbar. Auch wenn Lammert des öfteren Humor zugeschrieben wird; in der *Titanic*-Redaktion hätte der Mann keine halbe Stunde überlebt. Schlichte Pointen werden bis auf ihre maximale Breite ausgewalzt, das Timing ist seinem Alter angemessen. Aber vielleicht liegt es auch am biederen Publikum. Als er die zwei Obmänner der Schriftführer nach vorn bittet und einer von rechts und der andere von links kommt, sagt Lammert: »Perfekte Choreographie, einer von rechts, einer von links!« Ein Lachen klingt an, der Profi am Mikrophon schaut erwartungsvoll witternd in die Gesichter vor ihm, das Lachen baut sich in größeren Teilen der Bundesversammlung auf, um schließlich in zaghaften Applaus umzuschlagen. Lammert genießt die Situation sichtlich, feilt weiter am Witz: »Ja, wir haben das wochenlang geübt …« Das Lachen geht weiter, jetzt lacht er mit, wieder Applaus … Ich bin froh, als seine Rede wieder ernst wird: »Wir Europäer werden nur durch das Teilen von Souveränität einen möglichst großen Rest von dem bewahren können, was früher die Nationalstaaten mit Erfolg reklamierten und heute allenfalls rückwärtsgewandte Zeitgenossen irrig für sich beanspruchen, nämlich unabhängig von anderen die eigenen Angelegenheiten selbständig regeln zu können. Deshalb brauchen wir die Union der europäischen Staaten.«

**Sachdienlicher Hinweis des**
**Stenographischen Dienstes des Bundestags**
(Beifall bei der weit überwiegenden Mehrheit der Mitglieder der Bundesversammlung – Martin Sonneborn erhebt sich)

Nach seiner Ansprache und den technischen Erläuterungen werden die 1260 Namen der anwesenden Mitglieder der Bundesversammlung in alphabetischer Reihenfolge verlesen, die Aufgerufenen gehen in die Osthalle hinüber, stehen Schlange, erhalten die Wahlunterlagen, kommen zurück, um Schlange zu stehen vor den Urnen.

In dieser Schlange spüre ich plötzlich einen harten Ellenbogen in der Seite. Während ich mich umdrehe, frage ich mich, wer so blöd ist, in der Bundesversammlung vordrängeln zu wollen – und merke dann, dass sich Volker Kauder an mir vorbei-

arbeitet. Ich habe nicht den Eindruck, dass der Ellenbogen persönlich gemeint ist, sondern eher den Verdacht, dass Kauder grundsätzlich damit kämpft. Ich mache ihm Platz und schaue gleich mal bei Wikipedia, was es über diesen unsympathischen Schwaben zu wissen gibt. Ah, das passt ja, Verbindung zu Heckler & Koch, die Firma hat ihren Sitz in seinem Wahlkreis, 80 000 Euro Spenden an die CDU, eine Aussage des Hauptgesellschafters, dass Kauder »immer wieder die Hand über uns gehalten hat«; dazu intensive Lobbyarbeit für die Tabakindustrie, hat gegen die Strafbarkeit von Vergewaltigungen in der Ehe gestimmt – und das Antikorruptionsgesetz für Abgeordnete, das sein eigener Bruder zu verantworten hatte, gestoppt … Guter Mann, das. Leider muss ich die Recherche einstellen, ich bin dran. Ich schenke der Dame hinter der gläsernen Urne ein Lächeln und versenke meine Stimme.

Gregor Gysi steht ein paar Meter weiter, ich sage ihm kurz guten Tag. Als eine Dame aus der Linkspartei uns zusammen fotografieren will, knicke ich leicht ein in den Knien und mache mich einen halben Meter kleiner. Ich weiß, dass Gysi das hasst. Sofort winkt er energisch ab: »Nein, nein, bitte, hoch!« Gut, kann er haben.

Eine knappe halbe Stunde wird die Sitzung unterbrochen, dann sind die Stimmen ausgezählt. Lammert verkündet das Ergebnis des ersten Wahlganges.

**Sachdienlicher Hinweis des
Stenographischen Dienst des Deutschen Bundestages**
Abgegebene Stimmen 1253, ungültige Stimmen 14, gültige Stimmen 1239. Enthalten haben sich 103 Mitglieder dieser Bundesversammlung.
Es sind entfallen auf Dr. Christoph Butterwegge 128 Stimmen, auf Albrecht Glaser 42 Stimmen,
(Beifall bei Mitgliedern der Bundesversammlung – Zurufe: Buh!)
auf Alexander Hold 25 Stimmen,
(Beifall bei Mitgliedern der Bundesversammlung)
auf Engelbert Sonneborn 10 Stimmen
(Beifall bei Mitgliedern der Bundesversammlung)
– offenkundig haben nicht alle, die jetzt klatschen, ihn auch gewählt –
(Heiterkeit und Beifall bei Mitgliedern der Bundesversammlung)
und auf Dr. Frank-Walter Steinmeier 931 Stimmen.
(Langanhaltender Beifall bei der weit überwiegenden Mehrheit der Mitglieder der Bundesversammlung – Die Mitglieder der Bundesversammlung erheben sich – Dr. Frank-Walter Steinmeier nimmt Glückwünsche von Bundespräsident Joachim Gauck und von Mitgliedern der Bundesversammlung entgegen und bekommt Blumensträuße überreicht)

Merkel gratuliert, Gauck, mein alter Chef Chulz, die siegesungewohnten Sozialdemokraten stehen Schlange. Ich halte mich lieber im Hintergrund.

In einer kurzen Ansprache bedankt sich Steinmeier. Und spricht ein paar Sätze, die ich mir merken will: »Ich danke allen, die mich gewählt haben, für das Vertrauen. Denen, die mich nicht unterstützt haben, gebe ich ein Versprechen: Im gleichen Respekt vor allen demokratischen Parteien, vor Regierung und Opposition, vor dem Vielklang der Stimmen in unserer Demokratie werde ich dafür arbeiten, auch Ihr Vertrauen zu gewinnen.« Hoppla, das klingt gut! Steinmeier ist offenbar nicht nachtragend.

Nach der Wahl folgen wir den Massen ins Paul-Löbe-Haus, wo große Buffetflächen und Hunderte von Stehtischen bereitstehen. Büroleiter Hoffmann, der sich noch eine Einladung verschafft hatte, stößt zu uns. Als wir einen äußerst gut gelaunten Bundestagspräsidenten Lammert sehen, stößt Hoffmann mich an: »Siehst du die Dame mit dem Tablett, die Lammert gerade ein Bier bringt? Die ist abgestellt, sich ausschließlich um ihn zu kümmern, dass er immer ein frischgezapftes Bier zur Hand hat. Das will ich auch, Life Goal!« – »Dann kriegst du aber auch eine so rote Nase ...« Als wir uns vorstellen, schaut Lammert uninteressiert. Ich frage, ob er die von ihm unterzeichneten Strafgeldbescheide über diverse 100 000 Euro gegenüber der PARTEI tatsächlich kennen würde. Lammert wird sofort ernst. Er sei der Überzeugung, die Gerichte müssten hier eine Lösung finden. Aber er habe seinen Beamten immer vertraut, weil sie immer alle Prozesse gewonnen hätten. »Na, dann werden Sie jetzt zur Abwechslung mal einen verlieren!«, sage ich. Lammert entgegnet, dass er es allerdings hochproblematisch fände, dass er als Bundestagspräsident die Parteienfinanzierung kontrollieren müsse, wo doch alle Parteien in einer Konkurrenzsituation stünden: »Es wäre mir lieber, der ADAC oder die Bischofskonferenz würde sich darum kümmern!« Dann ist Lammerts Glas leer, er dreht sich um und widmet sich einem frischen Bier.

Zum Abschluss gebe ich dem Videojournalisten Tilo Jung ein kurzes Interview. Er fragt, ob wir mit der Wahl zufrieden seien. »Ja, wir sind zufrieden. Wir haben vorher gesagt, wir werden die Wahl nicht anfechten, wir erkennen das Ergebnis zu hundert Prozent an – außer, wenn mein Vater gewinnt. Er hat schon einen Flug nach Australien gebucht.«

Jung schwenkt mit der Kamera herum und sieht den Youtuber Rayk Anders, der auch für die Piraten hier ist: »Bist du zufrieden, Rayk?«

»Ich bin sehr zufrieden. Mein Kandidat hat zwar nicht gewonnen, aber es war aus dem Stand zweistellig. Das kann man durchaus als Achtungserfolg verbuchen ...«

Oskar Lafontaine geht mit zwei leeren Biergläsern an uns vorbei, ich frage ihn kurz, ob ich ein Bild mit ihm machen darf. Tilo

Jung filmt uns dabei, daher entschuldige ich mich: »Ich mache sonst keine Selfies, aber wenn gutaussehende ältere Männer vorbeikommen ...«

Jung lacht.

Lafontaine sagt: »Da dürfen Sie nicht lachen!«, und Jung entgegnet: »Ich möchte in dem Alter auch noch so aussehen.«

Lafontaine nickt: »Viel Sport machen, viiiel Sport ...«

»Und eine ältere Frau suchen ...«, werfe ich ein.

Lafontaine strahlt: »Ja, genau!«

Dann lassen wir den Tag nett ausklingen.

### Sachdienliche Hinweise der FAZ

FAZ: Was wäre heute anders, wenn Ihr Vater die Abstimmung gewonnen hätte?

Martin Sonneborn: Ich habe gelesen, dass Steinmeier fast 20 Vertraute in gut dotierte Positionen im Schloss Bellevue gebracht hat. Das führte wohl zu Unruhe unter den Bediensteten und auch zu Ärger mit der Gewerkschaft. So etwas kann ich für meinen Vater ausschließen, der kennt überhaupt keine 20 Leute.

FAZ: Und was macht Ihr Vater jetzt?

Martin Sonneborn: Mein Vater steht bereit, er hält sich fit mit Reisen und Fahrradfahren in Berlin. Es wirkt belebend, wenn man in der Bundesversammlung zehn Stimmen holt. Wir waren hinterher im Berliner Ensemble feiern, da wurde er von jungen Frauen um Autogramme gebeten. Das kann ich also jedem Achtzigjährigen empfehlen, für das höchste Amt im Staat zu kandidieren.

FAZ: Hat sich Ihr Verhältnis zueinander verändert durch die Aktion?

Martin Sonneborn: Wir duzen uns jetzt wieder. (lacht) Nein, für jede menschliche Beziehung ist es gut, wenn man zusammen Abenteuer erlebt. Das kann ich nur weitergeben, *FAZ*-Leser: Machen Sie etwas mit Ihren Vätern!

Der neue Chulz: Parlamentspräsident Antonio Tajani

## STRASSBURG, PARLAMENT

Obwohl ich den PARTEI-Anzug aus bestem Supernylon (C&A, 49 Euro) ungern anziehe, trage ich ihn heute im Parlament. Samuel, der neue Praktikant, ist Fotograf, vielleicht können wir ein offiziell wirkendes Bild im Parlament machen. Wir laufen gerade zum Plenum, ich habe das Mobiltelefon am Ohr, da stolziert uns Parlamentspräsident Tajani mit zwei Sicherheitsleuten entgegen, ebenfalls ein Handy am Ohr. Ich winke ihm zu, muss lachen, es sieht fast so aus, als ob wir miteinander telefonierten. Tajani nickt zerstreut zurück, ich frage, ob wir schnell ein Foto machen können, dann stehen wir auch schon nebeneinander. Allerdings falsch herum – um auf Bildern seriöse Dominanz zu signalisieren, stehe ich auf Fotos grundsätzlich rechts. Also schiebe ich den verwirrten Italiener auf meine linke Seite, greife seine Hand, lege ihm den linken Arm auf die Schulter und drücke seinen Oberarmknochen nicht ganz so fest zusammen, wie Trump es tun würde. Tajanis Gesichtsausdruck zeigt es.

Möglicherweise ist der Gesprächspartner von Tajani in diesem Augenblick ein alter Bekannter von uns. Denn wie aus den Unterlagen des Auswärtigen Amtes hervorgeht, die wir später erhalten werden, telefoniert Steinmeier vier Tage nach Amtsantritt wegen der Änderung des europäischen Wahlrechts mit Tajani. Und das, obwohl der Bundespräsident der parteipolitischen Neutralität und dem Schutz des Grundgesetzes besonders verpflichtet sein sollte.

# MÄRZ 2017

## BRÜSSEL, PLENUM

Die Abgeordneten sind unruhig. Korwin-Mikke beugt sich zu mir und fragt, was Juncker gleich in seinem »Weißbuch über die Zukunft Europas« präsentieren wird. »Keine Ahnung«, gestehe ich, entnehme meiner Aktentasche die kleine EU-Fahne, die Büroleiter Hoffmann mir besorgt hat, weil viele meiner fraktionslosen Nachbarn ihre nationalen Fahnen vor sich auf dem Pult stehen haben, und platziere sie demonstrativ. »Absolut keine Ahnung! Vielleicht bestellt er erst mal zwei Gin Tonic und ein Bier? Ich hoffe allerdings, er erklärt, dass seine ›politische Kommission‹ gescheitert ist und er ab sofort alle Staaten gleich behandeln wird.«

James Carver, ein stets gut gelaunter, lustiger kahlköpfiger Brite, ein ehemaliger Schirmmacher, der für die UKIP vor mir sitzt, dreht sich um und begrüßt mich mit einem sehr britisch intonierten »Gutten Moggän!«. Er beäugt die Fahne der EU und reckt grinsend seinen Daumen hoch.

Juncker überrascht das Parlament schon zu Beginn der Vorstellung mit ungewohnter Großzügigkeit. Statt eines Plans, wie es nach dem Brexit in Zukunft weitergehen soll, stellt er fünf verschiedene vor:

Das erste Szenario sieht vor, dass die EU auf ihrem Kurs bleibt und alles weiterläuft wie bisher, lediglich ohne Großbritannien. Das zweite ist eine Reduzierung der EU auf eine europäische Freihandelszone; das gemeinsame Agieren in den Bereichen Flüchtlingspolitik, Verteidigung, Terrorabwehr wird zurückgefahren. Das dritte Szenario, wohl Junckers Favorit, würde ein »Europa der zwei Geschwindigkeiten« bedeuten, ein Kerneuropa, das sich zum Beispiel in den Bereichen Sicherheit und Verteidigung schneller entwickelt als die übrigen Länder: »Europäische Erfolge waren fast immer das Werk vorauseilender Pioniere – siehe das Schengen-Abkommen, siehe den Euro.«

Büroleiter Hoffmann schickt mir eine SMS: »Zuerst klauen sie die Maueridee, jetzt übernehmen sie die Idee eines Kerneuropas – denk dir etwas Neues aus, in zwei Jahren wird es umgesetzt!«

Im vierten Szenario würde Brüssel von den Mitgliedsstaaten in einigen Bereichen – Handel, Sicherung der Außengrenzen, Verteidigung – mehr Verantwortung übertragen bekommen, sich dafür aus anderen zurückziehen. Szenario fünf ist dann wohl Junckers Wunschtraum: ein weiter gehender Zusammenschluss der Nationen, Gründung einer europäischen Verteidigungsgemeinschaft, gemeinsame Fiskal- und Steuerpolitik, verstärktes EU-Engagement in den Bereichen Klimaschutz und Entwicklungshilfe – und die Möglichkeit, dass das EU-Parlament Freihandelsabkommen wie TTIP und CETA beschließen kann, ohne dass die nationalen Parlamente zustimmen.

In Brüssel gilt das Weißbuch als geschickter Schachzug, da Juncker sich damit offiziell weiter gehender Verantwortung entzieht. Weil die Regierungschefs die EU-Politik zwar über den Rat selbst bestimmen, aber national gern Kritik an der EU und ihrer Politik üben, bietet der Luxemburger Szenarien an, die öffentlich diskutiert werden sollen. Aber ob das wirklich klappen wird? Und ob es irgendwelche Folgen in der politischen Realität nach sich ziehen wird?

Zumindest in meinem Büro klappt es. Eine halbe Stunde nach der Plenarsitzung stürmt meine Europapolitische Beraterin herein: »Ist euch aufgefallen, dass ein sechstes Szenarium gefehlt hat? Was ist mit der Selbstauflösung der Europäischen Union? Wo ist der dialektische Kontrapunkt? Das muss man doch zumindest mitdiskutieren dürfen. Aber das ist ja in den Verträgen von Lissabon gar nicht vorgesehen! Aus organisationssoziologischer Sicht ist diese kategorische Unfähigkeit, sich die eigene Nichtexistenz überhaupt vorstellen zu können, nichts Besonderes und erwartbar. Und eine letzte kleine Anmerkung noch: Unbehagen bereitet einem im Grunde schon die Vermessenheit und Selbstüberhöhung, mit der die EU einen Alleinvertretungsanspruch für Europa reklamiert. Die EU ist eben nicht Europa – historisch, geographisch, politisch gesehen –, sondern eben: die EU.«

**Sachdienlicher Hinweis des Stern**
Jean-Claude Juncker hat sich in drastischen Worten über Kritik an seinen fünf Szenarien für die EU beschwert. Der Kommission werde immer wieder vorgeworfen, nicht genug mit den Bürgern zu diskutieren, sagte Juncker am Mittwoch in Brüssel. Jetzt werde seine Behörde dafür kritisiert, dass sie genau das versuchen wolle. »Was für eine Scheiße! Ich würde ›Scheiße‹ sagen, wenn wir hier nicht im Parlament wären. Was wollen Sie denn, dass wir machen?«, rief er.
Europaabgeordnete hatten zuvor bemängelt, dass die EU-Kommission mit ihren fünf Szenarien keine klar umrissene Zukunftsvision vorgegeben habe. Andere lobten den Ansatz.

## BRÜSSEL, PLACE FLAGEY

Samira El Quassil, Kanzlerkandidatin der PARTEI 2009, ruft an und fragt, ob nicht ihr alter Freund Serdar Somuncu ein guter Kanzlerkandidat für die nächste Bundestagswahl wäre. Ich überlege kurz. In Düsseldorf habe ich mal als Gast bei Serdar bei einer kleinen Bühnentalkshow auf dem Sofa gesessen, das war nett gewesen. Seine Agitation gegen Neonazis und *Bild*-Zeitung gefiel mir. Außerdem kannte er sich mit der Geschichte der PARTEI aus, schon weil er 2009 mein »PARTEI-Buch«, in dem die Anfangsjahre der PARTEI geschildert werden, für einen Hörbuchverlag eingelesen hatte. Über den Blinker, den der Hörbuchverlag Wort Art damals auf die CD gedruckt hatte, kann ich heute noch lachen: »Gelesen von Serdar Somuncu – der deutschen Stimme von Martin Sonneborn«.

Wir verabreden uns für einen Abend in Brüssel. Nach ein paar Stunden und diversen Primus-Bieren vor meiner Lieblingskneipe steht der Kanzlerkandidat für 2017 fest. Serdar ist lustig, kann gut herumbrüllen und ist darüber hinaus zu kluger Gesellschaftsanalyse und Kapitalismuskritik fähig. In Zeiten einer erstarkenden AfD ist es auch nicht unschön, mit einem in Istanbul geborenen Kandidaten anzutreten; ich freue mich schon auf Plakate mit dem Aufdruck »Kançler!«.

## BRÜSSEL, PLENUM

Als ich an meinen Platz komme, fehlt auf meinem Tisch die kleine blaue Fahne. Komisch, ich sehe ungarische, griechische und sehr viele britische Fähnchen, wen stört denn eine harmlose EU-Flagge?

Es wird nicht langweilig im Plenum. Während links von mir mein alter polnischer Freund Korwin-Mikke längst eine feste Größe geworden ist, wechseln die Kollegen zu meiner Rechten des Öfteren.

Ein paar Sitzungswochen lang habe ich Herrn López Aguilar neben mir, einen höflichen und gut gekleideten Spanier. Der ehemalige Justizminister, der sich zu seiner Zeit für Frauenrechte und »Null Toleranz«-Gesetze gegen häusliche Gewalt eingesetzt hatte, war aus der S&D-Fraktion ausgeschlossen worden und zu uns Fraktionslosen gekommen, weil er sich vor Gericht mit dem Vorwurf auseinandersetzen musste, seiner Frau ein blaues Auge verpasst zu haben. Die Anzeige wird wenig später zurückgezogen, weil es sich um einen »Unfall im Haus« gehandelt habe. Ein weiteres Verfahren schließt sich an, laut spanischer Presse wegen »körperlicher und seelischer Gewalt« und eines »kleinen Brandes im Haus«. Bei uns bleibt López Aguilar friedlich und zündelt nicht. Gerade habe ich mich an den stillen Banknachbarn gewöhnt, da werden die Ermittlungen wegen Unglaubwürdigkeit seiner Exfrau eingestellt, und er verschwindet wieder in seiner Fraktion.

Das Gastspiel von Alessandra Mussolini, Enkelin des Duce, ist deutlich kürzer; danach steht lange der Name Renato Soru im Sitzplan, aber der Platz neben mir bleibt durchgehend frei. Als ich Büroleiter Hoffmann frage, weiß er zu berichten, dass es sich bei Soru um einen reichen Italiener handelt. Eine Google-Recherche ergibt, dass es sich nicht nur um einen reichen Italiener handelt, sondern um einen *der reichsten Italiener überhaupt*. Der Gründer des Telekommunikations-Unternehmens Tiscali verfügt über ein Privatvermögen von rund vier Milliarden US-Dollar sowie eine fundierte Anzeige wegen Steuerhinterziehung inklusive eines Urteils, das ihm für drei Jahre einen sicheren Sitzplatz in einer weniger überstaatlichen Einrichtung garantiert. Kein Wunder, dass Soru geringe Lust verspürt, seine letzten freien Tage zwischen uns Spinnern in den hinteren Reihen des EU-Parlaments zu verbringen.

Merkwürdige Situation eigentlich: Ich sitze in der einzigen demokratisch gewählten Volksvertretung der EU, links von mir stimmt der reichste polnische Politiker ab, rechts von mir einer der reichsten Italiener. Die einst von Christoph Schlingensief propagierte Idee der attischen Demokratie, Volksvertreter künftig einfach auszulosen, wird mir immer sympathischer.

## BRÜSSEL, PARLAMENT

Auf dem Weg zum Büro stehe ich vor dem Aufzug. Als die Türen sich öffnen, sehe ich Jo Leinen im Aufzug stehen, die Taste für Stockwerk eins leuchtet. »Ah, die SPD auf dem Weg nach unten!« Ich drücke für Stockwerk fünf, Leinen ist überrascht: »Oh, die PARTEI nur ein Stockwerk unter der SPD ...« – »Ja, der Abstand schwindet, gute Fahrt!«

Kürzlich hatte mir der Saarländer noch herablassend versichert, dass die von ihm und Hübner verantwortete Wahlrechtsänderung für Europa auf dem besten Wege sei, im Rat einfach durchgewinkt zu werden. Büroleiter Hoffmann tobt, als er das hört: »Das EU-Parlament hat das Initiativrecht bei Wahlrechtsangelegenheiten nicht aus Jux und Dollerei. Es hat den Auftrag, ein wirklich europäisches Wahlrecht zu schaffen, welches aus dem Parlament der Nationalstaaten ein echtes europäisches Parlament machen soll. Ein Armutszeugnis, dass Leinen als Berichterstatter dieses wichtige Recht dazu missbraucht, eine Wahlrechtsreform um eine Dreiprozenthürde herum zu konstruieren, damit die deutschen Kleinparteien bei der nächsten Wahl wieder aus dem Parlament fliegen.«

Eine Woche später organisiert Hoffmann ein Treffen mit der Vertretung Maltas. Malta führt derzeit turnusmäßig für sechs Monate die Präsidentschaft im EU-Rat und bestimmt die Themen, die bei den Sitzungen auf die Tagesordnung kommen. Nach einem 30-minütigen Gespräch wissen wir, dass die Wahlrechtsreform von Jo Leinen praktisch tot ist. Die Malteser signalisieren, dass es durchaus Interesse für eine Reform gebe, dass die vorliegende Version aber inhaltlich ungenügend sei und lediglich den Deutschen zupasskäme. Im Moment gebe es in der EU wahrlich andere Prioritäten ... Sympathische Malteser!

## BRÜSSEL, PLENUM

Eine Sozialdemokratin meldet sich zu Beginn der Sitzung und moniert, dass bei der Besetzung des Europäischen Rechnungshofes wieder kaum Frauen berücksichtigt wurden, obwohl der Rat das Parlament in dieser Frage konsultieren muss: »Nur drei Frauen unter den 28 Rechnungsprüfern.« Zwischenruf Korwin-Mikke: »How many homosexuals? How many?!«

## BRÜSSEL, BÜRO

Unsympathische Malteser! Der *Süddeutschen Zeitung* muss ich entnehmen, welche Prioritäten die Malteser setzen: »Im Kampf gegen die Steuervermeidungstricks von Konzernen geben sich Malta, Luxemburg und andere kleine EU-Staaten zurückhaltend. Die EU solle das Tempo in der Steuergesetzgebung drosseln, um Unsicherheiten für Unternehmen zu vermeiden, fordert die maltesische Ratspräsidentschaft.«

> **Sachdienlicher Hinweis von Fabio de Masi in der Zeit**
> 
> Die Zeit: Nach ihrer Interpretation ist Malta ein hochkorrupter Staat. Warum gibt es keine EU-Mechanismen, die dagegenwirken?
> 
> De Masi: Malta hat immer wieder sämtliche Vorstöße zur Bekämpfung von Geldwäsche mit Bezug zur organisierten Kriminalität blockiert. Als das Land Anfang des Jahres die EU-Ratspräsidentschaft innehatte und die Geldwäscherichtlinie neu verhandelt wurde, hat der Inselstaat sinnvolle Reformen verhindert.

## BRÜSSEL, CAFÉ BELGA

Die Lautstärke ist fulminant, Bässe dröhnen, ein buntes Gemisch an Menschen, wahrscheinlich zur Hälfte aus belgischen Studenten bestehend, tanzt, trinkt und schreit exzessiv durcheinander. »Was gibt es hier zu feiern?«, frage ich den Kommissionsmitarbeiter, der neben mir an der Bar steht und den ich vom Sehen kenne. »Die feiern einen wolkenfreien Tag.« Wir kommen ins Gespräch, und ich höre den neuesten Kommissionsklatsch. Wenn ich bei dem Lärm alles richtig verstehe, hat eine bulgarische Direktorin in der Kommission ein paar Freunde und ihren Trauzeugen eingestellt. Und zwar ohne lästige Aufgaben und Pflichten, der Trauzeuge habe nur alles zu unterschreiben gehabt, was ihm vorgelegt wurde. Die Gruppe habe dann derart großzügig Geld an Freunde in Bulgarien weiterverteilt, dass eine Kontrollinstanz satte Hinweise auf Korruption festgestellt hätte. Dann aber habe ein Anruf aus dem Büro von Juncker der Überprüfung ein Ende gemacht, mit Hinweis auf die anstehenden Wahlen in Bulgarien, bei denen die EU-freundliche konservative Partei nicht behindert werden sollte.

Ich deute an, dass das vielleicht alles ein großes Missverständnis gewesen sein könnte. Immerhin pflegen die Bulgaren mit einem Kopfschütteln zu bejahen und mit Kopfnicken zu verneinen. Mir selbst war das einmal am Bahnhof von Plovdiv schmerzlich und in allerletzter Sekunde bewusst geworden, als ich eine Gruppe von Bulgaren fragte, ob der abfahrbereite Zug – der letzte, mit dem ich meinen Flug in Sofia noch erreichen würde – der Zug in die Hauptstadt sei, und ein allgemeines heftiges Kopfschütteln einsetzte.

Ein Bier später kommen wir auf die Erweiterungsbestrebungen der EU auf dem Balkan zu sprechen. Anders als die politische Führung sieht der Mann von der Kommission sie eher kritisch: »Wir wissen, dass es einen Wissenstransfer gibt, aus den korrupteren Ländern, die es in die EU geschafft haben – Rumänien, Bulgarien etc. –, in Richtung Albanien, Serbien, Kosovo. Die erklären denen genau, was man in der EU hören und sehen will und wie man die Anforderungen der EU für einen Beitritt zumindest dem Anschein nach erfüllen kann. Noch ein Bier?«

## BRÜSSEL, CAFÉ KARSMAKERS

Das Café ist fast leer. Wie nett, in Ruhe Zeitung lesen zu können! Allerdings nicht lange. Meine Europapolitische Beraterin räuspert sich: »Ich verstehe absolut nicht, dass man dem Sozialismus der DDR immer Staatsversagen vorwirft! Das sei ein *Systemversagen*, der Staatssozialismus funktioniere nicht, die volkseigenen Betriebe seien überschuldet gewesen … Aber heute sind doch alle Staaten weit über vorhandene Werte hinaus verschuldet. Wenn man über Staatsverschuldung nachdenkt, wenn man sich nur den Haushalt betrachtet, der zweit- oder drittgrößte Posten ist jeweils die Zinstilgung: erstens Sozialhaushalt, zweitens Rüstung, drittens Zinsen! In den sechziger und siebziger Jahren war das nicht so! Wo ist denn da bitteschön ein *Systemgelingen*? Wie kann man dieses Wirtschaftssystem als erfolgreich bezeichnen, wenn es ihm nicht gelingt, die Gesellschaften zu ernähren, ohne dass Staaten sich dabei bis über beide Ohren verschulden?«

»Erwartest du eine Antwort, oder ist das nur eine Atempause?«

»Und die Verschuldung entspricht relativ genau der Vermögensschöpfung der anderen Seite. Ich verstehe gar nicht, dass niemand das stärker in Frage stellt, weil es doch so augenfällig ungerecht ist.«

Es war nur eine Atempause, ich bin noch nicht wirklich gefragt.

»Irland, so heißt es immer, wenn du mit Kommissionsleuten redest, Irland sei ein gutes Beispiel für eine geglückte Gesundschrumpfung auf seinen ökonomisch potenten Kern. Dabei kann Irland nun wirklich nicht als Beispiel gelten, die haben in der Wirtschaftsstruktur gar nichts geändert, die haben nur ihre Staatseinnahmen erhöht, indem sie sich als Steueroase etabliert haben. Mit Portugal ist es ganz ähnlich gelaufen.«

In der Politik stellt man in solchen Situationen am besten eine Gegenfrage: »Und? Was schlägst du vor?«

»Es müsste auf einen globalen Schuldenschnitt hinauslaufen, die Staatsschulden sind gleich null ab jetzt, und dann fangen alle noch mal von vorn an.«

»Hehehe, das wird aber einigen Großkontenbesitzern nicht gefallen. Andererseits, ich glaube, die Mehrheit wäre für diese Idee zu begeistern.«

Drei deutsche Praktikantinnen setzen sich an den Tisch neben uns. Als wir ins Gespräch kommen, berichten sie von einer Social-Media-Schulung ihrer EVP-Fraktion gestern Nachmittag, an der auch Herbert Reul teilgenommen habe. Er habe aber keine einzige Frage gestellt – wahrscheinlich wisse er bereits Bescheid, der Macher von »Reuls Woche« auf Youtube … Spontan müssen wir alle lachen. Auf meine Frage, was denn der beste Expertentipp gewesen sei, um die Reichweite im Netz zu erhöhen, erfahre ich, dass empfohlen wurde, »auch mal etwas Negatives zu posten, etwas, das danebenging«. Ich muss schon wieder lachen: »Tatsächlich? Oh, da gibt es einiges. Reul als Vorsitzender der CDU/CSU-Gruppe könnte mal was zu Glyphosat twittern, zu TTIP, zu Griechenland oder zur Wahl Tajanis.«

## STRASSBURG, PLENUM

Das Plenum ist fast leer. Die Debatte zum Gender Pay Gap plätschert ohne rechte Höhepunkte dahin, bis Korwin-Mikke Rederecht erhält: »Do you know which was the place in the Polish theoretical physics olympiade, the first place of women? I can tell you: 800! You know how many women are in the first 100 of Chess Players? I tell you: no one! And of course women must earn less than men – because they are weaker, they are smaller, they are less intelligent and they must earn less. That's all …« Am nächsten Tag schickt die italienische Kollegin Matera eine offene Mail mit sehr vielen Ausrufezeichen an ihren Parteifreund, den Parlamentspräsidenten Antonio Tajani, und fordert eine Bestrafung Korwin-Mikkes.

## BRÜSSEL, BÜRO

Auf dem Weg zum Zentralregister begegnet mir James Carver. Breitschultrig schreitet er auf mich zu, grüßt auf Deutsch und fragt: »Where is your EU-Flag?« – »Oh, it's stolen.« Theatralisch verzieht der kleine, kahle Ukipler das breite Gesicht, breitet abwehrend die Hände aus und ruft: »It wasn't me!!!« Dann müssen wir beide lachen. Ich weiß, dass Carver der einzige Abgeordnete in Großbritannien ist, der einen Sinti-Roma-Hintergrund hat. Wahrscheinlich fühlt er sich nicht zum ersten Mal zu Unrecht unter Verdacht.

Der Enthüllungsreporter des *Stern*, Tillack, fragt per Mail an, wie wir unsere Büropauschale ausgeben, und bittet knapp und unhöflich um Zusendung sämtlicher Belege per Post. Ich beantworte seine Anfrage entsprechend.

### Sachdienlicher Hinweis des Stern

Der Abgeordnete Martin Sonneborn von der satirischen PARTEI beantwortet die *Stern*-Anfrage auf Facebook so: »Wir haben aus Spaß gerade 1000 vollkommen überflüssige T-Shirts produzieren lassen, um sie interessierten Bürgern zur Verfügung zu stellen.«

Allerdings vergisst die Hamburger Illustrierte, das abgebildete T-Shirt auch abzubilden. Es handelt sich um ein Qualitäts-Shirt mit Druckfehlern, produziert aus Mitteln der EU.

Das Kleingedruckte lautet: Die zum Ausdruck gebrachten Meinungen über Donald »Idiot« Trump liegen in der alleinigen Verantwortung des jeweiligen Verfassers von dem oben Geschriebenen und geben nicht unbedingt den offiziellen Standtpunkt des Europäischen Parlaments, in dem ja auch Tüpen wie Elmar Brocken (174 kg CDU), Jo Leinen (183) (Jahre) und Herbert Reul (nicht

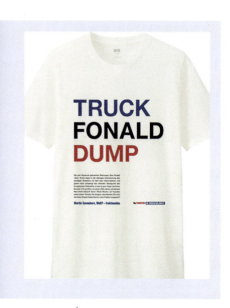

bekannt durch »Reuls Woche« auf Youtube) sitzen, wieder. Wussten Sie übrigens, dass Merkels CDU dort mit Viktor Orbáns Fidesz-Partei in einer Fraktion kooperiert?

## BRÜSSEL, LANDESVERTRETUNG NIEDERSACHSEN

Vor der MEP-Bar sehe ich Herbert Reul. Ich nicke grüßend hinüber, aber er wendet sich ab und schaut weg. Seitdem das Trump-Shirt im Umlauf ist, grüßt er mich nicht mehr.

Eine Reisegruppe der Grünen hat angefragt, ob ich einen kurzen Einblick in meine Tätigkeit geben würde. Warum nicht? Wenn sie es wünschen. Vor 30 niedersächsischen Rinderzüchtern und sachsen-anhaltinischen Studenten halte ich einen halbstündigen Vortrag über meine Sicht auf das EU-Parlament: »Liebe niedersächsische Schweinebauern, liebe Besucher aus dem wohl kaputtesten deutschen Bundesland …« Aufgrund einer postalkoholischen Depression (Jupiler, Big Game Sports Bar) erkläre ich irgendwann für mich selbst überraschend, dass man im Parlament täglich 36 Stunden dagegen arbeiten müsste, dass die Bürger Europas nicht ausgespäht, komplett überwacht, vergiftet und darüber auch noch getäuscht würden. Und ende schließlich in der feinsinnigen Diagnose, dass der Euro ein recht effektives Mittel der Neoliberalisierung Europas darstelle, der extrem ungleich verteilte Wohlstand Deutschlands zu einem großen Teil auf dem starken Euro und den fehlenden Abwertungsmöglichkeiten für kleinere, wirtschaftsschwächere Länder beruhe und dass die sich selbst ermächtigt habende sogenannte Troika, die ja aus Vertretern von EU-Kommission, Europäischer Zentralbank und Internationalem

Währungsfonds bestehe und in den EU-Verträgen als Institution gar nicht vorgesehen sei, sich bei ihren widerrechtlichen De-facto-Eingriffen in die Lohn- und Sozialsysteme Griechenlands – mit brutalsten Folgen! – und dem angestrebten Ausverkauf des Landes auf weniger demokratische Legitimation stützen könne als mein geschätzter Kollege Kim Jong-Un.

Danach ist es sehr still. Bis sich ein älterer Landwirt meldet und fragt, ob ich mich dafür einsetzen könnte, dass er genauso wenig Steuern zahlen müsse wie Amazon, Google und andere Großkonzerne. Ich weise das entschieden zurück, schließlich sei er ein kein Apple-, sondern nur ein Schweinebauer. Lacher.

**Sachdienlicher Hinweis aus den Grünen Blättern**
Für Spaß sorgte Martin Sonneborn mit einer kabarettistischen Darstellung der EU-Politik.

## STRASSBURG, PLENUM

Der halbseidene Berlusconi-Freund Tajani eröffnet die folgende Sitzung mit einer kurzen an Korwin-Mikke gerichteten Ansprache: »Ich werde solches Verhalten nicht dulden, besonders von jemandem, von dem erwartet wird, dass er seine Pflichten als Vertreter der Völker Europas mit der nötigen Würde erfüllt!« Für seine Äußerungen zum Thema Gender Pay Gap werden dem Polen 30 Tagegelder gestrichen – insgesamt mehr als 9200 Euro –, er darf zehn Tage nicht an Aktivitäten des Parlaments teilnehmen und dieses ein Jahr lang nicht gegenüber anderen Institutionen vertreten.

Eine interessante Entscheidung, die das Rederecht im Parlament ganz neu bewertet. Als Tajani endet, klatscht Korwin-Mikke Beifall, sein Nachbar Bruno Goldfisch vom Front National ruft laut in den Saal: »Warum nicht gleich die Todesstrafe? Hängt ihn auf!« Mit pointierten Äußerungen kennt der rechtsradikale Franzose sich aus. In Frankreich hatte er vor Jahren einen Skandal verursacht, als er Antirassismus als »geistiges Aids« bezeichnete.

In der Pause stoße ich den Polen an und frage ihn, ob er sich nicht beim Europäischen Gerichtshof für Menschenrechte beschweren will. Der Monarchist denkt kurz nach, grinst dann und sagt, ja, genau das werde er tun, er habe ja jetzt zehn Tage Zeit.

Seine Rede können Sie übrigens im Netz nachsehen, aber das ist für die Zukunft keine Selbstverständlichkeit mehr. Nach einer Änderung der Geschäftsordnung kürzlich kann der Parlamentspräsident die Liveübertragung bei Plenardebatten unterbrechen und die Bilder im Nachhinein aus dem Internet entfernen.

## BRÜSSEL, MEP-BAR

Fast hätte ich übersehen, dass eine Abstimmung zum Thema Massentierhaltung ansteht, gerade noch rechtzeitig erinnern mich rund 13 000 Mails mit der Betreffzeile »Bitte stimmen Sie am 14. für die Kaninchen!«.

Ein Vertreter der Kleinparteien, der engagierte Tierschützer Stefan Eck, hat einen Initiativbericht gegen die Batteriehaltung von Kaninchen auf den Weg gebracht. Der Initiativreport sei unsere beste Waffe als Parlamentarier, hatte mir der Veganer aus dem Saarland mit leuchtenden Augen erklärt: Wenn seiner jetzt durch das Parlament geht, müsse sich die Kommission damit beschäftigen und – wenn es politisch in die Agenda passt oder für Großkonzerne interessant ist oder genug öffentlicher Druck aufgebaut werden kann – eventuell sogar einen Gesetzesvorschlag ausarbeiten. Ich weise ihn darauf hin, dass der Gesetzesvorschlag spätestens bei seiner Wiedervorlage im Parlament zurechtgeschliffen werde oder spätestens im Zusammenspiel von Rat und EU-Kommission. Ich glaube nicht mal an einen Erfolg im Plenum, verspreche aber, meine Stimmen so zu legen, dass die Kaninchen mir dankbar sein können.

Unter unserem alten Chef Chulz, zu Zeiten der Großen Koalition im Parlament, wäre dieser Report niemals durchgegangen. Aber jetzt geschieht das Undenkbare, die konservativen Änderungsvorschläge, die den Report in sein Gegenteil verkehrt hätten, werden in den Abstimmungen im Plenum deutlich zurückgewiesen, ein großer Teil der Sozialdemokraten stimmt mit Linken und Grünen und dem einen oder anderen Konservativen, Monarchisten, Nazi, Liberalen, Kommunisten für die Sache der Kaninchen. Warum nicht öfter so, Kollegen?

Für die anschließenden »one-minute speeches« hat mein (depressiver) Redenschreiber mir eine kleine Rede geschickt.

### Sachdienlicher Hinweis aus dem Ordner »Nichtgehaltene Reden« (II)

Sehr geehrte Damen und Herren! Ich verlese eine Erklärung im Namen der Betroffenen des Verbots der Käfighaltung von Kaninchen: »Das heute zur Abstimmung stehende Gesetz ist eine Farce. Es bringt den Betroffenen nur scheinbare Verbesserung. Nicht nur die Käfighaltung, jede Unfreiheit muss ein Ende haben. Hunderte Millionen von Kaninchen in ganz Europa sind bereit, für ihre Freiheit zu kämpfen und den Menschen ihre Gräuel mit gleicher Münze heimzuzahlen. Dies ist unsere letzte Warnung. Als Zeichen ihrer Verhandlungsbereitschaft fordern wir, dass ein EU-Parlamentarier, am besten Jo Leinen, öffentlich in einem Käfig ausgestellt und gemästet wird, bis er platzt. Sonst wird unsere Rache maßlos und blutig sein. Wir fangen mit euren Kindern an, die finden uns niedlich. Hochachtungsvoll, die Kaninchen« Vielen Dank.

## STRASSBURG, PARLAMENT

Vor dem Plenarssaal steht Udo Voigt und spricht zu einem Reporter, der eifrig mitschreibt: »In der Aussprache werde ich eine blaue Karte zeigen und sagen: Wenn es um Rassismus geht, dann, dann muss es auch um Rassismus von Flüchtlingen gegen Deutsche gehen!« Der NPD-Mann reibt sich die Hände, er freut sich wie ein kleines Kind.

»Na, Voigt, noch in der Politik? Toll, in Ihrem Alter!«

## APRIL 2017

### BRÜSSEL, PLENUM

In einem Berufungsverfahren wird mein Sitznachbar Renato Soru von einem sardischen Gericht freigesprochen. Ausgerechnet Sardinien, denke ich. Gegen Zahlung von sieben Millionen Euro bleibt der ehemalige Präsident Sardiniens darüber hinaus straffrei. Kann er also schön wieder in die sozialdemokratische Fraktion eintreten, denke ich, und – zack! – weg ist er. Dafür schiebt sich wenig später ein extrem massiger, schwitzender Pole durch den Gang auf den freien Platz zu meiner Rechten. »Ich bin neu hier. Guten Tag, Saryusz-Wolski.« – »Guten Tag«, grüße ich überrascht zurück, »sprechen Sie Deutsch?« Der Pole wischt sich mit einem Taschentuch den Schweiß von der Stirn und antwortet abweisend: »Nein.« Dann dreht er sich weg. Mag er keine anderen fraktionslosen Abgeordneten oder keine Deutschen?

Der dicke Pole nimmt umständlich Platz, verbreitet einen beißenden Geruch nach Ostblockrasierwasser und schmeißt seine Mappe auf meine Seite des Tisches. Ich kenne derartige Revierkämpfe aus Schulzeiten und denke, es ist besser, die Sache von vornherein klarzustellen. Ohne die Miene zu verziehen, schiebe ich seine Mappe auf seine Seite des Tisches hinüber. Er linst komisch, dann zieht er sie zurück. Im Verlauf der Sitzung schiebt er immer wieder Sachen auf meine Tischseite. Ob ich Hoffmann bitte, eine kleine stacheldrahtbewehrte Grenzanlage mit Schlagbaum zu konstruieren?

### STRASSBURG, PARLAMENT

Unser alter Freund Steinmeier kommt zum Antrittsbesuch nach Straßburg. Zum gemeinsamen Essen mit den deutschen Abgeordneten sind Udo Voigt und ich nicht eingeladen. Zum Empfang oben in den repräsentativen Räumen des Parlaments dann schon. Als ich ankomme, defilieren die Abgeordneten in einer zwanglosen Schlange am Bundespräsidenten vorbei. Ich habe keine Lust, versöhnlich zu tun, deswegen bleibe ich im hinteren Teil des Raumes stehen.

Jacob von Weizsäcker, einer der klügeren und sympathischeren SPD-Abgeordneten und zur Abwechslung mal mit Krawatte, grüßt mich, lädt zu seinem Sommerfest ein. Ich bedanke mich und sage, dass ich das letzte noch in zu guter Erinnerung habe, wegen des wohlschmeckenden Bieres in seinem Kühlschrank, die Flaschen ohne Etikett. Ich hätte sie getrunken und den nächsten Tag komplett verpasst. »Ja, das Bier war von einem Freund, der wollte das brauen, aber das ist wohl nichts geworden.«

»Jetzt wissen Sie, warum.«

Dann kommt Bernd Kölmel, ehemals AfD, dann ALFA, jetzt LKR. Er erzählt mir, dass er früher beim Rechnungshof in Baden-Württemberg gearbeitet habe. »Rechnungshof? Mit Geld? Haben Sie sich da finanziell nicht verschlechtert?«, scherze ich.

Kölmel antwortet ernst: »Ich habe mich um 500 Euro netto verschlechtert, aber meinen Stundenlohn halbiert. Ich arbeite hier 75 Stunden in der Woche …«

Frau von Strolch kommt dazu. »Guten Tag, Frau von Strolch, hat Steinmeier Ihnen etwa die Hand geschüttelt?«

»Ja, zwei Mal, einmal beim Essen vorhin und gerade … Aber haben Sie gerade ›von Storch‹ gesagt?!«

»Nein, glauben Sie, ich hätte mich versprochen? Aber: Dürfen Sie beide überhaupt nebeneinanderstehen hier?«

Von Strolch erwidert spitz: »Ich ja.« Kölmel lächelt.

»Ich auch, ich meine, die Politik ist eins, natürlich schlägt man da aufeinander ein … Aber privat …« Dann begrüßt Kölmel eine unauffällige kleine Dame mit Brille und einem Aktenberg unter dem Arm: »Guten Tag, Frau Gräßle.«

Ich merke auf: »Sie sind Inge Gräßle? Guten Tag, Sie haben ja einen verhängnisvollen Hang zu schlechten Eisbergmetaphern, ich habe Ihre Pressemitteilung gelesen.«

Frau Gräßle ist nicht begeistert. »Hach«, seufzt sie, »ja, ich kenne Sie auch, leider verehren meine zwei Nichten Sie.«

»Nette Nichten! Aber dass Sie jetzt hier Akten unter dem Arm haben … Darf ich ein Foto von Ihnen machen?« Ich ziehe mein iPhone aus der Tasche.

»Auf keinen Fall!«

»Wissen Sie, dass Sie im Ruf stehen, *immer* Akten unter dem Arm zu haben?« Frau Gräßle rauscht ab.

Dafür stellt sich jetzt ein sympathischer älterer Herr vor, Klaus Buchner von der ÖDP, ein weiterer Vertreter der Kleinparteien. Ein guter Tausch, der emeritierte Physikprofessor ist knapp 80 Jahre alt, wirkt stets leicht verwirrt und ist mein Lieblingspolitiker; nicht nur, weil er seine Tagegelder spendet. Wie Julia Reda ist er der Fraktion der Grünen beigetreten. Er schenkt mir ein Lächeln und sagt ansatzlos: »Das Handelsabkommen geht in die Endphase. Das zwischen der EU und Japan. JEFTA heißt es. Und es ist sehr viel von den negativen Ideen von CETA und TTIP enthalten. Ich muss jetzt eine Rede halten. Tschüss!«

McAllister kommt auf mich zu, zwinkert: »Die Abstimmungsergebnisse werden knapper, nur noch rund 30 Stimmen Abstand heute bei einigen.« Ich erwidere: »Die Fraktionslosen werden das Zünglein an der Waage. Aber wir werden ja auch immer mehr, Sie haben uns gerade einen neuen geschickt. Sitzt jetzt neben mir. Kein angenehmer Nachbar.«

»Ah, Saryusz-Wolski? Ja, der war bei uns in der EVP. Er mag keine Deutschen. Und er ist ein harter Russengegner.«

»Gesunde Einstellung für einen Polen. Herzlichen Glückwunsch übrigens zur Beförderung im Auswärtigen Auschuss.«

McAllister bedankt sich. Er hat die Nachfolge von Elmar Brocken angetreten, der in dieser Position in den vergangenen Jahren genug Unsinn zu verantworten hatte. Offensichtlich hält Merkel nicht länger ihre schützende Hand über den Politrentner.

Nach dem Empfang google ich meinen neuen Nachbarn. Es ist der Mann, den die polnische PISS-Regierung als Kandidaten gegen Donald Tusk nominierte, gegen den eigenen polnischen

Ratspräsidenten, als der sich zur Wiederwahl stellte. Sympathisches Kerlchen!

## BRÜSSEL, BÜRO

Diesmal kommt mir auf dem Weg zum Zentralregister James Carver (UKIP) aus der anderen Richtung entgegen, er hat sich bereits eingetragen. Ich muss lächeln, als er zu einem zackigen »Gutten Morgän!« die Hacken zusammenschlägt. »Warum sind so viele Menschen begeistert von III. Reich?«, fragt der Engländer in gebrochenem Deutsch. »Don't mention the III. Reich«, entgegne ich, »but: we have built a IV. Reich, didn't they tell you? It's better and it's called European Union ...« Carver schaut kurz, dann brüllt er los.

Im Büro erzählt mir Hoffmann von einem Anruf aus der Fraktion der Grünen. Seitdem Elmar Brocken nicht mehr Vorsitzender im Auswärtigen Ausschuss ist, verbringt er viel mehr Zeit in seinem Büro. Das Büro von Brocken, so erfahre ich, liegt mitten zwischen den Büros der Grünen. Normalerweise werden die Räume alle fünf Jahre neu verteilt – die Zahl der Abgeordneten einer Partei verändert sich ja nach jeder Wahl –, sodass die Abgeordneten einer Fraktion ihre Büros immer nebeneinander haben. Der dicke CDU-Mann hatte aber keine Lust, alle zehn oder zwanzig Jahre umzuziehen und blieb einfach in seinem Büro sitzen, als sich im Laufe der Jahrzehnte die Mehrheitsverhältnisse änderten, die Grünen ins EU-Parlament einzogen und dort sogar ausbreiteten. Und jetzt, so klagte die Büroleiterin eines grünen MEPs am Telefon, könnte in den Büros neben dem von Elmar Brocken nicht mehr in Ruhe gearbeitet werden, weil der Ostwestfale die ganze Zeit herumschreien würde. Ob wir da nicht etwas tun könnten? Hm, was kann man da tun? Eine Bärenfalle aufstellen?

**Sachdienlicher Hinweis von Moritz von Uslar in der Zeit**
Vielleicht kursieren über kein anderes Mitglied des EU-Parlaments so viele Geschichten (respektvolle Erzählungen von einem inhaltlich brillanten Politiker, der im großen Plenarsaal glühende Reden auf Europa hält, und enorm lustige Schwänke vom Exzentriker und Choleriker Brok, der sein Büro auf Trab hält und in kleiner Runde schon mal mit Schuhen werfen soll, wenn die Kollegen zu bequem oder denkfaul sind, seinen Vorschlägen zu folgen).

## STRASSBURG, PLENUM

Donnerstag, 11.55 Uhr, mehrfaches gellendes Klingeln treibt die Angeordneten in den Plenarsaal. Nur Minuten trennen uns jetzt noch vom Wochenende!

Vizepräsident David-Maria Sassoli, ein sympathisch verwirrter Italiener, leitet die Sitzung. Obwohl die Arme in der ersten Abstimmung noch diszipliniert nach oben gehen und das Ergebnis relativ deutlich ist, sagt er: »Das überprüfen wir noch mal.« Gelächter. Ein Zeichen von Schwäche gleich am Anfang, das verspricht eine unruhige Sitzung. Die elektronische Abstimmung ergibt: Der Antrag wurde mit 545 gegen 26 Stimmen angenommen. Egal, worum es jetzt geht, die Lage der Rohingya in Myanmar, Behinderten-Rechte, Lebensmittelvorschriften: Ab sofort wird jede Handzeichen-Abstimmung von »Check!«-Rufen begleitet, so klar sie auch ausgeht. Die Lust am Krawall überwiegt selbst das Bedürfnis, hier schnell fertig zu werden. Udo Voigt (NPD) erklärt den rechtsradikalen Griechen neben mir: »Dämmokratti iss not soo isi!« Um 12.26 Uhr resigniert der Italiener vorne und winkt die letzte Abstimmung durch: »Ich glaub, der Antrag ist eh angenommen ...«

Über 600 Abgeordnete reißen ihre Stimmkarten aus den Geräten und stürmen in Richtung Ausgang. Herbert Reul, Fraktionsvorsitzender CDU/CSU, ist einer der ersten, obwohl er relativ weit vorn sitzt. Er legt die 50 Meter zu den Aufzügen in neuer

Rekordzeit zurück, triumphierend blitzt es in seinen Äuglein, als ein Klingeln den ankommenden Aufzug signalisiert. Reul drängt gegen die sich öffnende Fahrstuhltür – und prallt zurück: Büroleiter Hoffmann, wie immer in gutem Anzug und mit Reisegepäck nicht von einem konservativen Abgeordneten zu unterscheiden, tritt aus der Tür: »Bitte erst aussteigen lassen!« Mit waidwundem Blick weicht der Rheinländer zurück, alle Körperspannung ist aus ihm gewichen, ungläubig schüttelt er den Kopf, schimpft vor sich hin: »Wie schaffen die das nur? Wie kann der jetzt schon mit Taschen hier unten sein?«

**Sachdienlicher Hinweis des Kölner Stadt-Anzeigers**
Kein gutes Haar ließ Sonneborn in unserem Interview an dem aus Leichlingen stammenden Europaabgeordneten Herbert Reul – Dieser sei zwar ein netter älterer Herr, im Parlament aber fehl am Platze. Sonneborns drastische Äußerungen – auch über den CDU-Vertreter Elmar Brok – sind an dieser Stelle aus Rücksicht auf die Bestimmungen des Deutschen Pressekodex nicht zu lesen.

## MAI 2017

## CAFÉ KARSMAKERS

»Schon gehört? Die Entscheidung des Europäischen Gerichtshofes zur Europäischen Bürgerinitiative ›Stop TTIP‹ ist da«, informiert mich meine Europapolitische Beraterin mit leicht höhnischem Unterton. »Das Gericht hat den Klägern umfassend recht gegeben. Nach drei Jahren! Juncker hat sich also damals widerrechtlich über die dezidierten Meinungserklärungen von über 3,2 Millionen Europäern hinweggesetzt. Dein Freund Sven Giegold spricht von einer ›Ohrfeige für Juncker‹.« Das späte, aber beruhigende Urteil des Europäischen Gerichtshofs zur Zurückweisung der Europäischen Bürgerinititative gegen TTIP durch Juncker wird in deutschen Medien praktisch nicht thematisiert.

**Sachdienlicher Hinweis von Heise online**
Späte Genugtuung für die rund 300 zivilgesellschaftlichen Organisationen, die als Bündnis »Stop TTIP« eine offizielle Europäische Bürgerinitiative (EBI) beginnen wollten. Die EU-Kommission hatte die Kampagne, wonach die Verhandlungen über das geplante Freihandelsabkommen zwischen der EU und den USA abgebrochen und die vergleichbare Übereinkunft CETA mit Kanada nicht ratifiziert werden sollte, nicht formal zugelassen. So geht es nicht, entschied nun das im November 2014 angerufene Gericht der Europäischen Union (EuG) und erklärte den Beschluss der Brüsseler Regierungseinrichtung für nichtig.
Die Luxemburger Richter erinnerten die Brüsseler Bürokraten nun in ihrem Urteil an das Ziel einer EBI, die demokratische Funktionsweise der Union zu verbessern und jedem Bürger ein allgemeines Recht auf Beteiligung am demokratischen Leben einzuräumen.

## BRÜSSEL, PLACE LUXEMBURG

Wie jeden Donnerstagabend ist der »Place Lux« für den Verkehr gesperrt. Während fast alle Abgeordneten sich auf dem Weg in ihre Heimatländer befinden, formierte sich vor dem Parlament eine unabhängige, überparteiliche und durststarke Bewegung junger Europäer, um ihrer Begeisterung für die EU, für unbezahlte Praktika oder extrem privilegierte Arbeitsplätze Ausdruck zu verleihen, für frühlingshafte Temperaturen, Maes-Bier und Gin Tonic. Praktikantin Rosa und ich sind natürlich dabei, und unser neues Bürobanner haben wir auch mit. Nach zwei oder drei Maes-Bier (flämisch, gezuckert) vergesse ich fast, dass ich hier in einer extrem privilegierten Blase der kontinentalen Verwaltungselite stehe oder zumindest vor ausgebeuteten Praktikanten.

Was ist nur aus »Pulse of Europe« geworden?

**Sachdienlicher Hinweis von Timothy Garton Ash**
Wenn Sie mehr als 30 Jahre eine erfolgreiche liberale Revolution haben, kommt fast zwangsläufig eine Gegenrevolution. Aber wir haben auch manches falsch gemacht. Um nur ein paar Fehler aufzuzählen: Wir haben das Bedürfnis der Menschen nach Gemeinschaft und Identität vernachlässigt, das sieht man in der Migrations- und der Islamdebatte. Und wir haben Solidarität und Gleichheit vernachlässigt, und zwar nicht nur wirtschaftliche Gleichheit, sondern auch die Gleichheit der Aufmerksamkeit und der Chancen. Der Teil unserer Gesellschaften, der zur Uni gegangen ist, fühlt sich gut in einer offenen kosmopolitischen Welt, aber der andere Teil fühlt sich vernachlässigt, marginalisiert, ignoriert, verachtet. Und das ist ein Fehler der liberalen Eliten.

## STRASSBURG, PLENUM

Von Strolch bittet vor Beginn der Sitzung darum, dass wir Abgeordnete den Bericht über das marode EU-Gebäude in Brüssel zur Kenntnis bekommen, der vielen Zeitungen vorliegt, uns aber nicht. Offenbar entspricht das Hauptgebäude des EU-Parlaments inklusive des Plenarsaals nicht den EU-Gebäuderichtlinien. Jetzt wird von einer Expertengruppe geprüft, ob das Gebäude lediglich entkernt und renoviert oder komplett abgerissen werden soll. Ich tippe auf Neubau. Einige Monate später wird die Straße zwischen den beiden hinteren Gebäudeteilen mit ein paar Sperren und einem Kontrollhäuschen abgesperrt. Es heißt, ein stabiler Lkw, gezielt in den Übergang zwischen den Gebäuden gefahren, ließe den gesamten Komplex zusammenbrechen.

Mein (depressiver) Redenschreiber hat mir einen interessanten Link geschickt. Im Netz lese ich während der Abstimmungen einen kurzen Artikel auf der Seite der *Deutschen Wirtschaftsnachrichten*, in dem vermeldet wird, die Amerikaner hätten signalisiert, dass sie die Verhandlungen zu TTIP wieder aufnehmen wollen. Die EU hoffe weiter auf das Freihandelsabkommen, wolle es aber nach den massiven Protesten aus der Bevölkerung nicht mehr »TTIP« nennen.

Kurz überlege ich, was mir unseriöser erscheint: die Krawallplattform im Internet oder das Vorgehen der Kommissare Juncker und Malmström. Ich komme zu keinem eindeutigen Schluss. Einen Vorschlag für einen besseren Namen jedoch hätte ich: Würde man TTIP in CETA oder JEFTA umbenennen, gäbe es vermutlich keinerlei Akzeptanzprobleme mehr. Denn bei diesen beiden Abkommen ist das öffentliche Interesse weitgehend ausgeblieben. Die Proteste haben es kaum über den Kreis der Newsletter-Abonnenten von foodwatch hinaus geschafft, obwohl die Inhalte ähnlich gelagert sind.

Als die Plenarsitzung zu Ende ist, sehe ich Udo Voigt direkt vor mir im Gedränge »Na, Voigt, noch in der Politik?«, zische ich ihm zu.

Er dreht sich um und antwortet: »Was? Ob ich noch Politik mache? Blöde Frage!«

»Warum?«

»Blöde Frage, sehen Sie doch, dass ich nicht drauf antworte!«

## JUNI 2017

### BRÜSSEL, TAGUNGSRAUM IM PARLAMENT

Die »Delegation für die Beziehungen zur Halbinsel Korea« tagt. Ich tage mit. Herbert Reul ist allerdings nicht da. Hoffmann, der die Sitzungen normalerweise für mich verfolgt, hat mir einen Platz freigehalten.

Heute ist der nordkoreanische Botschafter aus London angereist, um sich einem Austausch zu stellen, und der Raum ist mit etwa 20 Personen gut gefüllt. Gleich zu Beginn wird darauf verwiesen, dass es sich um ein sogenanntes »In-Camera-Verfahren« handelt, dass also außer mir niemand darüber berichten darf.

Während wir auf den Vorsitzenden der Delegation Nirj Deva warten, bittet Hoffmann mich, für den Fall der Fälle eine Frage parat zu haben.

Bei der letzten Delegationssitzung, berichtet mein Büroleiter, war neben den administrativen Mitarbeitern und verschiedenen Assistenten nur eine Abgeordnete anwesend, aber protokollarisch hochrangiger Besuch aus Seoul. Nach der kurzen Rede des koreanischen Politikers hatte Deva wie üblich in den Raum gefragt: »Hat jemand Fragen?«, und dann umstandslos die Abgeordnete angeblickt: »Sie haben das Wort!« Vollkommen überrascht habe sie daraufhin eine sinnlose Frage zusammengestottert. Ich schätze derartige Situationen noch aus der Schulzeit, deswegen lege ich mir lieber eine Frage zurecht.

Helene-Fischer-Fans (v. l. n. r.)

Aber zuerst spricht der nordkoreanische Botschafter. Er zeichnet ein Bild des Landes, das sich mit meinen Informationen nicht deckt. Abschließend verwehrt er sich gegen den Vorwurf, sein Land sei rückständig, immerhin habe man mehrere Atomtests erfolgreich abgeschlossen.

Nach einigen Höflichkeiten in der Fragerunde ergreife ich die diplomatische Initiative: »Herr Botschafter, die slowenische Band Laibach ist vor einiger Zeit in Nordkorea aufgetreten. Bedeutet das eine Öffnung für einen kulturellen Austausch, und dürfen wir mit weiteren Konzerten westlicher Künstler in Ihrem schönen Land rechnen?«

Als der Diplomat, dessen Namen ich nicht nennen darf, bejaht, mache ich Nägel mit Köpfen: »Herr Botschafter, wir haben in Deutschland die sehr, sehr gute Sängerin Helene Fischer, die wir gern auf eine sehr, sehr, sehr ausgedehnte Nordkorea-Tournee schicken würden. Würden Sie dieses Unterfangen unterstützen?«

Der Botschafter bejaht und ist von der Idee offenbar angetan, auch wenn er als Asiate seine Freude nicht so offen zeigen kann. Nach dem offiziellen Ende der Delegationssitzung kommt er zu mir, um mich zu einem Gespräch nach London einzuladen, Kulturaustausch sei eine wichtige Sache. Ich bedanke mich und nehme mir vor, alsbald Kontakt zum Helene-Fischer-Management aufzunehmen. Möglicherweise kommt ihr die Idee einer kleinen Auszeit ganz gelegen. In Korea ertragen die uniformierten Zuschauer Konzerte für gewöhnlich klag- und regungslos, ausgepfiffen – wie Fischer in der Pause beim DFB-Pokalfinale im Berliner Olympiastadion – wird man hier selten.

## JULI 2017

### STRASSBURG, PLENUM

Fuck, Birne ist tot! Natürlich fahre ich zum europäischen Staatsakt für Helmut Kohl nach Straßburg. Wenn Clinton, Medwedew, Netanjahu, Berlusconi, Merkel, die Kohl-Witwe Maike Kohl-Richter und ein Großteil der deutschen Spitzenpolitiker Abschied von Birne nehmen, dann darf ein Vertreter von *Titanic* nicht fehlen. Immerhin haben wir dem massigen Pfälzer seinen Spitznamen verpasst (»Kohl«) und ihn mit über 40 Titelbildern jahrelang populär und an der Macht gehalten. Im Kondolenzbuch in Brüssel habe ich ein erstes Mal Abschied genommen: »*Titanic* verabschiedet sich von seinem langjährigen Mitarbeiter H. Kohl.«

Zur Feier des Tages lege ich während der Fahrt mit der Dienstlimousine vom Bahnhof Offenburg zum Parlament noch schnell einen schwarzen Gurt an.

Im Plenarsaal ist die Stimmung eher ausgelassen. Ich erkenne einige Kollegen, Bundestagsabgeordnete aus Deutschland, sie wirken kleiner als im Fernsehen. Julia Klöckner kommt auf mich zu und verwickelt mich in einen Small Talk, dem ich nicht folgen kann. Dann drehen sich ein paar Reihen vor mir auf einmal drei Männer um. Jürgen Rüttgers klopft Roland Koch auf die Schulter, deutet in meine Richtung, ruft feixend: »Kennst du den jungen Mann da drüben noch? Der ist ja jetzt Europaabgeordneter ...« Ich erstarre, damit hätte ich nicht gerechnet. Jahrelang hatten wir Koch in *Titanic* als »Hessen-Hitler« bezeichnet, nach seiner Kampagne gegen die doppelte Staatsbürgerschaft hatte ich die Leser abstimmen lassen, ob wir ihn fürderhin lieber als »Hessen-Hitler«, »Hessen-Himmler« oder »Hessen-Heydrich« bezeichnen sollten; und eine ganz klare Mehrheit hatte sich für die erste Variante entschieden. Und auch mit Rüttgers hatten wir üble Scherze getrieben. Sind die beiden gar nicht nachtragend, sollte das alles vergessen sein, jetzt, wo ich einer von ihnen wa... Die Worte »Entschuldigung, darf ich einmal vorbei?« reißen mich aus meinen Überlegungen, dann schiebt sich David McAllister, der hinter mir stand, an mir vorbei und gesellt sich zu seinen ehemaligen Kollegen.

Ich nehme meinen Platz ein, drei oder vier Reihen hinter der Kohl-Witwe. Damit sitze ich nur unwesentlich schlechter als Theresa May, die in der dritten Reihe innerlich toben dürfte. Dann beginnt der Staatsakt für einen der lediglich drei Ehrenbürger Europas. Merkel steht in der ersten Reihe zwischen Clinton und Macron, als acht kräftige Soldaten den mit einer europäischen Fahne bedeckten Sarg langsam zu einem Trauermarsch von Händel in den Plenarsaal tragen. Die Gesichter der Träger auf meiner Seite sind in einem feierlichen Rot gehalten.

Nachdem die Musik verklungen ist, folgen die Trauerreden. Man sieht, dass Merkel der Tod des Altkanzlers, dessen Sturz sie schließlich zu verantworten hat, nahegeht. Eine fast Shakespear'sche Grundkonstellation. Auch Bill Clinton und Juncker nehmen auf sehr emotionale Weise Abschied von diesem »Nachkriegsgiganten« (Juncker), »diesem einzigen Menschen mit einem größeren Appetit als ich selbst« (Clinton); allerdings nicht, wie viele andere ebenfalls, ohne Kohl noch einmal nachdrücklich die Verantwortung für die

EU und die Einführung des Euro zuzuschieben. Kohl habe, verrät Juncker, »minutenlang« geweint, als der Europäische Rat die Osterweiterung der EU beschlossen hat. Zu Recht, finde ich, wenn man derzeit nach Polen und Ungarn schaut.

Überraschender Höhepunkt der Zeremonie ist für mich die Rede Tajanis. Der Übersetzer verhaspelt sich und spricht von Kohls Vision »eines deutschen Europa, pardon, eines europäischen Deutschlands«.

### Sachdienlicher Hinweis von Spiegel Online
Als zum Abschluss der Trauerfeier die deutsche und europäische Hymne erklangen, stand sogar der Satiriker Martin Sonneborn im Publikum auf.

### Sachdienlicher Hinweis von mir
Wenn ich als Einziger sitzen geblieben wäre, hätte ich nichts mehr gesehen.

## STRASSBURG, SOMMERFEST DER PARLAMENTARISCHEN GESELLSCHAFT

Ein sommerlich warmer Mittwochabend, Zeit, gepflegt das Wochenende einzuleiten. Die pittoreske Stadtvilla der EPG, nur fünf Minuten Fußweg vom Parlament entfernt, haben wir vom letzten Sommerfest noch in bester Erinnerung. Mitglied der EPG sind wir allerdings immer noch nicht, obwohl ihr Vorsitzender, der Südtiroler Herbert Dorfmann, zugleich Vorsitzender der beliebten interfraktionellen Arbeitsgruppe »Wine, Spirits and Quality Foodstuffs«, bei der letzten Veranstaltung überzeugende Argumente vorgebracht hatte: mit dem Hinweis, dass die Lebensgefährtinnen von Mitgliedern zehn Prozent Rabatt auf Einkäufe in den Galeries Lafayette erhielten.

Büroleiter Hoffmann und ich stehen mit einem gesponserten Qualitätsgetränk in der Hand im Garten und beobachten interessiert den neuen Chef, Antonio Tajani. Während Chulz hier letztes Jahr keinen einzigen Schritt machen konnte, ohne angesprochen zu werden, geht der Italiener völlig unbeachtet durch die Parlamentarier und tippt hartnäckig eine SMS nach der anderen in sein Handy. Unbeachteter noch als wir, denn als wir an einem der langen Tische Platz nehmen, kommen die Kollegen Henkel (vormals AfD) und Professor Starbatty (ebenso) auf uns zu. »Passen Sie auf, was Sie sagen, der Sonnenborn schreibt alles mit!«, warnt Hans-Olaf Henkel, während er sich neben mich setzt.

»Nein, Henkel, nur die interessanten Sachen. Und nichts über Kleinstparteien, die nicht zu Plasberg eingeladen werden ...«, korrigiere ich.

Hauptgesprächsthema ist an diesem Abend die Kritik von Kommissionpräsident Juncker am Parlament. Weil bei der Rede des maltesischen Präsidenten morgens nur 30 von 751 Abgeordneten im Plenum saßen, war Juncker vor Journalisten anschließend der Kragen geplatzt: »Das Europaparlament ist lächerlich, sehr lächerlich!«

### Sachdienlicher Hinweis des Deutschlandfunks
Martin Sonneborn sagt: Ich war natürlich im Bett. Es war neun Uhr morgens, und seit den Anschlägen von Brüssel gehe ich aus Sicherheitsgründen nie vor elf Uhr ins Parlament.
Außerdem sind die vielen Sommerfeste abends sonst nicht zu schaffen!

Hoffmann fragt, warum Juncker sich überhaupt so aufrege: »Was legen sie die Rede des Ratspräsidenten auch auf neun Uhr! Wenn es voll sein soll, legt man so etwas vor die Abstimmungen.«

Paul Rübig, der nette ältere Österreicher der Korea-Delegation, gesellt sich zu uns und gesteht: »Ich war nicht im Plenum, aber ich möchte auch nicht mit dem Malteser Präsidenten in einem Raum sein.«

»Warum nicht?«

»Na ja, der steckt doch voll mit drin, Panama-Papers, Steuersachen ...«

Beste Laune bei Klein- und Kleinstparteien: Starbatty & Henkel

»Gute Güte! Gut, dass ich nicht hingegangen bin, ich wusste das ja nicht.«

»Die Eingeweihten wissen das, hahaha …«, lachend dreht der angehende Pensionist ab, bevor ich ihn darauf aufmerksam machen kann, dass er mit seinem EVP-Kumpan Karl-Heinz Juncker auch nicht unbedingt den Raum teilen sollte.

Hans-Olaf Henkel steht auf und geht in Richtung der Stände, an denen europäische Unternehmen der Nahrungsmittelindustrie erlesene Speisen und Getränke anbieten dürfen. Wenig später kehrt er strahlend zurück, in jeder Hand ein Glas Rotwein: »Ich habe gesagt, für mich und einen Freund, da habe ich zwei Gläser gekriegt. Das ist meine kleine private Steuerrückerstattung!«

Einfach aus Spaß und weil ich ein bisschen angetrunken bin, knurre ich den Hamburger an: »Henkel, ich habe wesentlich mehr Steuern bezahlt als Sie in Ihrem Leben!« Das Lächeln erlischt schlagartig, Henkel ist einen kleinen Moment geschockt, will gerade auffahren, da muss ich loslachen: »War nur Spaß!« Henkel entspannt sich. Wieder bestens gelaunt stellt er seine Beute ab und drängt in Richtung Buffet, während wir den Gin-Tonic-Ausschank ansteuern: »Zweimal Rückerstattungen mit Strohhalm und Eis, bitte!« Fast gleichzeitig kehren wir an den Tisch zurück, Henkel (derzeit LKR) trägt einen Teller mit Hähnchenschenkel und Kartoffelsalat. »Ich war der Erste in der Schlange, der Erste am Buffet!«, ruft der ehemalige BDI-Präsident nicht ohne Stolz.

Einige Rückerstattungen später lasse ich mir von Henkel dann die Welt erklären: »Ich war in der Wissenschaft, als Präsident der Leibniz-Gesellschaft, ich war in der Wirtschaft als Präsident des BDI, und ich muss Ihnen sagen, es gibt überall zwei Arten von Menschen: Idealisten oder Ideologen!«

»Und was sind Sie, Henkel?«

»Tja, das müssen Sie schon selbst entscheiden.«

»Hm, vielleicht … Ideolist?«

Am Bierausschank treffen wir später den Assistenten von Jo Leinen. Hoffmann spricht ihn an: »Das Wahlrecht ist tot, oder?«

Der Assistent lächelt: »Ja, total. Wir müssen uns etwas Neues ausdenken, um euch zu piesacken.«

»Schmerzt das, wenn man so viel Arbeit in etwas investiert hat?«

»Ja, vor allem, weil es meine Arbeit war.«

## BERLIN, FACEBOOK-ZENTRALE

Ein höflicher Mitarbeiter erwartet uns bereits unten, als wir am Sony-Center ankommen, und begrüßt Hoffmann und mich mit Namen. Wahrscheinlich soll er sicherstellen, dass wir nicht aus Versehen ein Kamerateam dabeihaben.

Auch oben auf der Etage werden wir freundlich begrüßt, als wir aus dem Fahrstuhl steigen. Die Stimmung in den hellen, offenen Räumen ist ungezwungen. Und bleibt es auch, als ich den Berliner Angestellten Zuckerbergs zuerst mal erkläre, dass sich hier nicht viel ändern wird für sie, nach der Machtübernahme der PARTEI: »Wir werden lediglich Ihre Plattform verstaatlichen und dann eine gewisse Höflichkeit und Etikette auf Facebook durchsetzen.« Alle lachen, wir auch.

Danach sprechen wir mit den zwei ranghöchsten Vertretern von Facebook in Berlin; eine Amerikanerin sitzt dabei, achtet darauf, dass wir das Gespräch nicht mitschneiden, und schaltet sich ab und zu ein.

Wir diskutieren über die lästigen regelmäßig wiederkehrenden Sperren, die meinen Account betreffen und die nach einer Reklamation regelmäßig wieder aufgehoben werden. Als wir testweise um eine Schulung für Administratoren der PARTEI bitten, wie die AfD sie offenbar vor Wahlen erhalten hat, ist das kein Problem. Wir müssten nur einen Termin ausmachen.

Schade, denke ich beim Abschied, so viele junge Menschen, die gut gelaunt und ohne großes Bewusstsein dafür an der weiteren Unterminierung unserer Demokratie arbeiten, zur Gewinnmaximierung ihres Unternehmens.

Wenn ich Facebook und Twitter nutze, um Dingen Öffentlichkeit zu verschaffen, dann kann ich das vor mir nur damit entschuldigen, dass wir die feste Absicht haben, bei der Welle anstehender Verstaatlichungen das Internet nicht auszunehmen.

## AUGUST 2017

### DÜSSELDORF, INNENMINISTERIUM

Hahaha, Herbert Reul ist Innenminister in NRW geworden! Herbert Reul? Innenminister? Der nette ältere Herr, der auf Propagandageschichten nordkoreanischer Offizierstöchter hereinfällt? Die Personaldecke der CDU muss mittlerweile ziemlich dünn sein.

**Sachdienlicher Hinweis der Welt**
Als Ministerpräsident Laschet sein Kabinett vorstellt, begründete er Reuls Ernennung recht umständlich: »Er hat lange Erfahrung

in diesem Land, kennt den Landtag, kennt die Landespolitik, kennt das Land, ist aber auch politisch sehr erfahren.« Reul sei ein »politisches Schwergewicht« und habe in besonderem Maße »das politische Gespür, in der Krise richtig zu handeln«.

Reul selbst verhehlt nicht, dass er sich zunächst an dieses Amt gewöhnen muss. Wie ein staunender Lehrling erzählt er auf der Terrasse seines Ministeriums von den ersten Wochen, lobt die engagierten Polizisten, frotzelt über die vielen Abkürzungen, für die er ein Vokabelheft anlegen müsste.

Es ist ein verhaltener Arbeitsbeginn für jemanden, der das heikelste politische Ministeramt im bevölkerungsreichsten Bundesland übernommen hat. Der gemütlich wirkende Minister aus Leichlingen zeigt wenig von der Antriebskraft, von der Jäger zu viel hatte.

Eine der ersten Entscheidungen Reuls ist es, die Kennzeichnungspflicht für Polizisten in NRW wieder abzuschaffen, die sein Vorgänger ein paar Monate zuvor eingeführt hatte. Reul befürchtet, Polizisten durch eine Nummer an der Uniformjacke zu »stigmatisieren«. »Sie haben das Misstrauen gespürt«, höre ich meinen alten Kollegen im Radio sagen. Dann macht sich der Apparat, der ihn vermutlich steuert, an die Formulierung eines wesentlich schärferen Polizeigesetzes.

## SEPTEMBER 2017

### STRASSBURG, BÜRO

In zwei Tagen hält Juncker seine jährliche Rede zum »State of the Union«. Die Redezeit, die Büroleiter Hoffmann für mich beantragt hatte, wird bewilligt: wie üblich eine ganze Minute. Wenig später schickt mein (depressiver) Redenschreiber erste Gedanken zum

Thema EU/Türkei. State of the Union? Ich lege die Füße auf den Schreibtisch und denke über den Zustand der EU nach.

> **Sachdienlicher Hinweis aus dem Ordner »Nichtgehaltene Reden« (III)«**
> … bin ich der Letzte, der nein sagt, wenn Angela Merkel und Sigmar Gabriel mich bitten, dem türkischen Botschafter in Deutschland gemeinsam gefrorene Scheiße in den Briefkasten zu stecken. Aber ich bin auch der Erste, der die beiden anschließend an die Türkei ausliefern und gegen den feinen Menschen Deniz Yücel austauschen lassen würde. Und gegen die Frau mit dem Kind, die auch im Gefängnis sitzt, über die aber keiner schreibt, und all die anderen …

## STRASSBURG, PLENUM

Junckers Rede ist zum Glück deutlich kürzer als die vom letzten Jahr. Die EU habe wieder »Wind in den Segeln«, die wirtschaftliche Entwicklung sei großartig, die Außengrenze besser gesichert, und im Mittelmeer würden durch das EU-Türkei-Abkommen weniger Menschen ertrinken. Lediglich der sogenannte »Nutellagraben« scheint ihm Sorgen zu machen. Juncker kritisiert, dass es aus osteuropäischen Ländern zu Klagen käme, die dort verkauften Produkte seien an Qualität oder von der Zusammensetzung her schlechter als die Produkte derselben Hersteller in Westeuropa. Nun ja, da hat wohl jemand, der immer nach ihnen gehandelt hat, die Prinzipien des Kapitalismus nicht begriffen.

Zwei Stunden später bin ich endlich dran und erhebe mich: »Präsidenten, Kollegen …«

Ich stocke. Ein Rundblick zeigt, das Plenum hat sich schon merklich geleert mittlerweile, und mit Parlamentspräsident Tajani und Karl-Heinz Juncker sind ja …

»… fast mehr Präsidenten als Kollegen hier, aber egal! In den letzten drei Jahren habe ich als EU-Abgeordneter großartige

Arbeit geleistet: Ich habe die Engländer nach Hause geschickt, ich habe Martin Chulz entmachtet und zum SPD-Kanzlerkandidaten degradiert, und ich habe dafür gesorgt, dass Kanzleraltlast Helmut Kohl vom Netz genommen, demontiert und witwengesichert endgelagert wird.

Gescheitert bin ich allerdings daran, das Orbán-Regime und die polnische PISS-Partei demokratische Grundwerte zu lehren.

Am meisten stolz bin ich darauf, dass die EU jetzt eine ureigene PARTEI-Idee aufgenommen hat: die einer Mauer. Einer Mauer um ganz Europa.

Vor kurzem erst haben wir – ganz im Sinne der christlichen Unionsparteien – eine Obergrenze für Flüchtlinge gefordert: Deutschland soll jährlich nicht mehr aufnehmen müssen als das Mittelmeer. Und jetzt, noch bevor das Mittelmeer voll ist, errichtet die EU eine Mauer in der Sahara, in den kaputten Staaten Mali, Niger und Tschad! Abschließend möchte ich mich noch bei den ganzen Ausländern hier entschuldigen, dass so viele wichtige Entscheidungen vertagt werden müssen bis nach der Wahl in Deutschland. Eine Woche noch, dann regiert wieder eine PARTEI.«

Kaum habe ich geendet, springt vorne im Plenum Manfred Streber auf und winkt empört.

### Sachdienlicher Hinweis der Mittelbayerischen Zeitung
Wegen Sonneborn: Eklat im Parlament
Aufregung im Europaparlament: Der CSU-Europaabgeordnete Manfred Weber regte sich auf, in einem Video ist der Clinch der beiden Politiker zu sehen. Nach Sonneborns Rede meldete sich Weber zu Wort und zeigte sich empört: »Wir sind hier im Parlament, wo Meinungsfreiheit erlaubt ist. Aber wenn man über einen Toten so spricht, wie der Herr Sonneborn gerade über Helmut Kohl gesprochen hat, dann ist das inakzeptabel, und ich fordere, dass das Präsidium sich damit beschäftigt. Dieses Verhalten ist eines Parlamentariers nicht würdig.« Weber erntete Applaus der Kollegen im Parlament. Die Sitzungsleiterin versprach, dass man sich um den Fall kümmern werde.

Blöde Petze, denke ich, als ich das Plenum verlasse. Zumal Streber ja selbst im Präsidium sitzt. Am Ausgang kommt ein sichtlich begeisterter Korwin-Mikke auf mich zu, gratuliert mir und fragt interessiert: »Was glauben Sie, was das kosten wird?«

»Nun, wenn Sie für Ihre Einlassungen kürzlich 9000 Euro bezahlt haben, dann dürfte ich mit maximal 90 dabei sein. Wir sind hier im Parlament, wo Meinungsfreiheit erlaubt ist.« Lachend geht der polnische Monarchist ab.

### Sachdienliche Hinweise aus dem Netz

Jakob Augstein: So kann man Europa und den Parlamentarismus auch beschädigen – als Witznummer.

Helga Ruepel (MEP, Grüne): Wie bitter: @MartinSonneborn leidet so am Testosteron. Bin ich froh, dass ich eine Frau bin!

Tobi Preuschoff: Was redet dieser unlustige, verfickte Wichser für eine inhaltlose Dreckscheiße?! Das ist ein ERNSTES Parlament, welches sich um ernsthafte Probleme und deren Lösungen kümmert. Sonneborns Rede hingegen war adäquat und professionell wie immer.

Patrick Müller: Die armen Dolmetscher.


## BRÜSSEL, MEP-BAR

Ja, die armen Dolmetscher. Und da das Präsidium nach Manfred Strebers Beschwerde nicht das deutsche Original der Rede verhandeln wird, sondern diverse Übersetzungen, interessiert mich auch, was die Dolmetscher simultan aus meinem Statement gemacht haben. Mit Hilfe einiger ausländischer Kollegen hört sich Büroleiter Hoffmann die Aufzeichnung des Livestreams in verschiedenen Sprachen an und tippt die Übersetzungen ab. Hier die Abschrift der englischen Verdolmetschung:

»Presidents, colleagues, probably more presidents here than colleagues at the moment, but never mind. In the last three years, as an MEP, I have achieved a great deal of work. I sent away the Brits,

I (long) de-throned Mr. Schulz, and I also ensured that (kurze Pause) Helmut Kohl (Pause) was (aaah … *seufz*) re- (Pause) ahm … moved somewhere else. And also that the Polish PiS Party, (Pause) I've tried to teach them democratic values. And I'm particularly proud, that the EU has taken on board (Pause), an original idea that we had, namely a wall. A wall around Europe. Just recently (Pause), going along with the CSU, we asked for an upper-limit of, for refugees. Germany shouldn't take in more every year, than the Mediterranean Ocean. Now the Mediterranean Ocean, Mediterranean Ocean, is (Pause) is full, so the idea is to construct a wall around those failed states Chad and Mali. And I would like to say sorry to ve …, to foreigners here, because a lot of decisions were deferred until after the elections in Germany. Just (Pause) another week (Pause) until the party will start governing again.«

Die Engländer sind also zumindest in groben Zügen informiert, die Franzosen fast ebenso gut: Für sie allerdings habe ich Chulz direkt »ins deutsche Bundeskanzleramt geschickt« und »mich versichert, dass das Erbe von Helmut Kohl in der Versenkung verschwindet«. Hingegen sei es mir leider »nicht gelungen, die Macht des Orbán-Regimes oder der Konservativen in Polen zu annulieren«.

Den Spaniern dagegen wird erklärt, ich hätte »dazu beigetragen, alle Errungenschaften, die Kohl angestoßen hat, endgültig einzulagern«; den Italienern Ähnliches, allerdings ohne Helmut Kohl: »In den letzten drei Jahren habe ich einen unglaublichen Job gemacht als MEP. Ich habe Martin Max entfernt … aus seinem Amt, Martin Schulz und … (Pause) und diese ganze Konstruktion zerstört … eh, aber Orbáns Regime und die … uh, Partei konnten nicht besiegt werden. Wir haben eine Mauer um Europa, und wir haben gesehen, dass die CSU-Partei eine externe Mauer verlangt, um die Flüchtlinge draußen zu halten, wir können nicht mehr aufnehmen, und jetzt sehen wir, dass die EU eine Mauer in der Sahara baut, in den Städten der Sahara und im Tschad …«

Auch die Tschechen hören eine etwas reduzierte Rede: »Das Wort hat Frau Sonneborn …« Der Name Chulz fällt nicht direkt, stattdessen heißt es: »… und ich habe die Kanzlerin Merkel degradiert.« Nach einer längeren Verwirrungspause geht es weiter: »… und (Pause) und … (Pause) hm … und habe mich für … um … (Pause) weitere Schritte gekümmert.« Mehr Humor als Manne Streber hat die Dolmetscherin allerdings: »… Deutschland sollte nicht mehr aufnehmen … (Pause, stoßweises Ausatmen, Lachen) als das Mittelmeer.« Die Sahara nennt sie nicht, sagt nur: »… eine Mauer errichten, zum Beispiel im Tschad … und … (Pause) weiteren Ländern … (Pause) Mali … Niger.« Der Schluss wird höflich zusammengefasst: »Noch eine angenehme Woche! Dann kommt es wieder zu einigen Veränderungen.« Auch Altkanzler Kohl findet keine Erwähnung.

Ebenso wenig übrigens für die Rumänen im Plenum, nach Brexit und Chulz folgt einfach »… und andere Projekte«. Polen wird erwähnt, Orbán fehlt. Entfallen ist auch der Hinweis auf die »christlichen Unionsparteien«.

Während viele Ausländer im Plenum also gar nicht verstanden haben, was ich gesagt habe, würde jeder Schwede mich wahrscheinlich sofort zu einer Geldstrafe verurteilen, möglicherweise sogar wegen Sterbehilfe: »Die letzten drei Jahre habe ich als Anführer gegen dieses EU-Parlament gearbeitet. Ich habe die Engländer heimgeschickt (…) und dafür gesorgt, dass der frühere Kanzler Helmut Kohl nun auch ruhen darf.«

Wenn schon diese kleine Rede derart unterhaltsam verdolmetscht wird, was bedeutet das dann für wirklich wichtige Reden? Und, wenn wir schon dabei sind, wer in Europa versteht eigentlich Oettinger?

## BRÜSSEL, CAFÉ KARSMAKERS

Zum Frühstück bin ich mit einem Korrespondenten aus der Schweiz zum Interview verabredet. »Gestern war ich auf dem Fest der Schweizer Botschaft«, sagt er zu Beginn, »da habe ich mehreren deutschen Journalisten erzählt, dass ich Sie morgen interviewe.

Die haben eine Übereinkunft, dass sie Sie nicht beachten, die sehen Sie als Journalisten, als Konkurrenten.« Ich überlege, ob nicht mal eine grundsätzliche Analyse zur aktuellen Rolle der Medien angebracht wäre, bis hin zur Rolle der Satire als fünfter Gewalt im Staat, in einer Zeit, da viele Printmedien und öffentlich-rechtliche Anstalten ihre Aufgabe als vierte Gewalt offenbar nicht mehr bewältigen – aber das ist wohl der falsche Moment. Schnell wechsle ich das Thema und lade den Schweizer offiziell ein, mit seinem Land der EU beizutreten –»wir suchen noch ein paar Nettozahler, finanzkräftige Geberländer«. Leider wird das großzügige Angebot im Artikel später totgeschwiegen.

**Sachdienlicher Hinweis der Luzerner Zeitung**
Deutsche Journalisten in Brüssel geben sich verkrampft. Sonneborn sei ein »Spinner« oder ein »Selbstdarsteller, der einfach sein Heft verkaufen will«, heißt es.

Später treffen Hoffmann und ich Klaus Buchner von der ÖDP. Buchner, der kürzlich wieder auf einer Delegationsreise im Iran war, erzählt uns, wie Überwachung im Iran oder Nordafrika funktioniert: »Bei Großdemonstrationen greift die Polizei gar nicht mehr groß ein. Sie besuchen die Teilnehmer einfach abends einzeln zu Hause. Deutsche Überwachungstechnologie macht es möglich, die orten einfach die Handys der Teilnehmer.« Auch im »Arabischen Frühling« seien europäische Technologien zur Verhaftung, Folterung und sogar zur Ermordung von Menschen eingesetzt worden. Als Berichterstatter für die sogenannten Dual-Use-Güter, also Güter, die sowohl zu zivilen als auch zu militärischen Zwecken eingesetzt werden können, ist Buchner verantwortlich für die Formulierung der Exportgesetze und die Verhandlungen mit allen Fraktionen. Er möchte erreichen, dass vor einer Exporterlaubnis die mögliche militärische Nutzung überprüft werden muss.

»Es ist schon frustrierend mit den Lobbyisten. Da kommen Vertreter der Industrie zu dir und legen dir perfekt ausformulierte Textvorschläge auf den Tisch, die ihre eigenen Interessen bestens berücksichtigen. Die wandern bei mir natürlich sofort in den Papierkorb. Aber dann findest du exakt dieselben Formulierungen, bis auf die Kommafehler genau, wieder in den Änderungsvorschlägen der EVP.«

»Verrückt.«

»Verrückt ist es auch«, grinst Buchner spitzbübisch, »wenn dann vor der Abstimmung ein Geschäftsführer des BDI in deinem Büro steht und sagt: So wie Sie das Gesetz planen, Herr Buchner, wird das nicht gemacht!«

»Was haben Sie getan in der Situation?«

Der alte Professor strahlt mich an: »Ich habe gesagt: Doch. Das wird genau so gemacht.«

## STRASSBURG, PLENUM

Ich bin abgerutscht. Über drei Jahre lang habe ich bei Abstimmungen fleißig abwechselnd die JA- und die NEIN-Taste gedrückt. Ohne irgendwas zu bewirken. Und jetzt habe ich aus Versehen zehn Mal hintereinander mit JA gestimmt. Sven Giegold, Sprecher der Grünen im Parlament, hat einen humorlosen Bericht zur Abstimmung gebracht, der Transparenzregeln für Lobbyisten fordert, drei Jahre Karenzzeit für EU-Kommissare, bevor sie nach ihrem Mandat die Seiten wechseln dürfen, Ethikregeln für alle EU-Einrichtungen, besseren Schutz für Whistleblower etc. Die CDU/CSU-Fraktion hatte getobt und in der Nacht vor der Abstimmung noch jede Menge Änderungsanträge eingebracht. Ein knapper Ausgang stand zu erwarten, die grüne Seite signalisierte, dass es an einer Stimme hängen könnte. Also rutschte ich ab.

Zu meiner Entschuldigung kann ich allerdings anführen, dass mir nur Minuten zuvor Beatrix von Strolch aus geringer Entfernung zugewinkt hatte. Als sie sich zwei Reihen vor mir mit einem UKIP-Mann unterhielt, wollte ich unauffällig ein Erinnerungsfoto von ihr machen. Sie bemerkte mich aber, hob die Rechte und winkte mir, während sie weiter mit dem Briten sprach und diesen auch weiterhin fixierte, verträumt zum Abschied zu. Sie geht zurück nach Deutschland, in den Bundestag, sich Land und Volk zurückholen ...

Letztendlich ging mit dem Bericht von Giegold dann alles gut, und es gab eine sichere Mehrheit, weil europakritische britische Tories und sogar polnische Konservative ehrenwerter abstimmten als die deutschen Mitglieder der EVP. Was werden die PARTEI-Wähler zu meinem Fauxpas sagen?

**Sachdienliche Hinweise aus dem Netz**
André Janitschek: Da schuldet uns jemand 10 x »Nein«
Roman: Heißt die Jugendorganisation der #AfD eigentlich »Die kleinen Strolche«?

## BERLIN, VERWALTUNGSGERICHT

Der »Geld«-Prozess gegen den Bundestag ist der schönste meines Lebens. Gerichtspräsidentin Xalter, eine kluge Richterin mit Humor, leitet ihn persönlich. Sie zerlegt die fadenscheinige und – man kann es nicht anders sagen – in Teilen böswillige Argumentation der Bundestagsverwaltung elegant und mit Freude. Mein Lieblingsmoment: Der Anwalt der Gegenseite erklärt, dass es unmöglich sei, Geld zu verkaufen. Professor Morlok erhebt sich in seinem nicht mehr ganz neuen Jakett, steht grauhaarig und ein wenig vom Alter gebeugt vor der Richterbank und berichtet, dass er kürzlich in Warschau gewesen sei, und dass ihm direkt nach Verlassen des Sicherheitsbereiches auf dem Flughafen verschiedene Herren angesprochen hätten, die ihm einheimisches Geld verkaufen wollten. Der Anwalt der Bundestagsverwaltung beharrt darauf: Man hätte kein Geld verkaufen können. Richterin Xalter erwidert im Brustton der Überzeugung: »Aber sie haben es getan!« Anwalt verzweifelt: »MAN KANN KEIN GELD VERKAUFEN!« Richterin lachend: »Aber sie haben es doch getan!« Unserer Klage wird stattgegeben. Der Anspruch auf die 70 000 Euro, die wir nach unserem Verkauf von 100-Euro-Scheinen aus der Parteienfinanzierung zu erhalten haben, bleibt gerechtfertigt, das absurde Strafgeld in Höhe von knapp 400 000 Euro, das Lammert und der Bundestag von uns fordern, wird aufgehoben.

### Sachdienlicher Hinweis des Chefredakteurs der Frankfurter Rundschau

So hat ein beschämendes Verhalten vor Gericht und vom Gericht die richtige Antwort bekommen. Hoffentlich lernt sie etwas daraus, die Bundestagsverwaltung. Es wäre unserem Parlament zu wünschen.

## BERLIN, KAMPA

Der Wahlkampf zur Bundestagswahl ist wie immer kurz und intensiv. Zum Auftakt stellen wir vier Wochen vor der Wahl anlässlich einer gut besuchten Pressekonferenz in der Kreuzberger PARTEI-Kampa unser Schattenkabinett vor. Neben Serdar Somuncu haben wir noch eine hübsche blonde Osteuropäerin namens Natascha im Angebot, die auf Russisch sagen kann »Die PARTEI ist sehr gut! Wirtschaftssanktionen sind sehr schlecht!«. Das sollte für die Stimmen der Russlanddeutschen und das Publikum von RT Deutsch ausreichen.

### Sachdienlicher Hinweis der Welt

Mit von der Partie sind Kriminalbiologe und Ganzkörperkunstwerk Mark Benecke als designierter »Minister für Tattoos und Verwesung«. Der aus Israel stammende Autor und Aktivist Shahak Shapira soll für Medien zuständig sein, weil er – wie es hieß – Twitter-Botschaften analog mit Kreide an eine Tafel malen kann. Der Sänger der Punkband Die Kassierer, Wolfgang »Wölfi« Wendland, wird im – allerdings wenig wahrscheinlichen – Fall eines Wahlsiegs »Atomminister«. Nicht anwesend war Ärzte-Schlagzeuger Bela B. Er ist, wie zu vermuten war, als »Gesundheitsminister« vorgesehen.

Der Wahlkampf mit Serdar beschränkt sich in Kreuzberg leider auf zu wenige Termine, um die Machtübernahme zu sichern. Während Katja Kipping einen Thinktank der Linkspartei prüfen lässt, wie man der PARTEI Stimmen abnehmen könnte, wird uns zu spät klar, dass nach dem Rückzug von Hans Christian Ströbele hier mit etwas mehr Einsatz auch ein Direktmandat zu schaffen wäre, nicht nur der Anerkennungserfolg von 7,2 Prozent, den Serdar hier einfahren wird. Schade, zu gern hätte ich den Mann im Bundestag gesehen!

Shahak Shapira kommt mit einer soliden Initiativbewerbung zu uns und wird zum Propagandaleiter ernannt. Er legt auch gleich gut los, im Handstreich kapert er mit Unterstützung der PARTEI geheime AfD-Facebook-Gruppen, löst sämtliche Administratoren ab und stellt die Inhalte auf »öffentlich«.

### Sachdienlicher Hinweis vom Faktenfinder der Tagesschau
Nun sieht sich die AfD mit einer Attacke auf Facebook direkt konfrontiert: 31 interne Gruppen wurden von der Satirepartei »PARTEI« (Partei für Arbeit, Rechtsstaat, Tierschutz, Elitenförderung und basisdemokratische Initiative) gekapert. Der Satiriker Shahak Shapira verkündete in einem Video die feindliche Übernahme. Shapira behauptet in dem Video, die AfD-nahen Facebook-Gruppen seien bislang vor allem von Bots gefüttert worden: »Sie werden von Robotern verarscht, wie in der Matrix«, richtet sich der Satiriker an AfD-Anhänger aus den betroffenen Gruppen. Shapira weiter: Die gute Nachricht sei, »dass Sie von nun an von echten Menschen verarscht werden«.

Unter PARTEI-Aufsicht werden die Gruppen als Erstes umbenannt. So wird aus der »Björn Höcke – AfD-FanGRUPPE« die »Serdar Somuncu – Die PARTEI – FanGRUPPE«. Neue Regeln werden formuliert: Ab sofort müssen alle Gruppen eine Flüchtlingsquote von 18 Prozent erfüllen, Hetze gegen Muslime muss gen Mekka gerichtet und Kritik am Gender-Irrsinn geschlechtsneutral formuliert werden.

Für die AfD, die ihre Sympathisantenhorden im Netz rekrutiert wie keine andere Partei, ist das ein schwerer Schlag. Interessierte Medien (und einige Sozialwissenschaftler aus dem universitären

Bereich) erhalten große Datenmengen von uns, um die subkutanen Strukturen der AfD-Anhängerschaft erforschen zu können.

Zwei Plakate sind es, die im Wahlkampf besondere Aufmerksamkeit erfahren. »Hier könnte ein Nazi hängen«, ein Motiv, das als Reaktion auf ein »Wir hängen nicht nur Plakate!«-Plakat der »Rechten« entworfen wurde, zieht wieder viel Kritik nach sich. Wir erhalten empörte Mails, unter anderem von Wählern, die sich beschweren, weil sie, nachdem sie das Plakat zum ersten Mal gesehen haben, vor Lachen mit dem Vorderrad in die Straßenbahnschienen geraten und fast gestürzt sind. Das haben wir natürlich nicht gewollt!

Die zweite öffentlichkeitswirksame Aktion kommt vom Ortsverein Dresden. Eine Mail warnt mich vor, man habe ein Plakat, das uns möglicherweise Sympathien kosten könnte. Ich schaue mir das Plakat an und muss schlucken. Es zeigt das Foto des toten Flüchtlingsjungen Aylan Kurdi an einem türkischen Strand. Das ist eins der traurigsten Bilder, die ich in meinem Leben gesehen habe.

Ich bitte die Dresdner, das Plakat zu veröffentlichen. Zu groß ist der Zorn auf den empathiefreien Umgang mit dem großen Sterben im Mittelmeer, auf das Ausblenden unbequemer Tatsachen im deutschen Hochglanzwahlkampf. Wir stellen das Plakat zeitlich abgestimmt auf diversen Facebook-Seiten ein; und das ist gut so, denn die Seite der Dresdner wird zügig blockiert. Sie bleibt nicht die einzige, aber wir teilen und verbreiten das Plakat. Als die Medien flächendeckend berichten, werden die Sperren wieder aufgehoben.

**Sachdienlicher Hinweis des Stern**
Im Netz ist die Aufregung groß: Einige halten die satirische Plakatwerbung für »menschenverachtend« und »makaberen Schwachsinn« – andere für »das ehrlichste Wahlplakat in diesem Wahlkampf«.
Der Kreisverband der Partei sagt dazu: »Beim Erstellen des Plakats haben wir uns an der Feelgood-Kampagne der CDU orientiert und das Strandbild mit den meisten Klicks gesucht. Das Ergebnis hat uns auch überrascht, aber wie Grüne, AfD und Co. zeigen: Kinder machen sich immer gut.«
»Das passt natürlich in die aktuelle Situation, Schicksal und Tod von Flüchtlingen aus Wahlkampf und Öffentlichkeit herauszuhalten«, kommentierte Martin Sonneborn gegenüber *Meedia*. »Aber im Gegensatz zur GroKo Haram wollen wir eine Diskussion über das anhaltende große Sterben. Die Kritik, die uns im Netz entgegengebracht wird, bitte ich, ans Kanzleramt zu adressieren.«
Auf Nachfrage von *Meedia* kommentierte nun auch die CDU-Zentrale das Plakat – und zwar eindeutig und kurz und knapp: »Zu so einer widerwärtigen Geschmacklosigkeit äußern wir uns nicht.«

Fun-Fact: Die *Bild*-Zeitung macht den Vater des kleinen Jungen im Nordirak ausfindig und konfrontiert ihn mit dem Plakat. Er wird mit dem Satz zitiert: »Es macht mich traurig, wenn ich das Foto in einem solchen Zusammenhang sehen muss.« Den Namen des Reporters haben wir uns hier aufgeschrieben: Paul Ronzheimer.

Außer den Plakaten bieten wir diesmal auch sogenannte »Wahlplakatergänzungsaufkleber« an. Die schonen Ressourcen und Umwelt, müssen sie doch lediglich noch auf irgendwelche bereits aufgestellten inhaltsarmen Plakate aufgebracht werden. Sechs unterschiedliche Motive stellen wir auf der Homepage der PARTEI bereit. Natürlich mit einer unmissverständlichen Gebrauchsanweisung: »Bitte die Dateien NICHT hier herunterladen, NICHT im Copy-Shop ausdrucken lassen und schon gar NICHT mit WIEDERABLÖSBAREM SPRÜHKLEBER oder gar RÜCKSTANDSLOS ENTFERNBAREM TESAFILM auf passende Plakate kleben! Nur für den privaten Gebrauch.«

Obwohl wir keinerlei Empfehlung geben, welcher Aufkleber welche Plakate der politischen Mitbewerber ergänzen könnte, freut es mich doch, dass einer der Aufkleber seinen Weg mit fast schlafwandlerischer Sicherheit fast ausschließlich auf das zugehörige Plakat findet.

### BERLIN, WAHLSIEGESFEIER DER PARTEI

Die Stimmung im Gewölbe einer alten Brauerei in Prenzlauer Berg ist bestens, obwohl die PARTEI die BTW17 verloren hat. Alle anderen Parteien haben – eigenen Angaben zufolge – irgendwie gewonnen (außer der SPD, aber die zählt ja nicht mehr), wir haben verloren. Und zwar hoch verloren, mit fast 500 000 Zweitstimmen – und mit 7,2 Prozent für Serdar Somuncu im Berliner Wahlbezirk Friedrichshain-Kreuzberg!

Und trotz der lustigen kleinen Kampagne, die die *taz* gegen uns führte (PARTEI-Wähler sind »elitär, bourgeois und amoralisch«, »in ihrem Kern verachtenswerter als die AfD«), im Verein mit *n-tv* (»arroganter Haufen Wohlstandskinder«, »zutiefst demokratiefeindlich«), Augstein & Fleischhauer bei *Spiegel Online*, Niggemeier und dem schreibenden Friseur Sascha Lobo, sind wir mit einem Prozent ab sofort die stärkste außerparlamentarische Oppositionspartei: FOR THE FEW – NOT THE MANY!

Natürlich kann ich den Medien gegenüber natürlich keine Niederlage einräumen. Deswegen erkläre ich in sämtliche zur Verfügung stehenden Kameras: »Wir haben einen ganz klaren Auftrag zur Regierungsbildung erhalten – allerdings von relativ wenig Wählern, von genau einem Prozent.« Dass wir damit nur noch 19,5 Prozent hinter der SPD liegen, sage ich lieber nicht.

## BRÜSSEL, PARLAMENT

Als erster Deutscher läuft mir Marcus Pretzell über den Weg. Er ist einer der großen Gewinner der Bundestagswahl. Nach dem Einzug von Frauke Petry in den Bundestag halten die beiden einen Weltrekord in der Familie, er ist Landtagsabgeordneter und Europaparlamentarier, sie hat ein Landtags- und ein Bundestagsmandat. Zur Sicherheit frage ich nach:

»Wie viele Mandate haben Sie jetzt?«

Pretzell lächelt mich triumphierend an: »Vier! Jeder zwei.«

»Respekt! Aber Sie haben ja auch neun Kinder durchzubringen ...«

**Sachdienlicher Hinweis aus dem Netz**
Hannibal: Ja, der Trend geht eindeutig zu Zweit- und Drittjob

## OKTOBER 2017

### BRÜSSEL, JUBELPARK

Das Museum für Kunst und Geschichte im Jubelpark ist eines der prächtigsten Bauwerke in Brüssel. Hierher hat das *ZDF* eingeladen, um eine neue sechsteilige Sendereihe mit Sir Christopher Clarke vorzustellen: »Die Europa-Saga«. Ist Guido Knopp tot? Wahrscheinlich.

Einem netten und kurzweiligen Zwölfminuten-Zusammenschnitt, in dem der Australier – auf mich wie immer ein bisschen lustig und ganz leicht unseriös wirkend – an die Geburtsstätten der Demokratie reist, folgt eine Podiumsdiskussion. Gleich zu Anfang wird Clarke von einer Büroleiterin der Grünen kritisiert, es habe zu wenig Frauen gegeben in dem Film: »… nur Europäer, nicht Europäerinnen!« Der Historiker will sich zuerst damit herausreden, dass der Zusammenschnitt nicht vollkommen repräsentativ ist, streckt aber dann die Waffen und sagt geschickt und entwaffnend: »Ich nehme Ihre Kritik an.«

Später beim Stehempfang geht die Diskussion bei Schaumwein und Fingerfood weiter. Plötzlich steht Helga Rüpel vor mir, die Grüne aus dem Kulturausschuss. »Wie kann man nur mit einem Plakat zum Mord an AfDlern aufrufen?«, fragt sie mich angewidert.

»Wie belieben?« Ich bin leicht überrascht, dann fällt mir das »Hier könnte ein Nazi hängen«-Plakat ein, auf das sie sich vermutlich bezieht. Geduldig erkläre ich den Sachverhalt: »Wir haben damit auf ein Plakat der Rechten reagiert. Die hatten in Sachsen-Anhalt plakatiert, sie würden ›nicht nur Plakate hängen‹.«

»So etwas kann man doch nicht tun!«, fährt sie mich an.

Jetzt reicht es mir. »Doch, Frau Rüpel, ich fürchte, ich muss Sie bitten, uns zu gestatten, weiterhin mit unseren Methoden arbeiten.«

Als ich mich umdrehe, ist mein Zorn aber auch schon fast wieder verraucht. Am Ausgang treffen wir Sir Christopher Clarke, zusammen gehen wir noch ein Stück durch den Jubelpark vor dem

Museum. »Es gab zu wenig Behinderte in Ihrem Film«, eröffne ich das Gespräch.

Clarke lacht, der Mann hat Humor. »Schwarze waren ja zum Glück drin – Sklaven ...«

## BRÜSSEL, CAFÉ KARSMAKERS

Nur zwei Monate nachdem sich der EVP-Vorsitzende Manne Streber (CSU) beim Präsidium über meine Rede zum »State of the Union« beschwert hatte, liegt zwischen unseren Kaffeetassen ein Schreiben von Parlamentspräsident Antonio Tajani. Der windige Italiener schreibt:

»Ich wurde darauf aufmerksam gemacht, dass Sie im Verlauf der Aussprache über die Lage der Union in Ihrem Redebeitrag mehrere Bemerkungen machten, die Ihre Kollegen als würdelos und inakzeptabel betrachteten. (...) Wie ich schon mehrfach zum Ausdruck gebracht habe, haben die Abgeordneten im EU-Parlament jedes Recht, sich kritisch zu äußern, sind aber nicht berechtigt, sich einer abfälligen Ausdrucksweise zu bedienen, die die Würde und den Ruf des Europäischen Parlaments beschädigt. Ich vertraue darauf, dass Sie auch künftig die Geschäftsordnung des Parlaments einhalten werden.«

Auch künftig? Ein astreiner Freispruch. Und das, obwohl sich Manfred Streber ja mit inakzeptablen Formulierungen eigentlich recht gut auskennt. Smiley!

**Sachdienlicher Hinweis der Presse**
CSU-Vize bedauert Aussage: Manfred Weber erntete für seine Wortwahl empörte Reaktionen. Er hatte sich für eine »finale Lösung der Flüchtlingsfrage« ausgesprochen.

## BRÜSSEL, BÜRO

Aus dem Büro von Jan Philipp Albrecht (Grüne) kommt die Bitte um Amtshilfe. Albrecht ist ein sympathischer Mittdreißiger, stellvertretender Vorsitzender im LIBE-Ausschuss (bürgerliche Freiheiten, Justiz und Inneres), wo er sich seit Jahren erfolgreich für Bürgerrechte und Datenschutz einsetzt. In der vergangenen Legislaturperiode hat er als Berichterstatter des Parlaments zusammen mit der Kommissarin Viviane Reding die Datenschutz-Grundverordnung gegen intensive Lobbyarbeit der US-amerikanischen IT-Firmen zum Abschluss gebracht.

Und jetzt, erklärt sein Büroleiter meinem Büroleiter, stehe in ihrem Ausschuss eine noch wichtigere Abstimmung zum Datenschutz in Europa an. Die sogenannte ePrivacy-Verordnung sei jedoch so stark umkämpft, dass eine einzige zusätzliche Stimme vermutlich den Ausschlag geben würde.

### Sachdienlicher Hinweis von netzpolitik.org
Von einer größeren Öffentlichkeit unbemerkt, versucht eine bemerkenswerte Allianz aus Datenfirmen wie Google und Facebook, Telekommunikationsanbietern wie der Telekom und Vodafone, Tech-Riesen wie Microsoft und Apple, Presseverlagen und dem Rest der Online-Werbeindustrie eine stärkere Regulierung mit allen Mitteln zu verhindern.

Die ePrivacy-Verordnung soll vor allem die Vertraulichkeit elektronischer Kommunikation schützen. Die Analyse der Inhalte (!) von Gesprächen oder Mitteilungen und die Meta-Daten aus der Kommunikation z.B. via WhatsApp, SMS, Messenger oder Telefonie darf nur mit Zustimmung der Nutzer erfolgen. Das Gleiche gilt für Tracking (inklusive Offline-Tracking) und das komplette Auslesen von Geräten. Online-Dienste wie Google dürfen auch dann genutzt werden, wenn der Nutzer Cookies ablehnt. In einer öffentlichen Konsultation der Europäischen Kommission haben sich bis zu 90 Prozent der Befragten für die Inhalte ausgesprochen:

1. keine Datenverarbeitung ohne Einverständnis
2. einfacher Schutz vor Online-Tracking
3. Datenschutz als Grundeinstellung bei neuen Geräten
4. Grenzen für Offline-Tracking
5. Recht auf Verschlüsselung
6. mehr Transparenz über staatliche Zugriffe

### Sachdienliche Hinweise von Büroleiter Hoffmann und Jan Philipp Albrecht

In dieser Materie stoßen zwei Welten aufeinander: Die Datenschützer stehen auf der einen Seite, die unternehmensfreundlichen Abgeordneten auf der anderen. Letztlich geht es nämlich darum, ob Unternehmen ohne große Hürden allumfassend Daten von Nutzern sammeln dürfen, um diese wirtschaftlich zu verwerten.

Dabei geht es auch um das ausufernde Verfolgen über viele Webseiten hinweg durch Anbieter wie Google Analytics oder Facebook zum Beispiel mit unsichtbaren »Trackern«. Die erstellten Profile von Nutzerinnen und Nutzern bilden das gesamte Online-Verhalten einzelner Menschen ab und werden kommerziell genutzt, vor allem bei der individualisierten Werbung. Internetunternehmen vermarkten diese sehr persönlichen Daten zum Beispiel an Versicherungen weiter, die sie zur Einstufung ihrer Kunden und Kundinnen nutzen.

Im zuständigen Fachausschuss hat die Berichterstatterin versucht, die unterschiedlichen Positionen in Kompromissen zusammenzufassen. Nachdem ein solcher Report abgestimmt ist, kann der Ausschuss mit absoluter Mehrheit direkt das Verhandlungsmandat erteilen, damit das Parlament mit den anderen Institutionen (EU-Kommission, Rat) in Verhandlungen treten kann. Die datenschutzfreundliche Allianz im Ausschuss verfügt über maximal 30 Stimmen – bei einer Ausschussgröße von 60 Mitgliedern.

**Sachdienlicher Hinweis von cookiepedia.co.uk**
*Spiegel Online* setzt derzeit (2017) bei einem Besuch 774 Cookies, t-online 1323; die Homepage von *Titanic* einen (in Zahlen: 1) einzigen.

Eine interessante Auseinandersetzung, fraglos, und irritierend, dass sich im EU-Parlament die Vertreter fundamentaler Bürgerrechte offenbar nicht gegen die Repräsentanten blanken Wirtschaftsinteresses durchsetzen können – aber ich bin gar nicht Mitglied im LIBE-Ausschuss. Für die fraktionslosen Abgeordneten sitzt dort Udo Voigt (NPD), zusammen mit Eleftherios Synadinos, meinem unsympathischen rechtsradikalen Sitznachbarn im Plenum, dem ehemaligen General mit sorgfältig gezwirbeltem grauen Schnauz.

Einen Tag lang recherchieren Büroleiter Hoffmann und unsere bestens vernetzte belgische Assistentin Sarah, dann kommt die überraschende Nachricht: Wenn das fraktionslose Vollmitglied im LIBE-Ausschuss Udo Voigt nicht abstimmen sollte und auch das fraktionslose stellvertretende Mitglied Synadinos zum Beispiel wegen Abwesenheit nicht einspringen könnte, wäre jeder andere fraktionslose Abgeordnete berechtigt, das Stimmrecht stellvertretend auszuüben. Diese Regelung wird praktisch nie angewandt, aber wenn das Generalsekretariat der Fraktionslosen uns eine entsprechende Bescheinigung ausstellt, könnten wir sie nutzen.

Udo Voigt ist in dieser Woche gar nicht in Brüssel, das ergibt eine schnelle telefonische Undercover-Recherche in seinem Umfeld: »Heil, äh: Hi, ist denn der Kamerad Voigt zu sprechen?« Und Synadinos gilt im Ausschuss als faul. Die Wahrscheinlichkeit, dass er zur Abstimmung erscheint, wird auf höchstens 50 Prozent beziffert. Hoffmann spricht mit dem Büroleiter von Jan Philipp Albrecht über diese Neuigkeiten und erfährt seinerseits, dass der Druck der Datenindustrie noch einmal verstärkt und der Ton verschärft wurde.

#### Sachdienlicher Hinweis von netzpolitik.org
Dabei sei es von Beginn an ein zentrales Anliegen gewesen, die Debatte um die Verordnung so zu verschieben, dass es nicht mehr um Privatsphäre geht, sondern um Medienvielfalt, Fake News oder gar die Zukunft des Internets. Eine tragende Rolle spielten die Versuche von Presseverlagen, einen möglichen Gewinn an informationeller Selbstbestimmung für ihre Leser als Bedrohung für die finanzielle Stabilität ihrer Branche und damit für die Demokratie zu framen. Allen voran der Bundesverband Deutscher Zeitungsverleger und der Verband Deutscher Zeitschriftenverleger, die die Regulierungsbestrebungen ernsthaft als »Angriff auf den freien Journalismus« geißelten. In den Online-Ausgaben bundesweiter Nachrichtenmedien, deren Verlage massiv gegen eine starke ePrivacy-Verordnung lobbyieren, fand das Thema gar nicht statt. Die *FAZ* ließ in ihrer Printausgabe lediglich ePrivacy-Gegner Axel Voss einen Meinungsbeitrag gegen die Verordnung publizieren. Auch in den öffentlich-rechtlichen Medien taucht das Thema quasi nicht auf.

Die »womöglich zweitgrößte Lobby-Schlacht der EU« (netzpolitik.org) eskaliert, hinter verschlossenen Türen sollen Lobbyisten gegenüber Mitgliedern des LIBE-Ausschusses zunehmend aggressiver auftreten. Nachdem der CDU-Abgeordnete Axel Voss die Datenschützer unter seinen Parlamentskollegen mit »iranischen Religionswächtern« verglichen hat, brechen die Konservativen die Verhandlungen auf Anweisung von Manfred Streber einfach ab. Der CSU-Mann ist sich seiner Mehrheit gewiss und will jetzt keine Kompromisse mehr eingehen. In der Abstimmung am nächsten Tag werden Sozialdemokraten, Grüne, Linke, Mitglieder der italienischen Fünf-Sterne-Bewegung und ein paar Liberale aus ganz Europa auf der einen Seite stehen, die Europäische Volkspartei unter Führung von CDU/CSU zusammen mit Rechtsradikalen und Europaskeptikern auf der anderen.

**Sachdienlicher Hinweis von Gerhart Baum (FDP)**
Im Völkerrecht ist die Privatheit als Menschenrecht seit 1948 fest verankert.
Der deutschen Politik steht ein Lackmustest bevor. Das Europäische Parlament hat einen akzeptablen Entwurf der sogenannten E-Privacy-Verordnung verabschiedet. Sie ist unbedingt erforderlich, um die in Kraft tretende europäische Datenschutzgrundverordnung zu ergänzen. Sie erfasst das, was Facebook macht, die Auswertung von Daten, die wir durch Surfen im Internet hinterlassen. Wer wirklich etwas gegen Facebook und ähnliche Unternehmen ausrichten will, der muss diesem Entwurf zustimmen. Daran wird die Glaubwürdigkeit der Bundesregierung zu messen sein.

## BRÜSSEL, SITZUNGSSAAL

Ich stelle mir den Wecker und bin kurz vor neun Uhr am ausgewiesenen großen Sitzungsraum. Hoffmann ist noch nicht da, ich überfliege im Netz ein paar Tageszeitungen. Bei der *SZ* bleibe ich an einem Artikel von Stefan Kornelius hängen:
»Vor 17 Jahren hat die EU harte Sanktionen gegen Österreich verhängt, weil ÖVP-Kanzler Wolfgang Schüssel ein Bündnis mit der rechtspopulistischen FPÖ eingegangen war. Heute ist die ÖVP selbst rechtspopulistisch und findet sich in Europa in derselben Parteienfamilie wie Forza Italia, die ungarische Fidesz und die kroatische HDZ.« Lustigerweise vergisst Kornelius zu erwähnen, dass es sich um die europäische Parteienfamilie EVP handelt, dass CDU und CSU hier tonangebend sind und mit Manfred Streber ein CSUler an der Spitze steht.
Hoffmann kommt mit der Stimmliste, und ich beglückwünsche mich innerlich, dass ich für gewöhnlich abwechselnd mit JA und NEIN stimmen darf: Sie ist knapp zwei Kilo schwer. »Ich kenne jetzt ein neues Zeichen an unserem Büro-Drucker«, stöhnt mein Büroleiter, »es bedeutet: Ausgabefach voll. Das hatten wir noch nie!« Dann zeigt er mir ein Legitimationsschreiben

unseres Generalsekretärs. »Ich glaube nicht, dass irgendjemand verstanden hat, was das bedeutet.«

Etwa 100 Leute sitzen im Saal, vielleicht 60 Abgeordnete, ein paar Praktikanten, Assistenten, interessierte Beobachter der Kommission und des Rates. Udo Voigt ist nicht zu sehen, und niemand hebt den rechten Arm zum klassisch-dorischen Gruß; im Moment bin ich wohl stimmberechtigt.

Hoffmann übergibt das Schreiben dem Ausschussvorsitzenden, dann suchen wir uns zwei Sitzplätze in der Mitte. Wenig später kommt ein Saaldiener und stellt ein Namensschild vor mich. Die Spiele mögen beginnen!

Als ich mich umdrehe, schaut mich Harald Vilimsky irritiert an, der unsympathische FPÖ-Generalsekretär, der in Österreich als Heinz-Christian Straches Mann fürs Grobe gilt. Vilimsky hatte eigentlich nationale Pläne, bleibt uns aber im EU-Parlament erhalten; der österreichische Bundespräsident hat öffentlich erklärt, er würde ihn auf keinen Fall zum Minister ernennen.

Vorn auf dem Podium eröffnet der LIBE-Vorsitzende Claude Moraes, ein kleiner britischer Labour-Mann, pünktlich die Sitzung. Besorgt fragt er, ob jeder seine Stimmkarte mithabe, in Anbetracht der zu erwartenden knappen Ergebnisse wird heute fast ausschließlich elektronisch abgestimmt.

Bei ein paar unwichtigeren Themen – digitaler Handel, Drogenpolitik, Schutz von Staatenlosen etc. – stimme ich mich warm, dann kommt die ePrivacy-Verordnung.

Viel Hoffnung für den Datenschutz in Europa habe ich eigentlich nicht. Im vergangenen Jahr war ich schon einmal zu nachtschlafender Zeit im Kulturausschuss aufgelaufen, weil es bei einer Abstimmung um eine entscheidende Stimme gehen sollte. Damals hatte der Assistent einer SPD-Abgeordneten angerufen; man habe das Abstimmverhalten sämtlicher Ausschussmitglieder auf einer Tafel prognostiziert, es seien zwei gleich lange Listen herausgekommen, und darunter habe in der Mitte mein Name gestanden. Nachdem ein Brite erklärt hatte »That's the German comedian, but he never shows up«, war von beiden Seiten mehrfach in meinem Büro angerufen worden, ob ich die Absicht hätte, am kommenden Dienstag in die Sitzung des Kulturausschusses zu kommen – und wie ich denn möglicherweise stimmen würde. Ich ging damals hin, stimmte für den etwas weniger sinnlosen SPD-Ansatz, und sämtliche Abstimmungen gingen mit 15 zu 15 aus. Der Gleichstand reichte den Konservativen, die wie üblich ihre Reihen fest geschlossen hatten, im Gegensatz zum progressiveren Lager – eine italienische Sozialdemokratin stimmte aus nationalen Erwägungen gegen den eigenen Entwurf.

Fun-Fact: Trotzdem hätte die Abstimmung anders ausgehen können, einer der konservativen Abgeordneten aus Osteuropa wäre von seiner politischen Position her eigentlich *für* den Bericht gewesen, aber leider, so klagte ein Linker, sei man nicht an dessen Assistenten vorbeigekommen. Und die Assistenten erstellen die Abstimmungslisten.

»Haben alle abgestimmt? Bitte geben Sie Ihre Stimme ab!« Leichte Unruhe ist im gesamten Raum zu spüren, dann schließt Moraes die letzte, entscheidende Abstimmung und gibt das Ergebnis bekannt: Die ePrivacy-Verordnung wurde angenommen, mit 31 zu 24 Stimmen. Ein solides Ergebnis, denke ich mir, bei sieben Stimmen Unterschied hätte ich morgens auch liegen bleiben können, und wundere mich über den völlig parlamentsuntypischen Jubel, der auf der rechten Seite des Saales ausbricht. Als wir den Saal verlassen, passieren wir die Sitzplätze von Axel Voss (CDU) und Monika Hohlmeier (CSU). Hier herrscht sichtlich Verwirrung, die konsternierten EVPler wissen offensichtlich nicht, was passiert ist und warum die Abstimmung gerade schiefging.

Als die Strauß-Tochter mich sieht, fragt sie mit großen Augen: »Ja, was ist denn das? Der Herr Sonneborn ist erstmals hier im Ausschuss? Und die Abstimmung geht gleich anders aus? Das ... also ... darüber sollt' man mal ... eine Glosse schreiben ...«

Am Ausgang holt uns der Assistent von Jan Philipp Albrecht ein, bedankt sich für die Stimme: »Heute haben Sie wirklich etwas für den Datenschutz in Europa getan!«

Axel Voss

»Halb so wild«, korrigiere ich, »ob nun mit sechs oder sieben Stimmen Unterschied …«

»Nein, es ging tatsächlich um die eine Stimme! Der Bericht braucht eine absolute Mehrheit im Ausschuss, damit das Parlament den Auftrag erhält, mit ePrivacy in den Trilog einzusteigen. Und bei 60 Mitgliedern liegt die bei 30 plus 1, die einunddreißigste Stimme gab den Ausschlag!«

**Sachdienlicher Hinweis von netzpolitik.org**
Überraschende Mehrheit im EU-Parlament stimmt für mehr Datenschutz und gegen Tracking
Der Innenausschuss im Europaparlament hat am Donnerstag mit einer knappen Mehrheit für mehr Datenschutz im Rahmen der ePrivacy-Debatte gestimmt. Die Konservativen im EU-Parlament wurden überraschend überstimmt bei ihrem Versuch, Tracking auszuweiten und Datenschutzrechte auszuhöhlen. Mit diesem wichtigen Votum geht das EU-Parlament jetzt in die Verhandlungen mit EU-Rat und Kommission.

Monika Hohlmeier

**Sachdienlicher Hinweis des Parlamentarischen Geschäftsführers der CDU/CSU-Fraktion im Bundestag**
»Ich halte es dem Grund nach für richtig, diese Sperrklausel umzusetzen«, sagte Michael Grosse-Brömer. Es gebe derzeit mehr als 160 verschiedene Parteien beziehungsweise Gruppierungen im Europäischen Parlament. Dass beispielsweise in Deutschland der Komiker Martin Sonneborn von Die Partei, ein einzelner Tierschützer oder ein Angehöriger einer Seniorenpartei »möglicherweise allein Mehrheiten maßgeblich für Gesamteuropa bestimmt«, könne durchaus hinterfragt werden, machte Grosse-Brömer deutlich.

## BRÜSSEL, MEP-BAR

Büroleiter Hoffmann erhält einen Anruf aus dem Handelsausschuss. »Herzlichen Glückwunsch zu Ihrem Coup ...«
»Vielen Dank, aber jetzt hassen uns alle Konservativen!«

Die PARTEI hat neue Freunde (Screenshot von Meedia.de)

»Nicht nur die Konservativen, die gesamte deutsche Wirtschaft.«

## STRASSBURG, PLENUM

Philippe Lamberts, der Vorsitzende der Grünen, grüßt mich. Meine Aktien im Parlament sind gestiegen. Aber auch die 184 709 PARTEI-Wähler können sich freuen. Denn obwohl aus Gründen über ePrivacy in Deutschland praktisch nicht berichtet wird, mit dieser Abstimmung hat die PARTEI im EU-Parlament viel mehr erreicht, als möglich war; das Mandat hat sich gelohnt.

Als ich meinen Platz ansteuere, winkt mir Udo Voigt zu: »Danke, dass Sie für mich abgestimmt haben.« – »Ich hoffe, es war in Ihrem Sinne«, entgegne ich, obwohl ich weiß, dass die rechtsradikalen EU-Kritiker natürlich aus Prinzip nicht *für* europaweite Gesetze stimmen. »Ja, ja, das war ganz in unserem Sinn! Sie werd'n ja noch ein ganz brauchbarer Nationaldemokrat!«

Drei Wochen später wird mir ein dpa-Mann erzählen, dass er Voigt interviewt habe, und versichern, dass der »absolut keine Ahnung hatte«, worum es bei ePrivacy überhaupt geht.

## BRÜSSEL, CAFÉ KARSMAKERS

Ein junger Österreicher tritt an meinen Tisch, stellt sich vor, erklärt, dass er für eine große europäische Umwelt-Organisation arbeite. »Im Ausschuss für Industrie, Forschung und Energie gibt es am Dienstag eine wichtige Abstimmung zur Energiepolitik, bei der eine einzelne Stimme den Ausschlag geben könnte. Sie sind zwar nicht im ITRE, aber der fraktionslose Ungar Béla Kovács wird nicht da sein, glauben Sie, Sie könnten vielleicht …?«

Nein, glaube ich eigentlich nicht. Ist mir zu gefährlich. Kovács trägt den Spitznamen KGBéla, und muss sich seit Mitte Januar vor Gericht verantworten.

Die Staatsanwaltschaft wirft ihm vor, im Parlament für Moskau spioniert zu haben. Seine Frau ist ebenfalls angeklagt, für den russischen Geheimdienst zu arbeiten; sie soll zeitweise außer mit Kovács auch noch mit einem hervorragenden Vertreter der organisierten Kriminalität in Österreich verheiratet gewesen sein. Und mit einem japanischen Atomwissenschaftler.

# NOVEMBER 2017

### BRÜSSEL, BÜRO

Ein kleiner, feiner Erfolg wird aus Münster vermeldet: Die PARTEI hatte zusammen mit ein paar unbedeutenden Kleinparteien gegen die 2,5-Prozent-Sperrklausel bei Kommunalwahlen geklagt, welche die rot-grüne Regierung in Nordrhein-Westfalen noch zusammen mit der CDU eingeführt hatte. Der Verfassungsgerichtshof hat der Klage stattgegeben und die Sperrklausel als verfassungswidrig eingestuft und gekippt.

Obwohl in NRW seit vielen Jahren Kommunalwahlen ohne Sperrklausel abgehalten werden, hatten die Vertreter der Landesregierung vor Gericht keinen einzigen Fall darlegen können, in dem es zu Beeinträchtigungen der parlamentarischen Arbeit gekommen wäre. Wahrscheinlich müssen wir uns in nächster Zeit auch einmal mit ihrer großen Schwester, der Fünfprozenthürde bei Bundestagswahlen, juristisch auseinandersetzen. Geschaffen, um eine Zersplitterung des Parlaments zu verhindern und die Bildung einer stabilen Regierung zu ermöglichen, wirkt sie ein wenig aus der Zeit gefallen. Ein lupenreiner Atavismus, wenn man sich den Klamauk ansieht, den FDP, Grüne, CDU und SPD in ihren Koalitionsverhandlungen seit der Bundestagswahl betreiben.

#### Sachdienlicher Hinweis von Vice

Martin Sonneborn: Aber wir haben eine elegante Lösung für das ganze Land parat.

Vice: Welche denn?

Martin Sonneborn: Wir legen morgen Wahlprüfungsbeschwerde beim Bundestag ein. Die Fünfprozenthürde gilt als unseriös und ist demokratietheoretisch nicht mehr zu rechtfertigen, sie gehört abgeschafft. Fünf Prozent aller gültigen Stimmen wurden in der Sitzverteilung im neuen Bundestag nicht berücksichtigt. Wer kleine Parteien wählt, stärkt die etablierten. Oder er wählt sie deshalb erst gar nicht. Das ist eine Verzerrung des Wählerwillens. Außerdem stünde Deutschland ohne die Fünfprozenthürde besser da. Die PARTEI hätte jetzt sieben Sitze im Bundestag und könnte eine stabile Minderheitsregierung stellen.

## BRÜSSEL, BÜRO

Ein Anruf aus der Geschäftsstelle der PARTEI in Berlin, wir haben Post von Schäuble: Obwohl Die PARTEI den existenzbedrohenden Prozess gegen die Bundestagsverwaltung eindeutig gewonnen hat, geht der Bundestag in die Berufung. Juristisch gesehen ergibt das Vorgehen der Verwaltung nicht viel Sinn; auch wenn die Begründung einer sehr, sehr teuren Kanzlei diesmal engagierter geschrieben ist, neue Argumente gibt es nicht. Aus dem Büro des Bundestagspräsidenten ist dann auch zu hören, dass der Gang in die Berufung eine der ersten Amtshandlungen Schäubles war und lediglich ein Spiel auf Zeit bedeutet: Bei der derzeitigen Überlastung der Gerichte ist mit einer Verhandlung nicht allzu schnell zu rechnen, und bis das Urteil rechtskräftig ist, sind mit Anwalts- und Gerichtskosten für die PARTEI insgesamt rund 140 000 Euro blockiert.

Aus reinem Interesse fragt Büroleiter Hoffmann – in seiner Freizeit, als Privatperson und streng nach dem Informationsfreiheitsgesetz – bei der Bundestagsverwaltung an, wie hoch denn eigentlich deren Anwalts- und Gerichtskosten mittlerweile liegen, sind ja schließlich auch alles Steuergelder, nicht wahr? Leider, so teilt die Verwaltung mit, müssten »die Informationen aus diversen Akten zeitintensiv manuell zusammengetragen, ausgewertet und aufgestellt werden«, damit würde die Anfrage gebührenpflichtig. Hoffmann reduziert die Frage auf die reinen Anwaltskosten und erhält eine Antwort: »Hierzu kann ich ihnen mitteilen, dass für die 1. Instanz Anwaltskosten in folgender Höhe von 9811,07 € angefallen sind.«

Damit Schäuble nicht langweilig wird, kriegt er noch anderweitig Post von uns. Wir fechten seine Bundestagswahl an. Einfach weil wir es können. Und weil wir schon dabei sind, bitten wir das Bundeskanzleramt und ein paar Ministerien auch um Auskünfte zur Wahlrechtsreform.

## Sachdienlicher Hinweis aus dem Ordner »Wahlanfechtungen I«

Deutscher Bundestag

z.Hd. Wolfgang Schäuble, Präsident

Platz der Republik 1

11011 Berlin

Brüssel, den 22.11.2017

**Einspruch gegen die Wahlen zum 19. Deutschen Bundestag**

Hiermit erhebe ich **Einspruch** gegen die Wahlen **zum 19. Deutschen Bundestag** und beantrage, dass der Deutsche Bundestag diese **gefälligst für ungültig** erklärt und **wiederholen lässt**.

Dazu muss ein erkennbarer Wahlfehler vorliegen. Nach ständiger Gesetzesanwendung kann es sich um einen Verstoß gegen formelles oder materielles Wahlrecht in einem weit zu verstehenden Sinne handeln. **Der Umstand, dass nach §6 Abs. 3 BWG für die Sitzverteilung im Bundestag nur Parteien berücksichtigt werden, die mindestens 5 Prozent der im Wahlgebiet abgegebenen gültigen Zweitstimmen erringen konnten, verstößt gegen das Grundgesetz und beeinträchtigt sowohl die Chancengleichheit der Parteien nach Art. 21 Abs. 1 GG als auch die grundgesetzlich garantierte Wahlrechtsgleichheit der Wähler** und so.

Nach fortlaufender Rechtsprechung des BVerfG kann eine Sperrklausel gerechtfertigt sein, wenn sie dem Erhalt der Funktionsfähigkeit des Parlaments dient. Die Gefährdung der Funktionsfähigkeit muss dafür allerdings **glaubhaft belegt** werden.

Derzeit zeigt sich jedoch eindrucksvoll, dass **weder das Vorhandensein einer Sperrklausel die Funktionsfähigkeit des Parlaments per se sicherstellen kann, noch dass ihr Fehlen die Funktionsfähigkeit zwangsläufig beeinträchtigen muss**. Trotz der Existenz einer Sperrklausel gestaltet sich die Regierungsbildung nach allem, was man so in Talkshows hört und sieht, ja offenbar eher schwierig. **Smiley.**

Das mit der Legitimationsgeschichte der Sperrklausel verbundene Narrativ besagt im Kern, dass diese die Bildung einer stabilen Regierung ermögliche. Diese Annahme ist falsch. Parteien, die bei der Verteilung der Sitze im Bundestag nicht berücksichtigt werden, zahlen einen hohen Preis dafür. Die Stimmen der Wähler dieser Parteien bleiben nicht nur unberücksichtigt, sondern werden zudem noch auf die - z.T. recht unsympathischen - Parteien, die in den Bundestag eingezogen sind, aufgeteilt. Vom Effekt der Sperrklauselgesetzgebung profitieren also maßgeblich diejenigen, die eben jene Gesetzgebung gestaltet haben - zum Schaden der konkurrierenden Parteien. Und der Wähler. Und der Demokratie. Ohne die Sperrklausel und mit sieben Bundestagsabgeordneten der PARTEI wäre eine Mehrheitsfindung im Bundestag heute nicht schwieriger als mit Sperrklausel. Eine drohende Gefährdung des Parlaments durch ihr Fortfallen ist nicht erkennbar.

Im Übrigen möchte ich darauf hinweisen, dass nach der **Arbeitsverweigerung** der FDP eine **Wiederholung der Bundestagswahl** statt der drohenden **Neuwahlen** für alle halbwegs seriösen Parteien eine **gesichtswahrende Lösung** sein könnte. Und uns von der PARTEI das zeitaufwändige Sammeln von **30.000** Unterstützer-Unterschriften ersparen würde.

Mit kollegialen Grüßen aus Europa

Martin Sonneborn

PS: Das **EU-Parlament** in Brüssel, von dem aus ich rund **500 Millionen Europäer** regiere, hat nur **40 Abgeordnete** mehr als der bizarr überbesetzte Deutsche Bundestag. Und obwohl mein **Kollege Elmar Brocken (178 Kilo CDU)** dem BVerfG gegenüber vor der Abschaffung **der Sperrklausel für EU-Wahlen** große Ängste vor „Zersplitterung" und „totalem Chaos" geäußert hatte, funktioniert das EU-Parlament immer noch tadellos. **Eigentlich demokratischer & besser** als jemals zuvor: mit meiner (entscheidenden) Stimme wurde gerade **die wichtige Datenschutzverordnung** „ePrivacy" abgestimmt; mehr darüber in der nächsten TITANIC...

»MEHR MAULBEERSCHNAPS«

DAS FÜNFTE JAHR

## JANUAR 2018

### STRASSBURG, PLENUM

Die Abstimmung zur Reglementierung von Dual-Use-Gütern geht mit einer Zustimmung von über 90 Prozent aus. Der Berichterstatter Klaus Buchner und sein Assistent Paul Diegel haben in jahrelanger Arbeit ein kleines Meisterstück vollbracht, das EU-Parlament hat zur Abwechslung einmal nach humanistischen Grundsätzen entschieden. Denke ich. Bis ich Diegel zum Kaffee treffe.

### BRÜSSEL, MEP-BAR

»Paul, wie steht es jetzt mit Dual-Use?«

»Dual-Use bezeichnet Wirtschaftsgüter, die sowohl zu zivilen als auch zu militärischen Zwecken genutzt werden können. Da geht es um viele Industrieprodukte, 99 Prozent davon sind wirklich harmlos – aber das eine Prozent macht es dann aus. Wir wollen den Export digitaler Ausspähtechnologie an autoritäre Regime verhindern.«

»Und wer ist euer Gegenspieler bei diesem Gesetz?«

Diegel lacht: »Das deutsche ›Who's who‹ der Industrie. Alle größeren Technologieunternehmen sind betroffen und auch kleinere, die zum Beispiel Verschlüsselungssoftware herstellen.«

»Was machen die genau?«

»Das Business-Modell in diesem Bereich ist so, dass man einerseits Sachen exportiert, die Leuten helfen, also Verschlüsselungssoftware. Und andererseits, dass man auch – legal – an Polizeibehörden Sachen exportiert, mit denen Verschlüsselungen wieder geknackt werden können. Und Daten und Positionen von Handys.«

»Man exportiert beides? Dieselbe Firma macht das?«, frage ich ungläubig.

»FinFisher ist ein gutes Beispiel, das ist ein Spionageprogramm. Gamma heißt die Firma, die es vertreibt, die sitzt in Bayern. Die haben kürzlich erst so eine Art Staatstrojaner in die Türkei exportiert. Das ist zurzeit auch völlig legal. Und unsere Idee ist jetzt, ein Gesetz einzubringen, das derartige Lieferungen in Diktaturen und autoritäre Regime unmöglich macht.«

»Gibt es so etwas bisher nicht?«

»In Deutschland hat man so etwas für ABC-Waffen, deswegen gibt es bei uns schon Vorschriften. Die wollen wir auf diese Cyber-Surveillance-Sachen ausdehnen – und auf die ganze EU. Denn Deutschland möchte nicht, dass Länder wie Italien, die fast keine Exportkontrolle haben, einfach ihr Zeug exportieren können, wie sie wollen. Das bedeutet ja einen Standortnachteil für Deutschland.«

»Scheiße, das ist die Motivation? Verzeihung.« Ich nehme einen Schluck Latte macchiato.

»Das Interesse der Industrie ist der Grund dafür, dass wir überhaupt darüber reden. Wenn es nur um Menschenrechte ginge, würden die sagen: Was sollen wir damit?«

»Du meinst, wir hätten das gar nicht auf der Tagesordnung, wenn es kein Wirtschaftsinteresse gäbe?«

»Ja. Ja, absolut.« Diegel schüttelt den Kopf: »Ich glaube, in den letzten Jahren hat das Parlament 14-mal in einer Resolution gefordert, diese Produkte zu regulieren. Der Grund, warum das jetzt passiert, ist, dass viele wirtschaftsfreundliche Dinge drinstehen. Und wir wollen, genau wie ›Amnesty International‹ und ›Reporter ohne Grenzen‹, auch die Menschenrechtsaspekte einbeziehen.«

Ich nehme noch einen Schluck: »Querulant.«

Diegel zieht ein Blatt hervor. »Hier ist ein Artikel aus dem Dual-Use-Gesetz, daran arbeiten wir gerade. Da geht's um Trojaner und Derartiges. Der Kompromissvorschlag aus dem Rat sieht hier ein Kriterium vor: foreign availability of the items. Das heißt, wenn wir etwas exportieren wollen, das für Überwachung oder Folter genutzt werden kann, aber auch von Amerikanern, Israelis und Russen exportiert wird, ist das ein Ausschlusskriterium. Dann gibt's die Exporterlaubnis.«

»Wenn wir es nicht verkaufen, verkaufen es die anderen? Mit diesem Argument werden die Waffen nach Saudi-Arabien geliefert.«

»Genau, und wenn es nach diesem Prinzip ginge, hätten wir niemals eine Gesetzgebung für Umwelt, Arbeiter-, Menschenrechte ...« Diegel stockt. »Das Zynische daran ist: Das ist ja schon der Kompromiss. Das hier sieht der Rat als Kompromiss!«

»Ich verstehe.«

Diegel lehnt sich zurück: »In zwei oder drei Monaten kommt ein Trilog ...

»Kenne ich«, werfe ich ein, »die Verhandlung zwischen Parlament und Rat unter Aufsicht der Kommission.«

»Genau. Im Rat hast du verschiedene Ebenen. Da ist einmal die Working Goup, die technische Ebene. Da kommen Leute, die den Export aus allen Mitgliedsstaaten kontrollieren; sie treffen sich sechs-, siebenmal in Brüssel, tauschen sich aus und klären die technischen Details. Wenn die ein Grundverständnis haben, geht es eine Ebene höher, zu den Diplomaten. Die sitzen permanent in Brüssel, sehen sich jeden Tag und entwickeln untereinander eine Position. Und danach gehen Klaus und ich mit unserem Bericht mit denen in den Trilog. Aus den anderen Fraktionen sitzt noch ein sogenannter Schattenberichterstatter dabei, der die Standpunkte seiner Fraktion einbringt. Und Bernd Lange von der SPD, ein guter Mann, ist der Leiter der Verhandlungen vom Parlament aus.«

»Und von der Kommission?«

»Da kommen fast immer Kommissionsleute, die sehr viel Ahnung vom Thema haben, aber überhaupt keine von Politik. In diesem Fall ist es jemand, der alles kennt, weil er vorher beim Militär war und später selbst Kontrollen gemacht hat. Bei Dual-Use geht der Kommissionsvorschlag sogar weiter als unserer.«

»Erstaunlich«, sage ich.

»Normalerweise passiert jetzt dies: Wir sagen, wir wollen Menschenrechte. Dann sagen die: ›Hm das ist schlecht, da müssen wir noch mal zurück in die Mitgliedsländer und mit unseren

Leuten besprechen, ob das geht.‹ Das ist so, als ob du ein Auto kaufen willst, da sagt der Verkäufer auch ›Oh, ich muss wegen des Preises erst mit meinem Chef sprechen, ich kann das nicht entscheiden‹. So läuft das auf dieser diplomatischen Ebene auch.«

»Fragt doch mal nach, ob ihr nicht ohne Mehrwertsteuer kauf… Pardon, und dann?«

»Das Problem ist aber, wir müssen in den nächsten vier, fünf Monaten eine Lösung finden, weil es hinterher rein zeitlich, von der Prozedur her, nicht mehr möglich ist, dass daraus ein Gesetz wird.«

»Das Ganze ginge dann in die nächste Legislaturperiode?«

»Ja, und das ist genau das Problem: Es ist nicht klar, ob Klaus wieder ins Parlament kommt, bei Bernd Lange ist es unsicher, weil die SPD mindestens zehn Sitze verlieren wird, und bei den Liberalen gibt's ein Problem. Die sind normalerweise sehr businessfriendly, aber die Niederländerin Marietje Schaake, die gerade zuständig ist, ist sehr auf unserer Seite. Die versteht die Notwendigkeit dieser Sachen – und sie tritt nicht wieder an. Für den Rat ist es also sehr clever, jetzt zu verzögern.«

»Bedeutet das denn, dass der Rat das Gesetz nicht will?«

Diegel seufzt. »Der Rat möchte in jeden Fall ein Gesetz, das 95 Prozent seiner Forderungen erfüllt. Und die übrigen fünf Prozent sollen eine derartige Form haben, wie ich sie dir gerade gezeigt habe: dass wir ein Menschenrechtskriterium erhalten, das komplett irrelevant ist.«

Ich muss lachen. »Klingt fair.«

»Aber du musst dir mal anschauen, wer die Macht hat in den Verhandlungen: Es ist immer der Rat. In diesem Fall, weil die Gegenseite weiß, dass die Hauptakteure dieser Menschenrechtsforderungen ein Zeitproblem haben. Sie werden die Sache verzögern, und dann nach der Methode: Friss oder stirb.«

»Verstehe.«

»Trilog-Verhandlungen, das ist ein sehr schönes Wort. Verhandlungen gibt es da nicht groß.«

»Aber wenn ihr Kommission und Parlament hinter euch habt, ist es dann nicht möglich, etwas gegen den Rat durchzusetzen?«

»Die Sache ist die: Wir haben ja das Parlament nicht hinter uns. Damit wir diese Zustimmung von 92 Prozent bekommen, haben wir wirklich schon viele industriefreundliche Dinge aufgenommen. Klaus ist da auch sehr pragmatisch. Er fragt sich: Hilft das Menschen tatsächlich? Dann machen wir das. Anders geht es auch nicht. Aber wenn es wirklich drauf ankommt und wir eine Abstimmung über Menschenrechte haben, würden die Konservativen, also die EVP und die Europakritiker von der ECR, und vielleicht sogar die Cinque Stelle, also die Italiener, uns einfach in den Rücken fallen und sagen: Auf gar keinen Fall stimmen wir hier zu. Zum Schluss muss das Parlament ja noch mal zustimmen.«

Diegel macht eine kurze Pause. »Wir spielen hier ein Spiel. Nach außen sieht es aus, als ob das unabhängige Akteure sind, Rat und Parlament. Aber mehr als die Hälfte der Parlamentarier sind konservativ. Und im Rat genauso. Weil das alles konservative EVP-Regierungen sind.«

»Lustig, das deckt sich mit meiner Analyse, dass die EU im Grunde schon funktioniert, sie ist nur mit den falschen Leuten besetzt. Im Parlament, bei den meisten Kommissaren und in den Spitzen der Verwaltung. Juncker hat schon recht, wenn er sagt, die EU sei gar nicht neoliberal, die Bürger müssten nur anders wählen. Wenn sie nämlich linker, grüner, mehr auf ihre eigentlichen Interessen bedacht wählen würden, könnte man eine ganz andere, sozialere, ausgeglichenere, friedlichere EU schaffen. Aber ich wundere mich auch immer, wenn ich höre, dass die EU ein wirklich für die Bürger sinnvolles Gesetz erlässt. Das ist doch eher die Ausnahme. Oder?«

Paul Diegel nickt: »Ja. Aber schau dir mal die neuesten Umfrageergebnisse an. Ich glaube, das ist das Ergebnis. Ich weiß nicht, ob du das verfolgt hast, im Landwirtschaftsausschuss hat tatsächlich ein CSUler Änderungen eingebracht in ein Gesetz, die es dem Handel verbieten, über die gesetzlichen Normen für Umwelt- und Qualitätsstandards hinauszugehen. Wenn REWE etwas verkaufen möchte, das mehr bio ist als der Mindeststandard, dann darf REWE das nicht mehr.«

»Das kann nicht sein.«
»Das ist die CSU. Albert Deß heißt der Mann. Der Bericht wurde im Landwirtschaftsausschuss AGRI mit einer deutlichen Mehrheit verabschiedet. Und geht jetzt ins Plenum, in die Abstimmung.«
»Ich werde meine JA/NEIN-Stimmen entsprechend legen.«
»Es ist wirklich so, dass die drei großen Lebensmittelkonzerne Nestle, Unilever und noch ein dritter es geschafft haben, es so aussehen zu lassen, als ob das eine Hilfe für kleine Bauern wäre.«

## BRÜSSEL, MEP-BAR

Einige Tage nach der Abstimmung zur Reglementierung von Dual-Use-Gütern treffe ich Klaus Buchner auf einen Kaffee. Er ist gerade zurück von einer Reise nach Japan und Korea und wirkt trotz seiner fast 80 Jahre keineswegs erschöpft.

»Ihr Freund Elmar Brok war übrigens auch mit …«
»Und, ist er irgendwo eingeschlafen?«
Buchner schmunzelt. »Ja, tatsächlich. Beim Treffen mit den Koreanern. Das Treffen war sowieso schon peinlich genug. Da sitzen hochintelligente Leute auf der anderen Seite, die sich seit Jahren mit der Materie beschäftigen, und dann kommen jedes Mal neue Abgeordnete aus dem EU-Parlament, die natürlich jedes Mal die gleichen einfachen Fragen stellen. Und dann schläft Herr Brok auch noch während der Gespräche am Tisch ein, keiner traut sich, ihn zu wecken, alle schauen betreten in ihre Handys, bis er wieder aufwacht.«
»Brocken schläft nicht, er ruht nur sein Glasauge aus.«
»Eigentlich sollte ich das nicht erzählen, aber McAllister, der Delegationsleiter, hat sich nicht getraut, Brok morgens zu wecken, wenn alle im Bus saßen und er noch schlief. Das musste dann eine Dame aus dem Sekretariat machen.«
»Warum sind sie nicht einfach ohne ihn gefahren?«
»Das geht nicht! Aber viel mehr Sorgen als der Ruf der EU

in Korea macht mir das Handelsabkommen, das wir gerade mit Japan abschließen, JEFTA. Abgesehen davon, dass hier wieder über private Schiedsgerichte diskutiert wird oder der Privatisierung der Wasserwirtschaft Vorschub geleistet wird – JEFTA bringt uns einige hier noch unbekannte giftige Neuigkeiten aus dem Bereich des Hochfinanzhandels, die äußerst gefährlich sind.«

## BRÜSSEL, BÜRO

Von allen Studentengruppen, die zu Besuch ins Parlament kommen, fürchte ich am meisten die angehenden Juristen der Bucerius Law School in Hamburg. Bei ihrem ersten Besuch haben Hoffmann und ich Professor Matthias Jacobs und seine Studenten direkt nach deren Ankunft in der Absturzkneipe »Delirium« auf der Brüsseler Touristenmeile getroffen; und dann für die nächsten Besuche den Ort als ersten Treffpunkt beibehalten. Wer im Studium exzessiv arbeitet, tut das auch an der Theke, war meine Lehre aus dem ersten Abend. Der Austausch war stets für beide Seiten unterhaltsam. Interessiert lauschte ich den Schilderungen intelligenter Studenten, die aus einem Gefühl sozialer Verantwortung heraus in die SPD eingetreten waren – und dort feststellen mussten, dass es eine undurchlässige Schicht von Delegierten gibt, die man weder überwinden noch infiltrieren konnte; die aber eine immer weniger sozialdemokratisch denkende Führungsschicht vom einfachen Parteivolk abschottet. So etwas wollte ich mir merken für die späten PARTEI-Jahre!

Am nächsten Tag hielt ich im EU-Parlament einen leicht verkaterten Vortrag über die unseriösen Seiten des europäischen Parlamentarismus. Damit auch die seriösen nicht untergingen und kein zu einseitiges Bild entstand, organisierte mein Büroleiter dann zumeist noch einen zweiten Vortrag mit Knut Fleckenstein, Bernd Lucke oder Julia Reda. Allerdings nicht mit CDU-Vertretern. Trotzdem bin ich überrascht, als mir im Parlament ein

Brief aus dem Büro eines CDU-Abgeordneten an die Präsidentin der Hamburger Hochschule zugespielt wird.

**Sachdienlicher Hinweis aus dem Büro eines deutschen CDU-Abgeordneten**

Sehr geehrte Frau Präsidentin,
mit Erstaunen und Befremden habe ich den Facebook-Beitrag der Bucerius Law School zur Exkursion unter Leitung von Professor Dr. Matthias Jacobs wahrgenommen. Im Beitrag auf der offiziellen Facebook-Seite Ihrer Schule heißt es wörtlich »GröVaZ und MdEP: Martin Sonneborn im Delirium mit unseren Studierenden«.

Ich halte die Bezeichnung GröVaZ für wenig satirisch und historisch unangemessen. Sie entspricht meines Erachtens nicht dem hohen Anspruch Ihrer Hochschule. Ich habe mich gewundert, dass die Bucerius Law School sich bei den Exkursionen der letzten Jahre mehrfach für den Austausch mit Martin Sonneborn entschieden hat. Herr Sonneborn hat sich zu Beginn dieser Legislatur entschieden, bei allen parlamentarischen Abstimmungen abwechselnd mit Ja und Nein zu stimmen. Er trägt mit diesem inhaltslosen binären Abstimmungsverhalten in keiner Weise zur Arbeit des Europäischen Parlaments bei. Schlimmer aber noch: Er pervertiert damit den freien und nur dem Gewissen des Abgeordneten selbst verpflichteten Charakter der Abstimmungen in der parlamentarischen Demokratie.

Ich halte das Verhalten von Herrn Sonneborn im Parlament insgesamt für wenig satirisch. Er agiert vielmehr häufig zutiefst beleidigend und diffamierend. Dies hat sich zuletzt während der Debatte zur Lage der Union gezeigt. Dort sagte er über Europas Ehrenbürger und Bundeskanzler a. D. Dr. Helmut Kohl: »Und ich habe dafür gesorgt, dass Kanzler-Altlast Helmut Kohl vom Netz genommen, demontiert und witwengesichert endgelagert wird.« Insbesondere vor dem Hintergrund solcher Äußerungen hätte ich bei der Programmgestaltung in diesem Jahr mehr Distanz erwartet. Die Bucerius Law School ist ausgesprochen renommiert und für den hohen Anspruch an Studierende und Mitarbeiter bekannt. Der Beitrag und die Auswahl von Martin Sonneborn als

Vertreter des Parlaments widersprechen aus meiner Sicht diesem Anspruch. Für Ihre Einschätzung des Sachverhalts danke ich im Voraus.

Meine Einschätzung des Sachverhaltes war eigentlich recht kurz: Wenn alle CDU-Abgeordneten so abstimmen würden wie ich, wären die Verhältnisse in der EU sehr wahrscheinlich nicht schlechter. Und der freie, nur seinem Gewissen verpflichtete CDU/CSU-Abgeordnete, der in Abstimmungen nicht zumindest der Fraktionsdisziplin gehorcht, der fehlt mir sowohl im Bundestag als auch im EU-Parlament.

## BERLIN, FLUGHAFEN TEGEL

Hoffmann hat mir in letzter Minute einen Flug gebucht, Berlin-Brüssel, one-way, für 275 Euro, Flextarif. Kommentar des Reisedienstes im Parlament: »So billig?« Wahrscheinlich fliegen die meisten Abgeordneten Businessclass. Ich habe das nur ganz am Anfang einmal gemacht, um die Unterschiede festzustellen. Und war schnell genervt, weil ich während des Fluges dauernd gefragt wurde, ob ich noch Champagner möchte (aus Plastikbechern). Und weil ich nach dem Flug natürlich angetrunken war.

Oft grüßen mich im Flugzeug Leute, die ich gar nicht kenne; einmal saß Bütikofer neben mir (zum Glück lag zwischen uns der einzige freie Sitzplatz der gesamten Maschine).

Diesmal spricht mich im Flughafenbus ein etwa 40-jähriger durchtrainierter Mann mit dicken Kopfhörern um den Hals an. Er fragt mich, ob er ein Foto von uns machen dürfe – er sei reich und gut aussehend, wolle aber seiner Frau beweisen, dass er berühmte Leute kenne. Ich lächle höflich, habe nichts dagegen und frage ihn, was ihn beruflich nach Brüssel führe.

Er sei für die Datensicherheit des Ariane-Weltraum-Projektes verantwortlich, sagt er. Es entspinnt sich ein Gespräch, in dessen Verlauf ich erfahre, dass es als Erfolg gesehen wird, wenn von

27 Satelliten, die hochgeschossen werden, »25 an der richtigen Stelle landen und zwei im falschen Orbit«, dass wir wegen des Embargos gegen Russland nicht mehr die zuverlässigen, preiswerten Sojus-Raketen verwenden dürfen, sondern viel teurere französische benutzen müssen.

Als ich frage, wofür die Satelliten gut sind, blickt mich mein Gegenüber mitleidig an: »Wir bauen an einem europäischen Navigationssystem, Galileo, eine Kokurrenz zum amerikanischen GPS. Wussten Sie, dass die USA während des Krieges in Jugoslawien ihr GPS dort abgeschaltet haben? Leider war das dann plötzlich auch in Norditalien nicht mehr verfügbar. Überlegen Sie mal, was passiert, wenn Navigations- und Zeitgebersystem ausfallen.« Ich überlege, wer heutzutage noch in der Lage ist, einen Falkplan sauber wieder zusammenzulegen.

»Wollen Sie mal einen Start anschauen? Wir laden Sie ein nach Kourou.«

»Hm, da war ich noch nicht. Darf man beim Start fotografieren?«

»Da Sie einen VIP-Status haben, wird niemand etwas sagen. Allerdings würde ich abraten, selbst der Miniaturfunke, der beim Gebrauch eines Smartphones entsteht, reicht schon aus, um den hochexplosiven Treibstoff zu entzünden. Ich lasse Sie mal von der Verwaltung einladen. Sehr schade übrigens, dass wir keine Sojus mehr haben. Das war noch eine Ecke interessanter.«

Die letzte Überprüfung des Satelliten vor dem Start, erzählt mein Sitznachbar, hätten stets ein paar Europäer in modernsten Hochtechnologieanzügen mit ganz spezieller Legierung durchgeführt – und dann wäre ein russisches Mütterchen in einer alten Lederschürze erschienen und hätte mit Nadel und Faden noch irgendwas an der Sojus zusammengetackert.

Am Flughafen Brüssel tauschen wir Visitenkarten aus. Zum Glück verweigert mir wenig später die zuständige Stelle die Einladung nach Kourou. Weil mir inzwischen eingefallen ist, dass ich die klimatischen Verhältnisse auf der nahegelegenen Teufelsinsel kenne, durch den Roman »Papillon« nämlich, bin ich gar nicht so traurig.

## BRÜSSEL, BÜRO

Fast drei Minuten lang muss ich über die Formulierung eines russischen Ministers lachen, Trump sei »eine Schande für die gesamte Menschheit«. Die Diskussion mit Büroleiter Hoffmann, ob es sich hierbei um Fake News handle, weitet sich aus auf den französischen Präsidenten Macron, der Trump offenbar zum Militärschlag gegen Syrien überredet hat. Da Macron nächste Woche das Parlament in Straßburg besuchen wird, beschließen wir, Redezeit für mich zu beantragen.

**Sachdienlicher Hinweis aus dem Netz**
Martin Sonneborn: Die Russen haben »geheimes belastendes Material« über Trump? Also mir reicht das, was der Mann selbst öffentlich auf Twitter von sich gibt. Lachsmiley!

## BRÜSSEL, PLENUM

Als ich eine halbe Stunde vor Beginn der Abstimmungen das Plenum betrete, spricht vorn gerade ein Kommissar über Frauenrechte. Überrascht sehe ich, dass links von meinem Platz der alte Korwin-Mikke kreuzfidel die Debatte verfolgt. Dabei hatte der Pole doch kürzlich der Presse gegenüber seinen Rücktritt erklärt. »Korwin-Mikke, warum sind Sie zurückgetreten?«, frage ich und erfahre, dass er sein Mandat aufgibt, um Bürgermeister oder Präsident von Warschau zu werden, so ganz verstehe ich sein Genuschel nicht. Auf jeden Fall wolle er gegen die Sozialisten kämpfen, weil ein Land selbst unter Affen besser dastehe als unter Sozialisten: »Die Affen entscheiden einmal gut und einmal schlecht, die Sozialisten immer schlecht!«

Leider bekomme er wenig Aufmerksamkeit in den Medien, und das, obwohl er nicht gegen Juden sei, sondern nur gegen jüdische Kommunisten, die seien nämlich intelligenter und viel gefährlicher! Als der Kommissar vorn seinen Vortrag beschließt, ruft Korwin-Mikke in den Saal, er wolle ebenfalls ein Recht auf Abtreibung, und wenn er das nicht erhalte, zumindest finanzielle Kompensation. Seine letzte Wortmeldung als Parlamentarier erfolgt in der anschließenden Diskussion über den Mord an einem slowakischen Journalisten: »Es müssten mehr Frauen ermordet werden, 50 Prozent Frauen! Immer werden Männer umgebracht, was ist mit der Gleichberechtigung?« Dann reicht er mir die Hand zum Abschied und geht, Präsident von Warschau zu werden.

## MÄRZ 2018

### BERLIN-CHARLOTTENBURG, OBERVERWALTUNGSGERICHT

Wider Erwarten wird die Berufungsverhandlung im »Geldprozess« relativ schnell angesetzt. Diesmal ist es ein echtes Heimspiel, das Gerichtsgebäude befindet sich in Berlin-Charlottenburg, unweit vom Savignyplatz. Der Prozess vor dem Oberverwaltungsgericht Berlin ist der zweitschönste meines Lebens. Der Vorsitzende Richter fragt den sehr, sehr teuren Anwalt des Bundestages, der extra seine schwarze Robe aus Karlsruhe mitgebracht hat, warum man denn überhaupt Berufung eingelegt habe – es gebe doch gar keine neuen Argumente. Ab diesem Moment kann ich mich zurücklehnen und entspannt den zunehmend verkrampfter wirkenden Anschuldigungen der Bundestagsverwaltung und den klugen Erwiderungen Professor Morloks und der Richter folgen. Nach zwei Stunden ziehen sich die Richter zur Beratung zurück, und wir gehen frühstücken ins Schwarze Café. Kurze Zeit später kommt schon der Anruf aus dem Gericht, und ich kann der PARTEI über Twitter Entwarnung geben.

### Sachdienlicher Hinweis aus dem Netz
Martin Sonneborn: Die PARTEI vs. Schäuble: 2 zu 0
Zweiter »GELD«-Prozess gegen die Bundestagsverwaltung gewonnen! Jetzt muss Schäuble langsam aber sicher zurückrollen! Smiley

### Sachdienlicher Hinweis des Spiegels
Mittwoch kam es zum Showdown am Oberverwaltungsgericht. Der Satiriker habe sich »in die zweite Reihe zurückgezogen«, sagte der Vorsitzende Richter, weil Sonneborn nicht bei seinen Anwälten Platz nahm. »Ich sitze gern mit dem Rücken zur Wand«, antwortete der. Die Berufung wurde zurückgewiesen. Die Juristen der Bundestagsverwaltung hatten vergebens argumentiert, wenn man der Rechtsauffassung der »Partei« folge, ergäben sich weitere Missbrauchsmöglichkeiten. Man könne zum Beispiel Bratwürste mit 100-Euro-Scheinen bezahlen lassen und die als Einnahmen melden, auch wenn man nur zwei Euro pro Wurst behalte. »Interessant, wie viele semikriminelle Modelle sich die Verwaltung ausgedacht hat«, kommentierte Sonneborn, »mir fehlte da der satirische Ansatz.«

### Sachdienlicher Hinweis des OVG Berlin
Den gesteigerten verfassungsrechtlichen Schutz genießen die politischen Parteien innerhalb des maßgeblich von ihnen selbst bestimmten Aufgabenbereichs. Weder die Sinnhaftigkeit noch die Üblichkeit des Vorgehens in diesem Feld unterliegen exekutiver oder richterlicher Bewertung. Auch satirische, künstlerische oder performanceähnliche Handlungen und Aktionen können so erfasst werden, sofern sie nach dem plausibilisierten Verständnis der politischen Partei der Mitwirkung an der politischen Willensbildung des Volkes dienen. Geschützt ist in diesem Zusammenhang auch die Einwerbung von Mitteln. Dies versteht sich von selbst, wenn die Mittel – Mitgliedsbeiträge, Spenden und damit wiederum zusammenhängend die staatliche Teilfinanzierung – die politische Arbeit der Partei ermöglichen soll. Entsprechendes gilt erst recht, wenn die Mitteleinwerbung

ihrerseits eine politische Funktion im Sinne des verfassungsrechtlich vorgegebenen Auftrags der politischen Partei darstellt. Die von vornherein offen und mit medialer Begleitung durchgeführte Geldverkaufsaktion der Klägerin stellt sich als Mitwirkung am Volkswillensbildungsprozess dar. Sie genießt den Schutz aus Art. 21 Abs. 1 Satz 1 GG. Indem die Klägerin die vorangegangene Goldverkaufsaktion der AfD politisch skandalisierte und Schwachstellen des seinerzeit geltenden Parteienfinanzierungsrechts aufdeckte, sollte das politische Denken und Handeln im gesellschaftlichen Bereich beeinflusst werden. Nach Intention und Außendarstellung war damit die Absicht verbunden – wie die AfD – zugleich höhere staatliche Zuwendungen zu erlangen. Politische Aktion einerseits, die Verbesserung der Einnahmesituation der Klägerin und Berufungsbeklagten andererseits können rechtlich nicht getrennt behandelt werden; sie erweisen sich nach der nicht in Zweifel zu ziehenden Intention der Klägerin wie aus der Wahrnehmung eines objektiven Dritten als zwei Seiten derselben Medaille. Dass die politische Kritik an Aspekten der staatlichen Teilfinanzierung der politischen Parteien vorliegend dazu führte, dass der Klägerin höhere Staatszuschüsse zuflossen, ändert an diesem Zusammenhang nichts.

## BRÜSSEL, BÜRO

Mein Kollege Burkhard Balz verlässt uns, und ich muss es aus der Zeitung erfahren! Der behäbige, hochgewachsene CDU-Mann aus Lemgo war mir auf den ersten Blick unsympathisch gewesen; schon deshalb, weil er ein Stückchen größer war als ich. Die Abneigung hatte sich noch verstärkt, als er mich vor einer In-Camera-Ausschuss-Sitzung mit Günther Oettinger ungefragt darauf hingewiesen hatte, dass es mir nicht erlaubt sei, hier thematisierte Sachverhalte öffentlich zu machen. Jetzt hatten die Finanzminister der Bundesländer in einer Kaminrunde beschlossen, Balz in den Vorstand der Bundesbank zu entsenden. Nun, das passte.

**Sachdienlicher Hinweis der Süddeutschen Zeitung**
Tatsächlich verfügt Balz über ausgeprägte Kenntnisse der Finanzwirtschaft im In- und Ausland. Er war 20 Jahre für die Commerzbank in verschiedenen Positionen tätig, bevor er 2009, auf dem Höhepunkt der Finanzkrise, in das EU-Parlament einzog. Damals waren die Regierungen Europas gewillt, die Banken stark zu regulieren, um zu vermeiden, dass Steuerzahler weiter für marode Banken haften. Strenge Gesetzesvorhaben wurden angestoßen, die Banken waren alarmiert – und sie versuchten, Einfluss geltend zu machen.

Balz kam gerade recht. Von 2009 bis 2011 war er Mitglied im Sonderausschuss des Europäischen Parlaments zur Finanz-, Wirtschafts- und Sozialkrise. Recht schnell musste er sich des Vorwurfs erwehren, mehr die Interessen von Banken als die von Verbrauchern zu vertreten. Insbesondere bei den Verhandlungen zur Regulierung von Banken, speziell der Eindämmung hochspekulativer Finanzgeschäfte, wurde er heftig als Bankenlobbyist kritisiert. Mehrere Änderungsanträge, die Balz damals eingereicht hatte, um die Regulierung abzuschwächen, glichen den Vorschlägen der Finanzindustrie. Sie setzte sich schließlich durch. Parlamentarierkollegen wie der grüne Finanzexperte Sven Giegold kritisierten Balz heftig. Balz stritt die Vorhaltungen ab. Es sei doch schön, wenn eine Organisation eine Meinung hätte und er derselben Meinung sei.

## APRIL 2018

## BRÜSSEL, PARLAMENT UND KOMMISSION

In der Brüsseler EU-Blase gibt es zurzeit nur ein Thema: Martin Selmayr, der deutsche Kabinettschef von Karl-Heinz Juncker, wurde befördert. Zwei Mal. Innerhalb von fünf Minuten. Erst nicken 28 Kommissare seinen Aufstieg zum stellvertretenden

Generalsekretär der EU-Kommission ab, und als wenige Augenblicke später der amtierende Generalsekretär höchst überraschend für alle Anwesenden – ausgenommen Juncker und Selmayr – in den vorgezogenen Ruhestand geht, auch gleich noch zum Generalsekretär. Selmayr ist ab sofort der höchste EU-Beamte, Herr über ein Heer von 32 000 Kommissionsmitarbeitern. Eine seiner ersten Amtshandlungen ist die eigenhändige Überarbeitung seines eigenen Wikipediaeintrags, danach degradiert er einige Direktoren, die mit ihren exorbitanten Gehältern in die innere Emigration geschickt werden, und befördert alte Studienkollegen auf die freigewordenen Posten. Ob er das von Macron abgeschaut hat?

Obwohl der ehemalige Bertelsmann-Lobbyist Selmayr, der lange unter Elmar Brocken in der Bertelsmann-Vertretung in Brüssel gearbeitet hat, als hochunsympathischer Karrierist und eigentlicher Strippenzieher hinter Juncker gilt, der in der Kommission keinerlei Widerspruch duldet, hat er meine Sympathien. Drei Martin S. haben sich aufgemacht, um Europa zu retten. Chulz und ich dürfen inzwischen getrost als gescheitert gelten, umso wichtiger ist Selmayrs Erfolg – zumal sonst möglicherweise ein Ausländer sein neues Amt übernommen hätte. Und Ausländer sehen wir nicht gern auf den vier wichtigsten Posten der EU, deshalb sind ja jetzt die Generalsekretäre von Kommission, Parlament und Auswärtigem Dienst der EU Deutsche; lediglich im EU-Rat sitzt noch ein Däne; als Nachfolger (und vermutlich auch Vorgänger) eines Deutschen. Und eigentlich spiegelt das auch nur die Verhältnisse im Parlament wieder: Die großen Fraktionen werden von Deutschen geführt, die Sozialdemokraten seit kurzem von Udo Bullmann, die EVP bekanntlich von Manfred Streber, die Linken seit vielen Jahren von Gabi Zimmer und die Grünen gemeinsam von Philippe Lamberts aus Belgien und Ska Keller.

### Sachdienlicher Hinweis vom EU-Blog lostinEU.eu
Daneben leiten die Deutschen fast alle wichtigen Finanz-Organisationen der EU – von der Investitionsbank EIB über den Euro-Rettungsschirm ESM bis hin zum Rechnungshof. Und das

neue EU-Budget wird natürlich auch von einem Deutschen vorbereitet – Merkels Mann G. Oettinger (CDU) entscheidet, wohin die deutschen Milliarden nach 2021 fließen sollen.

Als selbst unter konservativen Parlamentariern die Kritik immer lauter wird und sogar meine Freundin Inge Gräßle (CDU) als Vorsitzende des Haushaltskontrollausschusses staubtrocken die »putschartige Aktion« kritisiert, in der die Grenzen des Rechts »gedehnt und möglicherweise sogar überdehnt« worden seien, greift Kommissar Oettinger ein. Anlässlich einer Einladung des Verbands der deutschen Automobilindustrie beschwört Oettinger abends in einem Brüsseler Steakhouse die Abgeordneten, auf keinen Fall Selmayrs Rücktritt zu fordern.

### Sachdienlicher Hinweis von SPON
»Das könnt ihr nicht machen«, sagte der Kommissar, »ohne Selmayr ist Juncker hilflos.« Elmar Brok, der Selmayrs Karriere stets gefördert hatte, raunzte seine Kollegen an: »Wie kann man nur gegen einen Deutschen sein!«

### Sachdienlicher Hinweis der Zeit
Juncker drohte im Streit um Selmayr mit Rücktritt
Die Blitzbeförderung eines Vertrauten setzt den EU-Kommissionschef unter Druck. Nun platzte Juncker offenbar der Kragen: »Wenn er geht, gehe ich auch!«

### Sachdienlicher Hinweis von Wikipedia
Der französische Journalist Jean Quatremer, der die Beförderungsaffäre aufdeckte, sieht sie als »Staatsstreich«. Ihm zufolge soll sich Selmayr die Zustimmung der Kommissare zu seiner Beförderung erkauft haben, indem er zusagte, die monatlichen Zahlungen an ausgeschiedene Kommissare von zwei Jahren auf bis zu fünf Jahre zu verlängern.

**Sachdienlicher Hinweis des Spiegels**

Der Spiegel: Martin Selmayr, der mächtigste Beamte der EU-Kommission, war früher in der Privatwirtschaft Ihr Mitarbeiter. Wie eng ist heute Ihr Draht zu ihm?
Elmar Brok: Martin und ich sind Freunde. Aber das spielt für meine Politik keine Rolle.

Letzten Endes verhindert eine Mehrheit aus Konservativen und Sozialdemokraten im EU-Parlament, dass Selmayrs Beförderungen rückgängig gemacht werden. GroKo Haram!

## STRASSBURG, PARLAMENT

Um 17 Uhr trage ich mich in die Anwesenheitslisten ein, schaue kurz in den Plenarsaal, sehe meinen Chef Tajani, der neuerdings den Aufbau einer eigenen EU-Armee fordert, und begebe mich dann in mein kleines Büro. Beim Macron-Besuch morgen Mittag habe ich keine Redezeit, aber heute Abend in der offenen Aussprache darf ich 60 Sekunden sprechen. Und meine Rede ist noch rund 20 Sekunden zu lang.

Nachdem ich erfolgreich gekürzt habe, lege ich die Füße auf den Schreibtisch und lese auf dem iPad (Parlamentseigentum) noch ein bisschen über Manfred Streber. Und stoße auf eine interessante Aussage des Niederbayern:

»Ich möchte, dass diese Politiker, die vielleicht auch mal ein bisschen provozieren, die vielleicht auch mal Grenzen austesten, aber die sich im Kern an die europäischen Regelungen halten, die möchte ich nicht aus demokratischen Parteien hinausstoßen.«
Einen Moment lang glaube ich, ein Friedensangebot vor mir zu haben. Dann fällt mir auf, dass der beste europäische Freund der CSU gestern in Ungarn die Wahlen gewonnen hat, Viktor Orbán. Ich wäge noch kurz ab, dann sehe ich ein, dass sich das Zitat auf Orbán bezieht.

Gegen 21 Uhr sollen die »one-minute speeches« beginnen, aber wegen irgendwelcher Diskussionen in Plenum verschiebt sich die Startzeit ständig nach hinten.

Gegen 21.30 Uhr ist das Parlament längst menschenleer, alle netten Bars im Hause sind mittlerweile geschlossen. Büroleiter Hoffmann, Praktikant Samuel und ich sitzen gelangweilt in der Cafeteria herum und diskutieren über den Echo-Skandal, über Kollegah und den anderen Willi. Eine unangenehme Diskussion, bei der beide Seiten im Unrecht sind.

Mail meines (depressiven) Redenschreibers: Sag mal, kannst du nicht eine Petition starten, dass Kollegah und der andere Willi eingeschläfert werden sollen?

Um 22.30 Uhr mache ich mich auf ins Plenum. Rund 20 Abgeordnete sind noch über den Plenarsaal verteilt, warten auf ihren einminütigen Einsatz für Europa. Um 23.06 Uhr bin ich endlich dran, die neue ungarische Vizepräsidentin Lívia Járóka erteilt mir das Wort.

»Vielen Dank, Frau Präsident.

Aus Gründen möchte ich einmal darauf hinweisen, dass es verboten ist, Marschflugkörper in fremde Länder zu schießen.

Und unserem alten Kollegen Lambsdorff, der sich echauffiert, weil Deutschland eine Teilnahme an diesem Unsinn abgesagt hat, möchte ich entgegnen:

Lieber Graf, wenn Sie unbedingt in den Krieg ziehen wollen, niemand hindert Sie. Fallschirmspringen hat ja eine gewisse Tradition in der FDP. ZwinkerSmiley!

Die Bundeswehr allerdings können wir nicht mitschicken, die ist kaputt.

Die könnte höchstens defektes Militärgerät auf Assads Palast abwerfen.

So ein Leopard II aus 8000 Metern Höhe knallt da ganz schön rein.

Ähnlich übrigens wie die deutschen NATO-Panzer in Afrin, wo der Irre vom Bosporus derzeit einen brutalen Angriffskrieg führt.

Ein Wort noch an Präsident Macron: Sie halten große Reden an der Sorbonne, Sie haben die französische Elitelaufbahn absolviert. Sie sollten wissen, dass das maßgebliche Erbe Ihrer Kultur die Aufklärung ist:

Zuerst wird aufgeklärt, dann geschossen – nicht umgekehrt!

Wie wollten Sie sich vor Voltaire und Diderot rechtfertigen? Fragen Sie doch mal Ihre Frau, die könnte mit beiden noch persönlich bekannt gewesen sein. Vielen Dank.«*

Die Vizepräsidentin kann sich eines Lächelns nicht erwehren, bevor sie den nächsten Redner aufruft. Ich verfolge seine Ausführungen nicht mehr, zu deutlich ruft mein Hotelbett.

**Sachdienliche Hinweise aus dem Netz**

Günni Peters: Ist das dieser Battlerap, von dem seit dem Echo alle reden??

atz frarz: Der letzte Satz war sehr unprofessionell

Hans Müller: Was für eine wuchtige Rede! Allerdings muss ich in einem Punkt widersprechen: Die Bundeswehr kann keinen Schrott aus 8000 Metern Höhe abwerfen, weil die Flugzeuge das nicht mitmachen!

WupperVideo: Welche Flugzeuge

bfgguns: Die Transportmaschinen werden eh von den Ukrainern ausgeliehen.

Nikolaj der Burner: Ich hab mir bei dem Stuss, den der Graf da verzapft hat, fast die Hand gebrochen, als sich meine Faust verkrampft hat ... Der Typ hat sie doch nicht alle ...

## BRÜSSEL, PARLAMENT

Macron revanchiert sich auf eine höchst unfeine Art und Weise. Durch seine öffentliche Forderung nach »transnationalen Listen« für die nächste EU-Wahl erhält plötzlich die Wahlrechtsreform,

---

* Für den Fall, dass Sie bewegte Bilder mögen: Sie finden die Rede »Auf ein Wort, Monsieur Macron!« auf meiner Homepage – und bei Youtube viele lustige Kommentare.

die von allen Beteiligten schon komplett abgeschrieben war, wieder Rückenwind. Die Forderung nach »transnationalen Listen« war ja zumindest am Anfang enthalten.

Büroleiter Hoffmann mischt sich unerkannt unter eine Studentengruppe, die einen Besuchstermin bei Jo Leinen hat. Er ist überrascht, als Leinen auf die Wahlrechtsreform zu sprechen kommt und konstatiert, dass es zurzeit wieder ganz gut aussehe für die – im Grunde auf die Prozenthürde reduzierte – Neuregelung. Sie müsse nur noch im Rat abgestimmt werden, und das würde in Kürze geschehen.

Hoffmann ist sauer: »Das Parlament hatte in der Auseinandersetzung mit dem Rat genau eine Trumpfkarte, um eine substanzielle Reform auszuarbeiten und wirklich europäische Interessen und demokratische Verbesserungen durchzusetzen – und das ist die Sperrklausel. Die Bundesregierung will sie unbedingt und würde dafür vieles in Kauf nehmen: transnationale Listen, offizielle Spitzenkandidaten, Gleichstellung von Männern und Frauen, demokratischere Listenaufstellung. Aber stattdessen kommt Jo Leinen mit so einem dämlichen Vorschlag, der praktisch nur die Sperrklausel enthält. Es wird in den kommenden Jahren keine weitere Wahlrechtsänderung geben, diese Situation ist die einzige Chance.«

»Leider vertritt kaum jemand diesen Standpunkt«, gebe ich zu bedenken.

»Das stimmt nicht, hier, Manuel Müller schreibt in seinem Politblog ›Der europäische Föderalist‹: ›Die einzige Maßnahme, die die Debatten im Ministerrat einigermaßen wohlbehalten überstanden hat, ist die Pflicht zu einer nationalen Sperrklausel. Von den Parlamentsvorschlägen zur Wahlrechtsreform ist im Rat nicht viel übrig geblieben. Die Abgeordneten sollten diese Farce jetzt beenden.‹ Und dieser Müller schreibt nicht nur einen der angesehensten EU-Blogs, er ist auch *für* die Sperrklausel.«

## STRASSBURG, BÜRO

Hoffmann kommt zurück von einer Pressekonferenz, die Jo Leinen gerade gegeben hat: »Ich habe immer gedacht, Jo Leinen sei ein sehr intelligenter Mann, der Sachen aus taktischen Gründen falsch darstellt. Nach seiner Pressekonferenz denke ich das nicht mehr. Der ist einfach sehr dumm und hat die Urteile des Bundesverfassungsgerichts zur Prozenthürde nicht verstanden. Er konnte mehrere Fachfragen gar nicht beantworten.«

Weitgehend unbemerkt von der deutschen Öffentlichkeit übt die Bundesregierung noch einmal Druck aus, um die Zustimmung der übrigen EU-Staaten im Rat sicherzustellen. Die Wahlrechtsreform wird von den Deutschen jetzt bei allen Treffen des Rates als dringlich angemahnt und auf jede Tagesordnung gesetzt.

Zuletzt signalisieren Großbritannien, Spanien, Schweden und Belgien Zustimmung, lediglich Italien verzögert aufgrund der komplizierten Regierungsbildung in Rom die erforderliche Einstimmigkeit im Rat. Der Zeitdruck, unter dem die Deutschen stehen, ist dabei groß. Die Venedigkommission, die die Mitglieder des Europarats verfassungsrechtlich berät, hat es zum Merkmal gefestigter Demokratien erklärt, dass innerhalb eines Jahres vor Wahlen keine wesentlichen Änderungen mehr am Wahlrecht vorgenommen werden. Und die EU-Wahl ist für den 26. Mai terminiert, das sind nur noch knapp 13 Monate.

Die deutschen Medien greifen die Entwicklung kaum auf. Die *Stuttgarter Zeitung* ist eine Ausnahme. Ein Politikredakteur schreibt über das Thema. Mit Interesse lese ich unter anderem, dass bei der Europawahl »etliche Kandidaten ins EU-Parlament eingezogen sind, die als Einzelkämpfer wenig Einfluss im Parlamentsbetrieb entfalten können«. Und dass Daniel Caspary, ein alerter CDU-Abgeordneter aus Baden-Württemberg und mittlerweile Herbert Reuls Nachfolger als Vorsitzender der CDU/CSU-Gruppe, die Sperrklausel begrüßt: »Wir sehen eine zunehmende Zersplitterung des Europaparlaments. Es gibt immer mehr Fraktionen, außerdem steigt die

Zahl von fraktionslosen und damit weniger wirkungsvollen Abgeordneten immer mehr.«

Hoffmann greift direkt zum Telefon und ruft den zuständigen Redakteur in Stuttgart an. Geduldig erklärt er ihm, dass es weder eine steigende Zahl von Fraktionen noch von fraktionslosen Abgeordneten gibt. »Der Wissenschaftliche Dienst des Bundestages schreibt: ›Die Fraktionen scheinen ihre Integrationsfunktion weiterhin auszuüben. Die Zahl der fraktionslosen Abgeordneten ist gegenüber der siebten Legislaturperiode sogar gesunken: Damals blieben 27 bzw. 32 Abgeordnete fraktionslos, heute sind es 18.‹ Der Redakteur entschuldigt sich. Er habe leider nur eine halbe Stunde gehabt, um seinen Artikel zu schreiben, und deshalb die Aussagen Casparys nicht weiter überpüfen können.

## MAI 2018

### BRÜSSEL, BÜRO

»Hoffmann, mit welchen Ländern verhandelt die EU eigentlich derzeit über einen Beitritt?«

Hoffmann schaut auf sein Handy. »Beitrittskandidaten mit laufenden Verhandlungen sind derzeit Montenegro, Serbien und offiziell auch die Türkei. Außerdem gibt es noch Beitrittskandidaten ohne laufende Verhandlungen: Albanien und Mazedonien.«

»Interessant, ich habe gestern zufällig mal das »Europamagazin« in der ARD gesehen. Da gab es einen Bericht über Montenegro: Schießereien, Attentate, rivalisierende Mafiaclans. Nicht uninteressant, was die Bürgermeisterin von Kotor, einer touristischen Kleinstadt an der montenegrinischen Adriaküste, gesagt hat: »Ich denke, dass die EU-Kommission, die sich mit dem jährlichen Fortschrittsbericht Montenegros befasst, viel ehrlicher gegenüber den Bürgern und direkter gegenüber der Regierung vorgehen müsste. Wir fragen uns nämlich immer wieder, wenn der Fortschrittsbericht vorliegt und wir die lobenden Worte lesen, von wem reden die da eigentlich? Doch nicht etwa von Montenegro.«

Meine Europapolitische Beraterin platzt dazwischen: »Ich finde, es reicht langsam mit der Ausdehnung, die EU ist an den Rändern ohnehin schon merkwürdig besetzt: Malta, Bulgarien, Rumänien, Polen, Ungarn ... Spanien! Gestern habe ich wieder Bilder aus Spanien gesehen, Franco-Anhänger marschierten mit dem römischen Gruß durch Madrid. Ich meine, in Italien gibt es das in abgeschwächter Form auch, in der Toskana findet man immer noch Mussolini-Postkarten mit Allerweltssprüchen drauf, nichtssagende Küchenweisheiten, die dem Duce zugeschrieben worden sind: ›Ein blindes Huhn findet auch mal ein Korn. Benito Mussolini‹. Aber die Spanier sind noch viel unkritischer, was ihre eigene Geschichte angeht, die Franco-Verehrung ist dort staatstragend, es gibt die Franco-Stiftung, Plätze, die nach seinen Generälen heißen. Wisst ihr eigentlich, warum die Spanier Fisch essen?«

»Äh, nein«, antworte ich, »warum essen Spanier Fisch?«

»Als die Wehrmacht Franco im Spanischen Bürgerkrieg unterstützte und damit zum Sieg über die Republikaner verhalf und ganz nebenbei einen Übungslauf in Sachen Blitzkrieg und Städtebombardements durchführen konnte, mussten die Spanier im Gegenzug alles, was sie an Fleisch produzierten, nach Deutschland liefern. Für die Spanier blieb nur der Fisch, das ist auch der Grund für all die ekligen Fischgerichte, die es in Spanien gibt. Ich glaube übrigens, dass die Spanier glauben, dass sie schon immer Fisch gegessen haben.«

»Heee, nichts gegen ein ordentliches Fischgericht!«

»Hitler hat Franco den Aufstieg gesichert, und der Kerl ist dann nicht aktiv in den Zweiten Weltkrieg eingetreten. Hitler wollte ihn überreden, aber Franco hat sich geweigert. Ich glaube, die haben dann nur eine kleine Gruppe von Idioten auf den Ostfeldzug mitgeschickt. Franco kam mit immer neuen Ausflüchten. Hitler hat einmal nach einer ergebnislosen Verhandlung gesagt, er würde sich lieber drei oder vier Zähne ziehen lassen, als noch mal mit Franco zu verhandeln.«

»Hoppla, schon halb zwei, kommt jemand mit in die Kantine? Es gibt Fi... Nudeln!«

## BRÜSSEL, PARLAMENT

Heute ist Mark Zuckerberg im Parlament. Nach dem Missbrauch von Millionen Nutzerdaten europäischer Facebook-User stellt er sich 70 Minuten lang den kritischen Fragen der Parlamentarier. Beziehungsweise den Fragen Tajanis und der Fraktionsvorsitzenden, so hat es die Konferenz der Präsidenten – Präsident Tajani und die Fraktionsvorsitzenden – beschlossen. Zuerst sollte das Ganze auch noch hinter verschlossenen Türen stattfinden, aber nach öffentlichen Protesten wird die Sitzung zumindest live gestreamt. Leider macht Tajani den Fehler, dem Amerikaner eine Form anzubieten, die diesem wirklich alle Möglichkeiten lässt: Nach der Begrüßung darf Zuckerberg eine kurze, geschickt zusammengestellte Rede halten, sich ein bisschen für die Weitergabe der Daten von 87 Millionen Facebook-Nutzern an die halbseidene Firma Cambridge Analytica entschuldigen und danach Werbung für sein Produkt machen.

Der Mann ist Purist und hat es in jeglicher Hinsicht auf Effizienz abgesehen. Er bringt die gesamte Anhörung hinter sich, ohne einen einzigen seiner mutmaßlich vorhandenen Gesichtsmuskeln zu benutzen.

Dann stellen die Fraktionsvorsitzenden nacheinander ihre Fragen, und zum Schluss hat Zuckerberg noch gut 15 Minuten, um auf die ihm genehmen Fragen zu reagieren und sie im Block zu beantworten. Zwar blamiert sich kein Parlamentarier mit seiner Frage derart, wie einige Kollegen bei der zweitägigen Befragung im US-Kongress kürzlich, aber vieles wiederholt sich, und die interessanteste Wortmeldung kommt von Nigel Farage: »Ohne Facebook wären Brexit, Trump oder die italienischen Wahlen undenkbar gewesen.« Und die wird nicht diskutiert, sondern möglicherweise irgendwann einmal schriftlich von Zuckerberg beantwortet. Darauf einigt man sich gesichtswahrend, als sein Privatjet abfliegen will und Zuckerberg deswegen den skurrilen Auftritt leider beenden muss. Es bleibt ihm gerade noch Zeit, sich einer liberalen Abgeordneten, die offenbar nicht bedenkt, dass der Livestream noch läuft, für ein Selfie zur Verfügung zu stellen.

Nach der Anhörung wird man am meisten darüber diskutieren, ob Zuckerberg dem Parlament das handzahme Format diktiert habe. Präsident Tajani beharrt allerdings darauf, dass es seine eigene Idee gewesen sei.

Schade, dass ich dem Mann keine Fragen stellen darf, ich hätte nämlich welche: »Wie heißt die Hauptstadt von Paris?* Wie viele Stellen hat die Zahl Pi? Und: Speichern Sie eigentlich auch Tracking-Daten von Leuten, die nicht bei Facebook sind?«

## BRÜSSEL, BÜRO

Triumphierend kommt Hoffmann in mein Büro, wedelt mit einer Handvoll kopierter DIN-A4-Blätter: »Schau mal, was hier in dieser Verschlusssache des Auswärtigen Amtes steht! Es geht nämlich eben nicht um die Funktionsfähigkeit des Parlaments, um Transparenz und Schnickschnack! Frag mich nicht, woher ich das habe, aber hier steht: ›Deutsches Kerninteresse ist die Einführung einer Mindesthürde bereits zu den Europawahlen 2019‹. Und warum? Na?«

»Wegen der Zersplitterung des Parl…?«

»Weil sich, ich zitiere wörtlich, ›das Szenario der letzten Europawahl 2014 nicht wiederholen darf, DEU Sitz schon bei gut 0,5 Prozent Stimmenanteil, 7 DEU Sitze an Splitterparteien‹. That's it!«

»Gut 0,5 Prozent? Das ist nicht sehr präzise. Wir hatten deutlich über 0,6 Prozent.«

---

✶ Alter *Titanic*-Witz. Aber in Zeiten, in denen Trump zu Protokoll gibt, »Belgien ist eine wunderschöne Stadt!«, praktisch wie neu.

»Das sind Weisungen aus dem AA und Informationen für die Botschafter, das ist alles relativ geheim. Beteiligt sind auf höchster Ebene weitere Ministerien, sie haben sich abgestimmt mit dem Bundeskanzleramt, dem Innenministerium, dem Justizministerium und dem Wirtschaftsministerium. Martin Schulz hängt natürlich auch mit drin. Und Merkel hat sich laufend persönlich informieren lassen.«

Merkwürdig, wenn wir es nicht schwarz auf weiß hätten, würde ich es nicht glauben: Wir sind gar nicht die Unseriösesten in diesem Spiel.

## JUNI 2018

### BERLIN, AUSWÄRTIGES AMT

Gerade höre ich beim Europaforum des WDR Bundeskanzlerin Merkel vorn auf der Bühne erklären, dass Deutschland kein pazifistischer Staat sei, da erreicht mich eine telefonische Anfrage der dpa: Es gebe im Rat keinen Widerstand mehr gegen eine Sperrklausel zwischen zwei und fünf Prozent für EU-Wahlen. Sie werde bei der nächsten Sitzung beschlossen, allerdings erst für die EU-Wahlen 2024 – was wir dazu sagen würden. Was soll man dazu schon sagen? »Ich begrüße die Einführung einer solchen Sperrklausel ausdrücklich. 2024 werden wir zu den etablierten Parteien gehören und uns gegen Kleinparteien abschotten müssen. Allerdings bin ich für eine Fünfprozenthürde, das macht es ein bisschen spannender: Die CSU hatte bei der letzten Europawahl bundesweit 5,3 Prozent. Smiley!« In weiteren Interviews hacke ich noch ein wenig auf der SPD herum.

**Sachdienlicher Hinweis der Zeit**

Der Europaabgeordnete Martin Sonneborn reagierte mit Spott. Er wundere sich, dass die SPD die Reform unterstütze, sagte der Parlamentarier. Seine »Einprozentpartei« und die SPD hätten zuletzt in den Umfragen nur noch 16 Prozentpunkte getrennt. »Ich glaube, die Sozialdemokraten sollten sehen, dass eine Fünfprozenthürde ganz schön hoch sein kann«, ergänzte er.

Obwohl noch alle EU-Staaten die Reform in ihren Landesparlamenten ratifizieren müssten – was nach Einschätzung von Fachleuten bis zu anderthalb Jahren dauern kann –, folgen jetzt schnell Wortmeldungen aus der CDU, die eine Prozenthürde bereits für 2019 fordern. Man spreche bereits so lange über die Reform, dass niemand von der Änderung überrascht werde; die Einschätzung der Venedigkommission müsse also in diesem Falle nicht berücksichtigt werden, heißt es. Interessanter Standpunkt. Während die Vorgänge in Deutschland in der Öffentlichkeit kaum kritisiert werden, kommt ausgerechnet aus Ungarn eine interessante Bewertung. Das oppositionelle ungarische Internetportal Azonnali.hu titelt: »So übertreffen deutsche Regierungsparteien die Methodik Orbáns!«

## BRÜSSEL, CAFÉ KARSMAKERS

Im Netz lese ich, dass zwei Wissenschaftler der Northeastern Universität Boston in einer großen Studie die Wirkung von Adblockern untersucht haben. Das Ergebnis, kurz zusammengefasst, lautet: Es gibt keine. Auch keine Privatsphäre. Jedenfalls nicht gegenüber den Tracking- und Ausspähtechniken der großen Internetkonzerne. Damit wird noch einmal deutlich, wie wichtig die Umsetzung der ePrivacy-Verordnung ist, die EU-Parlament, Kommission und ich beschlossen haben. Wären ePrivacy-Cookies zur Reichweitenmessung und technisch notwendigen Zwecken weiterhin erlaubt, wäre Tracking fortan an die Zustimmung des

Nutzers geknüpft. Aber was macht eigentlich meine gute alte Verordnung? Müsste sie nicht von der österreichischen Präsidentschaft langsam mal auf die Tagesordnung gesetzt werden, damit im Rat darüber abgestimmt werden kann?

**Sachdienlicher Hinweis von Ingo Dachwitz bei netzpolitik.org**
Während in Deutschland noch über die vor zwei Jahren beschlossene Datenschutzgrundverordnung gestritten wird, tobt in der EU die nächste Lobbyschlacht um die Regulierung des Datenkapitalismus. Ein Bericht der Nichtregierungsorganisation Corporate Europe Observatory zeichnet nach, unter welchem Lobbydruck die europäischen Gesetzgeber bei der Reform der 16 Jahre alten ePrivacy-Richtlinie derzeit stehen. An vorderster Front arbeiten demnach nicht nur klassische Datenkonzerne, sondern auch deutsche Presseverlage und ihre Dachverbände gegen das Vorhaben, mit dem die EU die digitale Kommunikation von Menschen in Europa wirksamer schützen will.
Als Ergänzung zu der sehr allgemein gehaltenen DSGVO sollte die ePrivacy-Verordnung eigentlich am 25. Mai in Kraft treten. Unter anderem sollten dann spezifische Datenschutzregeln für moderne Kommunikationsdienste wie Whatsapp, Skype und GMail gelten, wie es sie bisher nur für SMS und Telefonie gibt. Doch Seite an Seite mit Google und Facebook, Telekommunikationskonzernen und der Tracking-Branche machen Springer, *FAZ* und Co. seit mehr als einem Jahr heftig Stimmung gegen die Pläne der EU. Fast im Wochentakt schießt diese denkwürdige Koalition gegen die Reform – mit immer neuen offenen Briefen, einseitigen Auftragsstudien, Hinterzimmergesprächen und Internetfilmchen, die vor der »App-okalypse« durch Datenschutz warnen.
Wie es aussieht, mit Erfolg: In eineinhalb Jahren haben es die Mitgliedsstaaten der EU immer noch nicht geschafft, sich im Ministerrat auf eine Position für die Verhandlungen mit den anderen EU-Institutionen zu einigen. Veröffentlichte Zwischenstände lassen Corporate Europe zufolge jedoch bereits auf profunden Einfluss der Industrie schließen. Den deutschen Verlagen geht es dabei vor allem darum, die angedachte Regulie-

rung von Online-Tracking zu verhindern. Denn nach dem Willen von EU-Kommission und -Parlament soll die Reform das Aufzeichnen des Surfverhaltens über verschiedene Webseiten hinweg mit Tracking-Cookies, Browser-Fingerprinting und anderen Methoden deutlich strenger regeln. Während statistische Reichweitenmessungen und der Einsatz von Cookies, die für das Funktionieren von Webseiten notwendig sind, grundsätzlich erlaubt sein sollen, wäre Tracking nur dann erlaubt, wenn Nutzerinnen ihr explizites Einverständnis geben.

Das alles wäre erträglicher, wenn es in den Medien gleichzeitig wenigstens eine offene und ernste Debatte über die ePrivacy-Reform gebe. Stattdessen erleben wir die schizophrene Situation, dass in den Print- und Online-Ausgaben vieler Zeitungen weiter abstrakt vor den Auswüchsen des Datenkapitalismus gewarnt wird, während die Verlage selbst massiv gegen dessen Regulierung arbeiten. Dabei treffen wir auf altbekannte Argumentationsmuster, die stark an die Debatte um die Einführung des verkorksten Leistungsschutzrechts erinnern: Die Verlage setzen jegliche Finanzierungform ihres Geschäfts pauschal mit dem Wohl des Journalismus und einer funktionsfähigen Demokratie gleich.

Am ehrlichsten ist da noch die *FAZ*: Zur ePrivacy-Reform veröffentlichte sie im vergangenen Jahr ganze drei Artikel: Ende Mai 2017 informierte sie ihre Leserschaft über einen offenen Brief gegen die angedachte Browser-Regelung, den sie mitgezeichnet hatte. Kurz vor der Abstimmung im EU-Parlament erschien dann ein Gastbeitrag des CDU-Abgeordneten Axel Voss. Darin verglich er die Datenschutzbemühungen des Parlaments mit iranischen Religionswächtern und schimpfte über »Digitalgutmenschen«. Nachdem das EU-Parlament dann für eine strikte ePrivacy-Position gestimmt hatte, erschien ein Artikel, der schlicht die Argumente der ePrivacy-Gegner wiederholt. Hinweise auf die Lobbyaktivitäten des Verlages fehlten in beiden Texten.

## HANNOVER, PARTEI-BÜRO

In Hannover hat der Schatzmeister der PARTEI Niedersachsen Langeweile und studiert daher mal den Rechenschaftsbericht der AfD etwas genauer. Wo vor unserem Geldverkauf und der nachfolgenden Gesetzesänderung lediglich Einnahmen aus unternehmerischer Tätigkeit in Höhe von 546 705,93 Euro gestanden hätten (und Parteienfinanzierungsgelder nach sich gezogen hätten), müssen nun 546 525,77 Euro Ausgaben gegengerechnet werden. Statt einer halben Million nur 180,16 Euro Gewinn. Das entspricht einem Rückgang von 99,98 Prozent; wahrscheinlich hat die PARTEI-Aktion die AfD eine halbe Million Geld gekostet. HitlerbärtchenSmiley!

## DÜSSELDORF, INNENMINISTERIUM

Herbert Reul muss nach massiven Protesten das Inkrafttreten seines neuen, verschärften Polizeigesetzes in Nordrhein-Westfalen verschieben.

### Sachdienlicher Hinweis der Westfalenpost
Massive Kritik: Reul bessert Polizeigesetz nach
Juristen, Datenschützer und Bürgerrechtler üben daran scharfe Kritik. Wertorientierte, den alten Idealen des Liberalismus verpflichtete FDP-Urgesteine wie Gerhart Baum und Burkhard Hirsch hatten angekündigt, gegen das von der eigenen Partei mitverantwortete Gesetz zu klagen.

»Herbert Reul hat auf dem Europäischen Polizeikongress in Berlin öffentlich gesagt, er wolle sich bei Fragen der inneren Sicherheit nicht mit Grundsatzdebatten zum Datenschutz aufhalten«, sagt Hoffmann, als ich ihm davon erzähle.

## BRÜSSEL, CAFÉ BELGA

Der unabhängige Journalist und EU-Blogger Eric Bonse zitiert in seinem Blog Planungen der EU-Kommission für den nächsten Haushalt.

**Sachdienlicher Hinweis von lostinEU**
Für den kommenden Haushalt schlägt die Kommission vor, die strategische Autonomie der EU zu erhöhen und ihre Fähigkeit zu stärken, die Europäer zu schützen und zu verteidigen. Der EU soll auf der internationalen Bühne mehr Gewicht verliehen werden.
Der Europäische Verteidigungsfonds, der mit 13 Mrd. EUR ausgestattet sein wird, liefert die finanzielle Schlagkraft für grenzübergreifende Investitionen in modernste und vollständig interoperable Technologie und Ausrüstung – z.B. in verschlüsselte Software und Drohnentechnologie. Außerdem schlägt die Hohe Vertreterin heute mit Unterstützung der Kommission eine neue 10,5 Mrd. EUR schwere Europäische Friedensfazilität vor – ein Instrument außerhalb des langfristigen Haushaltsplans der EU, mit dem die EU besser in der Lage sein wird, Konflikte zu verhüten, den Frieden zu konsolidieren und die internationale Sicherheit zu gewährleisten.

Eine 10,5 Milliarden schwere Friedensfazilität für die Entwicklung und den Kauf von Waffen? Orwell hätte das gefallen.

Wo das Geld besser eingesetzt werden könnte, wird schnell deutlich. In Malta wird das Rettungsschiff »Lifeline«, das im Mittelmeer 234 Flüchtlinge gerettet hat, im Hafen festgesetzt, der deutsche Kapitän Claus-Peter Reisch vor Gericht gestellt.

**Sachdienlicher Hinweis der Tagesschau**
Reisch kritisierte das harte Vorgehen von EU-Staaten gegen zivile Seenotretter scharf. »Die EU nimmt das Sterben aus politischen Gründen in Kauf. Das ist widerlich«, sagte der Kapitän. »Was ist das für eine Welt, in der stärker gegen das Retten als gegen das Sterben vorgegangen wird?«

**Sachdienlicher Hinweis aus dem Netz**
Martin Sonneborn: Wenn mich jemand fragt, was ich beruflich mache, antworte ich immer, dass ich gerade aus dem Gefängnis komme. Für die EU zu arbeiten, ist nach solchen Vorfällen zu rufschädigend …

# JULI 2018

## STRASSBURG, PLENUM

Julia Reda hat ganze Überzeugungsarbeit geleistet, das Internet jubelt: Die missratene Urheberrechtsreform, die noch auf Digital-Kommissar Günther Oettinger zurückgeht und die im Parlament mittlerweile Axel Voss (CDU), ein harmloser und in Netzdingen nicht so furchtbar bewanderter Rechtsanwalt, verantwortet, wird im Plenum von einer knappen Mehrheit der Abgeordneten abgelehnt.

Besonders umstritten sind die sogenannten »Upload-Filter«, die das Hochladen sämtlicher urheberrechtlich geschützter Inhalte auf Plattformen wie Youtube, Instagram, Facebook etc. automatisch unterbinden sollen, was schon aufgrund der Menge der täglich veröffentlichten Inhalte ungeheure Überwachungsmechanismen erfordern würde.

Rund 150 Bürgerrechtsorganisationen haben die geplante Reform kritisiert, weil sie befürchten, dass sie das Ende des freien Internets bedeuten könnte. Der Webpionier Tim Berners-Lee und Wikipediagründer Jimmy Wales haben einen offenen Brief an die Parlamentarier geschrieben und sie gebeten, das offene Netz zu erhalten: Upload-Filter würden das Internet von einer offenen Plattform in ein Werkzeug für »automatisierte Überwachung und Nutzerkontrolle« verwandeln. Der UN-Sonderberichterstatter für die Meinungsfreiheit schloss sich ihnen an. Selbst die Bundesregierung lehnt die Filter im Koalitionsvertrag als »unverhältnismäßig« ab, und in den vergangenen Wochen haben dann Netzaktivisten mit Demonstrationen, Massenmails und über 890 000 Unterschriften zusätzlich gegen die Reform mobilisiert.

Ein zweiter massiver Streitpunkt war das Leistungsschutzrecht für Presseverleger, das in der Fassung von Axel Voss einseitig die Interessen der deutschen Verleger bedient. Diese würden gern für von Facebook oder Google News verlinkte Textschnipsel Geld kassieren, konnten sich aber mit ihren Forderungen bisher nicht durchsetzen. In Spanien und Deutschland war ein Leistungsschutzrecht gescheitert. In Spanien, weil Google einfach damit gedroht hatte, statt für Zeitungsartikel zu bezahlen, die Artikel schlicht nicht mehr zu verlinken, oder das Verlinken sogar eingestellt hatte. In Deutschland haben die Verleger mittlerweile über zehn Millionen Euro in einen Rechtsstreit mit Google investiert.

Sascha Lobo hat das geplante Gesetz auf *Spiegel Online* kürzlich als »realitätsfernes Quatschgesetz« bezeichnet und als »Axel-Springer-Gesetz«; das IT-Portal golem.de errechnete, dass 64 Prozent der erhofften Gelder an den Axel-Springer-Verlag gehen würden.

Als Hoffmann und ich nach den Abstimmungen auf dem Weg in die MEP-Bar sind, sehe ich auf einmal Hans-Olaf Henkel mit leicht gerötetem Kopf auf dem Gang stehen und hektisch mit einem iPhone herumfuchteln, an dem die Taschenlampenfunktion eingeschaltet ist. »Henkel, Ihre Birne leuchtet!«, rufe ich ihm zu. »Ja, ich krieg die nicht wieder aus! Wie geht die denn aus?« Gerade will ich mir seinen Code nennen lassen, da greift mein höflicher Büroleiter dazwischen und schaltet die LEDs mit einer schnellen Wischbewegung wieder aus.

## STRASSBURG, PARLAMENT

Das *SZ*-Magazin hat Jan Böhmermann und mich um ein Doppelinterview gebeten. Gern stelle ich das EU-Parlament zur Verfügung, das ja ab Donnerstagmittag leer steht.

**Sachdienliche Hinweise des SZ-Magazins**
Jan Böhmermann: Irgendwann kommst du halt an einen Punkt, an dem es ernst wird. Und du dir denkst: Eigentlich müsste ich eine Partei gründen! So war es doch bei Martin Sonneborn auch. Die ersten vier Jahre im Europaparlament sind vielleicht lustig. Aber dann versuchen die großen Parteien zu verhindern, dass du noch mal ins Parlament einziehst, indem sie die Sperrklausel anheben wollen.
SZ: Ist es in Brüssel und Straßburg noch lustig, Herr Sonneborn?
Martin Sonneborn: Ich könnte im Europaparlament jeden Tag von morgens bis abends dagegen ankämpfen, dass EU-Bürger ausgespäht und vergiftet werden. Aktuell werden 500 Millionen Euro von der EU für die Entwicklung automatischer Waffen eingeplant, für sogenannte »Killerroboter«. Das sind Gelder, die bisher für die Friedenssicherung ausgegeben wurden.
Es gibt verschiedene Möglichkeiten, auf den Irrsinn dieses immer irrsinniger werdenden kapitalistischen Systems zu reagieren: Man kann mitspielen. Man kann Alkoholiker werden. In den bewaffneten Widerstand gehen. In die Politik. Oder eben Satire betreiben. Bei *Titanic* haben wir Satire nie für die Leser, sondern stets für uns betrieben. Es war meine Methode, mit der Welt umzugehen: Einen Witz über sie zu machen.
SZ: Satire als Notwehr.
Martin Sonneborn: Genau. Wenn in Irland, wo für Apple offenbar ein aberwitzig niedriger Firmensteuersatz von 0,005 Prozent gilt, die Regierung sich weigert, wenigstens diesen einzutreiben, und ich hier im Plenum vor EU-Präsident Jean-Claude Juncker fordern darf, Irland aus der EU auszuschließen, und das rechtsradikale Ungarn sowieso, dann macht es die Missstände für mich erträglicher.

Jan Böhmermann: Humor ist das erste und das letzte Mittel, mit dem sich der Mensch Bahn bricht. Das erste, um zu verstehen. Das letzte, um nicht verrückt zu werden.

## BRÜSSEL, CAFÉ BELGA

In der Sonntagszeitung der *FAZ* lese ich einen derart von Fehlern durchsetzten Artikel zur Wahlrechtsreform, dass ich es kaum fassen kann. Ungefiltert werden Unwahrheiten aus dem CDU-Lager übernommen, die Wahlrechtsreform wird kenntnisfrei gelobt, die Zahlen, mit denen operiert wird, sind falsch. Ob Elmar Brocken mal wieder bei den Herausgebern angerufen hat? Als ich den Verfasser des Textes google, muss ich lachen. Dann setze ich mich an eine kleine Gegendarstellung – die sich im Netz rasch verbreitet.

**Sachdienlicher Hinweis aus dem Netz**
Kleine Gegendarstellung
Hihihi, Frank Pergande, der seine Diplomarbeit über die »Rolle der *FAZ* im staatsmonopolistischen Apparat der Manipulation in der BRD« geschrieben hat, legt heute ebendort einen bemerkenswert manipulativen Artikel zur Wahlrechtsreform vor.
Um nur die wichtigsten Fehler klarzustellen:
Unter anderem zitiert Pergande eine Lüge des CDU-Abgeordneten Caspary: »Es gibt immer mehr Fraktionen, außerdem steigt die Zahl von fraktionslosen und damit weniger wirkungsvollen Abgeordneten.«
Dazu stelle ich fest: Es gibt nicht immer mehr Fraktionen, und es gibt nicht immer mehr fraktionslose Abgeordnete. (Vgl. Grafik)
Fünf der sieben Abgeordneten deutscher Kleinparteien sind Fraktionen beigetreten und z. T. recht wirksam – Julia Reda (Piraten) hat gerade die Uploadfilter gestoppt, fragen Sie ruhig mal Ihren verblüfften Kollegen Dr. Voss danach, Herr Caspary! ZwinkerSmiley
Auch dass ich mit nur 170 000 Stimmen ins EU-Parlament ein-

Daniel Caspary (MdEP, CDU), befürwortet in der Stuttgarter Zeitung eine Sperrklausel für die Wahlen zum Europaparlament: »Wir sehen eine zunehmende Zersplitterung des Europaparlaments. Es gibt immer mehr Fraktionen, außerdem steigt die Zahl von fraktionslosen und damit weniger wirkungsvollen Abgeordneten immer mehr.«

gezogen sei und »Wahlkampf als Kabarett« betrieben hätte, ist sachlich unrichtig: Ich hasse Kabarett, und es waren 184 709 Stimmen.

Und dass Die PARTEI – aufgrund der Auszählmethode – einen niedrigeren Stimmenanteil brauchte als die CDU für ein Mandat, wird nicht objektiv eingeordnet, so wie ich es mir von der *FAZ* gewünscht hätte:

Das größte Problem des EU-Wahlrechts besteht ja gerade in der Ungleichgewichtung der einzelnen Stimmen: In kleinen Staaten wie Malta und Luxemburg kann man mit wesentlich weniger Stimmen ein Mandat erringen, mein Kollege Pascal Arimont (Belgier) sitzt mit 11 710 Stimmen im Parlament.

Das BVerfG kritisiert diese »degressive Proportionalität«: Durch die fehlende Wahlgleichheit »fehlt es der Europäischen Union

(...) an einem durch gleiche Wahl aller Unionsbürger zustande gekommenen politischen Entscheidungsorgan mit der Fähigkeit zur einheitlichen Repräsentation des Volkswillens«.

Und das ist genau der Punkt, der in dieser Wahlrechtsreform, die ja in ihrer auf die Sperrklausel reduzierten Form lediglich dazu dient, CDU/SPD (und AfD) je zwei Mandate mehr zu verschaffen, überhaupt nicht thematisiert wird.

Transnationale Listen, bei denen jede Stimme gleich zählen würde, wären der Kernpunkt einer seriösen Wahlrechtsreform gewesen. Für die ich im Übrigen sogar gestimmt hätte, auch wenn das zu Lasten der PARTEI gegangen wäre. Leider waren CDU/CSU dagegen. Elmar Brocken hat gegen den erklärten Willen der Europäischen Föderalisten (deren Vorsitzender er ist) gegen diese Listen gestimmt, Herr Caspary auch.

Vor dem BVerfG hat Elmar Brocken 2014 mit hochrotem Kopf behauptet, dass EU-Parlament zersplittere ohne Sperrklausel und sei »nicht mehr arbeitsfähig«.

Was für ein Unsinn, hat sich irgendetwas verändert in Brüssel, seit eine Piratin, je ein Vertreter von ÖDP, Familienpartei, Tierschützern, Freien Wählern, der dämliche Udo Voigt und ich im Parlament sind?

Meine Anwesenheit als fraktionsloser Parlamentarier hat das »zersplitterte« Parlament zumindest bei dieser Reform offensichtlich nicht behindert, sondern zu einer Kraftanstrengung und Höchstleistung motiviert.

Pergande verdreht diese Tatsachen und erklärt: »Ohne Sperrklausel ist das Parlament tatsächlich bunter geworden, kunterbunt geradezu. Aber niemand wird behaupten, dass es auch arbeitsfähiger geworden sei.« Geschickte Manipulation?

Fun Facts zur EU-Wahl: In Österreich sind schon 16-Jährige wahlberechtigt; das Mindestalter der Kandidaten variiert von 18 Jahren über 21, 23 bis zu 25 Jahren; der Wahltag ist bei der letzten EU-Wahl auf vier Tage verteilt gewesen; in vier Ländern gibt es eine Wahlpflicht; offenes vs. geschlossenes Listensystem; manche Staaten haben verschiedene Wahlkreise, andere Länder sind ein einziger Wahlkreis; selbst in illiberalen Demokratien wie Ungarn oder Polen, bei einer Wahlbeteiligung von rund 20

Prozent, braucht man als Vertreter von Fidesz- oder PISS-Partei lediglich die Hälfte der Stimmen, die ein PARTEI-Abgeordneter in Deutschland braucht. 90 000 rechtsradikale osteuropäische Arschlöcher konnten einen Abgeordneten ins Parlament schicken, in Deutschland brauchte es doppelt so viele intelligente Protestwähler für ein PARTEI-Mandat. Das wären Punkte gewesen, die ein seriöser Bericht hätte thematisieren müssen, sowohl der von »Pannen-Jo« Leinen im EU-Parlament als auch der von Frank Pergande in der *FAZ*.

Die Wahlrechtsreform als begrüßenswerte »Modernisierung und weitere Demokratisierung« zu feiern, wie es Minister Maas gerade tat, ist bestenfalls Unfug.

Anmerkung: Lustig, mit welchem Eifer die Wahlrechtsreform im EU-Parlament durch Merkel, Steinmeier & Maas angetrieben wurde – der größte Bundestag in der Geschichte der BRD (709 statt 598 Mandate; inklusive zwei Überhangmandate für Altmaier!) stört niemanden. Außer Die PARTEI.

Und ein letzter höflicher Hinweis an Heiko Maas:
»Jede Stimme zählt« – das ist eine Lüge, Kollege Maas. Wir haben vertrauliche Unterlagen aus Ihrem Amt, in denen explizit steht, Kernanliegen sei die Sperrklausel, es solle verhindert werden, dass eine PARTEI wieder mit 0,6 % ins EU-Parlament einzieht. ZwinkerSmiley

## BRÜSSEL, BÜRO

»Wir haben Post aus dem Bundeskanzleramt, dem Auswärtigen Amt, dem Justizministerium und dem … hoppla, das Innenministerium hat uns gar nicht geantwortet«, begrüßt mich Büroleiter Hoffmann, »obwohl die Frist abgelaufen ist!«

»Dann sollte Merkel jetzt handeln. Seehofer hat sie gerade davor gewarnt, ihn wegen des Theaters um die bayerischen Grenzen zu entlassen.«

»Du meinst, das ist jetzt ein guter Anlass?«

»Yep. Ich verstehe eh nicht, dass sie den Depp nicht einfach wegen des Debakels bei der Fußball-WM entlassen hat, schließlich ist er als Innenminister auch für den Sport verantwortlich.«

»Die Schreiben aus den Ministerien sind fast gleichlautend, in der Schule wäre das so nicht durchgegangen. Alle verweigern die Herausgabe der angefragten Informationen zur Wahlrechtsreform.«

»Das würde ich an ihrer Stelle auch tun, wer steht schon gern als Lügner da. Und mit welcher Begründung?«

»Die ist lustig: Sie verweigern, weil die Kenntnisnahme der Dokumente durch Unbefugte für die Interessen der Bundesrepublik nachteilig sein könnte. Bei Bekanntwerden der darin enthaltenen Informationen ist insbesondere ein Nachteil zulasten der auswärtigen Beziehungen der Bundesrepublik Deutschland zu befürchten, da die Offenlegung zu einem erheblichen Vertrauensverlust der EU-Partner gegenüber der Bundesregierung führen würde. Damit wäre die zukünftige Verhandlungsfähigkeit und Handlungsfähigkeit der Bundesregierung beschädigt, was nachteilig für die Belange der Bundesrepublik Deutschland wäre.«

»Fehlt da nicht zumindest ein ›ZwinkerSmiley‹ am Ende?«

»Ah, das Bundeskanzleramt hat zumindest eine Liste der Dokumente angefügt, die wir nicht erhalten werden. Da kann man zumindest sehen, dass Merkel permanent informiert wurde.«

## BRÜSSEL, BÜRO

»Wir haben Post von Schäuble«, empfängt mich Büroleiter Hoffmann, »er geht im ›Geld‹-Prozess nach Leipzig, vors Bundesverwaltungsgericht!«

»Dass dem Mann auch nichts Neues einfällt. Wie kann man nur so penetrant sein? Das größte Verwaltungsgericht Deutschlands fällt ein solides Urteil, die zweite Instanz bestätigt es, und der verbitterte alte Mann macht unverdrossen weiter. Egal, der Ortsverein der PARTEI in Leipzig freut sich, wenn wir zum Prozess kommen.«

»Komisch, die CDU muss weniger Konsequenzen fürchten. Die

CDU Frankfurt hat im Jahr 2012 30 000 Euro von einem staatlichen Gaskonzern aus Aserbeidschan erhalten, der in Deutschland wirtschaftliche Interessen hat. Die Spende wurde vom Konzern mit »sozialer Verantwortung« begründet, aber Spenden aus Nicht-EU-Ländern sind illegal. 2016 hat die CDU das der Bundestagsverwaltung angezeigt. Sie mussten das Geld zurückzahlen und gingen danach straffrei aus.«

**Sachdienlicher Hinweis von Elmar Brockens Facebookseite**
Elmar Brok als Spitzenkandidat in OWL für die Europawahl bestätigt
»Europa ist Teil der DNA der CDU, das ist das Erbe Adenauers und Kohls«, sagte Elmar Brok aus Bielefeld in seinem flammenden Plädoyer für Europa, bevor ihn die Delegierten des CDU-Bezirksparteitages mit über 95% erneut als ihren Spitzenkandidaten für die Europawahl im kommenden Jahr nominierten. »In diesen Zeiten der Umbrüche sollte ein alter Knochen dabei sein, auch als institutionelles Gedächtnis. Deswegen erbitte ich noch einmal ein Mandat«, so Brok weiter.

## STRASSBURG, MEP-BAR

Mit Julia Reda tausche ich mich über unsere Erfahrungen im Parlament aus, bezüglich ePrivacy und Urheberrecht. Sie erzählt mir, wie aufreibend es sei, sich mit Wirtschaft und Lobbyisten auseinanderzusetzen. Jahrelang würde sie intensiv mit ihren Mitarbeitern für ein sinnvolles Urheberrecht arbeiten, würde sich mit ihrer Fraktion, mit politischen Gegnern, mit Lobbyisten und EU-Kommissaren auf zum Teil schmerzhafte Kompromisse einigen; und dann würde Mathias Döpfner nach Österreich fahren, sich mit Bundeskanzler Kurz treffen, nach Ungarn fahren, sich mit Viktor Orbán treffen, ein paar Jubelartikel über beide und große Interviews in den Springer-Blättern platzieren und sie bitten, im Rat gegen den Gesetzentwurf zu stimmen.
Döpfners Vorgehen kommt mir bekannt vor.

**Sachdienlicher Hinweis von netzpolitik.org**
Die Verzögerungsstrategie der Datenschutz-Gegner geht auf: Die Regierung in Wien will offenbar nicht mal versuchen, während des österreichischen Vorsitzes im Rat der Europäischen Union eine Einigung herbeizuführen. Dass die ePrivacy-Verordnung noch vor 2020 verabschiedet wird, ist unwahrscheinlich.
Mathias Döpfner kann zufrieden sein. Erst vor ein paar Wochen forderte der Springer-Chef die österreichische Regierung und ihren jugendlichen Kanzler Sebastian Kurz öffentlich dazu auf, Pläne für die Stärkung des Datenschutzes auf EU-Ebene zu verhindern. Österreich müsse alles tun, »damit dieser Wahnsinn nicht umgesetzt wird«. Vor ein paar Tagen legte Döpfner nach: Die vorliegenden Vorschläge für die geplante ePrivacy-Reform seien die »Taliban-Variante des Datenschutzes«.
Die Klagen von Springer-Chef Döpfner finden in Wien Gehör. Nicht zuletzt deshalb, weil die neue Regierung in Österreich dem Verlag politisch nahesteht: Springerblätter wie *Die Welt* und *Bild* feiern Österreichs Rechtsregierung seit ihrem Amtsantritt im Dezember 2017. Applaus gibt es besonders für Kanzler Kurz, der seine rechten Ansichten zu Migration und Flucht in doppelseitigen Interviews in der *Bild am Sonntag* breittreten darf.

Was für eine bizarre Situation! Es ist wirklich nicht an der Tagesordnung, dass ein Gesetzentwurf das Parlament passiert, der die Rechte von 500 Millionen EU-Bürger stärkt und der nicht in erster Linie die Interessen von Finanzkapital oder Wirtschaftsunternehmen bedient. Dass der dann im Rat blockiert oder auf die lange Bank geschoben werden kann, gefällt mir nicht.

Und Springer nimmt auch anderweitig massiv Einfluss auf die europäische Politik. Nachdem Chulz zu seiner Zeit als Kanzlerkandidat ein Gespräch mit der Konzernspitze geführt hat, habe es im Parlament plötzlich keine Änderungsanträge mehr aus der SPD am Urheber- und Leistungsschutzrecht gegeben, berichtet Julia Reda.

Bei den Konservativen sieht es offenbar nicht anders aus. Ein anonymer EVP-Abgeordneter macht öffentlich, dass es Drohungen aus den Reihen der deutschen Abgeordneten gab gegenüber Kollegen aus anderen Ländern, die dem Leistungsschutzrecht kritisch gegenüberstehen: Wer gegen den Voss-Bericht stimmt, wird bei der Vergabe von Berichten und Posten zukünftig nicht mehr berücksichtigt.

## DÜSSELDORF, LANDTAG

Herbert Reul dreht in NRW weiter auf. Nachdem ein FDP-Minister den »mutmaßlichen Leibwächter Osama bin Ladens« (*Rheinische Post*) trickreich nach Tunesien abgeschoben hatte und das oberste Verwaltungsgericht Nordrhein-Westfalens die Abschiebung als »offensichtlich rechtswidrig« einstufte, kritisiert der Innenminister die Justiz.

### Sachdienlicher Hinweis der Rheinischen Post
Der nordrhein-westfälische Innenminister Herbert Reul (CDU) kritisierte den Beschluss des OVG und fürchtet »Wasser auf die Mühlen der Extremen«. Reul sagte unserer Redaktion: »Die Unabhängigkeit von Gerichten ist ein hohes Gut. Aber Richter sollten immer auch im Blick haben, dass ihre Entscheidungen dem Rechtsempfinden der Bevölkerung entsprechen.« Er zweifle daran, dass dies hier der Fall sei: »Wenn die Bürger Gerichtsentscheidungen nicht mehr verstehen, ist das Wasser auf die Mühlen der Extremen.«

Eine interessante Vorstellung, die der ehemalige Gymnasiallehrer da vom Rechtsstaat hat.

### Sachdienlicher Hinweis des WDR
Das war dämlich, Herr Reul!

## BRÜSSEL, BÜRO

Meine Europapolitische Beraterin reißt die Bürotür auf. »Warum bringen sie nicht einmal ein Habermas-Interview groß in den Zeitungen? Ich habe ihn gerade im *Deutschlandfunk* nuscheln hören, nachdem er zum Empfang des Deutsch-Französischen Medienpreises demütigenderweise eine Laudatio von Heiko Maas über sich ergehen lassen musste, auf diesen reagierend, dass es ihm leidtue, aber dass die verzagte Sozialdemokratie ihre Wähler normativ unterfordere. Was für eine wunderbare Formulierung! NORMATIVE UNTERFORDERUNG!«

**Sachdienlicher Hinweis aus dem Netz**
Martin Sonneborn: Die PARTEI ist die einzige Partei, die ihre Wähler normativ überfordert: JA zu Europa, NEIN zu Europa!

# AUGUST 2018

## BRÜSSEL, PARLAMENT

»Außenpolitik, Hoffmann, müsste ich nicht langsam mal Außenpolitik machen?«

Mein Büroleiter schaute überrascht auf: »Merkel ist demnächst im Kaukasus unterwegs, wir könnten hinterherreisen und die Scherben zusammenkehren.«

Außenpolitik gilt in unserer Branche als Königsdisziplin; Außenpolitiker sind in der Regel beliebt, selbst wenn sie Pfeifen sind wie Heiko Maas. Und ich hatte in diesem Bereich noch nicht viel geleistet, seitdem ich im Parlament saß. Dabei war ich doch immerhin stellvertretendes Mitglied im Ausschuss für Auswärtige Angelegenheiten. Irrte ich mich, oder hatte David McAllister, der

Vorsitzende, mir kürzlich im Parlament einen kritischen Blick zugeworfen?

»Merkel fährt nach Georgien, Armenien, Aserbaidschan ... Eine armenische Lobbyorganisation lädt übrigens gerade ein, habe ich auf der Place Lux gehört«, sagt Hoffmann.

Aserbaidschan? Baku war natürlich ein interessantes Ziel. Immerhin gab der verrückte Diktator Alijew, der das ölreiche Land 2003 von seinem Vater geerbt hatte, ein Vermögen an Bestechungsgeldern aus, um den Anschein von Zivilisation und Rechtsstaatlichkeit erwecken zu lassen. Alijew hatte seine Frau zu seiner Stellvertreterin ernannt; eine Konstellation, die es ihm locker erlaubte, auf eine weitere Opposition im Parlament zu verzichten.

Hatte ich nicht kürzlich noch gelesen, dass der Europarat\* der CDU-Bundestagsabgeordneten Karin Strenz Hausverbot erteilte, weil sie größere Summen Bestechungsgeldes aus Aserbaidschan erhalten hatte – und dafür unter anderem ihre offiziellen Wahlbeobachtungen dort champagnertrinkend aus einer Bar heraus vorgenommen hatte?

**Sachdienlicher Hinweis von Wikipedia**
2015 stimmte Stenz als einzige deutsche Abgeordnete im Europarat gegen eine Forderung zur Freilassung politischer Gefangener in Aserbaidschan.

Ihr Kollege Lintner (CSU) hatte Berichten der *Zeit* zufolge zwischen 2012 und 2014 über Briefkastenfirmen in Großbritannien fast 820 000 Euro aus Baku kassiert.

Dafür wurden dem autokratischen System »Schritte nach vorn zu freien, fairen und demokratischen Wahlen« bescheinigt – während die *FAZ* von Wahlen sprach, »die diesen Namen nicht ver-

---

\* Europarat: Gremium mit Vertretern von 47 Staaten, kämpft für die Wahrung demokratischer Prinzipien, Menschenrechte und gegen Korruption; nicht zu verwechseln mit dem Rat der Regierungschefs der EU.

dienen«. Gedeckt wurde alles von Pedro Agramunt, einem äußerst dubiosen Spanier, 2016 und 2017 Vorsitzender der Europäischen Volkspartei EVP (CDU und ihre Freunde) und Präsident des Europarats, der seiner Amtsenthebung nur knapp durch einen Rücktritt zuvorkam.

### Sachdienlicher Hinweis von Lobby Control
Mangelnde Aufarbeitung in Deutschland
»Es ist beschämend für ein Parlament wie den Bundestag, eine solche Affäre einfach aussitzen zu wollen«, sagt Timo Lange von Lobby Control. »Während der Europarat Hausverbote erteilt hat und sich um die Aufarbeitung bemüht, ist aus dem Bundestag nur Schweigen zu vernehmen.« Dies betreffe vor allem die Unionsfraktion. Dort sei bisher jede öffentliche Aufarbeitung und auch eine Verschärfung der Regeln für Interessenkonflikte von Abgeordneten abgelehnt bzw. verhindert worden.

### Sachdienlicher Hinweis des Tagesspiegels
Mehrere Zeugen gingen offenbar davon aus, Pedro Agramunt sei in Baku auch mit Diensten von Prostituierten bestochen worden. Ein Zeuge sah ihn mit drei jungen Frauen in seinem Hotelzimmer verschwinden. Die Kommission betonte jedoch, es gebe keine Beweise, dass hier Korruption eine Rolle spielte. Auch der Schweizer Exabgeordnete Dick Marty berichtete, während eines offiziellen Besuchs in Baku habe es nachts um eins an der Tür seines Hotelzimmers geklopft. »Er guckte durch den Türspion und sah eine Platte mit einer Flasche Champagner und zwei kaum bekleidete junge Frauen. Er machte die Tür nicht auf.«

Ein früherer aserbaidschanischer Botschafter sagte aus, für das »schmutzige Lobbying« seines Landes hätten 30 Millionen Euro zur Verfügung gestanden.

### Sachdienlicher Hinweis von n-tv und Telepolis
Recherchen der *Süddeutschen Zeitung* und des *Guardian* zeigen, dass Präsident Ilham Alijew hohe Geldsummen aufbrachte,

um sich gutes Ansehen in der europäischen Politik zu erkaufen. Insgesamt sollen es rund 2,5 Milliarden Euro gewesen sein. Das Geld wurde verwendet, um westliche Politiker und Journalisten gewogen zu halten.

**Sachdienlicher Hinweis des Deutschlandfunks**
Der Europarat hat seine Seele an ein autokratisches Regime verkauft
Teure Geschenke, Gold, Überweisungen – wer sich mit autokratischen Regimen wie Aserbaidschan im Europarat gut stellte, profitierte in vielerlei Weise. »Bis vor zwei Jahren brauchte es noch Mut, sich gegen diese Kaviarlobby zu stellen«, sagte Politikberater Gerald Knaus im *Deutschlandfunk.*
Der italienische EVP-Politiker Luca Volontè, Vorgänger von Axel Fischer an der EVP-Fraktionsspitze, muss erklären, wofür er 2,4 Millionen Euro aus Baku erhalten hat.

Andererseits will man bei Staatsbesuchen doch nachts schlafen und nicht andauernd von jungen Frauen herausgeklopft werden, die sich unglücklich aus ihrem Hotelzimmer ausgesperrt haben.

»Georgien? Warum fahren wir nicht nach Georgien?«, fragt mein Büroleiter, der in Berlin mit den Söhnen der früheren georgischen Außenministerin zur Schule gegangen war.

»Weil ich schon da war«, entgegne ich. 2007 war ich mit einer 25-köpfigen PARTEI-Delegation in Georgien gewesen, und der Vorsitzende der größten Oppositionspartei hatte nicht schlecht gestaunt, als wir bei ihm zum Staatsbesuch aufliefen, uniform gekleidet in fiese graue Vollnylon-Anzüge von C&A.

Als erster deutscher Politiker hatte ich mich in Tiflis öffentlich für den Bruch des Hitler-Stalin-Paktes entschuldigt – Stalin stammt aus Gori, Georgien – und hatte damit eine ungeahnte Sympathiewelle bei unseren Gastgebern ausgelöst. Ganz zu schweigen von meinem Kniefall vor irgendeinem monumentalen Denkmal für den Großen Vaterländischen Krieg; einen Kniefall darf man in den Ostblockstaaten seit Willy Brandt wohl erwarten!

»Wenn die Kollegen von CDU und CSU so vertrauensvoll mit der Diktatur in Aserbaidschan zusammenarbeiten, dann sollten wir uns mal die Gegenseite anschauen, also Armenien. Wenn ich mich recht erinnere, hat Stalin mal armenisches Gebiet an Aserbaidschan verschenkt. Und seitdem stehen hier Islam gegen Christentum, großtürkische Interessen gegen das Selbstbestimmungsrecht der Völker, Goliath gegen David. Russland garantiert im Moment den Status quo, indem es Angriffswaffen an Aserbaidschan liefert und Verteidigungswaffen an Armenien ...«

»Armenien hat gerade eine vollkommen friedliche ›samtene Revolution‹ hinter sich«, wirft meine Europapolitische Beraterin ein, gerade zur Tür hereingekommen, aber sofort tief im Thema, »der neue Ministerpräsident Nikol Paschinjan, der übrigens in den Medien alternierend als ›armenischer Che Guevara‹ und ›armenischer Gandhi‹ bezeichnet wurde, ist auf außerparlamentarischen Druck hin gewählt worden, weil er versprochen hat, die Korruption zu bekämpfen. Fun Fact: Sein Gegner Robert Kotscharjan, der ehemalige Präsident, hat souverän die Gegenposition vertreten – Korruption sei in entwickelten Demokratien doch der Normalfall, man müsse nur in die USA schauen, nach Deutschland, nach Frankreich ...«

### Sachdienlicher Hinweis von Spiegel Online
Paschinjan ist es gelungen, den Druck auf der Straße hoch zu halten – das ist sein politisches Kapital. »Er hat die regierungskritische Energie versammelt und ihr eine Richtung gegeben«, sagt Arthur Atanesyan, Soziologie-Professor an der Staatlichen Universität Eriwan.
Paschinjan mobilisierte nicht nur die Menschen in Eriwan, sondern am Wochenende auch in den kleineren Städten, wo er wie ein Held gefeiert wurde. Er präsentierte sich wie in den vergangenen Wochen als Mann des Volkes: Mit grauem Bart, Baseball-Cap, T-Shirt in Tarnfarben, Rucksack und mit einem Megaphon in der Hand marschierte er vorneweg und wirkte eher wie ein

Rebellenführer denn ein Oppositionspolitiker. Demonstrationserfahrung hat er jahrelang gesammelt. 2008 organisierte er Straßenproteste gegen Wahlbetrug und landete dafür im Gefängnis. Als Journalist schrieb er früher gegen die Korruption an, was ihm nicht nur Geld- und Haftstrafen einbrachte – eines Tages explodierte sein Auto.

## PARLAMENT, BÜRO

Zwei Vertreter der European Armenian Federation (EAFJD) sitzen in meinem Büro. Die Situation ist nicht ganz unkomisch, Kaspar Karampetian ist ein korpulenter etwa 70-jähriger Grieche mit armenischen Wurzeln, der haargenau so aussieht, wie man sich einen korrupten Lobbyisten vorstellt. Begleitet wird er von Heghine Evinyan, einer vielleicht 40 Jahre jüngeren Armenierin. Die Kombination aus korpulentem älterem Herrn und hübscher junger Dame ist im EU-Parlament nicht ungewöhnlich; viele junge Politikerinnen umgeben sich gern mit älteren Praktikanten und Büroleitern, Smiley.

Eine halbe Stunde später verfügen Büroleiter Hoffmann und ich über eine offizielle Einladung nach Eriwan, Armenien. Damit wird die EU unsere Flüge bezahlen, im Lande selbst sind wir Gäste des armenischen Parlaments. Der zweite Teil der einwöchigen Reise wird uns nach Arzach führen, das wir in Europa unter seinem alten russischen Namen Nagorny-Karabach kennen.

> **Sachdienlicher Hinweis von Le Monde diplomatique (2012)**
> Dreimal im 20. Jahrhundert führten das armenische Bergvolk und die aserbaidschanischen »Tataren« aus den Tälern Krieg gegeneinander – 1905, 1918 und von 1991 bis 1994. Das Gebiet Berg-Karabach wurde gegen den Protest der armenischen Bevölkerung nach dem Willen der KPdSU 1921 der neu gegründeten Sowjetrepublik Aserbaidschan zugeschlagen.
> Die Armenier aus Berg-Karabach, die früher für die Zugehörig-

keit zur Sowjetrepublik Armenien gestimmt hatten, votierten nach der Auflösung der Sowjetunion 1991 für die völlige Unabhängigkeit. So wurde aus einem Territorialstreit zwischen zwei Staaten ein nationaler Befreiungskampf. Die Republik Berg-Karabach mit ihren 140 000 Einwohnern hat eine eigene Verfassung, ein eigenes Parlament, eine eigene Fahne, eine eigene Armee, eigene Institutionen und eine eigene Regierung.

Auf meine Frage, ob die Reise von Armenien nach Bergkarabach gefährlich sei, winken die Armenier ab; im April 2016 habe es die letzte kriegerische Auseinandersetzung gegeben, derzeit werde die Straße nicht beschossen. Trotzdem ist mir die Sache nicht ganz geheuer; ich bitte darum, zu meiner Sicherheit noch meine zwei Personenschützer Tom Hintner und Georg Behrend mitnehmen zu dürfen. Ich darf.

**Sachdienlicher Hinweis des Auswärtigen Amts**
Von Reisen in die Konfliktregion Bergkarabach wird dringend abgeraten
Anfang April 2016 kam es zu Kampfhandlungen in der Region Bergkarabach. Reisenden kann weder durch die Botschaft Eriwan noch durch die Botschaft Baku konsularische Hilfe gewährt werden. An der Waffenstillstandslinie kommt es immer wieder zu Schusswechseln, außerdem besteht Minengefahr.

## ARMENIEN, ERIWAN

Staatsbesuche sind uneingeschränkt zu empfehlen. Sobald man im heimgesuchten Staat ist, erfährt man eine exklusive Vorzugsbehandlung. Die umfassende Gewährung von Privilegien gilt leider noch nicht bei Zwischenlandungen. In Kiew stellt mir ein mürrischer Angestellter der Ukrainian Airlines nach einem kurzen Blick auf mein leicht übergewichtiges Handgepäck 66 Euro in Rechnung. Den EU-Beitritt können sich die Ukrainer abschminken.

Am Flughafen von Eriwan werden wir direkt nach der Landung korrekt vom Protokolldienst empfangen, an sämtlichen Kontrollen vorbeigeführt und mit schwarzen Limousinen zum Hotel gebracht. Im Wagen zeigt mir Büroleiter Hoffmann eine Mail aus Aserbaidschan. Sie warnt uns, dass Kaspar Karampetian ein dubioser armenischer Diamantenhändler sei, dessen Geschäft es sei, unbescholtene Abgeordnete mittels gestohlener Diamanten zu bestechen und nach Armenien zu locken. Für 2,5 Milliarden Euro hätte ich etwas mehr Phantasie erwartet. Trotzdem mache ich mir eine Notiz, Kaspar am Ende der Reise um die entsprechenden Steine zu bitten.

Während der Reise werden wir ausschließlich mit Toyotas unterwegs sein; der gesamte Fuhrpark der Regierung ist damit bestückt. Später erfahre ich, dass der Sohn des letzten Präsidenten die Generalvertretung für diese Marke innehatte. Während der kurzen Fahrt wirkt Eriwan auf uns wie eine quirlige, sehr gut geheizte Mischung aus Moskau und Beirut.

Das Opera Suite Hotel ist eines der besten in der Stadt, ein moderner vollverglaster Turm.

Leider werden wir unsere Suiten kaum sehen, denn in Armenien ticken die Uhren anders, sie zeigen eine um zwei Stunden frühere Zeit an. Und da unsere dichtgetaktete Agenda die ersten Einträge morgens um acht oder neun Uhr kaukasischer Zeit zeigt, werden wir nur sehr wenig Schlaf finden. Staatsbesuche sind eigentlich nicht zu empfehlen.

## ERIWAN, PARLAMENT

Zehn Minuten nach dem Einchecken wartet bereits wieder die Limousine auf uns. Im Parlament, das idyllisch in einer Grünanlage liegt, treffen wir Armen Ashotyan. Der Vorsitzende des Ausschusses für Auswärtige Angelegenheiten empfängt uns in seinem Büro, in dem in sowjetischer Tradition ein Bild des Präsidenten hoch über seinem Schreibtisch hängt, allerdings eins des alten, korrupten.

Der unsympathische Vertreter der alten Regierungspartei beherrscht die Kunst, wortreich zu schwadronieren. Ohne zu pausieren, hält er einen Vortrag, dem ich in Anbetracht der kurzen Nacht nur schwer folgen kann. Ich zucke hoch, als ich den Namen »Rheinmetall« höre, offenbar liefern deutsche Firmen Qualitätswaffen an Aserbaidschan. Keine Rüstungsexporte in Krisenregionen: ein eherner Grundsatz deutscher Politik, ZwinkerSmiley.

Nach fast 30 Minuten nutze ich eine Atempause, um dem Mann zum Ausgleich einen Aschenbecher mit Picassos Friedenstaube in die Hand zu drücken. Ashotyan schaut indigniert, wahrscheinlich, weil der Aschenbecher nicht von Toyota ist, dann verabschieden wir uns.

## ERIWAN, REGIERUNGSPALAST

Als Nächstes steht ein Treffen mit dem neuen Ministerpräsidenten Nikol Paschinjan an. Nach kurzer Fahrt erreichen wir den Platz der Republik. Die große Leninstatue ist mittlerweile entsorgt, ebenso die Volkskommissare, die hier zu Sowjetzeiten über das Land wachten.

Im Regierungspalast warten wir in der White Hall, einem prächtig ausgestatteten Mamorsaal. Hoffmann, fürs Protokoll vom »Büroleiter« zum »Chief of Staff« befördert, brieft mich in aller Kürze: »Paschinjan ist Journalist gewesen, wie du, er war Herausgeber einer eigenen Zeitung, wie du, und er hat bei den Parlamentswahlen 1,3 Prozent geholt. Wir hatten nur 1,0. Danach politisch motivierte Haft, viel Spaß! Acht Prozent in der Wahl 2017, dann 2018 Führer einer außerparlamentarischen Opposition, hat seinen korrupten Vorgänger Sarkissian mit friedlichen Großdemonstrationen aus dem Amt gedrängt und ist seit Mai Ministerpräsident. Vor drei Tagen hat er Merkel in diesem Raum die Hand geschüttelt.«

Nachdem wir einen angemessenen Moment gewartet haben,

öffnet sich die verzierte Flügeltür, und der armenische Ministerpräsident betritt den Raum; ein kleiner sympathischer bärtiger Mann, der die Military-Jacke, mit der er bekannt wurde, gegen einen Anzug getauscht hat. Vermutlich ist auch Paschinjan gebrieft, denn wir müssen beide spontan lachen, als wir uns gegenüberstehen und die Hände schütteln.

Die Protokollabteilung filmt die ersten Minuten mit, dann nehmen wir am Konferenztisch Platz und eröffnen das bilaterale Gespräch. »Herr Ministerpräsident, eine Frage aus persönlichem Interesse: Was macht denn mehr Spaß, die letzten Tage vor der Machtübernahme oder die ersten danach?« Paschinjan lächelt und sagt, er habe da keine so großen Unterschiede verspürt. Ich nehme mir vor, in meiner politischen Karriere den entscheidenden Zeitpunkt genau zu reflektieren, und frage, ob er mir einen Tipp geben kann, wie ich Merkel möglichst schnell politisch stürzen kann. Paschinjan wird ernst. Etwas zurückhaltender antwortet er, dass er sich nicht in innerdeutsche Angelegenheiten einmischen wolle. Dann möchte ich von ihm wissen, was für eine Rolle das Internet bei seiner Machtübernahme gespielt hat. »Eine große«, bedeutet der Armenier. Seine Reden hätten bis zu 20 Millionen Klicks im Netz, obwohl es nur zehn Millionen Armenier gibt. Ich staune und entgegne, er solle das besser nicht erwähnen, wenn er seinen Antrittsbesuch in der EU macht: »Ich habe Kollegen, deren Reden werden bei Youtube 35-mal angesehen – wenn es gut läuft. Und achtmal, wenn nicht. Mein Kollege Jo Leinen hält sogar Reden, die werden gar nicht gesehen, null Abrufe!« Wir lachen zusammen über Jo Leinen. Als Hoffmann fragt, ob geplant sei, Elemente direkter Demokratie einzuführen, sagt Paschinjan: »Wir haben schon direkte Demokratie. Ich sitze hier.« Dann berichtet er von seinem Kampf gegen Korruption und wirtschaftliche Schwierigkeiten. Aber größere Sorgen macht ihm die Aufrüstung von Präsident Alijew: »Aserbaidschan is preparing for war.« Nach etwa 40 Minuten leite ich langsam den Abschied ein, ich habe das Gefühl, Paschinjan braucht Zeit und Kraft für Wichtigeres. Als Regierungschef mit wenig Rückhalt im Parlament den

Kampf gegen Korruption und alte Privilegien zu gewinnen, das stelle ich mir nicht ganz einfach vor. Wir wünschen ihm alles Gute, dann drückt mir mein Chief of staff einen Aschenbecher mit Picassos Friedenstaube in die Hand.

## ERIWAN, TAVERNE

Wir haben die üblichen zehn Minuten, um uns im Hotel frisch zu machen, dann ist Abfahrt zum Abendessen. Das Parlament lädt uns in ein traditionelles armenisches Restaurant, zu Musik, Tanz, Abendessen.

Hoffmann und ich sind die Ersten, als wir uns zur verabredeten Zeit vor dem Hotel einfinden, ist noch niemand da. Wir stehen sinnlos im warmen Wind herum, der abends durch die Stadt weht, heute womöglich etwas heftiger als sonst, dann beschließen wir, die Zeit mit einem schnellen Bier an der Hotelbar zu überbrücken. Kaum haben wir die Drehtür wieder passiert, gibt es hinter uns eine Explosion. Da, wo wir gerade noch gestanden haben, ist eine etwa zwei Quadratmeter große Fensterscheibe gelandet, die jetzt sichtbar im zwölften Stock fehlt, und hat sich in ihre Einzelteile zerlegt. Zum Glück wohnen wir nicht im zwölften Stock! Kurz überlege ich, ob die Aserbaidschaner uns bereits auf den Fersen sind, verwerfe den Gedanken aber schnell.

Im Restaurant werden uns zu lärmender Folklore herrliche Speisen aufgetischt. Das frische Gemüse kommt nicht aus Holland und hat Geschmack, ebenso Fleisch und Fisch. Zu zwei Hauptgängen werden unzählige Schüsseln mit kleinen Speisen und Salaten gereicht, dazu Lavash, das hauchdünne armenische Fladenbrot. Dem Rotwein schmeckt man die Sonne an. Obwohl ein Teil der Reisegruppe schon seit fast 20 Stunden auf den Beinen ist, genießen wir anschließend noch die warme Sommernacht in Eriwan. Während die armenischen Hauptnachrichten bereits ausführlich über unser Gespräch mit Ministerpräsident Paschinjan berichten, schlendern wir durch den Tamanyan-Park, eine idyllische Parkanlage mitten in der Stadt, durchsetzt mit moderner Kunst, umgeben von kleinen Lokalen und einer eindrucksvoll sowjetisch anmutenden Betonkaskade voller Wasserspiele und Pflanzen.

Das Bier ist gut, und da für den nächsten Tag ein Besuch des Genozidmahnmals auf dem Programm steht, müssen wir uns nicht zurückhalten – es wird vermutlich viel geschwiegen werden morgen. Auch dass der Sprecher des aserbaidschanischen Außenministeriums uns mit zwei Twitter-Meldungen begrüßt, tut der Stimmung keinen Abbruch: »@MartinSonneborn Armenian lobby organisation eafjd lavishly financing such illegal visits misleads European Community, spreads discrimination/racism and promotes aggressive separatism, undermines efforts for peaceful/lawfull resolution of Armenia-Azerbaijan conflict«

Vor unserem Hotel stoppt Dustin Hoffmann abrupt: »Seht ihr das?« – »Ein … Auto? Mit eingeklappten Außenspiegeln?« – »Das ist nicht irgendein Auto, das ist ein Mercedes S 65 AMG.« – »Was ist das Besondere?« – »630 PS, V12, das ist der stärkste Motor in der S-Klasse, Basispreis ca. 236 000 Euro …«

Auf der Dachterrasse des Hotels tanzt der Mercedesfahrer mit anderen Kindern der korrupten Oberschicht. Wir nehmen noch ein paar fiese Heineken und genießen den Blick über die Stadt. Bevor das Frühstücksbuffet eröffnet, verschwinden wir kurz im Bett.

## ERIWAN, ZIZERNAKABERD MEMORIAL COMPLEX

Zwölf eindrucksvolle Steinpylonen wölben sich hoch über dem Museum und umgeben die ewige Flamme. Ein großer Obelix, pardon: Obelisk, ragt mahnend daneben zum Himmel. Er ist der Länge nach gespalten und symbolisiert die Teilung des armenischen Volkes. Etwa drei Millionen Menschen leben hier im Lande, mehr als doppelt so viele verstreut in aller Welt, Nachkommen von Armeniern, die vor dem Genozid geflohen sind. In eine hundert Meter lange Mauer sind die Namen von Städten und Dörfern eingelassen, in denen 1915 Massaker stattgefunden haben. Flächendeckend klagt über dem Gelände Samuel Barbers »Adagio for Strings«.

Wir erhalten jeder zwei weiße Nelken, die wir vor der ewigen Flamme niederlegen. Der Rundgang durchs Museum, in dem Fotos und Dokumente den Völkermord an 1,5 Millionen Armeniern dokumentieren, dauert länger als geplant. Alles, was Menschen Menschen antun können, die einen falschen Glauben haben oder der falschen Ethnie angehören, ist hier zu sehen. Der deutsche Schriftsteller und Sanitätsoffizier Armin T. Wegener schrieb: »Alle Tode der Erde, die Tode aller Jahrhunderte starben sie.«

Auch dass das Deutsche Reich, das die türkische Armee ausbildete, vollumfänglich Kenntnis hatte, ist hinreichend belegt. Reichskanzler Bethmann Hollweg erklärte auf Anfrage von Karl Liebknecht: »Unser einziges Ziel ist es, die Türkei bis zum Ende des Krieges an unserer Seite zu halten, gleichgültig, ob darüber Armenier zugrunde gehen oder nicht.«

### Sachdienlicher Hinweis der Zeit
Der türkische Präsident Erdogan hat den Völkermord des Osmanischen Reiches an bis zu 1,5 Millionen Armeniern vor 100 Jahren als »traurige Ereignisse« bezeichnet. Die Türkei lehnt es strikt ab, die tausendfachen Tötungen einen Genozid zu nennen. Die Türkei spricht dagegen von 300 000 bis 500 000 getöteten Armeniern und ebenso vielen Toten auf Seite der Türken bei bürgerkriegsartigen Kämpfen und Hungersnöten.

Zum Glück fällt das Interview, das ich eigentlich nach dem Besuch des Museums geben soll, wegen unserer Verspätung aus.

### Sachdienlicher Hinweis der Deutschen Welle
Nach dem Besuch der Gedenkstätte und einem Gespräch mit Ministerpräsident Paschinjan sagte Merkel, die Gräueltaten an unzähligen Armeniern dürften nicht vergessen werden. Sie vermied es in ihren Ausführungen, den Begriff »Völkermord« zu verwenden.

## ARMENIEN, ARZACH

Bergkarabach ist »kleiner als das Saarland« *(MDR)*, »ungefähr so groß wie das Saarland« *(Tagesspiegel)*, »nur wenig größer als das Saarland« *(Deutschlandfunk)*, »doppelt so groß wie das Saarland« *(Welt)* bzw. »vier Mal so groß wie das Saarland« *(Spiegel Online)*. Bis zur Hauptstadt Stepanakert sind es etwa 350 Kilometer. Das klingt nicht übermäßig weit. Aber mit Halt am Kloster Noravank, einer prächtigen armenischen Gebirgskirche, die unauffällig darauf hinweist, wer hier im 13. Jahrhundert lebte, und einem opulenten Mittagessen in einem idyllischen kleinen Tal sind wir rund acht Stunden unterwegs. Unterwegs durch eine wilde, unberührt wirkende Gebirgswelt, wie ich sie schöner noch nicht sah. Armenien und Arzach sind nur durch einen schmalen Korridor miteinander verbunden. Wir fahren in einem Kleinbus (Toyota) auf der Südroute. Die liegt teilweise im Schussfeld der aserbaidschanischen Artillerie. Uns fällt es schwer, zu entscheiden: Was sollen wir mehr fürchten, Beschuss aus Aserbaidschan oder die Manöver unseres Fahrers? Die Zweifel an seinen Fähigkeiten zerstreut er in den nächsten Tagen immer wieder: Natürlich können sich auf einer zweispurigen Straßen bequem drei Fahrzeuge auf gleicher Höhe bewegen, natürlich kann man jede Linkskurve ungeniert schneiden, weil man sich zum Ausgleich in jeder Rechtskurve so eng wie irgend möglich an den Felsen oder drohenden Abgrund schmiegt. Die Straße, wie so vieles hier durch Spenden von Exilarmeniern finanziert, steigt bis auf über 2000 Meter, es gibt unendlich viele Serpentinen und Haarnadelkurven. Gelegentlich sieht man ganz weit unten ein Autowrack.

## ARZACH, STEPANAKERT

Die Grenze zwischen Armenien und Arzach ist bewacht. Aber nicht sehr. Unser Fahrer hält am Grenzübergang zwar nicht extra an, aber er hupt während des Vorbeifahrens.

Kaspar hatte zuvor angerufen und uns angekündigt. Mit zwei Stunden Verspätung erreichen wir abends Stepanakert. Die kleine Stadt liegt unten im Tal, ist auffällig sauber und ein bisschen besser herausgeputzt als Eriwan. Am Sraßenrand vor dem Parkhotel wartet der stellvertretende Präsident der Nationalversammlung, der Historiker Vahram Balayan, auf uns, begrüßt uns herzlich und freut sich sichtlich über den offiziellen Besuch aus Deutschland.

Auch die Vertreter von mehreren NGOs, die wir hier treffen sollen, haben zwei Stunden in der Lobby des einfachen Hotels gewartet. Eine NGO heißt »Harmonie«, die Themen sind Frauenrechte, Frieden, Kultur. Eine Frau sagt: »Europa ist eine Schule, in der man lernen kann, wie man Konflikte friedlich löst.« Wie gern würden auch wir das glauben.

Alle Anwesenden leiden darunter, dass es keine offiziellen Verbindungen zu anderen Staaten gibt, auch ausländische Stiftungen sind hier nicht aktiv.

Noch später, beim landestypisch überdimensionierten Abendessen, erläutert uns Balayan die komplizierte Situation Arzachs; vom 1. Jahrhundert (v. Chr.) über mittelalterliche Besiedlung bis zu Stalin, der hier willkürlich neue Grenzen zog, und den Kämpfen um Selbständigkeit in der zerfallenen Sowjetunion. Der deutsche Rechtswissenschaftler Luchterhandt habe jedenfalls in einer juristischen Analyse zur Unabhängigkeit von Bergkarabach herausgearbeitet, dass die Situation in Karabach der im Kosovo vergleichbar sei: »Wenn die UN Kosovo anerkennt, muss Bergkarabach auch anerkannt werden.«

Was hält der Historiker von Merkels Versprechen, eine politische, also friedliche Lösung des Konflikts mit Aserbaidschan zu unterstützen? »We want to believe it.«

Lächelnd öffnet Balayan eine kleine Flasche mit honigfarbenem Inhalt, erklärt uns, dass Maulbeerschnaps eine Spezialität, der Maulbeerbaum eine der ältesten Kulturpflanzen der Menschheit sei, und gießt rundherum großzügig ein. Georg Behrend probiert vorsichtig, nickt mir zu: »Harmlos, kann man trinken.« Als er das zum letzten Mal zu mir gesagt hat, vor über elf Jahren, saßen wir ungefähr vierhundert Kilometer weiter nördlich in Tiflis bei einem Gelage und hatten ein Wasserglas voll selbstgebranntem georgischen Schnaps in der Hand. Kurz nach seiner beruhigenden Analyse waren alle in sich zusammengesackt, die ihr Glas unbekümmert geleert hatten. Der Maulbeerschnaps ist gut, die Nacht kurz.

Der nächste Morgen beginnt mit dem Besuch einer Gedenkstätte. Wieder bekommen wir weiße Nelken und legen sie an den Gräbern junger Männer nieder. 6500 starben im Krieg zwischen Aserbaidschan und Arzach Anfang der neunziger Jahre. 1994 wurde ein Waffenstillstand unterzeichnet.

Auf der anderen Seite der Straße steht ein modernes Krankenhaus: »Das Hospital ist gut«, sagt Kaspar, »das Problem sind die Ärzte, sie lernen Deutsch, und dann verschwinden sie.«

## ARZACH, AUSSENMINISTERIUM

Der Außenminister von Arzach, Masis Mayilyan, begrüßt uns überraschend auf Deutsch, »Guten Tag, nehmen Sie Platz!«, und erläutert uns zusammen mit der stellvertretenden Außenministerin die Situation noch einmal auf Ostarmenisch. Ich verkneife mir die Frage, was der Außenminister eines Landes, das praktisch keine Beziehungen zu anderen Staaten hat, den ganzen Tag tut.

Mayilyan klagt, die Menschen in Arzach wollten in Frieden leben, unabhängig sein, Beziehungen zu anderen Ländern aufnehmen, aber Aserbaidschan arbeite seinerseits an der vollständigen Isolierung: »Fast alle Türen sind uns verschlossen. Aserbaidschan weigert sich, an Verhandlungen teilzunehmen, wenn Arzach beteiligt ist. Aber wir wollen der Welt zeigen, dass hier Menschen leben. Sie helfen uns dabei. Danke dafür!«

Vom Außenminister erfahren wir auch, dass die aserbaidschanische Seite unseren Besuch bereits offiziell kritisiert habe. Vermutlich stünden wir bereits auf der schwarzen Liste, die Baku führe, und dürften nicht mehr nach Aserbaidschan einreisen. Ein Urlaubsland weniger.

## ARZACH, PARLAMENT

Der Präsident der Nationalversammlung Ashot Ghulian ist ein ruhiger grauhaariger Mann in meinem Alter, er hat im Krieg für seine Freiheit gekämpft. Mit am Tisch sitzen Vertreter aller Parteien, darunter mehrere Hochschullehrer. Als ich nachfrage, erfahre ich, dass acht Professoren in der 33-köpfigen Nationalversammlung sitzen. Was für eine interessante politische Kultur, denke ich, in der gebildete Köpfe, geeint durch ein außenpolitisches Ziel, sachlich zusammenarbeiten, ohne Fraktionsbildung und großes Geschrei.

»Hier haben die Menschen die Demokratie gewählt«, sagt Ghulian. »Sie machen das nicht des Geldes wegen oder anderer Vorteile, nicht, weil eine dritte Partei ihnen das gesagt hat. Sondern weil sie daran glauben. Und die Menschen, die hier leben, sind überrascht, wenn das EU-Parlament zu ihnen sagt »Das war keine gültige demokratische Wahl, die kann man nicht anerkennen«. Wir wollen eine Gesellschaft, die dem europäischen Wertesystem entspricht. Wir haben unseren Weg gewählt, den Weg der Freiheit und Demokratie, und wir sind fest in unseren Zielen. Wir hoffen, dass die EU auch ihren Werten treu bleibt.«

Ich bedanke mich für seine Worte. Dann entgegne ich, dass für uns, die wir in einer gefestigten Demokratie aufgewachsen sind, die Begeisterung der Arzacher sehr beeindruckend sei; zumal in einer Zeit, in der die Demokratie in einigen Ländern Europas eine fast kollektive Geringschätzung erfährt.

Beim Mittagessen sitze ich neben der stellvertretenden Außenministerin. Sie will mir unsere Pässe übergeben, die Visa sind nur eingelegt. »Wir würden das Visum gern korrekt eingeheftet haben«, protestiere ich. »Aber dann können Sie nie wieder nach Aserbaidschan reisen!« – »Es wird uns ein Vergnügen sein.«

Nach dem Essen treffen wir den Menschenrechtsbeauftragten der Regierung. Er lacht ungläubig, als er hört, dass in NRW/ Deutschland mein alter Kumpel Herbert Reul gerade die Kennzeichnungspflicht für Polizisten abgeschafft hat. Dann besichtigen wir eine Cognac-Fabrik. Der Cognac ist lecker, obwohl er nicht Cognac heißen darf, deshalb sind wir angeschlagen, als wir Präsident Bako Sahakyan treffen. Auch er ein kleiner ruhiger Mann, dem man nicht ansieht, dass er im letzten Krieg stellvertretender Kommandeur der Arzacher Streitkräfte war.

Die Gesprächsthemen wiederholen sich, und als Sahakyan zum Abschied fragt: »Was wollen Sie bei uns noch erleben?«, antworte ich nur noch: »Mehr Maulbeerschnaps.« (Lacher) Bei der herzlichen Verabschiedung überreicht uns der stellvertretende Präsident der Nationalversammlung eine Kiste mit sechs Flaschen Maulbeerschnaps. (Größerer Lacher)

## ARZACH, HAUS DER NATIONALVERSAMMLUNG

Am späten Vormittag geben wir eine Pressekonferenz. Etwa ein Dutzend Journalisten ist gekommen, darunter Radioreporter und zwei Kamerateams. Kaspar stellt mich kurz vor, dann erteilt er mir das Wort. Ich begrüße die Anwesenden: »Herzlich willkommen zur bestbesuchten Pressekonferenz, die ich jemals im Kleinen Kaukasus gab. Als Erstes möchte ich darauf hinweisen, dass das Selbstbestimmungsrecht der Völker ein direktes Derivat der europäischen Aufklärung ist und als Grundaxiom des Völkerrechts zu deren universellen Prinzipien gehört. Die EU, die sich rhetorisch nur zu gern auf ihre Grundwerte bezieht, tut sich realpolitisch manchmal etwas schwer mit deren Umsetzung – wie wir in Katalonien gesehen haben.

Außerdem habe ich das Genozid-Museum in Eriwan besichtigt. Und ich möchte ein Wort nachreichen, dass Bundeskanzlerin Merkel dort auszusprechen vergaß: Völkermord. Natürlich war es ein Völkermord, ich bin Deutscher, und mit so etwas kennen wir uns aus.«

In guter stalinistischer Tradition schreiben die Printjournalisten unbeeindruckt alles mit, was ich sage. Die Bilder, die in den kommenden 50 Minuten gemacht werden, werden wir später in den Hauptnachrichten und in diversen Magazinen wiedersehen.

»Europa weiß wenig über Arzach«, fragt ein TV-Reporter, »was haben Sie gesehen?«

»Berge … von Herzlichkeit. Freundlichkeit. Ungebrochene Begeisterung für Demokratie. Und Maulbeerschnaps. Gestern Abend. Zu viel …« Leises Kichern.

Eine Journalistin steht auf: »Man kann Beziehungen haben zu einem Staat, ohne dessen Unabhängigkeit anzuerkennen. In welchem Bereich können wir Beziehungen entwickeln, Zusammenarbeit im Bereich, Wirtschaft, Bildung?«

Ich stehe ebenfalls auf: »Das kann ich nur für unsere kleine Partei beantworten. Wir können keine Wirtschaftsverträge mit Ihnen abschließen. Aber wir können Öffentlichkeit herstellen, das muss der Anfang sein. Ich zum Beispiel wusste nicht mal, dass man *sofort Persona non grata* in Aserbaidschan wird – sonst wäre ich natürlich nicht hierhergekommen …«

Dann ziehe ich meinen Diplomaten-Pass aus der Tasche, schlage ihn auf und halte ihn hoch. »Hier sehen Sie das Visum für Arzach. Normalerweise wird es nur eingelegt, wir haben es fest einkleben lassen. Wir stehen jetzt auf der schwarzen Liste von Aserbaidschan, und ich habe versprochen, im Juni 2019 wiederzukommen mit einer größeren Reisegruppe. Wir werden versuchen, die schwarze Liste um 100 Personen aufzustocken – und im übernächsten die 1000 vollzumachen!«

## ARZACH, FLUGHAFEN

Auf dem Rückweg besichtigen wir den Flughafen von Arzach, ungefähr zehn Kilometer außerhalb von Stepanakert gelegen. Wir toben durch die menschenleeren Hallen, die Abfertigungsräume des komplett intakten Gebäudes und über die Landebahn. Störender Flugbetrieb findet hier nicht statt, weil Aserbaidschan droht, Passagierflugzeuge vor der Landung abzuschießen.

## BRÜSSEL, BÜRO

»Morgen, Hoffmann, was steht an?«
»Nicht viel, in den letzten Monaten vor der EU-Wahl im Mai wird nicht mehr viel passieren. Alle machen Wahlkampf – und niemand will der Gegenseite jetzt Munition liefern.«
Ich schüttle den Kopf: »Wahlkampf? Während der Arbeitszeit? Ts, ts!«
Hoffmann lächelt, er hat seinen Urlaub für den Wahlkampf aufgespart.
»Apropos Wahlkampf«, fahre ich fort, »wir werden eine gute Liste haben zur Europawahl. Nico Semsrott möchte für die PARTEI kandidieren, und er wäre eine schöne Verstärkung hier in Brüssel. Es gibt so viel Unsinn zu berichten aus der EU …«
»Seine Youtube-Filme«, unterbricht mich Hoffmann, »werden wesentlich bessere Abrufzahlen haben als die deiner Kollegen Brok, Leinen, Oettinger zusammen.«
»Yep. Der Bundesvorstand hat mich übrigens gefragt, ob ich wieder kandidieren will …«
»Und? Was hast du gesagt?«
»Ich habe gesagt, wenn die PARTEI mich ruft, stehe ich zur Verfügung. Allerdings will ich eine Liste zur Europawahl vorschlagen, die mir in diesen Zeiten der geordneten Remilitarisierung Europas ganz passend scheint – und die uns auch noch verwirrte AfD-Wähler zuführen könnte.«
»Wie soll das funktionieren?«
»Die ersten zehn Kandidaten werden mit ihrem Namen auf dem Wahlzettel aufgeführt. Gestern haben wir mal die Mitgliederdatei der PARTEI durchforstet. Wir können antreten mit: Sonneborn, Semsrott, Bombe, Krieg, Göbbels, Bormann, Speer, Keitel, Eichmann, Heß …« Hoffmann lacht: »Damit haben wir auf

jeden Fall die bekanntesten Namen auf dem Wahlzettel, in ganz Europa.«

## BRÜSSEL, PRESSEZENTRUM DES EP

Nico Semsrott und ich geben eine Pressekonferenz. Der Zeitpunkt ist gut gewählt, alle vorgeladenen Zeitungen und Presseagenturen finden sich ein. Den ganzen August über gehört das Parlament uns, weil in Brüssel noch niemand arbeitet; und im Sommerloch sind die Aussichten auf flächendeckende Verbreitung in den Medien größer.

**Sachdienlicher Hinweis von Politico**
First EU Election Press Conference
Martin Sonneborn, a German MEP and satirist who doesn't belong to a political group in Brussels, held a press conference on Wednesday. He plans to appeal to Nazi nostalgia and AfD vo-

Göbbels mit »ö« – werden genügend Nazis darauf hereinfallen?

ters with what he claims is a list of candidates with names like Bombe, Krieg, Göbbels, Göring, Speer, Borman and Stauffenberg on Die Partei's electoral list. It's nearly certainly another prank, but what is a fact is that POLITICO's Philip Kaleta witnessed Sonneborn hold the first official Parliament press conference announcing 2019 candidates, in what was an otherwise empty Parliament building.

Am nächsten Tag füllt die Europa-Liste der PARTEI den halben Politikteil vieler kleiner Tageszeitungen. Verschwiegen wird dabei allgemein, dass wir einen Präsidentschaftswahlkampf planen, ähnlich wie in den USA, und deshalb auf der Bühne in einem scheinbar spontanen Schere-Stein-Papier-Wettstreit die Verteilung der beiden höchsten EU-Posten unter uns ausgemacht haben.

## SEPTEMBER 2018

### BRÜSSEL, BÜRO

Aufgebracht stürmt meine Europapolitische Beraterin ins Büro. »Weißt du eigentlich, dass die NATO den Verteidigungsfall auf den sogenannten Cyberbereich ausgedehnt hat? Vor zwei Jahren schon, ohne größere öffentliche Debatte. Ich habe gerade zum ersten Mal davon gelesen.«

»Nun, der Verteidigungsfall ist ja bekanntlich erst einmal eingetreten, nach den Anschlägen von New York. Ich weiß noch, wie ich im Fernseher in der Redaktion das zweite Flugzeug ins WTC-Gebäude fliegen sah, mein Redenschreiber, der damals noch gar nicht depressiv war, rief an und sagte, wir sollten aufhören damit, es würde jetzt reichen ...«

»Das Problem mit NATO ist doch«, fährt die Beraterin unbeirrt fort, »dass sie in einer exemplarischen Form an sich selbst demonstriert, was man als kritischer Soziologe bei Organisationen stets anzumerken hat: Sie neigen nicht zur Selbstausflösung, sondern zur Erhaltung. Sie war mal ein Verteidigungsbündnis, aber jetzt geht es um Aufrüstung und schnelle Eingreiftruppen. Warum hat sie sich nicht aufgelöst, als der Warschauer Pakt sich auflöste? Den Antrag solltest du mal stellen!«

»Ich, äh, wollte eigentlich eher …«

»Die NATO erklärt sich jetzt qua Selbstermächtigung auch für Cyberattacken zuständig. Was mich so echauffiert, ist die Tatsache, dass man damit dann auch die Letztbegründung eines Militärschlages in den nicht mehr überprüfbaren Bereich des Virtuellen verschiebt, sodass man befürchten muss, noch stärker manipulativen Eingriffen ausgesetzt zu sein. Im Zweifelsfalle könnte keine Satellitenaufnahme der Welt mehr die Behauptung widerlegen, Russland habe einen informellen Angriff auf dies und das unternommen. Und der Gegenbeweis ist schlicht nicht mehr anzutreten. In der Wissenschaft ist so etwas verboten. Seit Popper und Kuhn ist die Immunisierung einer Aussage gegen Falsifizierungsversuche verboten!«

Ich versuche Zeit zu gewinnen: »Eine Auflösung ist bei einer derartigen Organisation nicht so einfach. Können wir die NATO nicht umwandeln und gegen unliebsame EU-Länder einsetzen? Polen, Ungarn, Irland, Malta, Luxemburg etc.?«

»Sehr gute Idee«, pflichtet mir die Beraterin überraschend bei, »wir brauchen keine militärische, wir brauchen eine rechtsstaatliche Eingreiftruppe. Wir brauchen eine turnusmäßige Überprüfung der EU-Staaten. Und zuerst ist Malta dran. Sven Giegold war mit einer Gruppe Parlamentarier dort, sie haben die Ermittlungen gegen Regierungsmitglieder untersucht, die nicht nur zweifelhafte Offshore-Konten besitzen, sondern auch in den Mord an der investigativen Journalistin Daphne Dingsda verwickelt sein sollen. Sein Resümee waren gravierende und systemische Mängel der Rechtsstaatlichkeit dort. Wobei er wahrscheinlich noch nicht mal weiß, dass die Frau von Maltas korruptem Präsidenten Millionen von Euro aus Aserbaidschan erhalten hat, von der Tochter von Präsident Aliev. Die beiden machen dubioseste Geld- und Gasgeschäfte. Und das ist alles öffentlich, jeder kann es wissen, aber es zieht nichts nach sich!«

»Ja, ja, ungeheuerlich, und jetzt müssen wir los, sonst verpassen wir Bodo Ramelows Rede …«

## BRÜSSEL, VERTRETUNG DES LANDES THÜRINGEN

Wir kommen zu spät, Ramelows Rede ist schon vorbei, und sämtliche Thüringer Würstchen sind Geschichte. Als es etwas leerer wird, kommt der thüringische Ministerpräsident auf eine kleine Frotzelei vorbei. Nachdem wir das Weltgeschehen von allen Seiten beleuchtet haben, bringe ich die Wahlrechtsreform in Gespräch, die ja auch noch durch den Bundesrat muss. Ramelow hört sich unsere Überlegungen konzentriert an und erklärt, dass er eigentlich generell gegen Sperrklauseln sei. Ich korrigiere ihn: »Das muss ein Missverständnis sein, wir sind nicht gegen die Sperrklausel, im Gegenteil. Wir sind gegen eine zu niedrige Prozenthürde. Wenn schon, denn schon, dann auch gleich fünf Prozent, damit es auch für die CSU spannend wird …« Ramelow stutzt, ruft sich die Umfragewerte der CSU ins Gedächtnis und lacht los. Warum gibt es nicht mehr ehemalige Gewerkschafter unter den deutschen Ministerpräsidenten?

Am Ausgang steht Günther Oettinger zusammen mit einer zierlichen, etwas jüngeren Frau, die einen kleinen spitzen Laut der Überraschung ausstößt, als ich unauffällig vorbeigehen will. Jetzt sieht mich auch Oettinger, also gehe ich direkt auf die beiden zu, strecke die Hand aus, begrüße ihn zuerst. »Mein Kommissar!« Oettinger lacht, stellt mir seine Frau vor. Ich weiß nichts Besseres zu sagen als »Oh, und ich dachte, Ihre Tochter …?« Dann mache ich Small Talk. »Machen Sie weiter, Kommissar?«

»Nein«, Oettinger schüttelt den Kopf, »jetzt bin ich noch jung genug, um etwas Neues anzufangen, aber in fünf Jahren vielleicht nicht mehr.«

»Und was raten Sie mir?«

»Oettinger mustert mich: »Weitermachen!«

Ein Lobbyist, der bisher schweigend danebenstand, mischt sich ein: »Genau, weitermachen! Sonst denken die Leute, Sie sind satt!«

## BRÜSSEL, BÜRO

Büroleiter Hoffmann ist außer Atem: »Der Wissenschaftliche Dienst des Bundestages hat eine Ausarbeitung erstellt, die Wahlrechtsreform kann nicht für 2019 stattfinden!«

»Hoppla!«

»Hier steht es, ›die besseren Argumente sprechen dafür, dass der Gesetzgeber bei seinem Eingriff in die Grundsätze der Wahlrechtsgleichheit und der Chancengleichheit der Parteien über das europarechtlich Zwingende weder zeitlich noch der Höhe nach hinausgehen darf …‹ und ›weder zeitlich noch der Höhe nach‹ ist fett gedruckt, das versteht auch Steinmeier!«

In Deutschland bestimmt das Thema Hans-Georg Maaßen anhaltend die Diskussion, man kann ihm kaum entkommen. Seehofers Zaudern ist langsam nervtötend. Ebenso wie die steigende Bereitschaft großer Teile der Bevölkerung zur täglichen Empörung. »Unsern täglichen Mord gib uns heute«, schrieb Heiner Müller hellsichtig nach der Wende, als sich bestenfalls ahnen ließ, zu welchen Ausprägungsgraden öffentlich zur Schau gestellter Entrüstung diese Gesellschaft fähig sein würde.

### Sachdienliche Hinweise aus dem Netz

Martin Sonneborn: Würdelos, dieses ewige Hin und Her! Früher hätte man #Maaßen eine 45er auf den Schreibtisch gelegt, ihm noch einmal fest in die Augen gesehen und dann den Raum verlassen: Vorruhestand perfekt!

Pelvis Presley: Luger, Herr Sonneborn. Es wäre eine Luger gewesen.

Oliver Rabe: Walther P.38

Michael Müller: Nö, Luger Pistole 08 stimmt schon. Zu Zeiten als die P.38 üblich war, ist diese Sitte schon fast aus der Mode gewesen. Da wars dann Zyankali, siehe Rommel.

**Sachdienlicher Hinweis aus dem Netz**
Wir haben den gemeldeten Inhalt untersucht und konnten keinen Verstoß gegen die Twitter Regeln oder entsprechende Gesetze feststellen. Wir sind deswegen dazu nicht aktiv geworden.
Mit freundlichen grüßen,
Twitter

## BRÜSSEL, PLENUM

»Na, Voigt, immer noch in der Politik?«
»Äh, was? Ob ich noch in der Politik bin? Sehen Sie doch!«
»Haben Sie eigentlich unsere EU-Liste gesehen? Wir wollen der AfD Wähler abjagen, aber die dürfte Ihnen auch gefallen: Göbbels, Eichmann, Bormann ...«
»... Keitel, Speer und Heß, hab ich gesehen. Wird Ihnen aber nichts nützen! Selbst der dämliche Voigt fällt darauf nicht rein!«

## STRASSBURG, PLENUM

Axel Voss bringt seinen Bericht zum Urheberrecht zum zweiten Mal ins Plenum ein. Es gibt ein paar kosmetische Korrekturen, aber keine gravierenden Verbesserungen.

**Sachdienliche Hinweise von ntv**
Dagegen sind in dem Text die umstrittenen Uploadfilter nicht ausdrücklich erwähnt, die in der Diskussion über die Reformpläne immer wieder Anlass für Kritik waren. Gleichzeitig sieht der Voss-Vorschlag jedoch vor, dass die Verantwortung – die Haftung – für Uploads, also das Heraufladen von Inhalten, bei

den Plattformen liegt. Kritiker erwarten deshalb, dass die Plattformen alles tun werden, um keine Rechte zu verletzen – und deshalb Uploadfilter einführen werden.

### ... und von Spiegel Online

EU-Kommission und Mitgliedsstaaten sollen zusammen mit den betroffenen Unternehmen und den Rechteinhabern bis zum Inkrafttreten der Richtlinie »best practices« entwickeln, mit denen unter anderem »automatisches Blockieren von Inhalten verhindert« wird. Voss ist der Ansicht, Upload-Filter seien damit kein Thema mehr. Eine andere Idee, wie das Hochladen geschützter Inhalte verhindert werden kann, hat er aber nicht. Das solle im Dialog mit den Beteiligten geklärt werden, wie er dem *Spiegel* sagte.

Aber weil das öffentliche Interesse und der Druck auf die Abgeordneten nachgelassen haben, fällt die Abstimmung nun anders aus. Ein paar Konservative und 15 Sozialdemokraten, die vorher gegen das Mandat gestimmt haben, votieren jetzt dafür.

### Sachdienlicher Hinweis aus dem Netz

Martin Sonneborn: Ich fürchte, Dr. Votz (CDU) hat gerade das Internet kaputtgemacht ...
Die PARTEI wird sich dafür einsetzen, dass die #Uploadfilter von VW produziert werden. ZwinkerSmiley!

Während alle MEPs zu den Ausgängen stürmen – es ist Donnerstagmittag! –, bastelt mein Büro noch schnell eine Grafik zusammen. Viele EU-Abgeordnete gerade der großen Parteien beklagen sich anhaltend darüber, dass unsere Arbeit übermäßig viel Beachtung findet in Deutschland, ihrer hingegen viel zu wenig Aufmerksamkeit geschenkt wird. Nun, in diesem Fall können wir das einmal ändern. Das Netz dürfte sich für das Abstimmverhalten zum Leistungsschutzrecht interessieren; zumal die Große Koalition sich in Deutschland im Koalitionsvertrag gegen Upload-Filter

»Wer zensiert das Internet?«

ausgesprochen hatte, die CDU in Brüssel aber dafür gestimmt hat – und zwei Grüne auch.

Nachdem die Grafik im Netz steht, erhalten viele CDU-Politiker ein unerwartetes Feedback vom Wähler – und zwei Grüne auch.

### Sachdienlicher Hinweis der Süddeutschen Zeitung
Am Wahltag hört der Spaß auf
Für Cem Özdemir hört der Spaß allerdings auf, wo Menschen lieber »Der PARTEI ihre Stimme geben als den Grünen oder der FDP«.

Den unglückliche Axel Voss trifft zudem noch Spott, als das Portal *BuzzFeed* auf Voss' Facebook-Seite mindestens 17 urheberrechtlich geschützte Fotos findet.

### Sachdienlicher Hinweis von BuzzFeed
Voss teilt seit Jahren Neuigkeiten über seine Politik mit gut 2000 Fans auf seiner Facebook-Seite. Zur Illustration dieser Neuigkeiten nutzt er teilweise Fotos, die *BuzzFeed* als urheberrechtlich geschützte und lizenzpflichtige Fotos identifizieren konnte.

Die Nutzung solcher Stockfotos kostet Geld und eine Nutzung ohne Lizenz stellt eine Urheberrechtsverletzung dar.

Voss sagte, er sei dafür, dass Verlage und Rechteinhaber »auch eine faire Vergütung bekommen von denen, die diese Werke nehmen und einfach verbreiten, ohne nachzufragen und ohne dafür etwas zu bezahlen«.

## BRÜSSEL, CAFÉ BELGA

Meine dritte und letzte Rede zum State of the Union steht an. Freut mich, es gibt einiges zu sagen zum Zustand der EU. Der zunehmend illiberalere Zustand der östlichen EU-Länder und Österreichs, die derzeitige Kopflosigkeit der Briten, die Selbstauflösung der NATO.

»Sag mal etwas zu Privatisierungen«, fordert meine Europapolitische Beraterin, »gerade ist bekannt geworden, dass der Postchef 232-mal so viel Gehalt bezieht wie der Durchschnitt seiner Mitarbeiter. Warum wurde die Post privatisiert? Damit eine Klasse von Vermögenden ihren Reichtum mehrt, während Tausende von Arbeitnehmern schlechtergestellt werden und letztlich ausgebeutete rumänische Subunternehmer die Arbeit mehr schlecht als recht erledigen?«

»Wir haben nicht zu Unrecht im Wahlprogramm der PARTEI eine Forderung, Managergehälter auf das 25 000-Fache eines Arbeiterlohns zu begrenzen«, werfe ich ein, und rufe kämpferisch: »Kein Manager ist mehr als 25 000-mal wertvoller als sein geringster Angestellter!«

Meine Beraterin fährt unbeeindruckt fort: »Die Mär von der gesamtwirtschaftlichen Effizienzmaximierung durch privates Unternehmertum – selbst der Dämlichste sollte 25 Jahre nach Einsetzen der großen Privatisierungswelle festgestellt haben können, dass unter marktwirtschaftlicher Ägide kein einziger Betrieb zur Maximierung des gesamtgesellschaftlichen Nutzens beigetragen hat, sondern lediglich zur Maximierung der Profite der Kapitaleigner ... Fatalerweise hat sich die Kommission genau dieser Doktrin verschrieben, die Gesundschrumpfung des Staates auf seinen nicht weiter verwertbaren, keine Profite mehr abwerfenden Kern! Genau das ist in Griechenland pas...«

Zum Glück klingelt mein Handy, Es ist Hoffmann. »Du hast kein Rederecht zum State oft the Union. Ich habe die Mail aus dem Sekretariat gesehen und sofort mehrfach dort angerufen, aber Generalsekretär Bordez geht einfach nicht ans Telefon.«

»Wahrscheinlich ist er wieder auf einem Kurztrip nach Paris«, entgegne ich, »seine 12 000 Euro netto monatlich müssen ja auch irgendwie ausgegeben werden«.

Dann bitte ich Hoffmann, mir – wie in solchen Fällen üblich – eine Minute Redezeit am Abend vorher zu beantragen. Aber auch diese Minute verweigert die Verwaltung. Offenbar legt das Parlament derzeit keinen gesteigerten Wert darauf, dass ich mich im Plenum äußere. Nun, ist mir egal. Während die Vorbereitungen zur Aussprache stattfinden, halte ich meine Rede direkt neben dem Plenarsaal in eine Parlamentskamera:

»Herr Präsident, liebe Kollegen!

Ich beglückwünsche uns alle zu einem unauffällig vollzogenen Paradigmenwechsel: Im kommenden EU-Haushalt sind mit über 30 Milliarden Euro zum ersten Mal mehr Gelder für die Entwicklung autonomer Waffen, Grenzsicherung und Aufrüstung vorgesehen als für Entwicklungshilfe.

Das verstößt zwar gegen den Vertrag von Lissabon, aber wir müssen ja nicht öffentlich darüber reden, Smiley.

Wir haben auf die Militarisierung des ehemaligen Friedensprojektes EU und auf den Rechtsruck in Deutschland reagiert.

Und werden mit folgenden PARTEI-Mitgliedern auf unserer Liste zur EU-Wahl antreten:

SONNEBORN, SEMSROTT, BOMBE, KRIEG, GÖBBELS MIT Ö, SPEER, KEITEL, HEß, BORMANN, EICHMANN.

Stauffenberg haben wir rausgelassen, weil er Teilen der AfD als Verräter gilt.

Außerdem kandidieren Nico Semsrott und ich für die Ämter des Kommissions- und Parlamentspräsidenten, um die EU wieder auf Kurs zu bringen. Während unserer Pressekonferenz haben wir live mittels SCHERE-STEIN-PAPIER die Posten ausgespielt:
Nico wird Kommissionspräsident.
Ich habe verloren, ich werde der neue Chulz.
Nachtrag:
Die EU-Investitionen in den Ausbau der europäischen Infrastruktur für militärisches Gerät haben aber auch gute Seiten. Liebe Kollegen, lasst uns alles dafür tun, dass künftige Generationen sagen können: Man kann der EU ja vorwerfen, was man will, aber immerhin hat sie panzertaugliche Autobahnen gebaut. Vielen Dank!«

**Sachdienlicher Hinweis des RBB**
Politikverdrossenheit
Laut Umfrage steigt die PARTEI in der Wählergunst der Berliner auf vier Prozent. Bundesvorsitzender Martin Sonneborn: »Das ist ein demütigendes Ergebnis für uns – denn wir liegen immer noch 13 % hinter der SPD.«

**Sachdienlicher Hinweis des Stern**
»So lange die SPD noch zu Wahlen antritt, tun wir das auch. ZwinkerSmiley!«
Martin Sonneborn, Bundesvorsitzender Die PARTEI

## OKTOBER 2018

### FRANKFURT, BUCHMESSE

Als Vorsitzender einer PARTEI, die sich hin und wieder mit der dämlichen AfD auseinandersetzt, ist es mir natürlich Ehrensache, die groß angekündigte Lesung des Kollegen Bernd Höcke auf der Frankfurter Buchmesse zu besuchen. Leider hat mir Büroleiter Hoffmann morgens den falschen Ausgehanzug hingelegt, eine SS-Uniform mit Dienstmütze. Wahrscheinlich habe ich es nicht gleich bemerkt, weil ich zuerst meine Augenklappe angelegt habe.

Als ich über die Agora der Messe zu Halle 4 laufe, in der die Höcke-Lesung unter massivem Polizeischutz stattfinden soll, schlägt mir viel Respekt entgegen. Wildfremde Menschen grüßen oder stehen stramm, halten mir die Türen auf, bilden eine Gasse – bis ich plötzlich vor einem Absperrgitter stehe, das den Zugang zu einer stillgelegten Rolltreppe blockiert. Links Polizei, rechts Polizei, vor mir ein Ordner.

Ich sage: »Guten Tag, ich muss da rein.«

»Moment!«, sagt der Ordner. »Ich muss oben Bescheid sagen.« Er nimmt sein Sprechgerät: »Hier ist ein Mann, der will nach oben, ein Mann, ein Herr ...«

»Stauffenberg.«

»... ein Herr Stauffenberg ...«

»Mit einer Aktentasche.«

»... mit einer Aktentasche.« Der überforderte Ordner lauscht an seinem Funkgerät, dann schaut er mich fest an: »Sie dürfen nicht durch. Der sagt, Sie nicht!«

Gut, dann eben nicht. Laufe ich halt ein bisschen über die Messe. Sofort halten mir zwei Reporter von *Frankfurter Rundschau* und *Deutschlandfunk* ihre Aufnahmegeräte hin und fragen mich, warum ich hier sei. Ich antworte: »Höcke hat ein Buch geschrieben. 300 Seiten Unfug. Darin fordert er, eine Elite solle das Volk mit harter Faust an langer Leine führen. Abgesehen davon, dass an dieser Metapher nichts stimmt, muss ich ihm mitteilen: Er gehört nicht dazu. Zur Elite.«

Ich muss es schließlich wissen, als Stauffenb… Quatsch: als Vorsitzender einer Partei für Elitenförderung!

Anschließend spaziere ich noch ein wenig über die größte Bücherschau der Welt und ohne besondere Vorkommnisse bis zum Stand der *Jungen Freiheit*. Vier, fünf Leute aus Redaktion und Verlag starren mich an. Ein ordentlich gescheitelter Mann sagt: »Das ist aber keine echte Naziuniform!«

»Da kennen Sie sich besser aus«, entgegne ich höflich.

Dann schlendern wir zurück zum *Titanic*-Stand. Unterwegs treffe ich noch auf Deniz Yücel, der sich sichtlich freut, zur Abwechslung mal einem ordentlichen Vertreter einer deutschen Diktatur zu begegnen.

Kaum habe ich meine Augenklappe am *Titanic*-Stand wieder abgelegt, meldet sich überraschenderweise Karl Graf Stauffenberg (FDP). Via Facebook fordert er mich »nachdrücklich auf«, mich wegen der SS-Uniform »bei den Söhnen und der Tochter meines Großvaters aufrecht zu entschuldigen«.

Aufrecht entschuldigen? Puh, das ist nicht so einfach, denke ich. Aber was sind das eigentlich für Zeiten, in denen unser Adel offene »Briefe« in das Idiotenportal Facebook schreibt, statt einfach mal mit dem Fehdehandschuh vorbeizuschauen?

Jutta von Ditfurth ergänzt die hochwohlgeborene Kritik auf Twitter.

### Sachdienlicher Hinweis aus dem Netz

Jutta Ditfurth: Widerlich, kein bisschen witzig. Habt ihr das Bedürfnis, in Wehrmachts- oder Nazi-Uniform rumzulaufen und mit Nazis in Uniformwettstreit zu treten? Es ist 2018 und die Faschisierung läuft.

Mein (depressiver) Redenschreiber weist mich darauf hin, dass es gar keine Wehrmachtsuniformen in Ditfurths Größe gibt; die von Göring sei eine Spezialanfertigung gewesen.

Den weiteren Kritiken wegen der SS-Uniform – lustigerweise gleichermaßen von links wie rechts vorgetragen, siehe Twitter – begegne ich mit einem höflichen Hinweis: Es gab keine Wehrmachtsuniform im *Titanic*-Fundus – und wir haben auch kein Reenactment betrieben. Dazu war meine Tasche zu leicht. Außerdem wäre auch Höcke komplett falsch angezogen gewesen.

## NOVEMBER 2018

### BRÜSSEL, CAFÉ KARSMAKERS

Hoffmann ruft an. Bundeskanzlerin Merkel kommt am Dienstag nach Straßburg, um ihre vermutlich letzte Rede vor dem Parlament zu halten. Einige politische Beobachter, der französische Publizist Alfred Grosser etwa, erwarten so etwas wie ihr verbales Testament. Ich nicht. Aber ich habe eigentlich auch gar keine Zeit, mich mit ihr zu beschäftigen, weil ich dringend das Manuskript zu diesem Buch fertigstellen muss, der Lektor schickt mir bereits Mails mit vielen Frage- und Ausrufezeichen. Außerdem sehe ich Merkel inzwischen wesentlich ambivalenter als in den vergangenen Jahren. Wenn man sich die nachfolgende Generation der CDU-Spitzenpolitiker ansieht, entsteht beim Anblick Merkels regelrecht Wehmut.

Hoffmann sagt: »Ich habe Generalsekretär Bordez in der Kantine getroffen. Er hat gesagt, du kannst die Minute Redezeit haben, die den Fraktionslosen zusteht.«

Ich muss lachen: »Aha, auf einmal! Udo Voigt wäre dem Parlament wohl nicht so lieb. Aber ich habe absolut keine Zeit, mich mit Merkel zu beschäftigen.«

»Du musst es machen. Sonst geht die Minute wirklich an die NPD!«

»Ich denke darüber nach.«

»Es gibt noch etwas. Auf meine Mahnung hin hat das Auswärtige Amt jetzt zumindest eine Auflistung aller Dokumente geschickt, die wir nicht erhalten können. Es sind 231 Dokumente, die allein die Wahlrechtsreform betreffen, insgesamt 2440 Seiten. Ich habe mal ein bisschen reingeschaut, es gibt interessante Gesprächsnotizen, zum Beispiel Bundespräsident Steinmeier/Tajani, ein paar Tage nach seinem Amtsantritt. Manfred Weber hat alle EU-Regierungschefs angeschrieben, die in der EVP sind. Und einen umfangreichen Austausch zwischen Jo Leinen und dem

Auswärtigen Amt wegen seiner Presseerklärung: neun Seiten E-Mails!«

»Mein Gott, der Mann kann nicht einmal eine Presseerklärung schreiben!«

## STRASSBURG, PLENUM

Tajani begrüßt Merkel und erteilt ihr das Wort. Ich lese ein wenig Korrektur im Manuskript, das Buch ist so gut wie fertig, und höre mit einem Ohr die routiniert narkotisierende Rede der Kanzlerin. Sie thematisiert Vergangenheit, Gegenwart und Zukunft der EU. Und stimmt zum Schluss erstmals und lauthals ein in den Chor derjenigen, die eine eigene EU-Armee fordern: »Wir müssen eine europäische Eingreiftruppe schaffen, mit der Europa auch am Ort des Geschehens handeln kann. Wir sollten – das sage ich sehr bewusst auch aus der Entwicklung der letzten Jahre – an der Vision arbeiten, eines Tages auch eine echte europäische Armee zu schaffen. Dazu gehört dann im Übrigen auch die gemeinsame Entwicklung von Waffensystemen innerhalb Europas. Dazu gehört auch – und das ist eine schwere Aufgabe, auch für die Bundesrepublik Deutschland –, dass wir eine gemeinsame Rüstungsexportpolitik entwickeln, weil wir auch sonst nicht einheitlich in der Welt auftreten können.«

Mit Zwischenrufen kann sie dabei gut umgehen. Als ein Front-National-Mann mehrfach mit anhaltenden Buhrufen sein Missfallen kundtut und Tajani einschreiten will, winkt Merkel ab: »Schauen Sie, ich freue mich daran. Ich lasse mich doch nicht irritieren. Ich komme auch aus einem Parlament. Also!«

Beifall belohnt sie.

Nach Merkel sprechen die Vorsitzenden der Fraktionen. Und dann erteilt Tajani mir das Wort. Ich stehe auf und entschuldige mich: »Vielen Dank, Präsident, Frau Bundes… ähm …kanzlerin, ich muss mich entschuldigen – ich habe gar keine Rede vorbereitet. Ich habe die Redezeit nur beantragt, weil sie sonst an Udo Voigt von der NPD gefallen wäre. Und ich …«

Anschwellender Applaus unterbricht mich, aus der gesamten CDU bis hinüber zu SPD und Grünen. Das muss ich schnell unterbinden: »Moooment! Lassen Sie mich ausreden. Und ich verachte unseriöse Kleinparteien unter ein Prozent.« Die NPD hatte bei der Bundestagswahl 0,4 Prozent, als Vertreter einer Einprozentpartei kann ich mir diesen Seitenhieb nicht verkneifen. »Insofern möchte ich gar nicht so viel sagen. Wir haben uns zum letzten Mal hier beim Abschied von Helmut Kohl gesehen. Jetzt sehen wir uns bei Ihrem Abschied. Ich möchte Ihnen auf den Weg geben: Sie werden mir immer sympathischer, je mehr ich Leute sehe, die Ihnen in der CDU folgen werden in den nächsten Monaten und Jahren.«

Merkel zeigt keine Regung, sie kommt ja auch aus einem Parlament.

»Und ich möchte Sie bitten: Wenn Sie gehen, übergeben Sie unser Land besenrein. Das wäre nett! Und jetzt können Sie gehen. Vielen Dank!«

Ein unfreundliches Geraune setzt ein, »Oh«-, »Ah«-Laute, unverständliche Zwischenrufe erschallen, vornehmlich aus den Reihen von CDU/CSU.

### Sachdienlicher Hinweis des heute journals
Merkel kriegt donnernden Applaus in Straßburg, eben weil es das Gefühl gibt, dass sie fehlen könnte. Nur der Clown im Europaparlament spricht es aus: »Ich bitte Sie, wenn Sie gehen, übergeben Sie unser Land besenrein. Und jetzt können Sie gehen. Vielen Dank!« Auch das steckt Merkel weg. So schnell lässt sie sich nicht abschreiben, noch ist sie die mächtigste Frau Europas.

### Sachdienlicher Hinweis des Stern
Martin Sonneborn klaut der NPD Redezeit – für fragwürdige Abschiedsworte an Merkel

Nach Angela Merkels Rede nutzte er die Chance, um erst der NPD und dann der Kanzlerin einen mitzugeben.

### Sachdienlicher Hinweis der Stern-Leser
Sidekick: Sonneborn = finanziert von unseren Gez Steuergelder. Das dumme Volk: fällt drauf rein und merkt nicht, dass er mit Merkel unter einer Decke steckt.

### Sachdienlicher Hinweis aus dem Netz
M. Grosse-Brömer: Der Typ ist der peinlichste Totalausfall als Abgeordneter.

Grosse-Brömer, ist das nicht der Mann, der tatsächlich glaubt, ich wäre in der Lage, »allein Mehrheiten maßgeblich für Gesamteuropa« zu bestimmen? Aber der Name löst noch irgendeine andere Erinnerung aus ... Genau, jetzt hatte ich es wieder: Das war doch der lustige CDU-Kerl aus der Harald Schmidt Show, den sich Ralf Kabelka ausgedacht hatte – Dr. Udo Grosse-Brömmer! Der gefakte CDU-Abgeordnete, der mit Slogans wie »Zukunft ist gut für alle!« warb. Jetzt ist er offenbar parlamentarischer Geschäftsführer der CDU/CSU-Fraktion im Deutschen Bundestag. Und hat auch gleich im »Bericht aus Berlin« einen sehr lustigen Satz untergebracht: »Im Netz sind eine Menge Leute unterwegs, die destabilisieren wollen, die falsche Meinungen verbreiten, die manipulieren wollen, und da muss Politik mit umgehen, insbesondere vor Wahlkämpfen.« Falsche Meinungen? Das kann die CDU natürlich nicht wollen.

### Sachdienliche Rede von Udo Voigt auf dem NPD-Parteitag in Büdingen
»Verehrte Freunde! Für Frau Merkel ist jeder, der in Deutschland lebt, mittlerweile ein Deutscher! Wenn der sagt, ich möchte hierbleiben, ich lass mich integrieren, dann ist das völlig egal, ob er einen Pass hat, ob er eine Einreisegenehmigung hat, jeder, der es irgendwie geschafft hat, nach Deutschland zu kommen, ist

ein sogenannter Merkel-Deutscher. Verehrte Freunde, ich wollte genau dies Frau Merkel vorwerfen, als sie Anfang der Woche in Straßburg im Europaparlament gewesen ist. Da muss man mal erzählen, wie man ein Rederecht bekommt. Man bekommt ein Rederecht, als fraktionsloser Abgeordneter, mal 60 Sekunden, mal 90 Sekunden. Und unter den Fraktionslosen muss man sich dann einigen, wer reden darf. Und im Allgemeinen wenn ein Staatschef anwesend ist, dann heißt das, dass der Betreffende unter den Fraktionslosen natürlich Rederecht hat, der aus dem Land kommt, wo die Staatschefin herkommt.« Voigt klopft auf das Pult vor ihm.

»Also habe ich mich darum beworben. Und ähem, es gibt zwei Deutsche unter den Fraktionslosen. Einer ist der Manfred Sommer ... Sonneborn von der ... Spaßpartei, also ein Hofnarr ... in Europa ... Und der andere ... (Voigt scheint kurz zu überlegen) ... bin ich. Der Vorsitzende der Fraktionslosen hat sich geweigert, mir das Rederecht zu geben! Und dann kamen ... die 60 Sekunden für den Herrn Sonneborn. Was macht der? Der geht nach vorne ans Rednerpult, sagt der: Wisst ihr, eigentlich interessiere ich mich ja nicht für ... Politik. Frau Merkel, ich hab gar keine Frage, ich hab gar keine Rede an Sie! Ich habe nur ... (Voigt stochert vorwurfsvoll mit dem Zeigefinger in der Luft) ... um das Rederecht gekämpft, damit der von der NPD, (ab jetzt sichtbar stolz) der Herr Voigt das Rederecht nicht bekommt! (Unmutsäußerungen im Publikum) Verehrte Freunde! (Lauthals) KANN MAN EIGENTLICH BESSER GEADELT WERDEN, ALS DASS SIE EINEN HOFNARREN BRAUCHEN, UM MICH DAVON ABZUHALTEN, FRAU MERKEL FRAGEN ZU STELLEN?! (Applaus brandet auf, Voigt schaut staatsmännisch und zufrieden.)

## BRÜSSEL, CAFÉ KARSMAKERS

Staatsmännisch und zufrieden schaue auch ich gerade. Das Manuskript ist fertig bis auf die letzte Seite. Und gerade hat mich eine Nachricht von Telepolis erreicht. Andrea Nahles, Ministerin für Gekreisch und schlichtes Schauspiel, hat bei abgeordnetenwatch.de dementiert, die Sperrklausel noch vor der EU-Wahl 2019 einführen zu wollen.

Die Grünen haben auf hartnäckiges Betreiben von Sven Giegold auf ihrem Leipziger Parteitag beschlossen, die Wahlrechtsreform im Bundesrat nicht mitzutragen. Und die Große Koalition hat irgendwann verstanden, was das bedeutet.

**Sachdienlicher Hinweis von Dr. Sebastian Roßner**
Da hat die Bundesregierung in Brüssel alle anderen Mitgliedsstaaten zur #Sperrklausel für das #EP genötigt und nun schauen sie ins GG und stellen fest, dass man in Deutschland eine 2/3-Mehrheit in Bundestag und Bundesrat braucht.

**Sachdienlicher Hinweis von Telepolis**
Mit einem hinreichend komfortablen Wahlergebnis darf der Abgeordnete der PARTEI, Martin Sonneborn, rechnen, der den Rückzieher der Genossen gegenüber Telepolis wie folgt kommentiert: »Wir begrüßen die Entscheidung von Andrea Nahles. Ich vermute, dass sie nicht ganz uneigennützig zustande kam, denn bei einer Fünfprozenthürde wäre möglicherweise auch die SPD nicht mehr im nächsten Europaparlament vertreten. Ein bisschen enttäuscht hat mich, dass wir gerade Unterlagen aus dem Auswärtigen Amt entnehmen mussten, dass auch Steinmeier sich aktiv in das Geschehen eingemischt hat – in seiner Zeit als Bundespräsident, in der er eigentlich parteipolitisch neutral zu agieren hätte. Aber die unseriöse Wahlrechtsgeschichte ist natürlich nur eine von mehreren Auseinandersetzungen die wir mit der Groko Haram führen. Wenn wir jetzt den »Geld«-Prozess gegen Schäuble auch in der letzten Instanz noch gewinnen – das wäre ein Hattrick! – sehen Sie uns strahlen wie die Grünen!«

# ANHANG

## PROGRAMM DER PARTEI *DIE PARTEI* ZUR EU-WAHL 2014

### JA zu Europa, NEIN zu Europa!

Da genügend Irre für Europa (Schulz! Seehofer!) eintreten und ebenso viele dagegen (Lucke! Seehofer!), haben wir beschlossen, die vakante Position »Europa ist uns egal!« zu besetzen. Das dürfte rund 72 Prozent der Wähler aus der Seele sprechen.

*Hintergrunds-Info: Nach dem Fall der Dreiprozenthürde reichen bereits 0,6 % der Stimmen für einen Sitz in Brüssel. Bei der zu erwartenden geringen Wahlbeteiligung besteht eine relativ große Chance, ein Mandat zu erringen. Deshalb: Bleiben Sie zu Hause am 25. Mai. Oder wählen Sie Die PARTEI!*

### Einführung der Faulenquote

Die PARTEI fordert die Besetzung von 17 Prozent der Führungspositionen in der europäischen Wirtschaft mit qualifizierten Faulen, Drückebergern und Müßiggängern. Breitflächige Versuche im Süden haben gezeigt, dass gezieltes Vorleben von Ineffektivität zu einem angenehmeren Arbeitsklima und entspannten Dasein führen kann. In Anlehnung an die umstrittene Frauenquote fordert Die PARTEI, 20 oder 40 Prozent der 17 Prozent mit Frauen oder so zu besetzen.

### Abschaffung der Sommerzeit

Die PARTEI fordert die Abschaffung der Sommerzeit – bei gleichzeitiger Weiterführung der Winterzeit. Berechnungen namhafter Wissenschaftler zufolge bringt diese Maßnahme jedes Jahr eine Stunde mehr zum Ausschlafen.

### Wir haben die Absicht, eine Mauer zu bauen ...

Die PARTEI fordert den Bau neuer Mauern, z. B. um die Schweiz herum. (Die Schweizer haben es verdient.) Außerdem sind Mauern eine Absage an Globalisierung, weitere Europäisierung und unkontrollierbare Finanzströme.

### Existenzmaximum: 1 Mio.

Egal, wie Sie Ihr Geld angelegt haben, Rennpferde, Häuser, Pfandbriefe, Wodka, Schmuck – wir addieren und kappen bei einer Million. Alles, was drüber liegt, wird umverteilt. In welcher Währung die Million gilt, klärt nach der Machtübernahme ein Ausschuss. Favorit ist derzeit die Ostmark.

### Markus Lanz ...

... soll ab sofort Kinderpornos moderieren. Damit die niemand mehr schaut.

### Merkel muss endlich weg!

Die PARTEI fordert, dass Angela Merkel sich – genau wie seinerzeit ihr Kollege Mubarak in Ägypten – in einem Schauprozess zu verantworten hat, für alles. Natürlich im Olympiastadion, aus einem Käfig heraus.

## Fracking? Na klar!

Sigmar Gabriel und Peter Altmaier werden gefrackt. Es wäre unverantwortlich, darauf zu verzichten. Ungeheure Energiemengen, die den Energiebedarf unseres Landes auf Jahre hinaus decken könnten, würden sonst verloren gehen.

## Begrenzung von Managergehältern

Die PARTEI fordert eine Begrenzung von Managergehältern auf das 25000-Fache eines Arbeiterlohns: Kein deutscher Manager ist mehr als 25000-mal mehr wert als ein beliebiger Arbeiter.

## Fuck the Freihandelsabkommen!

Wir sind gegen ein – unter Ausschluss der Öffentlichkeit ausgehandeltes – Abkommen, in das wir nichts reinschreiben durften und das US-Firmen »Europa« (Bernd Lucke) auf dem Silbertablett serviert. Stattdessen laden wir die USA ein, unserem »Komitee für antiamerikanische Umtriebe« beizutreten.

## G1-Schulsystem

Abiturvorbereitungen und -prüfungen sind viel zu langwierig und aufwendig geworden, deshalb fordern wir die Wiedereinführung des Notabiturs: Schüler werden Anfang Juni eine halbe Stunde an der Tafel geprüft, die Lösungen werden vorher im Internet veröffentlicht. Anschließend: chillen.

## Elitenförderung

Bologna, Bachelor, Master – der ganze verschulte Quatsch wird abgeschafft. Studenten sollen wieder in Ruhe 15 Semester studieren und Zeit haben, sich politisch und gesellschaftlich zu interessieren. Merke: Unter 30 sollte man sich vor geregelter Arbeit drücken!

## Außen- und Ostpolitik

Die EU handelt außenpolitisch unsinnig und in Bezug auf Osteuropa geschichtsvergessen. Bevor künftig Entscheidungen gefällt werden, muss ein Über-70-Jähriger befragt und angehört werden (z. B. Theo Waigel, Klaus Kinkel, Claudia Roth) (Claudia Roth ist ein Witz).

## Artenschutz für die Grünen

Die Grünen (Hofreiter-Anton u. Sprechdöner Cem Özdemir) erhalten Bestandsschutz. Angesichts des derzeitigen Parteiensterbens (Piraten, FDP, AfD) können wir nicht auch noch auf die »FDP des kleinen (dummen) Mannes« verzichten.

## Änderung des Wahlalters

An Schulen und bei U18-Wahlen hat Die PARTEI regelmäßig mittlere zweistellige Wahlergebnisse, in Altenheimen dagegen regelmäßig unter null Prozent. Die PARTEI fordert deshalb eine Ausweitung des Wahlalters bei gleichzeitiger Beschränkung: Wählen darf, wer zwischen 12 und 52 ist.

## Das Buch
Am Anfang ist es wie eine Klassenfahrt für Erwachsene. Europäer mit 24 verschiedenen Muttersprachen treffen aufeinander. Sie kennen sich nicht, sollen aber gemeinsam Politik machen. Und es werden wilde Jahre: Es geht um die Vergrößerung der EU, den Brexit, Datenschutzrichtlinien, die Katalonienkrise und die Beziehungen zu den USA und zu Russland. Politik wird von Menschen gemacht. Von den Fraktionslosen wie dem polnischen Monarchisten, der das Frauenwahlrecht wieder abschaffen will, und Alessandra Mussolini, der Enkelin des Duce, die über Berlusconis legendäre Po-Liste ins Parlament gekommen ist, genauso wie von den Mitgliedern der großen Parteien. Martin Sonneborn begegnet Martin Chulz (bzw. Schulz), Elmar Brocken (Brok), Beatrix von Strolch, Udo Voigt (NPD) und seiner Frau, Manfred Streber (Manfred Weber, CSU, Vorsitzender der Europäischen Volkspartei) und Herbert Reul (neuerdings Innenminister in NRW und ein bisschen dumm), Bernd Lucke, Nigel Farage und Angela Merkel.

## Der Autor
Martin Sonneborn, Mitherausgeber von *Titanic*; geboren 1965 in Göttingen; Studium der Publizistik, Germanistik und Politikwissenschaften in Münster, Wien und Berlin; Magisterarbeit über die absolute Wirkungslosigkeit moderner Satire. Hält es für witzig, trotz seinerzeit schlüssiger wissenschaftlicher Argumentation heute im EU-Parlament zu sitzen.

»Martin Sonneborn ist ein Partisan der Parodie.« *Die Welt*

»Dieser Mann will es wissen. Yes, he can!« *Spiegel Online*

»Blicke in die deutsche Seele – Martin Sonneborn wagt sie. Freundlich, hintersinnig, mit klarer Mission.« *heute journal*

»Der Buster Keaton der deutschen Politik!« *taz*

Leseproben und mehr unter www.kiwi-verlag.de